戦後入会判決集　第1巻

戦後入会判決集　第一巻

中尾英俊編

信山社

はしがき

一　本書は、戦後（裁判所法施行後）から、平成一六（二〇〇四）年三月までに言い渡された入会権ないし入会地にかんする判決で、私が入手することができたもののうち、未公刊のものを収録したものである。

未公刊とは、次の判例集等に掲載されなかったものをいう。なお、最高裁判所裁判集（民事）は、一般に入手し難いため、他誌に掲載されていないものは収録した。

最高裁判所判例集（民事）	民集	訟務月報	訟月
最高裁判所裁判集（民事）	最集民	家庭裁判所月報	家月
高等裁判所判例集（民事）	高民	判例時報	判時
下級裁判所判例集（民事）	下民	判例タイムズ	判タ
行政事件裁判例集	行集	判例地方自治	判自

二　私が入手した入会判決は別表の通りで、そのうち典拠欄が空欄（出典）のもの（つまり未公刊）を収録した。最高裁民

集に登載された最高裁判決の下級審判決のうち、典拠欄に（民）とあるのは、判旨が登載されているものであり、その掲示がない第一審判決はここに収録した。

ただし、最高裁判決は、破棄判決その他判例というべき判示のあるものを除き、判決言渡年月日、事件番号のみを掲げた（第一巻を除く）。

三　本書中第一巻は、すでに昭和五五年『入会地にかんする最高裁判決』で公刊（ただし非売品）したもので、昭和五三年までに言い渡された入会地にかんする最高裁判決を紹介、その各審級判決中未公刊のものを掲げたものである。

第二、第三巻は、その期限までの判決で最高裁に至らなかったもの、および、その後に言い渡されたすべての判決のうち、未公刊のものを、第一審判決言渡年月日順に配列した（ただし第一巻は最高裁判決言渡年月日順となっている）。

掲載判決文中「〈略〉（略）」とあるのは、ほとんどが証拠・証言の省略を示すものである。なお、そのほか判旨に直接関係のない個人関係の叙述の部分も一部省略した。〈　〉の部分は私の判断によるものであるが、（　）判決文中に示されたカッコである。

なお、判決中に登場する人物であるが、第一審原告（申立人）をX、同被告（相手方）をY、参加人をZ、それ以下の人々を、証人も含めてA（必要に応じ、B、C）と、また、当事者の先代等、現存しない関係者を甲、乙等で表示した。それぞれが複数のときはX_1X_2……等とした。個人以外の関係者（公共団体や集団、企業等）および、個人でも現存しない登記名義人等の名はそのままとした。

（この取扱判決、主として公刊本にも時期によって差異があるので、本書の取扱も一様でないことを了承していただきたい。）

四　別表中、第一審のみで、上訴審欄が空欄のものは第一審で、上告審が空欄のものは第二審で確定（上告したが取り下げたものを含む）したことを示す。→印は、上訴中であることを示す。

五　判決文中に、入会権ないし入会地という用語がなく、たとえば部落有地、総有権などと表現されていても、明らかに入会権、入会地にかんすると思われるものは収録した。しかし、入会権、入会地にかんするものであっても、境界紛争、金銭訴訟にとどまるものは掲げていない。また、同一地域（市町村内）の同一集団間または他の集団との間における同種の紛争は（公刊されたものを除き）掲げていない。

六　各判決について、判旨の前に事実ともいうべき裁判に到るまでの経緯、争点等を簡単に説明しておいた。ただ、一部当該訴訟に私が鑑定人として証言または鑑定書を提出したもの、あるいは、その訴訟のための研究に参加し、ごくわずかであるが、訴訟代理を務めたものについては、その判決の評価、経緯などをやや詳しく述べている。

ただし、控訴審の判旨が第一審と同旨であるもの（原則として控訴棄却）については、とくに控訴理由等は示さなかった。

七　入会権にかんする判決も多岐にわたるので、利用の便をはかるため、紛争（争点）ごとの目録を掲げ、その後に簡単な解題を述べておいた。

八　本書に収録した判決はそれぞれの裁判所の厚意により、写本をいただいたものが大部分である。その他、一部、当事件の訴訟代理人または当事者からいただいたものもある。ここに、判決写本の提供をいただいた裁判所ならびに関係者の方々に心から御礼を申し上げる。

また本書、とくに第二、第三巻の刊行にあたっては、江渕武彦（島根大学教授）、岡本常雄（大阪府箕面市職員）の両氏と遠藤美香さんから全面的な協力を得た。また、刊行については、西南学院大学法科大学院長（前法学部長）多田利隆氏に配慮をわずらわし、信山社の稲葉文子さんの労に負うところが多かった。ここに、これらの方々に、深く感謝の意を表したい。

二〇〇四年九月

西南学院大学名誉教授
中尾英俊

第一巻目次

はしがき

〔8〕最判昭三二・六・一一（三〇(オ)五〇九）配分金請求事件……3
長野地裁伊那支部昭二九・三・二（二八(ワ)五）　4
東京高裁昭三〇・三・二八（二九(ネ)六五六）　7

〔3〕最判昭三二・九・一三（二九(オ)七六九）山林立入および立木伐採権確認事件……7
新潟地裁昭二六・一一・二一（二三(ワ)一五九）　11
東京高裁昭二九・六・二六（二六(ネ)二五五五）　11

〔6〕最判昭三五・一二・一五（三四(オ)一一一）所有権確認、立木伐採禁止等請求並びに入会権妨害禁止反訴事件……11
長野地裁上田支部昭二八・八・八（二六(ワ)六六）　13
東京高裁昭三三・一〇・二四（二八(ネ)一五五六）　15

〔18〕最判昭三六・三・二（三四(オ)一一八三）入会権範囲確認請求事件……15
奈良地裁昭三三・一・二四（三一(ワ)一九六）　17
大阪高裁昭三四・九・九（三三(ネ)一五一）　18

〔16〕最判昭三七・三・一五（三五(オ)二七九）入会権妨害禁止請求事件……19
福岡地裁久留米支部昭三二・四・一六（二八(ワ)二二）　21
福岡高裁昭三四・一一・一三（三二(ネ)三六九）　24

〔22〕最判昭三七・一一・二（三五(オ)一二四四）入会権確認等請求事件……30
福島地裁会津若松支部昭三四・八・一七（三三(ワ)一八一）32
仙台高裁昭三五・八・二二（三四(ネ)四五五）33
〔21〕最判昭三九・二・二七（三八(オ)四三四）山林代金引渡請求事件……36
岡山地裁新見支部昭三四・三・二六（二九(ワ)二七）40
広島高裁岡山支部昭三七・一〇・二六（三五(ネ)四五）47
〔29〕最判昭三九・八・二〇（三七(オ)七五一）立地立木所有権確認請求事件……54
甲府地裁昭三五・一一・一五（三五(ワ)五四）57
東京高裁昭三七・三・三〇（三五(ネ)二九五〇）60
〔25〕最判昭三九・九・二二（三八(オ)四七九）不当利得返還請求事件……61
福島地裁会津若松支部昭三五・一・二六（三一(ワ)四七）63
仙台高裁昭三七・一一・二七（三五(ネ)七六）65
〔23〕最判昭四〇・五・二〇（三八(オ)一〇二九）山林所有権確認等請求事件……70
広島地裁竹原支部昭三四・九・二〇（二八(ワ)二七）73
広島高裁昭三八・六・一九（三四(ネ)二六二）77
〔32〕最判昭四一・七・一五（四一(オ)二三九）共有の性質を有する入会権確認請求事件……77
秋田地裁昭三六・一〇・三〇（三三(ワ)一一八）79
仙台高裁秋田支部昭四〇・一一・二九（三六(ネ)一五六）81

〔30〕最判昭四一・八・二六（三九(オ)九二〇）採草妨害排除等請求事件……84
福島地裁白河支部昭三六・一・二六（二九(ワ)一〇一）85
仙台高裁昭三九・四・一（三六(ネ)九九）86
〔20〕最判昭四一・一一・一〇（三八(オ)七五四）配当金請求事件……90
松江地裁西郷支部昭三四・一・二九（三二(ワ)五、七、八、九）94
広島高裁松江支部昭三八・四・二六（三四(ネ)三一）98
〔36〕最判昭四一・一一・一八（四一(オ)六三五）管理処分権確認並に妨害排除請求事件……107
長野地裁昭三八・八・一六（三一(ワ)六）109
東京高裁昭四一・三・一八（三八(ネ)二四八八）119
〔17〕最判昭四一・一一・二五（三四(オ)六五〇）所有権移転登記手続請求事件……121
青森地裁八戸支部昭三二・七・二九（三〇(ワ)四二）124
仙台高裁昭三三・一二・一六（三二(ネ)三九五）124
〔42〕最判昭四一・一二・一六（四一(オ)一〇二一）土地所有権確認並びに立入禁止請求事件……125
長崎地裁福江支部昭三九・一一・三〇（三三(ワ)二三）126
福岡高裁昭四一・五・一八（三九(ネ)九三九）126
〔26〕最判昭四二・三・一七（三七(オ)一三六五）山林所有権確認等請求事件……131
福島地裁会津若松支部昭三五・三・一六（三二(ワ)四五）135
仙台高裁昭三七・八・二二（三五(ネ)一三七）143

〔47〕最判昭四三・一一・一五（四二(オ)五二四）所有権移転登記等抹消登記手続等請求事件……144
名古屋地裁岡崎支部昭四一・三・二二（三九(ワ)一七九）146
名古屋高裁昭四二・一・二七（四一(ネ)二七八）149
〔46〕最判昭四四・五・三〇（四四(オ)九〇）土地所有権不存在等確認請求事件……149
高知地裁中村支部昭四一・二・一九（三四(ワ)一六）151
高松高裁昭四三・七・一六（四一(ネ)一七九）158
〔43〕最判昭四六・一〇・一四（四六(オ)二五七）立木売却代金請求事件……160
長野地裁木曽支部昭四〇・一・一八（三七(ワ)八）161
東京高裁昭四五・一〇・二九（四〇(ネ)一八四）168
〔33〕最判昭四六・一一・二六（四五(オ)七八八）所有権確認並びに損害賠償請求事件……175
長崎地裁昭三六・一一・二七（二九(ワ)五五三）177
福岡高裁昭四五・三・三一（三七(ネ)九三）177
〔54〕最判昭四六・一二・二三（四四(オ)八五六）運行権確認妨害排除等請求事件……181
福島地裁会津若松支部昭四三・一・一九（四〇(ワ)一七七）182
仙台高裁昭四四・五・一二（四三(ネ)四八）187
〔49〕最判昭四七・一二・二一（四五(オ)四八八）契約無効確認等請求事件……189
神戸地裁昭四一・八・一六（二八(ワ)六八九）191
大阪高裁昭四五・三・一六（四一(ネ)一六九六）192

〔40〕最判昭四八・一・一九（四四(オ)九〇二）立木収益分配、立木売却代金分配請求事件……192
秋田地裁昭三九・九・二八（三六(ワ)六）195
仙台高裁秋田支部昭四四・五・二八（三九(ネ)九〇）199
〔15〕最判昭四八・三・一三（四二(オ)五三一）入会権確認等請求事件……214
青森地裁鰺ヶ沢支部昭三二・一・一八（二八(ワ)五二）216
仙台高裁秋田支部昭四一・一〇・一二（三二(ネ)二九）216
〔50〕最判昭四八・三・一三（四六(オ)七）官行造林収益分収金権利者確認請求事件……217
熊本地裁昭四二・四・一三（三八(ワ)三八五）220
福岡高裁昭四五・二・二六（四二(ネ)三七六）230
〔52〕最判昭四八・四・六（四六(オ)四七一）損害賠償請求事件……233
高知地裁昭四二・七・一九（四〇(ワ)一七四）238
高松高裁昭四五・九・一七（四二(ネ)二二〇）246
〔44〕最判昭四八・六・二二（四四(オ)七五一）共有権確認請求事件……252
新潟地裁昭四〇・六・一五（三五(ワ)一三五）255
東京高裁昭四三・一一・一一（四〇(ネ)一六九一）276
〔60〕最判昭四八・六・二六（四八(オ)四一）土地不存在確認請求事件……280
山口地裁船木支部昭四三・一二・一七（四〇(ワ)四七）283
広島高裁昭四七・一〇・一六（四四(ネ)一八）289

〔64〕最判昭四八・一〇・五（四七(オ)一一八八）土地並びに地上立木所有権確認請求事件……289
松江地裁西郷支部昭四五・一・三〇（四一(ワ)六）291
広島高裁松江支部昭四七・九・一三（四五(ネ)一九）292
〔53〕最判昭四九・六・二八（四九(オ)一一七）共有権確認請求事件……293
福岡地裁昭四二・九・二二（三八(ワ)六五〇）295
福岡高裁昭四八・一〇・三一（四二(ネ)六〇八）299
〔76〕最判昭五〇・七・二一（五〇(行ツ)九）財産区財産に編入行政処分の取消等請求事件……299
神戸地裁昭四八・一〇・一八（四八(行ウ)三）302
大阪高裁昭四九・八・二九（四八(行コ)三〇）303
〔62〕最判昭五〇・一〇・二三（四八(オ)七三）損害賠償請求事件……304
横浜地裁横須賀支部昭四四・九・三〇（四一(ワ)三）307
東京高裁昭四七・八・三一（四四(ネ)二七八五）311
〔70〕最判昭五一・二・二六（五〇(テ)三七）所有権確認等請求事件……311
伊丹簡裁昭四六・四・二七（四五(ハ)二二）313
神戸地裁昭四八・一〇・二（四六(レ)一二〇）314
（上告審）大阪高裁昭五〇・九・二六（四九(ツ)一〇）316
〔12〕最判昭五一・七・一九（四八(オ)五四一）共有物処分代金分配残額請求事件……317
青森地裁昭三一・八・一三（二八(ワ)一八七）320
仙台高裁昭四八・一・二五（三一(ネ)三九八）324

〔78〕最判昭五一・一一・一（五〇(オ)五三一）山林売却金分配請求事件……324
大津地裁昭四九・四・一八（四八(ワ)五三）327
大阪高裁昭四九・一二・一七（四九(ネ)一一五二）331
〔55〕最判昭五二・四・一五（五一(オ)二〇二）入会権確認等請求事件……332
松江地裁昭四三・二・七（三二(ワ)四）336
広島高裁松江支部昭五〇・一二・一七（四三(ネ)一八）336
〔72〕最判昭五二・七・二二（五一(オ)五五八）所有権確認並所有権移転登記請求事件……340
大津地裁彦根支部昭四六・九・七（三九(ワ)六四）343
大阪高裁昭五一・二・二七（四六(ネ)一四七三）351
〔80〕最判昭五二・一〇・一三（五二(オ)三九六）土地共有持分権移転登記手続請求事件……358
福島地裁いわき支部昭五〇・一二・一五（四九(ワ)一四九）360
仙台高裁昭五一・一二・二七（五〇(ネ)四七六）362
〔59〕最判昭五三・三・二（五二(オ)八九七）土地明渡請求事件……362
千葉地裁八日市場支部昭四三・一一・二二（三八(ワ)四五）364
東京高裁昭五二・四・一三（四四(ネ)一一三）367
〔82〕最判昭五三・六・六（五三(オ)二）共有者全員持分全部移転登記抹消登記手続請求事件……367
岡山地裁倉敷支部昭五一・九・二四（四八(ワ)一〇九）369
広島高裁岡山支部昭五二・一〇・三一（五一(ネ)一三三）369

〔**83**〕最判昭五三・六・六（五三(オ)九三）共有物持分権確認請求事件……372
岡山地裁倉敷支部昭五一・九・二四（四九(ワ)一五）374
広島高裁岡山支部昭五二・一〇・三一（五一(ネ)一三一）380
解　題……385

第二巻　目　次

はしがき

〔1〕秋田地裁大館支部昭二三・三・二六（一七(ハ)一〇一）境界確認並びに損害賠償請求事件……3
秋田地裁昭三〇・八・九（二三(レ)八）　6

〔2〕盛岡地裁昭二六・七・三一（二一(ワ)三一）入会権確認妨害排除請求事件……7

〔4〕青森地裁八戸支部昭二六・一一・一四（二四(ワ)五七）区有財産処分権限不存在確認事件……21

〔9〕新潟地裁昭二九・一二・二八（二七(ワ)三五五）入会権確認分配金請求事件……23

〔13〕盛岡地裁昭三一・一一・二（二七(ワ)四五）共有の性質を有する入会権不存在確認事件……27

〔24〕奈良地裁昭三四・一一・五（三四(ワ)六）立木伐採禁止等請求事件……36
大阪高裁昭三七・九・二五（三四(ネ)一五〇五）　37

〔27〕福島地裁会津若松支部昭三五・四・二八（三二(ワ)三三）入会権確認請求事件……38
仙台高裁昭三六・一〇・二五（三五(ネ)二四三）　43

〔34〕葛城簡裁昭三七・三・三〇（三三(ハ)六四）土地明渡請求事件……54
奈良地裁昭三八・六・二六（三七(レ)一一）　57
大阪高裁昭三九・一〇・二〇（三八(ツ)七八）　58

〔38〕盛岡地裁昭三八・一二・二七（三四(ワ)一二九）入会権確認請求事件……61
〔45〕熊本地裁昭四一・一・二四（三二(ワ)三〇）分収金取得権確認請求事件……64
福岡高裁昭五二・三・三〇（四一(ネ)一二六）69
最判昭五六・九・一一（五四(オ)八七〇）73
〔51〕津地裁四日市支部昭四二・六・一二（三七(ワ)三四）共有物分割等請求事件……73
名古屋高裁昭五三・七・三一（四二(ネ)四八八）78
最判昭五五・一二・二三（五三(オ)一三五五）80
〔56〕松江地裁昭四三・三・二七（三八(ワ)六〇）配当金請求、入会権団体確認請求事件……80
広島高裁松江支部昭五二・一・二六（四三(ネ)三三）93
最判昭五八・四・二一（五二(オ)六八九）94
〔61〕京都地裁園部支部昭四四・三・二四（三八(ワ)二五）入会権確認請求、松茸落札金請求、併合事件……94
大阪高裁昭五二・九・三〇（四四(ネ)五二〇）99
最判昭五六・一一・五（五三(オ)六八）99
〔66〕長崎地裁佐世保支部昭四五・七・二七（四三(ワ)一七）ため池所有権確認等請求事件……99
福岡高裁昭四七・七・二四（四五(ネ)六四九）104
最判昭四八・六・二六（四七(オ)一二四六）105

〔69〕山形地裁昭四六・二・二四（三九(ワ)二八二）共有権確認等事件 …… 105
〔71〕大阪地裁岸和田支部昭四六・七・一九（四一(ワ)四七）所有権確認等請求事件 …… 114
大阪高裁昭四六・一一・一六（四六(ネ)一三一〇） 115
〔73〕盛岡地裁昭四七・五・一八（三六(ワ)九）共有持分権確認、損害賠償請求事件 …… 116
仙台高裁昭五五・五・三〇（四七(ネ)二五四） 127
最判昭五八・二・八（五五(オ)九三六） 132
（差戻審）仙台高裁昭六三・九・二六（五八(ネ)一二二） 132
〔74〕佐賀地裁昭四八・二・二三（四二(ワ)三一〇）木材代金請求訴訟事件 …… 135
〔77〕名古屋地裁昭四八・一二・二〇（四四(ワ)六四七）土地所有権確認請求事件 …… 139
名古屋高裁昭五三・五・二（四九(ネ)三） 142
最判昭五六・二・二四（五三(オ)九五七） 147
〔79〕福島地裁会津若松支部昭五〇・一〇・二九（四七(ワ)一八）所有権移転登記抹消登記手続等請求事件 … 148
仙台高裁昭五三・七・三一（五〇(ネ)四二四） 149
最判昭五七・一〇・七（五三(オ)一二八七） 150
〔81〕盛岡地裁一関支部昭五一・三・二六（三九(ワ)六三）土地所有権、入会権確認、保存登記持分権移転登記抹消、所有権移転登記手続請求事件 …… 154
仙台高裁平三・八・二八（五一(ネ)一五五） 159
最判平七・一〇・二四（四(オ)七〇四） 171

〔84〕奈良地裁葛城支部昭五一・九・二八（四九(ワ)六九）所有権移転登記手続請求事件……171
大阪高裁昭五二・一二・一六（五一(ネ)二三三四）174
最判昭五三・九・一九（五三(オ)四九九）174
〔86〕敦賀簡裁昭五二・三・二九（五〇(ハ)四）賠償金支払請求事件……175
〔88〕熊本地裁宮地支部昭五三・一〇・二三（四六(ワ)四）損害賠償請求事件……178
福岡高裁昭五九・七・一九（五三(ネ)六五三）182
最判昭六三・一・一八（五九(オ)一四四七）186
〔89〕大阪地裁昭五四・九・二一（五〇(ワ)一八四一）土地所有権確認等請求確認事件……186
大阪高裁昭六〇・六・二五（五四(ネ)一六五八）195
最判平元・七・一四（六〇(オ)一一五一）195
〔90〕鹿児島地裁昭五五・三・二八（四九(ワ)一七四）土地所有権移転登記抹消登記手続請求事件……195
福岡高裁宮崎支部昭六一・四・三〇（五五(ネ)六六）204
〔92〕千葉地裁佐倉支部昭五五・六・三〇（五〇(ワ)八一）土地所有権移転登記請求事件、土地明渡請求事件……207
東京高裁昭五九・一・三〇（五五(ネ)一六八七）218
〔93〕金沢地裁昭五六・三・二五（五一(ワ)一三四）土地共有持分移転登記手続請求事件……211

〔103〕奈良地裁葛城支部昭五九・三・二九（五四(ワ)一五三）所有権移転登記手続等請求事件……315
大阪高裁昭六〇・八・二九（五九(ネ)八一一）316
〔104〕宮崎地裁昭五九・五・一一（四八(ワ)三五八）所有権移転登記抹消登記手続等本訴請求事件、所有権移転登記手続本訴請求事件、損害賠償反訴請求事件……319
〔105〕神戸簡裁昭五九・一一・二九（五八(ハ)一六二一）地役権対価配分請求事件……334
神戸地裁昭六三・三・二三（五九(レ)一二〇）337
大高平元・三・二二（六三(ツ)二七五）337
〔106〕鹿児島地裁昭五九・一一・三〇（四八(ワ)一〇四）損害賠償請求事件……337
〔108〕千葉地裁昭六〇・二・二四（五三(ワ)九九一）入会地共有持分権確認並びに入会権等確認請求事件……339
東京高裁昭六二・五・一九（六〇(ネ)一三六〇）348
最判平元・一〇・一二（六二(オ)一一七九）352
〔109〕広島地裁昭六〇・五・二一（五一(ワ)九四九）入会権に基づく権利の確認請求事件……353
〔110〕鹿児島地裁昭六〇・一〇・三一（五九(ワ)二七五）土地所有権確認等請求事件……373
福岡高裁宮崎支部昭六二・四・一三（六〇(ネ)二六九）373
〔111〕名古屋地裁岡崎支部昭六〇・一一・二七（五八(ワ)四一二）入会権確認・所有権移転登記手続請求事件、同反訴請求事件……378
名古屋高裁昭六二・一・二七（六〇(ネ)八四七）382

〔113〕長野地裁昭六一・一一・一三（六〇(ワ)九二）賃借権不存在確認等請求事件……385
東京高裁昭六二・八・三一（六一(ネ)三六一五）388
〔115〕高知地裁昭六二・三・三〇（四四(ワ)七七）保護交付金請求権確認請求事件―甲事件、保護交付金等請求事件―乙事件……389
〔116〕奈良地裁葛城支部昭六二・四・三〇（六〇(ワ)一三九）所有権移転登記手続等請求事件……398
大阪高裁昭六三・一・二八（六二(ネ)一〇六〇）400
最判平元・五・二六（六三(オ)五七八）402
〔117〕千葉地裁館山支部昭六二・七・二八（六一(ワ)四二）土地所有権移転登記請求事件……402
東京高裁平五・三・二五（六二(ネ)二七七五）407
〔120〕京都地裁昭六二・一二・二四（五一(ワ)一五一六）入会権確認等請求事件……415
解　題……429

第三巻　目　次

はしがき

〔126〕 神戸簡裁平元・一一・一三（一(ト)一一）不動産共有持分地位保全仮処分事件……3
神戸地裁平三・五・一五（元(ソ)六） 7
最判平三・九・一一（三(ク)二〇三） 9

〔127〕 千葉地裁平元・一二・二〇（五六(ワ)一二〇〇）所有権移転登記手続請求事件……9

〔130〕 那覇地裁沖縄支部平二・一二・二〇（五八(ワ)一二六）土地所有権確認請求事件……23
福岡高裁那覇支部平七・一一・三〇（二(ネ)一七三） 26

〔131〕 福岡地裁小倉支部平二・一二・二六（五九(ワ)二九九）損害賠償請求、当事者参加請求、土地共有持分権確認請求、損害賠償請求、土地所有権確認等請求各事件……31
福岡高裁平五・一・二六（三(ネ)三〇） 43

〔132〕 広島地裁福山支部平二・一二・二七（二(ヨ)九九）不動産仮処分命令申請事件……49

〔133〕 高知地裁平三・九・一八（一(ワ)一二一）土地所有権移転登記手続請求事件……54

〔134〕 福岡地裁平三・一〇・二三（二(ワ)一五三五）所有権確認請求事件……60
福岡高裁平五・三・二九（三(ネ)七七八） 65

〔135〕長野地裁松本支部平四・二・一〇（二(ワ)七六）土地所有権確認請求事件……65
〔137〕岡山地裁平五・二・二四（五八(ワ)一四五）土地所有権移転登記請求事件、土地所有権確認等請求事件……70
広島高裁平七・六・二九（五(ネ)七四〇）77
最判平一〇・一〇・二七（七(オ)二〇六〇）79
〔138〕新潟地裁平五・三・二三（三(ワ)二五二）入会権確認等請求事件……79
東京高裁平九・五・二九（五(ネ)一八八四）91
〔139〕那覇地裁平良支部平五・四・一六（三(ワ)二九）入会権確認請求事件……91
福岡高裁那覇支部平六・七・一二（五(ネ)五三）93
最判平六・一二・二〇（六(オ)一九二五）96
〔140〕新潟地裁平五・七・八（一(ワ)八五）土地（山林）賃貸借契約無効確認等請求事件……96
東京高裁平七・九・二七（五(ネ)二九〇二）103
最判平九・六・五（八(オ)七一）111
〔142〕広島地裁平五・一〇・二〇（五九(ワ)七三六）共有持分登記抹消登記手続等請求事件……111
〔144〕神戸地裁豊岡支部平六・二・二一（二(ワ)七六）所有権移転登記請求事件……128
大阪高裁平一二・一・二八（六(ネ)六四四）139
最判平一三・九・二六（一二（オ）七五六）155

〔158〕名古屋地裁平八・六・一八（七(ワ)一七四）所有権確認請求事件……241
名古屋高裁平八・一〇・三〇（八(ネ)五三九）　243
最判平九・七・一一（九(オ)六五三）　245

〔159〕津地裁上野支部平八・一一・八（五(ワ)七二）組合総会決議不存在確認請求事件、決議不存在確認請求事件……245
名古屋高裁平九・六・一八（九(ネ)六四）　252

〔160〕福島地裁会津若松支部平九・七・八（六(ワ)七二）建物・構造物収去土地明渡等請求事件……252
仙台高裁平一二・一・三一（九(ネ)三二六）　256
最判平一二・九・一二（一二(オ)五七八）　260

〔161〕甲府地裁平九・九・三〇（七(行ウ)六）事前協議不同意処分取消請求事件……260
東京高裁平一〇・六・二四（九(行コ)一五三）　261

〔162〕山形地裁鶴岡支部平一〇・一・三〇（六二(ワ)四）山林使用収益権確認等請求事件……262
仙台高裁秋田支部平一二・五・二二（一〇(ネ)一四）　277
最判平一五・一〇・二八（一二(オ)一二九二）　303

〔163〕大分地裁日田支部平一〇・七・三一（九(ワ)二一）第三者異議事件……302
福岡高裁平一二・四・一四（一〇(ネ)七〇八）　310

〔164〕秋田地裁本荘支部平一一・四・一四（一〇(ワ)二一）不当利得返還請求事件……313
仙台高裁秋田支部平一三・一・二二（一一(ネ)五二）　319
最判平一五・四・一一（一三(受)五〇五）　324

〔165〕大分地裁日田支部平一一・四・二〇（九(ワ)二九）土地明渡請求事件……325
〔166〕福岡地裁小倉支部平一二・一・二〇（六(ワ)一五五四）入会権確認請求事件……328
〔167〕甲府地裁平一二・二・二四（九(ワ)四一五）損害賠償請求事件……355
〔168〕和歌山地裁平一二・三・二八（七(ワ)三八九）所有権不存在確認請求―甲事件、共有持分移転登記手続反訴請求―乙事件、共有持分移転登記手続請求―丙・丁事件、各事件……365
大阪高裁平一三・一〇・五（一二(ネ)一八二四）373
〔169〕広島地裁平一二・五・三〇（六(ワ)四〇一）入会権確認等請求事件……386
広島高裁岡山支部平一四・三・二七（一二(ネ)三一八）409
最判平一四・九・二四（一四(オ)一〇二二）434
〔170〕静岡地裁沼津支部平一二・一〇・一一（六(ワ)四九六）土地共有持分権確認請求事件……434
〔172〕福岡地裁久留米支部平一三・九・一四（一一(ワ)二二三）所有権保存登記抹消登記手続請求事件……444
〔173〕那覇地裁平一三・一〇・三（一三(ヨ)九五）一般廃棄物最終処分上建設禁止仮処分申立事件……449
〔174〕岐阜地裁平一三・一二・一二（二(ワ)三九七）ゴルフ場建設差止請求事件……454
〔175〕神戸地裁平一四・三・一四（一二(行ウ)七）公有財産の管理を怠る事実の違法確認等請求事件……467
大阪高裁平一六・一・一六（一四(行コ)二六）469
最判平一六・六・二五（一六(行ヒ)一一八）480

〔176〕山口地裁岩国支部平一五・三・二八（一一(ワ)九）所有権移転登記抹消登記手続等請求事件、入会権確認請求事件……481
〔177〕那覇地裁平一五・一一・一九（一四(ワ)一一九五）地位確認等請求事件……502
〔178〕甲府地裁平一五・一一・二五（一四(ワ)三五二）土地明渡請求事件、妨害排除請求事件……514
〔179〕大分地裁平一五・一一・二七（一三(ワ)二三四）温泉入湯権確認請求事件……526
〔180〕佐賀地裁唐津支部平一六・一・一六（一三(ワ)五一）墓地使用権確認請求事件……532
〔181〕大阪地裁平一六・一・二〇（一五(行ウ)三）不作為違法確認等請求事件……540
〔182〕鹿児島地裁平一六・二・二〇（一四(ワ)七一）一般廃棄物焼却施設建設差止請求事件……555
解 題……577

				上告審（最高裁・高裁）			
言渡期日	事件番号	出　典	上訴	言渡期日	事件番号	出　典	備考
昭30.8.9	23(レ)8	下民６巻８号1590頁	確定				
			和解				
昭29.6.26	26(ネ)2555	(民)	→	昭32.9.13	29(オ)769	民11巻1518頁	差戻
			取下				
昭33.10.24	28(ネ)1556	下民９巻2147頁	→	昭35.12.15	34(オ)111　外	裁47巻349頁	
昭30.10.31	29(ネ)1332	高８巻634頁	差戻				
昭30.3.28	29(ネ)656	下民６巻538頁	→	昭32.6.11	30(オ)509	裁26巻881頁	
昭32.7.19	30(ラ)50	家月９巻10号27頁					
			取下				
昭48.1.25	31(ネ)398	判時732号58頁	→	昭51.7.19	48(オ)541		
			取下				
昭41.10.12	32(ネ)29	(民)	→	昭48.3.13	42(オ)531	民27巻271頁	
昭34.11.13	32(ネ)369		→	昭37.3.15	35(オ)279	裁59巻293頁	
昭33.12.16	32(ネ)395	(民)	→	昭41.11.25	34(オ)650	民20巻1921頁	
昭34.9.9	33(ネ)151		→	昭36.3.2	34(オ)1183		
			和解				
昭38.4.26	34(ネ)31		→	昭41.11.10	38(オ)754		
昭37.10.26	35(ネ)45		→	昭39.2.27	38(オ)434		
昭35.8.22	34(ネ)455		→	昭37.11.2	35(オ)1244	裁63巻21頁	
昭38.6.19	34(ネ)262	(民)	→	昭40.5.20	38(オ)1029	民19巻822頁	
昭37.9.25	34(ネ)1505	判タ136号89頁	確定				
昭37.11.27	35(ネ)76		→	昭39.9.22	38(オ)479		
昭37.8.22	35(ネ)137	(民)	→	昭42.3.17	37(オ)1365	民21巻388頁	
昭36.10.25	35(ネ)243		確定				
			取下				
昭37.3.30	35(ネ)2950		→	昭39.8.20	37(オ)751		
昭39.4.1	36(ネ)99		→	昭41.8.26	38(オ)920		
			和解				
昭40.11.29	36(ネ)156		→	昭41.7.15	41(オ)239		
昭45.3.31	37(ネ)93　外		→	昭46.11.26	45(オ)788	判時654号53頁	
昭38.6.26	37(レ)11	下民14巻1282頁	→	昭39.10.20	38(ツ)78		
			取下				
昭41.3.18	38(ネ)2488		→	昭41.11.18	41(オ)635		
			取下				
昭44.5.28	39(ネ)90		→	昭48.1.19	44(オ)902		
			和解				
昭41.5.18	39(ネ)939		→	昭41.12.16	41(オ)1021		
昭45.10.29	40(ネ)184	判タ259号247頁	→	昭46.10.14	46(オ)257		
昭43.11.11	40(ネ)1691		→	昭48.6.22	44(オ)751		
昭52.3.30	41(ネ)126		→	昭56.9.11	54(オ)870		

入会関係判例一覧

掲載頁	番号	第一審					控訴審
㊄頁		裁判所	言渡期日	事件番号	出　典	上訴	裁判所
②3	**1**	秋田地裁大館支部	昭23.3.26	17(ハ)101		→	秋田地裁
②7	**2**	盛岡地裁	昭26.7.31	21(ワ)31		→	仙台高裁
①7	**3**	新潟地裁	昭26.11.21	23(ワ)159	下民2巻1334頁	→	東京高裁
②21	**4**	青森地裁八戸支部	昭26.11.14	24(ワ)57		確定	
	5	神戸地裁洲本支部	昭27.11.24	26(ワ)19	下民3巻1634頁	→	大阪高裁
①11	**6**	長野地裁上田支部	昭28.8.8	26(ワ)66　外		→	東京高裁
	7	京都地裁峰山支部	昭29.11.14	29(ワ)5		→	大阪高裁
①3	**8**	長野地裁伊那支部	昭29.3.2	28(ワ)5		→	東京高裁
②23	**9**	新潟地裁	昭29.12.28	27(ワ)355　外		確定	
	10	福島家裁会津若松支部	昭30.8.8	30(家)156		抗告	仙台高裁
	11	盛岡地裁	昭31.5.14	22(ワ)3	下民7巻1217頁	→	仙台高裁
①317	**12**	青森地裁	昭31.8.13	28(ワ)187		→	仙台高裁
②27	**13**	盛岡地裁	昭31.11.2	27(ワ)45		→	仙台高裁
	14	福岡地裁飯塚支部	昭31.11.8	31(ヨ)65	下民7巻3169頁	確定	
①214	**15**	青森地裁鰺ヶ沢支部	昭32.1.18	28(ワ)52	(民)	→	仙台高裁秋田支部
①19	**16**	福岡地裁久留米支部	昭32.4.16	28(ワ)22		→	福岡高裁
①121	**17**	青森地裁八戸支部	昭32.7.29	30(ワ)42	(民)	→	仙台高裁
①15	**18**	奈良地裁	昭33.1.24	31(ワ)196		→	大阪高裁
	19	青森地裁	昭33.2.25	29(ワ)213　外	下民9巻308頁	→	仙台高裁
①90	**20**	松江地裁西郷支部	昭34.1.29	32(ワ)5　外		→	広島高裁松江支部
①36	**21**	岡山地裁新見支部	昭34.3.26	29(ワ)27		→	広島高裁岡山支部
①30	**22**	福島地裁会津若松支部	昭34.8.17	32(ワ)181		→	仙台高裁
①70	**23**	広島地裁竹原支部	昭34.9.20	28(ワ)27　外		→	広島高裁
②36	**24**	奈良地裁	昭34.11.5	34(ワ)6		→	大阪高裁
①61	**25**	福島地裁会津若松支部	昭35.1.26	31(ワ)47		→	仙台高裁
①131	**26**	福島地裁会津若松支部	昭35.3.16	32(ワ)45　外		→	仙台高裁
②38	**27**	福島地裁会津若松支部	昭35.4.28	32(ワ)33　外		→	仙台高裁
	28	千葉地裁	昭35.8.18	16(ワ)16	下民11巻1721頁	→	東京高裁
①54	**29**	甲府地裁	昭35.11.15	35(ワ)54		→	東京高裁
①84	**30**	福島地裁白河支部	昭36.1.26	29(ワ)101　外	下民12巻115頁	→	仙台高裁
	31	秋田地裁大曲支部	昭36.4.12	30(ワ)7	下民12巻794頁	→	仙台高裁秋田支部
①77	**32**	秋田地裁	昭36.10.30	33(ワ)128		→	仙台高裁秋田支部
①175	**33**	長崎地裁	昭36.11.27	29(ワ)553　外	判タ127号84頁	→	福岡高裁
②54	**34**	葛城簡裁	昭37.3.30	33(ハ)64		→	奈良地裁
	35	山形地裁	昭37.9.3	34(ワ)28　外	下民13巻1793頁	→	仙台高裁
①107	**36**	長野地裁	昭38.8.16	31(ワ)6		→	東京高裁
	37	鳥取地裁	昭38.9.27	31(ワ)176	下民14巻1881頁	確定	
②61	**38**	盛岡地裁	昭38.12.27	34(ワ)129		確定	
	39	長野地裁	昭39.2.21	26(ワ)94	下民15巻324頁	→	東京高裁
①192	**40**	秋田地裁	昭39.9.28	36(ワ)6		→	仙台高裁秋田支部
	41	高知地裁中村支部	昭39.11.18	36(ワ)29	下民15巻2765頁	→	高松高裁
①125	**42**	長崎地裁福江支部	昭39.11.30	33(ワ)23		→	福岡高裁
①160	**43**	長野地裁木曽支部	昭40.1.18	37(ワ)8		→	東京高裁
①252	**44**	新潟地裁	昭40.6.15	35(ワ)135		→	東京高裁
②64	**45**	熊本地裁	昭41.1.24	32(ワ)30		→	福岡高裁

				上告審（最高裁・高裁）				
言渡期日	事件番号	出　典	上訴	言渡期日	事件番号	出　典	備考
昭43.7.16	41(ネ)179		→	昭44.5.30	44(オ)90		
昭42.1.27	41(ネ)278	下民18巻73頁	→	昭43.11.15	42(オ)524	判時544号33頁	
昭53.3.22	41(ネ)1153　外	判時882号14頁	→	昭57.1.22	53(オ)861		
昭45.3.16	41(ネ)1696	判タ246号214頁	→	昭47.12.21	45(オ)488	裁135巻83頁	
昭45.2.26	42(ネ)376		→	昭48.3.13	46(オ)7		
昭53.7.31	42(ネ)488　外		→	昭55.12.23	53(オ)1355		
昭45.9.17	42(ネ)220		→	昭48.4.6	46(オ)471		差戻
昭48.10.31	42(ネ)608	判タ303号166頁	→	昭49.6.28	49(オ)117		
昭44.5.12	43(ネ)48		→	昭46.12.23	44(オ)856		
昭50.12.17	43(ネ)18		→	昭52.4.15	51(オ)202		
昭52.1.26	43(ネ)33	下民28巻769頁	→	昭58.4.21	52(オ)689	最集民138号627頁	
昭50.9.10	43(ネ)115	下民26巻769頁	確定				
昭50.12.26	43(ネ)1658	(民)	→	昭57.7.1	51(オ)424	民36巻891頁	
昭52.4.13	44(ネ)113	判時857号79頁	→	昭53.3.2	52(オ)897		
昭47.10.16	44(ネ)18		→	昭48.6.26	48(オ)41		
昭52.9.30	44(ネ)520	下民28巻12号1044頁	→	昭56.11.5	53(オ)68		
昭47.8.31	44(ネ)2785	判時681号37頁	→	昭50.10.23	48(オ)73		
昭46.11.30	45(ネ)42	判時658号42頁	確定				
昭47.9.13	45(ネ)19	(民)	→	昭48.10.5	47(オ)1188	民27巻1110頁	
昭47.7.24	45(ネ)649	判時700号104頁	→	昭48.6.26	47(オ)1246		
昭48.10.2	46(レ)120　外		→	昭51.2.26	49(ツ)10		
昭46.11.16	46(ネ)1310	判時750号60頁	→				
昭51.2.27	46(ネ)1473		→	昭52.7.22	51(オ)558		
昭55.5.30	47(ネ)254　外	判タ421号104頁	→	昭58.2.8	55(オ)936	判時1092号62頁	差
昭49.8.29	48(行コ)30		→	昭50.7.21	50(行ツ)9		
昭53.5.2	49(ネ)3		→	昭56.2.24	53(オ)957		
昭49.12.17	49(ネ)1152		→	昭51.11.1	50(オ)531		
昭53.7.31	50(ネ)424		→	昭57.10.7	53(オ)1287		
昭51.12.27	50(ネ)476		→	昭52.10.13	52(オ)396		
平3.8.28	51(ネ)155　外		→	平7.10.24	4(オ)704		
昭52.10.31	51(ネ)133		→	昭53.6.6	53(オ)2		
昭52.10.31	51(ネ)132		→	昭53.6.6	53(オ)93		
昭52.12.16	51(ネ)2334　外	判タ362号227頁	→	昭53.9.19	53(オ)499		
昭59.7.19	53(ネ)653　外		→	昭63.1.18	59(オ)1447	判時1265号72頁	
昭60.6.25	54(ネ)1658	判時1171号79頁	→	平1.7.14	60(オ)1151		
昭61.4.30	55(ネ)66		→	平1.5.6	61(オ)988		
昭55.12.17	55(行コ)5		→	昭60.9.6	56(行ツ)50	判時1179号60頁	

入会関係判例一覧

掲載頁	番号	第一審					控訴審
㊊頁		裁判所	言渡期日	事件番号	出　典	上訴	裁判所
①149	**46**	高知地裁中村支部	昭41.2.19	34(ワ)16		→	高松高裁
①144	**47**	名古屋地裁岡崎支部	昭41.3.22	39(ワ)179		→	名古屋高裁
	48	東京地裁	昭41.4.27	35(ワ)1835　外	下民17巻353頁	→	東京高裁
①189	**49**	神戸地裁	昭41.8.16	28(ワ)689	判時458号17頁	→	大阪高裁
①217	**50**	熊本地裁	昭42.4.13	38(ワ)385		→	福岡高裁
②73	**51**	津地裁四日市支部	昭42.6.12	37(ワ)34		→	名古屋高裁
①233	**52**	高知地裁	昭42.7.19	40(ワ)174　外		→	高松高裁
①293	**53**	福岡地裁	昭42.9.22	38(ワ)650		→	福岡高裁
①181	**54**	福島地裁会津若松支部	昭43.1.19	40(ワ)177		→	仙台高裁
①332	**55**	松江地裁	昭43.2.7	32(ワ)4　外	判時531号53頁	→	広島高裁松江支部
②80	**56**	松江地裁	昭43.3.27	38(ワ)60　外		→	広島高裁松江支部
	57	東京地裁	昭43.5.10	40(ワ)342	下民19巻247頁	→	東京高裁
	58	甲府地裁	昭43.7.19	39(ワ)139　外	下民19巻419頁	→	東京高裁
①362	**59**	千葉地裁八日市場支部	昭43.11.22	38(ワ)45		→	東京高裁
①280	**60**	山口地裁船木支部	昭43.12.17	40(ワ)47		→	広島高裁
②94	**61**	京都地裁園部支部	昭44.3.24	38(ワ)25　外		→	大阪高裁
①304	**62**	横浜地裁横須賀支部	昭44.9.30	41(ワ)3		→	東京高裁
	63	岐阜地裁大垣支部	昭44.11.17	38(ワ)20　外	判時606号13頁	→	名古屋高裁
①289	**64**	松江地裁西郷支部	昭45.1.30	41(ワ)6		→	広島高裁松江支部
	65	東京地裁	昭45.2.27	38(ワ)4519	判時584号40頁		
②99	**66**	長崎地裁佐世保支部	昭45.7.27	43(ワ)17		→	福岡高裁
	67	東京地裁	昭45.12.22	43(ワ)1258	判時528号61頁		
	68	東京地裁	昭46.1.13	45(ヨ)932	判時617号29頁		
②105	**69**	山形地裁	昭46.2.24	39(ワ)282		確定	
①311	**70**	伊丹簡裁	昭46.4.27	45(ハ)22		→	神戸地裁
②114	**71**	大阪地裁岸和田支部	昭46.7.19	41(ワ)47		→	大阪高裁
①340	**72**	大津地裁彦根支部	昭46.9.7	39(ワ)64		→	大阪高裁
②116	**73**	盛岡地裁	昭47.5.18	36(ワ)9		→	仙台高裁
②135	**74**	佐賀地裁	昭48.2.23	42(ワ)310		確定	
	75	長野地裁	昭48.3.13	43(ワ)129　外	判時732号80頁	確定	
①299	**76**	神戸地裁	昭48.10.18	48(行ウ)3		→	大阪高裁
②139	**77**	名古屋地裁	昭48.12.20	44(ワ)647		→	名古屋高裁
①324	**78**	大津地裁	昭49.4.18	48(ワ)53		→	大阪高裁
②148	**79**	福島地裁会津若松支部	昭50.10.29	47(ワ)18	判時812号96頁	→	仙台高裁
①358	**80**	福島地裁いわき支部	昭50.12.15	49(ワ)149		→	仙台高裁
②154	**81**	盛岡地裁一関支部	昭51.3.26	39(ワ)63　外		→	仙台高裁
①367	**82**	岡山地裁倉敷支部	昭51.9.24	48(ワ)109	判時858号94頁	→	広島高裁岡山支部
①372	**83**	岡山地裁倉敷支部	昭51.9.24	49(ワ)15		→	広島高裁岡山支部
②171	**84**	奈良地裁葛城支部	昭51.9.28	49(ワ)69　外	月	→	大阪高裁
	85	静岡地裁	昭51.11.25	48(行ウ)5	訴務22巻12号2898頁	確定	
②175	**86**	敦賀簡裁	昭52.3.29	50(ハ)4		確定	
	87	津地裁四日市支部	昭53.2.16	48(ワ)67	判時903号86頁	確定	
②178	**88**	熊本地裁宮地支部	昭53.10.23	46(ワ)4　外		→	福岡高裁
②186	**89**	大阪地裁	昭54.9.21	50(ワ)1841		→	大阪高裁
②195	**90**	鹿児島地裁	昭55.3.28	49(ワ)174　外		→	福岡高裁宮崎支部
	91	福井地裁	昭55.6.27	51(行ウ)2	判時993号41頁	→	名古屋高裁金沢支部

				上告審（最高裁・高裁）				
言渡期日	事件番号	出　典	上訴	言渡期日	事件番号	出　典	備考	
昭59.1.30	55(ネ)1687　外	東高民35巻18頁						
平1.3.2	56(ネ)301							
昭58.11.28	56(ネ)1392		→	昭59.6.21	59(オ)174			
昭58.3.23	56(ネ)711		→	昭58.11.11	58(オ)667			
昭63.9.29	57(ネ)470　外		→	平3.11.19	1(オ)271			
平7,8.30	58(ネ)1492外		→	平11.1.29	8(オ)447			
昭60.8.29	59(ネ)811	判タ584号74頁	差戻					
			取下					
昭63.3.23	59(レ)120	判時1292号130頁	→	平1.3.22	63(行ツ)275			
			和解					
昭62.5.19	60(ネ)1360		→	平1.10.12	62(オ)1179			
			取下					
昭62.4.13	60(ネ)269		確定					
昭62.1.27	60(ネ)847							
昭62.8.31	61(ネ)3615							
平5.1.28	62(ネ)120	判タ849号217頁						
平5.1.25	62(ネ)141	判タ853号207頁						
昭63.1.28	62(ネ)1060		→	平1.5.26	63(オ)578			
平5.3.25	62(ネ)2775							
			和解					
			和解					
			取下					
平3.7.18	1(ネ)213	(民)	→	平6.5.31	3(オ)1724	民48巻1065頁	差戻	
平3.5.15	元（ソ)6		→	平3.9.11	3(ク)203			
			和解					
平6.3.1	2(ネ)128		→	平7.7.17	6(オ)1079			
平7.11.30	2(ネ)173							
平5.1.26	3(ネ)30　外		確定					
平5.3.29	3(ネ)778	判タ826号271頁	確定					
平5.1.25	4(ネ)1059							
平9.6.29	5(ネ)74		→	平10.10.27	7(オ)2060			

入会関係判例一覧

掲載頁	番号	第一審				上訴	控訴審
㊟頁		裁判所	言渡期日	事件番号	出　典	上訴	裁判所
②207	**92**	千葉地裁佐倉支部	昭55.6.30	50(ワ)81　外		→	東京高裁
②221	**93**	金沢地裁	昭56.3.25	51(ワ)134			
②225	**94**	熊本地裁宮地支部	昭56.3.30	45(ワ)54	判時1030号83頁	→	福岡高裁
②232	**95**	奈良地裁	昭56.6.19	49(ワ)42　外	判タ465号180頁	→	大阪高裁
②239	**96**	福岡地裁飯塚支部	昭56.9.24	48(ワ)79　外		→	福岡高裁
②253	**97**	大分地裁	昭57.7.19	52(ワ)497　外		→	福岡高裁
②263	**98**	那覇地裁	昭57.10.27	52(行ウ)5			
②274	**99**	長野地裁上田支部	昭58.5.28	47(ワ)85　外		→	東京高裁
	100	岡山地裁	昭58.5.25		判時1086号167頁		
	101	福岡地裁	昭58.12.27	58(ワ)2113	判タ521号206頁	確定	
	102	甲府地裁	昭59.1.30	52(ワ)284　外			
②315	**103**	奈良地裁葛城支部	昭59.3.29	54(ワ)153		→	大阪高裁
②319	**104**	宮崎地裁	昭59.5.11	48(ワ)358　外	判タ542号246頁	→	
②334	**105**	神戸簡裁	昭59.11.29	58(ハ)1621		→	神戸地裁
②337	**106**	鹿児島地裁	昭59.11.30	48(ワ)104		確定	
	107	岐阜地裁高山支部	昭60.1.22	55(ワ)3	判時1166号132頁	→	名古屋高裁
②339	**108**	千葉地裁	昭60.2.24	53(ワ)991		→	東京高裁
②353	**109**	広島地裁	昭60.5.21	51(ワ)949		→	
②373	**110**	鹿児島地裁	昭60.10.31	59(ワ)275	判タ578号71頁	→	福岡高裁宮崎支部
②378	**111**	名古屋地裁岡崎支部	昭60.11.27	58(ワ)412　外		→	名古屋高裁
	112	大阪地裁	昭61.7.14	50(ワ)1427	判タ620号108頁		
②385	**113**	長野地裁	昭61.11.13	60(ワ)92		→	東京高裁
	114	徳島地裁	昭62.3.17	55(ワ)17	判タ849号220頁	→	高松高裁
②389	**115**	高知地裁	昭62.3.30	44(ワ)77　外		→	高松高裁
②398	**116**	(差戻)奈良地裁葛城支部	昭62.4.30	60(ワ)239		→	大阪高裁
②402	**117**	千葉地裁館山支部	昭62.7.28	61(ワ)42		→	東京高裁
	118	名古屋地裁	昭62.7.31	45(ワ)167　外	判時1268号85頁		
	119	金沢地裁七尾支部	昭62.9.30	56(ワ)84	判時1272号123頁	→	名古屋高裁金沢支部
②415	**120**	京都地裁	昭62.12.24	51(ワ)1516		確定	
	121	甲府地裁	昭63.5.16	60(ヨ)133	判時1294号		
	122	横浜地裁小田原支部	平1.2.14	56(ワ)443　外	判時1333号124頁		
	123	新潟地裁	平1.3.14	56(ワ)796　外	判時1325号122頁	→	
	124	名古屋地裁	平1.3.24	53(ワ)873	(民)	→	名古屋高裁
	125	甲府地裁	平1.6.28	60(ワ)295　外	判タ702号273頁		
③3	**126**	神戸簡裁	平1.11.13	1(ト)11		→	神戸地裁
③9	**127**	千葉地裁	平1.12.20	56(ワ)1200		→	東京高裁
	128	新潟地裁長岡支部	平2.7.18	52(ワ)257　外	判時1361号3頁	確定	
	129	那覇地裁石垣支部	平2.9.26	62(ワ)24　外	判時1396号123頁	→	福岡地裁那覇支部
③23	**130**	那覇地裁沖縄支部	平2.12.20	58(ワ)126		→	福岡高裁那覇支部
③31	**131**	福岡地裁小倉支部	平2.12.26	59(ワ)299　外		→	福岡高裁
③49	**132**	広島地裁福山支部	平2.12.27	2(ヨ)99			
③54	**133**	高知地裁	平3.9.18	1(ワ)121			
③60	**134**	福岡地裁	平3.10.23	2(ワ)1535		→	福岡高裁
③65	**135**	長野地裁松本支部	平4.2.10	2(ワ)76		→	東京高裁
	136	仙台地裁	平4.4.22	60(ワ)1411	判タ796号174頁	確定	
③70	**137**	岡山地裁	平5.2.24	58(ワ)145		→	広島高裁岡山支部

				上告審（最高裁・高裁）			
言渡期日	事件番号	出　典	上訴	言渡期日	事件番号	出　典	備考
平9.5.29	5(ネ)1884	判タ980号180頁	確定				
平6.7.12	5(ネ)53		→	平6.12.20	6(オ)1925		
平7.9.27	5(ネ)2902		→	平9.6.5	8(オ)71		
平8.6.26	5(行コ)68	判自162号50頁	→	平8.7.12			取下
平12.1.28	6(ネ)644			平13.9.26	12(オ)758		
平8.12.12	6(ネ)1528	判時1601号107頁	→	平10.7.3			
平7.12.12	6(ネ)36	判自155号71頁	→	平10.9.24			
平8.3.28	6(ネ)326		確定				
平9.8.28	6(ネ)2242		→	平12.7.11	9(オ)2219		
			和解				
平8.5.15	7(行コ)8		→	平13.3.13	8(行ツ)180	民55巻2号283頁	
			和解				
平10.2.27	7(ネ)285		→	平10.9.10	10(オ)1177		
平10.11.17	7(ネ)2540						
平8.6.27	8(行コ)3		→	平9.7.11	8(行ツ)224		
平9.12.18	8(ネ)800		→	平10.6.30	10(オ)689		
平8.10.30	8(ネ)539		→	平9.7.11	9(オ)653		
平9.6.18	9(ネ)64	判タ101号272頁					
平12.1.31	9(ネ)326		→	平12.9.12	12(オ)578		
平10.6.24	9(行コ)153						
平12.5.22	10(ネ)14		→	平15.10.28	12(オ)1292		
平12.4.14	10(ネ)708		→	平12.10.13	12(オ)1188		
平13.1.22	11(ネ)52		→	平15.4.11	13(オ)505		
			和解				
平13.10.5	12(ネ)1824						
平14.3.27	12(ネ)318		→	平14.9.24	14(オ)1022		
平14.12.10	14(ラ)36		→	平15.12,25	15(許)8		
			和解				
平16.1.16	14(行コ)26		→	平成16.6.25	16(行ヒ)118	不受理決定	
	16(行コ)18						

入会関係判例一覧

掲載頁	番号	第一審					控訴審
㊎頁		裁判所	言渡期日	事件番号	出　典	上訴	裁判所
③79	**138**	新潟地裁	平5.3.23	3(ワ)252		→	東京高裁
③91	**139**	那覇地裁平良支部	平5.4.16	3(ワ)29		→	福岡高裁那覇支部
③96	**140**	新潟地裁	平5.7.8	1(ワ)85		→	東京高裁
	141	甲府地裁	平5.8.9	60(ワ)16	判自123号73頁	→	
③111	**142**	広島地裁	平5.10.20	59(ワ)736		確定	
	143	大阪地裁	平5.12.22	62(行ウ)29	判時1524号33頁	→	大阪高裁
③128	**144**	神戸地裁豊岡支部	平6.2.21	2(ワ)76　外	判タ854号209頁	→	大阪高裁
	145	甲府地裁	平6.3.23	60(ワ)166	判タ854号209頁	→	東京高裁
	146	那覇地裁	平6.3.30	1(ワ)76	判自130号53頁	→	福岡高裁那覇支部
③155	**147**	広島地裁福山支部	平6.6.2	3(ワ)44		→	広島高裁
③162	**148**	神戸地裁豊岡支部	平6.8.8	6(ワ)40		→	大阪高裁
	149	那覇地裁	平7.2.22	56(ワ)213	判自143号54頁	→	福岡高裁那覇支部
	150	岐阜地裁	平7.3.22	5(行ウ)2		→	名古屋高裁
③181	**151**	甲府地裁	平7.5.30	3(ワ)175		→	東京高裁
③188	**152**	山口地裁徳山支部	平7.6.30	5(ワ)153　外		→	広島高裁
③202	**153**	大阪地裁	平7.9.25	63(ワ)6290		→	大阪高裁
	154	福岡地裁大牟田支部	平7.10.6	5(ワ)124	判タ905号233頁	確定	
③217	**155**	青森地裁	平8.2.13	6(行ウ)12	判自154号18頁	→	仙台高裁
③221	**156**	大阪地裁堺支部	平8.2.23	3(ワ)180　外		→	大阪高裁
	157	千葉地裁	平8.4.22	5(行ウ)15	判タ915号245頁	確定	
③241	**158**	名古屋地裁	平8.6.18	7(ワ)174		→	名古屋高裁
③245	**159**	津地裁上野支部	平8.11.8	5(ワ)72		→	名古屋高裁
③252	**160**	福島地裁会津若松支部	平9.7.8	6(ワ)72		→	仙台高裁
③260	**161**	甲府地裁	平9.9.30	7(行ウ)6	判自177号69頁	→	東京高裁
③262	**162**	山形地裁鶴岡支部	平10.1.30	62(ワ)4		→	仙台高裁秋田支部
③302	**163**	大分地裁日田支部	平10.7.31	9(ワ)21		→	福岡高裁
③313	**164**	秋田地裁本荘支部	平11.4.14	10(ワ)21		→	仙台高裁秋田支部
③325	**165**	大分地裁日田支部	平11.4.20	9(ワ)29		→	福岡高裁
③328	**166**	福岡地裁小倉支部	平12.1.20	6(ワ)1554		確定	
③355	**167**	甲府地裁	平12.2.24	9(ワ)415			
③365	**168**	和歌山地裁	平12.3.28	7(ワ)389　外		→	大阪高裁
③386	**169**	広島地裁	平12.5.30	6(ワ)401　外		→	広島高裁岡山支部
③434	**170**	静岡地裁沼津支部	平12.10.11	6(ワ)496			
	171	鹿児島地裁名瀬支部	平13.5.18	13(ヨ)1	判時1787号138頁	→	福岡高裁宮崎支部
③444	**172**	福岡地裁久留米支部	平13.9.14	11(ワ)223　外		→	福岡高裁
③449	**173**	那覇地裁	平13.10.3	13(ヨ)95		→	福岡高裁那覇支部
③454	**174**	岐阜地裁	平13.12.12	2(ワ)397　外		確定	
③467	**175**	神戸地裁	平14.3.14	12(行ウ)7	判自241号64頁	→	大阪高裁
③481	**176**	山口地裁岩国支部	平15.3.28	11(ワ)9　外		→	広島高裁
③502	**177**	那覇地裁	平15.11.19	14(ワ)1195		→	東京高裁
③514	**178**	甲府地裁	平15.11.25	14(ワ)352			
③526	**179**	大分地裁	平15.11.27	13(ワ)224		→	福岡高裁
③532	**180**	佐賀地裁唐津支部	平16.1.16	13(ワ)51		→	福岡高裁
③539	**181**	大阪地裁	平16.1.20	15(行ウ)3		→	大阪高裁
③555	**182**	鹿児島地裁	平16.2.20	14(ワ)71		→	福岡高裁宮崎支部

戦後入会判決集　第一巻

〔8〕最高裁昭和三二年六月一一日判決（昭和三〇年(オ)五〇九号　配分金請求事件）（最高裁裁判集民事二六号八八一頁）

本件は、いわゆる部落有林の立木を、在来の権利者である旧戸が売却処分してその収益を配分したのに対し、同一部落内の分家等の新戸が、その収益金の配分を請求した事件であって、係争地は長野県上伊那郡川島村（現辰野町）大字横川字伊良沢の部落有林である。

係争地は伊良沢部落住民の入会林野であったが、明治四三年頃、当時の入会権利者（旧戸）の総意で一時入山を停止し、自然林を補植育成してその伐採収益を分配すべきことを決めた。その頃から分家等により部落の戸数が増加したので、部落内に一戸を構え部落に一定の加盟金を納めてその承認をうれば入会権を取得させるという規約が定められた。昭和二六年に旧戸一八名が右立木を伐採してその収益金を旧戸のみで配分したので、新戸一二戸中Xら三名は、自分達も規約によって認められた入会権者であるから配分金を受ける権利があるという理由で、旧戸のYら一八名を相手として配分金請求の訴を提起した。Yらは右山林は大正二年頃当時の権利者たる旧戸一八名が分割することを決めたから現在一八名の共有地であって入会地ではなく、新戸の入会権は右山林を除く他の未分割地についてのみ認められるものであり、X_1（小沢弥蔵）は隣接部落に居住しているから権利を有しない、と抗弁した（ただしYらのうちY_1ら（小沢盛男）三名はXらの主張を争わなかった）。

第一審は、Yら主張の分割の事実を認めず、係争地が現在入会地であって、Xらを含む新戸一二戸も本戸一八戸と同様に入会権者であり、X_1は隣接部落に分家居住したが伊良沢部落に所定の加入金を納め部落住民と同様に待遇されているので新戸としての権利を有する、と判示した。Yら（Y_1ら三名を除く一五名）は控訴して、前記分割の事実ならびに入会を停止して植林している事実を理由に入会権は廃絶した、と主張した。

第二審も第一審同様に判示し、入会停止については、入会権者たる部落住民の総意によるかかる協定は入会権の内容そのものを変更したものでなく、単にその行使方法についての協定にすぎないから、その協定の実施により入会権の行使が一時停止されても入会権が廃絶したとはいえない、とYらの主張を認めなかった。Yらは、上告して、原判決は入会権の本質について認定判断をせず、係争地は旧戸の共有山林であり、旧町村制第一二四条以下および地方自治法二九四条以下の規定による取扱がされてないから部落有でないにもかかわらず、地盤所有権の帰属を審理していないので審理不尽である、と主張した。

（棄却） 最高裁は、原審の判示をほぼそのまま承認してYらの上告を棄却した。入会権の存否については、入会権者の総意により入山停止をし、それ以後自然林の補植育成等団体の直轄利用することがあっても、それは入会行使形態の変化であるにすぎず、それによって入会権の消滅をきたすものではないと、いわゆる団体直轄＝留山利用が入会権の行使形態である、と重要な判示をしている。また、係争地が入会地である以上その地盤所有の帰属如何をとわず入会集団構成員は入会権を行使しうる、と入会権の存否は地盤所有権の帰属と直接関係ない旨を判示している。

◇（第一審　長野地裁伊那支部昭和二九年三月二日判決　同二八年(ワ)五号）認容

「一、原告等の主張事実は、被告小沢盛男、同三浦千又、同矢ヶ崎金秋の認めるところであり、

二、〈証拠〉

上伊那郡川島村大字横川字伊良沢七百五十四番のロの本件山林一反歩は、元川島村大字横川の内字伊良沢及木曽沢部落

民の入会山林であったが、明治十三年頃伊良沢部落民が木曽沢部落民より権利を買受けて、伊良沢部落民のみの入会山林（本件山林の所有権が、字伊良沢部落に属するか、同部落民に属するか又入会権の性質が共有の性質を有するものかどうかの点についての判断は暫くおく）となし、他の同番のイの一の山林等と共に慣習により同部落民が入会い、立木等の採収をなして居た事実、入会権の主体たる部落民とは、同部落居住の事実上戸主たる者であり、その人員は明治四十年頃までは増加なく、同年頃より分家して新戸を創立するものを生じたため、それまでの入会権者であった所謂旧戸の者等は、新戸の者を入会に加盟せしめるについての規約を定める必要を感じ、その頃旧戸の総意を以て、同部落内に事実上新戸を創立したものは一定の加盟金を納め、かつ入会権者である全戸主を招いて加盟披露をなし、加盟の承認を得ること。加盟承認を得た者は旧戸と同等の入会権を取得することの規定を定めた事実、右規約に基き原告小沢彌蔵、同矢ヶ崎文吾の先代文彌は、各大正三年頃、原告小沢友十は昭和十二年頃各加盟し、他に九名の者も新戸として加盟し、現在入会権者は旧戸である被告等十八名及原告等を含む新戸十二名計三十名である事実、本件山林については明治四十三年頃、入会権者の総意により入会を一時停止し、自然林に補植をなし、相当年限育成した上伐採して、入会権者全員平等に分配すべきことを定めて現在に至ったものである事実を認めることができる。

被告等は、本件山林は入会山林ではなく、明治十三年頃当時の伊良沢部落民二十名が、同人等及木曽沢部落民二十一名の共有であった本件山林の共有持分を木曽沢部落民から譲受け、伊良沢部落民二十名の共有山林となしたものであると主張するけれども、〈証拠〉に照し採用し難く、他にこれを認め前記認定を覆すに足りる証拠がない。

次に被告等は、本件山林は大正二年頃当時の共有者間に於て共有分割をなして居り、仮りに本件山林が元入会山林であったとしても、入会関係は右分割によって消滅し、その後の新戸創立者である原告等は、本件山林につき何等の権利を有しない旨を主張し、又原告等が新戸創立者であること及新戸創立前共有分割がなかりせば、原告等も共有加盟者たるべきことは、被告等の争はないところであるので、本件山林が原告等主張の入会山林であっても、又被告等主張の共有山林であったとしても、原告等新戸の加盟前に於て、本件山林の分割があったかどうかが本件の主たる争点となるのであるが、右山林分割の事実については、〈証拠〉によると、大正二年頃権利者間に本件山林分割の話合はあったが、反対者があったため、分割協定が実現するに至らず、これに関し被告千又の先代三浦又次郎の手により乙第二号証の一が書かれたが、権利者全員の承諾調印を得るに至らず、今日に至ったものである事実を認めることができる。

尚被告等は、原告小沢彌蔵が伊良沢部落民に非ざるにより、無権利者なる旨主張するけれども、〈証拠〉を総合すると、同原告は伊良沢部落に於て出生し、分家するに際し隣部落である木曽沢に居住するに至ったが、当時本件山林の収益分配につき紛争を生じ、昭和三年中話合により同原告は伊良沢居住者に非ざるも、伊良沢部落民と同等に待遇すべきものとして所定の加盟金を納め披露をなした上、入会権者全員より特に加盟を承認されたものである事実を認めることができる。

然らば本件山林は旧戸である被告等十八名及原告等を含む十二名の新戸、合計三十名の平等の入会山林であり、一時入会停止中にあったものとゆうべく、而して昭和二十六年八月頃旧戸である被告等が本件山林立木を売却し、その代金八十七万円を被告等のみで同額（四万八千三百三十三円）宛分配したことは被告等の認めるところであるので、

三、被告等は、原告等各自が得べき右売却代金の三十分の一金二万九千円宛の分配金に相当する利益の損失に於て、夫々その金額と前記分配金との差額一万九千三百三十三円の十二分の一の、金千六百十一円宛を各原告に対する関係に於て、法律

上の原因なく不当に利得したものであって、その利益は被告等の反対主張及立証がないので、全額現存するものと認むべく、よって右不当利得金並にこれに対する本件訴状が被告等に到達した日の翌日であることが本件記録上明かである、昭和二十八年三月十七日以降完済まで、年五分の遅延損害金の支払を求める限度に於て、原告等の本訴請求は正当としてこれを認容し、(元本については各原告は被告等全員より、計二万九千円宛の支払を受けることとなる)被告等に対し支払の連帯を求める部分についてはその理由がないので失当として排斥し、訴訟費用については民事訴訟法第八十九条を適用して、主文の通り判決する。」

◇(第二審 東京高裁昭和三〇年三月二八日判決 同二九年(ネ)六五六号、下級民集六巻三号五八三頁)棄却

〔3〕 最高裁昭和三二年九月一三日判決(昭和二九年(オ)七六九号 山林立入および立木伐採権確認事件)(最高民集一一巻九号一五一八頁)

本件は、記名共有名義の部落入会地につき登記上共有持分権を取得した部落外の第三者が当該土地上に使用権を有するか否かに伴い右土地が入会地であるか否か争われたもので、係争地は新潟県東蒲原郡下条村(現三川町)取上部落にある山林であ

る。

取上部落にある山林二四筆は同大字取上部落住民であるY等一二名の共有であったが、同部落住民でないXが、昭和二〇年一一月共有者たるA（部落からの転出者）からその共有持分を譲受けて、同二一年二月一九日持分の所有権移転登記を完了した。Xは右持分にもとづいて右山林に立入り、薪炭用雑木の伐採をなしその配分に加入しうべきことを求めたけれどもY等はこれを拒否したので、Xは次の如き理由をもって、本件山林に立入り立木を伐採する権利を有することの確認を求める本訴を提起した。⑴本件山林はY等の入会地ではなく、純然たる共有地である。Y等の中一名は他部落に居住する共有権利者であるにもかかわらず採取された雑木の分配をうけている。⑵係争山林においてその立木を競争入札により売却し、その代金を共有権者に配分しているが、入会権は部落住民の生活上必要な材料を得ることを内容とするものであるから、右の如き使用収益をなすのは入会権の本旨に反する。⑶在村共有権者が独占的に使用収益しているいわゆる分け地は自由に譲渡され、譲受けた部落住民が他の部落住民より以上の利益をうけているが、かかる分け地の慣習がある以上もはや入会権は存在しない。

これに対してY等は次の如く抗弁した。⑴本件山林はY等取上部落住民の共有の性質を有する入会権が存する山林であって、その入会慣行は、「柴山」「売り山」および「分け地」によって異る。「柴山」は共有権持分の有無に拘らず、取上部落住民が毎年共同で入山して燃料用雑木を伐採し戸数別に平等に分配する。「売り山」は競争入札の方法により用材薪炭材を売却し、その売却代金の中から山番の手当その他の経費を控除した残額を居住部落如何に拘らず共有権者に配分する。「分け地」は開墾適地を部落居住者（最初は居住者が土地の共有権者であった）が協議して個人分割利用を認めているので、主として桐、桑を植付けているが、権利者が他部落に転出する場合はその権利を失う。⑵Y等の一名Y_2は現在取上部落に居住していないがその先代は部落に居住していたのであり、祖先の功労に対して特別に伐採した雑木を贈与しているのであって、このことは係争地が部落住民の入会地であることを妨げる理由にはならない。

第一審は、ほぼYの抗弁どおり、前記「柴山」「売り山」の慣行は入会権の行使形態であること、また「分け地」の慣習があることも入会地であることを妨げるものでないとして、本件係争山林がX等の入会地であることを認定し、Xの請求を認めなかった。Xは控訴したが、第二審も要約次の如く判示して控訴を棄却した。

「本件共有山林については、取上部落およびその近隣において行なわれる慣習にしたがい、共有の性質を有する入会権があり、たとえこの山林の共有者であっても、他部落に居住するものはこの地方において名付けられる売山、分け地はもちろん、柴山（また薪山、燃料山）についても、原判決理由に説明のとおり山林に立入り立木を伐採する権利を有しないという慣習があることが認められる。」「取上部落住民は、本件山林の共有者も、そうでない者も毎年平等に一戸当り約二百束の薪炭燃料用雑木の分配を受けるし、Y_2（取上部落外在住者）はその祖先の部落にたいする功績により、部落民一戸当り二荷（六束）づつの割合で合計約六〇束の雑木の贈与を、取上部落民全体から受けているのであってその共有権にもとづく権利として他の部落民と同様に右雑木の分配を受けているものでないことを首肯するに十分である」。

X上告。上告理由は数点にわたるが、上告審判旨に関連する上告理由は次の三点である。

(1) 上告人は本件土地が現在に於ては分割され住民がその分割地に桑、桐、杉等を移植して永久的権利を有して居るのみならず、旧来の主張の如く「柴山」及「売り山」以外の土地はかくの如き権利が有るならば入会権は消滅したという主張をしたが、之に対し被上告人はいわゆる「分け地」の慣習があるという抗弁を提出した。しかれども右「分け地」は旧来よりの慣行

〔3〕最高裁昭和32年9月13日判決

に基いたものでなく、最近に至っての事実である以上はそれが所謂慣行に基く入会という事が出来ないと見るのが相当であり、右権利が何時から存在したかという事について明らかなる立証及主張がない以上「分け地」という慣習はすこぶる不明確のものといわなければならない。しかし現在に於て「分け地」として之が利用されていることは当事者双方に争いないものであるが、それが入会権の本質からみた「分け地」であるとするならば各自平等の割合で「分け地」されなければならない。

(2) しかるに当事者の争いない「分け地」の割合を見た場合或る者は六個を有し、或る者は一個を有する状態である。之に付き被上告人はその不平等な「分け地」は他の「分け地」を譲受けたといっているが、若し譲受けてその「分け地」を有して行くならば極端に云えば一人が全部を有する結果を生じ、共有地の性質を破壊するものであってむしろ所有権まで発展するから入会権の性質も破壊すると云わなければならない。従って本件山林は入会権の性質を失ったものと断定せざるを得ない。

(3) 右「分け地」が平等の面積であり平等の使用料を支払い、その使用料が所有者に分割されるならば入会権と見る事が出来るかも知れないが、平等でないし使用料についての徴収又は分割が不明確である本件に於ては旧来の入会権の性質を全然破壊したものであると同時に、又その使用に一定の期間の定めなき本件の場合はその土地が個人所有の性質を有するものであって到底入会権と両立する事が出来ないと云わなければならない。

（**破棄差戻**）最高裁の多数意見は、入会地のある部分を部落住民中の特定個人が配分をうけ、それを独占的に使用収益しかつその部分を自由に譲渡しうるが如き慣行は入会権の性質とは著るしく異なる、という理由をもって、係争地に入会権が存在することを否定した。しかし少数意見があり、それは、持分の譲渡により「分け地」に対する収益の不平等を生じたとしてもそれは部落住民相互間だけのことであり、他部落住民たる譲受人は当該部落住民とならない限り何らの収益権も取得しない慣習がある以上、この「分け地」のみが入会権の外にあるとはいえない、として係争地に入会権が存在することを承認している。

◇（第一審　新潟地裁昭和二六年一一月二一日判決　同二三年(ワ)一五九号、下級民集二巻一一号一三三四頁、民集登載）棄却

◇（第二審　東京高裁昭和二九年六月二六日判決　同二六年(ネ)二五五五号、民集登載）棄却

なお、本件差戻裁判（東京高裁昭和三二年(ネ)二〇二三号）において、昭和三二年一一月三〇日、両当事者間に次の如き和解が成立した。

「一、控訴人は被控訴人ら（被控訴人石川源松承継人石川チイを除く）に対し、別紙目録の山林について使用収益権を放棄する。

二、訴訟費用は第一、二審および上告審とも各自弁とする。」

〔6〕最高裁昭和三五年一二月一五日判決（昭和三四年(オ)一一一号、同(オ)一一二号　所有権確認、立木伐採禁止等請求並びに入会権妨害禁止反訴事件）（最高裁裁判集民事四七号三四九頁、同四七号三六二頁）

本件は部落集団相互間における入会地盤所有権の帰属ならびに入会収益権の存否の紛争にかんするもので、双方とも上告しており、最高裁判決は同一事件名の二つの判決となっている。

係争地は長野県小県郡長門町所在の仙の倉山林で、同山林は古くから長窪古町、長窪新町および和田村青原の共同入会地であった。その入会関係につき関係三ヵ村の間にしばしば紛争や訴訟がつづけられてきた。明治一六年協議により地盤は長窪古町の所有と確定し、三ヵ村の住民の秣、薪、そだを採取する入会用益は従前通り認められることになった。明治四〇年頃から長窪古町は計画的に植林を行ない、成木は自然木とともに同町のみが伐採してきた。昭和二六年になって和田村青原の住民が右係争地から立木を伐採し、長窪古町（町村合併により長門町古町財産区となった）の地盤所有権を否認するので、古町は、青原の住民Yら四五名（全員）を相手として地盤所有権の確認と青原の住民の立木伐採禁止を求める本訴を提起した。これに対してYらは、右山林について立木伐採を含む入会権存在確認請求の反訴を提起した。

第一審は係争地盤が古町の所有に属することならびに青原住民が係争地上の立木を伐採することを禁ずる旨判示して、本訴を認容し、反訴を棄却したので、青原住民Yらは控訴して、係争地は村々入会地であったからYらも係争地上に薪材木用材木等を採取する入会権を有する、と主張した。

第二審は、青原の住民が、立木の伐採権能を含まず秣、薪のみを採取しうる入会権を有することを認めた。

古町および青原住民Yら双方とも上告。古町の主張は次の如くである（一一一号）。

(1) Yらははじめ入会権にもとづき立木伐採行為の妨害を停止する反訴を提起しながら第二審では秣、薪採取行為の妨害停止を求め、判決はそれを認容しているが、それは請求の変更であるから許されない。

(2)係争地は地租改正のとき官有地に編入されているからその折入会権が消滅したか否かを審理すべきである。
(3)Yらが秣、薪のみ採取しうるというが、立木一般と薪材などとの判別がつき難く、その範囲が明らかでない。
Yら青原住民の主張は、係争地はもともと青原所有の山林で、青原の住民は自村持山として自由に無制限に入会っていたのであり、原判決はYらの入会を制限的に認めたが、自村持山であるから立木採取の権能を有するにかかわらずそれを否定したのは採証法則に反する、というにある(一一二号)。

(**棄却**)最高裁は双方とも上告を棄却した。その要旨は次のとおりである。

〔一一一号〕Yらは一、二審とも入会権を有することとそれに伴う妨害停止を求めており、第二審裁判所が秣や薪刈取の範囲でそれを認めたのであるから、請求の変更でもなく、新たな反訴を提起したものでない。また係争地には官有地に編入された事実なく、判示の内容で地上の秣、薪等伐採の範囲が不明とはいえない。

〔一一二号〕係争地が古町の所有に属するという原判示は正当であり、Yらの入会権に制限あることは古町から提出された証拠によって証明されたところであるから原判決に違法はない。

◇(第一審　長野地裁上田支部昭和二八年八月八日判決　同二六年(ワ)六六号　同二七年(ワ)一二、九七号)本訴認容、反訴棄却

「本件繋争山林たる長野県小県郡長窪古町字仙之倉四千六百十三番町有山林十四町六反四畝歩の所有権が原被告何れに存するかに付て判断するに昔の事は暫く置き原告が明治十三年五月二十七日本件仙之倉日隠平の土地を民有地に編入を願出で同年六月一日之が聞き届けられ正式には明治十六年九月十日長野県から之を原告の所有と認め地券を下附され爾来原告は所有の

意思を以て之が占有を始めた事実を認めることが出来る。そして〈証拠〉現在原告が右土地を占有して居る事実を認めることが出来る。従って原告が前記明治十六年九月十日から今日迄右仙之倉日隠平を占有してゐた事実並原告の占有が其の間平穏公然であり原告の占有が其の始め善意であった事実は法律上推定せられる処であり原告の占有が其の始め無過失であった事は成立に争のない甲第二号証の存在によって明である。従って原告は民法施行の日である明治三十一年七月十六日から起算し明治四十一年七月十五日迄十年間本件仙之倉地籍を平穏公然に占有を継続し且占有の初め善意無過失であったのであるから同日の経過を以て取得時効完成し右土地の以前の所有関係を問う迄もなく原告は之に対する所有権を原始的に取得したものである。

　被告は本件仙之倉の地上に古来から樹木伐採の入会権を有すると主張するから被告に樹木を伐採する入会権の有無に付いて判断するに、入会権は秣薪に限らるるを通常とするから樹木伐採の入会権ありと主張するものは特に其の点を立証しなければならない処被告提出の全乙号証は勿論原告側の全甲号証を通覧するも被告に樹木伐採の入会権の存在を窺うに足る証拠は存在しない。〈証拠〉に依れば青原から仙之倉に通ずる三本の小坂があり仙之倉の尾根から青原方面に多数の小坂が存在することが認められるが〈証拠〉を綜合すれば本件仙之倉は元秣山で立木伐採の権利は問題となっておらず其の後火入を止めた為か樹木が生ずるようになり明治の末年からは原告が計画的に山林を伐採し居る事実を認め得るから青原への通路、小坂がある丈では被告に樹木伐採の入会権ありとは到底認定出来ない。他に被告の立木伐採の入会権を認めるに足る証拠はない。従って被告の立木伐採の入会権は古来より今日に至る迄嘗って其の存在の立証はないものと謂わねばならない。然らば其の他の点に対する判断を為す迄もなく本件仙之倉日隠平の山林は原告の所有で被告に之を伐採すべき権利はない。然るに〈証拠〉によれば別紙目録記載の木材は昭和二十六年十二月に被告等が本件仙之倉の山林から伐出した木材であること並に右木材は仮処分を受け更に換価せられ其の代金二万三千二百円は現在供託せられて居る事実を認めることが出来る。然らば右代金は原告所有の山林から伐採搬出せられた立木の換価代金であるから当然原告の受くべきものであり、右供託金の返還請求権は当然原告にあることは明である。仍て原告の本訴請求は正当として之を認容し被告の反訴請求は失当として排斥すべく訴訟費用の負担に付民事訴訟法第八十九条を適用して主文の通り判決する。」

◇（第二審　東京高裁昭和三三年一〇月二四日判決　同二八年(ネ)一五五六号、下級民集九巻一〇号二一四七頁）一部棄却、一部変更

〔18〕最高裁昭和三六年三月二日判決（昭和三四年(オ)一一八三号　入会権範囲確認請求事件）

本件は、財産区有地上における入会権者たる住民の入会権の用益内容（入会権行使の範囲）にかんするもので、係争地は奈良県宇陀郡御杖村桃俣区有林である。桃俣区住民で入会権者であるYが地上の立木を伐採するので、地盤所有者として桃俣財産区（代表者村長）がYを相手に、Yの有する入会権は地上立木を伐採する権能を有しないことの確認を求めて本訴を提起した。Yは係争地が財産区有ではなく区住民総有の入会地であると抗弁したが、第一審は、係争地が区住民共有に属し、Yらの

入会権に立木伐採を含むという証明がされないという理由で、財産区の主張を全面的に認めた。Yは控訴したが、Yの訴訟代理人の発送した口頭弁論期日指定申請書が裁判所に到達せず、所定の日から三か月を経過したことにより控訴の取下があったものとみなすとの判示があったので、Yは、原審の訴訟手続に違憲違法があるという理由で上告した。

(なお本件は、大阪高裁昭和三七年九月二五日判決——判例タイムス一三六号八九頁——と同一の集落における事件で同判決における控訴人は本件Yと同一人である)。

(棄却)「上告代理人弁護士池辺甚一郎の上告理由第一点について。

しかし、昭和三三年八月三〇日午前一〇時の原審第三回口頭弁論期日に本件訴訟代理人弁護士白畠正造出頭し、次回続行期日を同年一一月二五日午前一〇時と指定告知されたことが記録上明らかであるから、右の告知は、同期日に出頭しなかった共同訴訟代理人池辺甚一郎にもその効力あることというを待たない(なお、民訴八三条参照)。それ故、原審の訴訟手続には何らの違法もない。

同第二点、第三点について。

原判決が職権をもって確定した本件訴訟手続に関する事実関係は、挙示の証拠、控訴代理人の主張および自認に照し肯認できないことはなく、その確定した事実関係に基く法律判断も正当として是認できる。所論第二点は、原審の裁量に属する職権調査の範囲、限度を非難するに帰し、採るを得ないし、また、同第三点は違憲をいうが、原判決が適法に確定した訴訟手続上の法律効果を独自の見解をもって非難するに帰し、採ることができない。

同代理人弁護士白畠正造の上告理由第一点、第二点について。

原判決が、職権をもって確定した本件訴訟手続に関する事実関係は、挙示の証拠、控訴代理人の主張および自認に照し肯認できないことはなく、その確定した事実関係に基く法律判断も正当として是認できる。論旨は違憲をいうが、結局原審が適法に確定した事実関係に副わない事実関係を前提として、原審の正当な法律判断を非難するもので、すべて、採用できない。

よって、民訴四〇一条、九五条、八九条に従い、裁判官全員の一致で、主文のとおり判決する。」

◇（第一審　奈良地裁昭和三三年一月二四日判決　同三一年(ワ)一九六号）認容

「成立に争のない甲第二号証の一、二、三（御杖村議会の議事録）によると原告が地方自治法上の財産区であることが認められる。

次に成立に争のない甲第一号証乙第一号証の一、二第六号証（土地台帳及び判決の各謄本）によると別紙物件表記載の山林が原告区の所有に属するものであることを認めうべく、右認定を覆して、「右山林は真実原告区住民の共有に属するものであって、登記簿等の記載は単に便宜によったものにすぎない。」との被告主張の事実は〈略〉被告の全立証によってもこれを認めることができない。

そうして被告が原告区住民の一人として他の住民と共に右山林に対し入会権を有することは当事者間に争がないのであるところ、その入会権の効力として被告が右山林に生育する主文第一項記載の立木を伐採しうる権利あることはその全立証によってもこれを認め難く反て〈証拠〉を綜合すると前記住民はその入会権の効力として前記山林内においてその自家用に供する秣草、薪、薬草その他同山林内に発生する副産物を採取する権利あるに止まり（ことにいう「採取」とは鎌で苅取る程度のものをいい、それも必ずしも無制限ではない。)、主文第一項掲記の立木を伐採する権利なきものであることを確認するに充分である。

この点について被告は、右伐採の権利あることについては既に確定判決ある旨主張し、〈証拠〉被告の先代杣山源治郎を含む原告区住民四六名と原告区との間において前記山林に入会権の存在する旨の確定判決あることはこれを認めることができるけれども、右確定判決はその入会権の効力として被告先代等が前記立木を伐採する権利があるかどうかについては何等言及していないことも また〈証拠〉により認められるから、被告のこの主張は結局失当である。

なお被告が右立木伐採の権利ありと主張していることはその本訴における答弁自体に徴し明らかであるから、被告に対し右権利なきことの確認を求めるにつき原告は即時確定の利益あるものというべく、よって原告の本訴請求を全部正当として認容し、訴訟費用は民事訴訟法第九五条第八九条により敗訴の当事者たる被告に負担させることとして主文のとおり判決する。」

◇(第二審 大阪高裁昭和三四年九月九日判決 同三三年(ネ)一五一号)訴訟終了言渡

「按ずるに昭和三十三年十一月二十五日午前十時の本件口頭弁論期日に控訴代理人は出頭せず被控訴代理人は出頭したが弁論を為さずして退廷し事件はいわゆる休止となったことは本件記録に徴し明である控訴代理人は右期日の終了後直ちに法廷に出頭し裁判長に対し口頭で期日指定の申立を為すと同時に所定の印紙の貼用を申出で裁判長は之を了承追て期日指定の意見の発表があったから之によって適法な期日指定申請があったものと主張するけれども右の申出は他の事件の審理中に行われたこと控訴代理人の主張自体に徴し明であるのみならず記録に徴するも期日指定申請の記載並印紙が貼用せられた事蹟を認めること

を得ないから右は正式の期日指定の申請と認め難く高々控訴代理人は事件をいわゆる休止満了せしめることなく続行の意思あることを表明したに止まるものと解すべくその後三ヶ月の期間内たる昭和三十四年一月十日頃控訴代理人は期日指定の申請書を作成し郵便に付して発送したことは控訴代理人の主張自体により明であるから前に法廷に於ける申出が適法な期日指定の申請でなかったことは控訴代理人に於て了知するところと解さねばならぬ。然るに右期日指定申請が法定期間内に当裁判所に到達しなかったことは控訴代理人の自認するところであるから本件は昭和三十三年十一月二十五日から三ヶ月の期間経過により控訴の取下あったものと看做す外なくまた右法定期間は不変期間でないから之に対し原状回復の余地なく右期間経過後の期日指定申立は不適法なるを免れない。

然らば本件は昭和三十三年十一月二十五日から三ヶ月を経過した昭和三十四年二月二十五日の経過と同時に控訴の取下によって完了したものであるから同期日以後の訴訟費用は控訴人をして負担せしむべきものと主文の通り判決する。」

〔16〕最高裁昭和三七年三月一五日判決（**昭和三五年(オ)二七九号　入会権妨害禁止請求事件**）（**最高裁裁判集民事五九号二九三頁**）

本件は、部落集団相互間の入会権の存否にかんするもので、係争地は福岡県久留米市山本町（旧三井郡山本村）豊田地内の林野である。この林野は公簿上豊田の内の放光寺部落又は同部落住民数名の名義で登載され、同部落住民の入会地として利用されてきた。この林野に、隣接の高椋部落の人々が入会権を有すると称して立入り竹木秣草等を採取するので、放光寺部落がその立入禁止を請求したところ、高椋部落代表者（二名）が、放光寺部落代表者三名を相手として、入会権にもとづき、係争地における竹木秣草の採取行為にたいする妨害の排除を求める本訴を提起した。

第一審は、高椋部落が係争地に入会権を有していると認めるに足る証拠に乏しく、係争地が放光寺部落又は部落住民共有名義となっており、放光寺部落住民によって植林されている事実を理由にその請求を認めなかったので、高椋部落は控訴したが、第二審も要旨次の如く判示してこれを認めなかった。

(1) 高椋部落住民はときたま入山しているが、これは放光寺部落が被害がないかぎり黙認していたのであって、公認していたのではない。

(2) 係争地は公簿上放光寺部落または同部落住民共有名義となっており、同部落で公租公課を負担し、高椋部落は何ら金銭的な負担をしていない。ほかに高椋部落が入会権を有していると見るべき確証がない。

(3) 昭和初年福岡県公有林野整理奨励規程により当時の山本村でも入会整理を行ない、係争地を含む村々入会地は村有に統一整理され村議会の議決を経て係争地は放光寺部落に特売されたのであり、その処分に高椋部落住民が反対した証拠がないから、仮に高椋部落が係争地に入会権を有していたとしても、適法な手続により廃止したと見るべきである。

(4) 係争地上の立木は過去放光寺部落が伐採し、その売却代金は同部落の収入となっており、高椋部落から異議がでたことはない。

高椋部落は次の如き理由をもって上告した。

(1) 高椋部落はその歴史的沿革からみて係争地上に入会権を有せざるをえないにもかかわらず、高椋部落が入会権を有しないとした原判決は歴史的、経済的事情を無視した審理不尽の違法がある。

(2) 原判決は、高椋部落が入会権を有したとしても入会整理によって解消したとみなすべきであるというが、この整理には当時の部落住民全員の同意を得ていないし、同意を得たという証拠もないので、無効というべきである。判決はこの点につき何らの判断もしていない。

(3) 原審は係争地が土地台帳上放光寺部落有であり放光寺部落のみが公租を負担し、高椋が所有名義を有せず公租を負担しなかったことを理由に入会権を認めなかったのは不当である。

(4) 原審は、入会整理は福岡県公有林野整理奨励規程により当時の村議会の議決を経て行なわれたというが、入会権は町村議会の議決の対象とはならない。

(棄却) 最高裁は、高椋部落の入会の事実は慣習としても認められず、また係争地が放光寺部落もしくはその部落住民数名の共有名義で登記されかつ放光寺部落又はその住民で公租公課を負担してきた事実のもとにおいては高椋部落の入会権の存在は認め難い、と判示して上告を棄却した。

◇ (第一審　福岡地裁久留米支部昭和三二年四月一六日判決　同二八年(ワ)二二号) 棄却

「〈証拠〉によれば、昭和十一年四月九日、山本村議会において、当時同村内の放光寺高椋外八部落の各所有に係り本件係争の同村豊田字昆沙門、字道川の原野（但分筆前放光寺部落所有）を含む同村豊田同村耳納所在の宅地、田、畑、山林、原野、池沼、墓地等二百十数筆全部が、昭和十年十月二十三日統一委員会で協議決定された左記条件の下に整理統一されることとなり、且つ本件係争原野を含む前示各部落有の田畑山林原野等二百十数筆は左記条件(二)により、関係者一人又は数人に特売され或は社寺に無償譲渡され、特に本件係争原野（分筆前の道川八三四、八三六、八三七番地及び昆沙門七七九番地と同所七八二番地の二）は何れも今村徳次郎外十一名に特売されている事実が認められる。

条件（関係部分のみ摘示する）

(一)統一山林原野の内実測百町歩の村基本財産林を造成する。

(二)従来特殊の関係を有し、又は村有として管理不適当と認める土地は相当価格で関係者に特売又は交換することができる。
尚神社と事実関係ある土地は無償でその神社に譲渡する。

(三)村造林地以外の林野は、従来の縁故を尊重し、関係部落民に無期限に貸与し、自家用秣薪の採取地として使用を認め、他部落民は之を冒さない。

(四)村造林予定地採草採薪地処分地等は関係当局及び委員協議の上之を定める。

〈証拠〉によれば、昭和十一年八月十三日、当時の同村々長は福岡県知事に宛て、前示村議会決議に基き、本件原野を含む山林原野百十数筆の山本村基本財産処分の許可申請をし、昭和十二年七月三十日其の許可を得ている事実が認められる。

〈証拠〉山本村部落有財産統一協定案掲記の条件を綜合するときは、本件係争原野は何等関係はないが、以前山本村耳納同村豊田の前示原野の中に入会地として部落民の共同採草又は共同採薪の原野があったが、之が廃止されていることが認められる。併し本件原野が入会地であったことを認め得る証拠はない。
<証拠>によれば、本件係争原野については、昭和二十二年二月十二日、昭和二十三年二月十八日又は昭和二十六年二月五日、放光寺部落のため所有権保存登記があり、又は放光寺部落から一人又は数名のため売買又は贈与による所有権移転登記があることが認められる。（本件係争原野につき前示の如く山本村に統一されてから右登記がなされる以前において登記のあったことは認められない。）
<証拠>によれば、本件各原野が登記上夫々放光寺部落居住の個人名義又は数人の共有名義となっているけれども、事実は放光寺部落有であることが認められる。而して<証拠>本件原野並びに其の附近の原野で、古くから高椋部落の人等が秣や薪を採取していたことがあり、原告等主張のように、被告等が昭和二十七年十二月原告等高椋部落民に立入禁止の通告をする迄は、放光寺部落の人等は之を見逃して咎めたことがなかったことを認めることができる。
又検証の結果並びに弁論の全趣旨によれば本件原野並びに附近一帯の原野には現在放光寺部落民によって植林されつつあることが認められる。

以上認定諸事実を綜合するときは、原告等高椋部落の住民は、本件係争原野を含むもと放光寺部落有原野において、前示の如く、古くから薪秣等を放光寺部落の者から咎められることなく採取して来たことはあるが、之のみを以ては未だ同部落民に原告等主張のような入会権ありと謂うことはできない。

右認定を覆えして本件原野に原告等がその主張の入会権を有していることを認め得る証拠はない。

以上の理由により、原告等の本訴請求は、其の前提たる入会権の存在が認められないので、其の余の争点は之を判断するまでもなく失当と謂わねばならない。

依て訴訟費用の負担につき民事訴訟法第八十九条を適用し主文の通り判決する。」

◇（第二審　福岡高裁昭和三四年一一月一三日判決　同三二年(ネ)三六九号）棄却

「控訴人等が肩書高椋部落の部落員にしてその代表的地位にあるもの、被控訴人等が肩書放光寺部落の部落員にしてその代表的地位にあるもの、原判決添付目録記載の原野はいずれも右放光寺部落所属員の所有名義なるところ、これらの原野に対し高椋部落は控訴人等主張の内容の入会権を有するとし控訴人等を始めとしその所属部落民が右原野に立入って竹木草秣等を採取するので、被控訴人等が控訴人等を始めとし高椋部落員に対し右原野の所有者（登記簿はとも角として事実上は放光寺部落）を放光寺部落代表者たる意味で代表し、これらの行為を禁止する通告をなしたことは、〈略〉争がない。

そこで本件原野につき控訴人等が高椋部落の一員としてその主張の如き入会権を有するかについて検討する。〈証拠〉高椋部落民は少くとも明治時代以前より本件原野に自由に立入り竹木草秣等をとって、燃料肥料に供することができ、部落民でなくなればその資格も当然喪失し、且つ、かかる行為は放光寺部落民と全く対等であった事実を認め得られるかの如くであり、このことが認められるならば本件原野については控訴人主張の入会権が認定できることとなるが、他方、〈証拠〉高椋部落民が本件原野に時々立入って草木秣等を採取していたことは認められるが、それは決して放光寺部落民の公認するところではなく、したがって放光寺部落はその代表者を通じて高椋部落に山入りしないよう通告したこともあり、また、草木等を採取しているのを見つけられた高椋部落民は放光寺部落民より注意されて立退く等のことがあり高椋部落民が草木等を採取していたのは、本件原野に対する放光寺部落の所有権を侵害すること少くこれをとがめたてるほどの被害を与えないので、放光寺部落において放任し見のがしていたにすぎないことが窺われる。これらの各証言と対照すると、控訴人等の主張を支持する前記諸証言はにわかに信用しがたいもので、他に、本件入会権の存在を認めるに足る充分の証拠はない。のみならず、客観的存在たる双方提出の書証を中心として仔細に検討して得られる左の諸点を綜合すると、本件入会権の存在は確認しがたいこととなる。

㈠　明治の初年地券制度が設けられついで土地台帳、不動産登記簿制度が確立し、民有地に関する限りすべて土地台帳に登載されて公租公課を負担することとなったのは公知の事実である。したがって、控訴人等主張の入会権は共有の性質を有するものというのであるから、地券、土地台帳、不動産登記簿の制度に伴い、明治時代以前の入会権の性質はとも角として、これらの制度の確立に順応して控訴人等所属の高椋部落は入会権を有するとすれば所有者に課せられる公租公課を納付し来った事実又は所有名義人にこれを代払して貰いこれを名義人に返済した事実が存在することが当然である。入会権は全く慣習に依拠する存在であるが、明治以前の内容はとも角として、土地制度の確立以後は、その制度に応じて公租公課を負担する取極めないしは入会権行使の代償となる対価に関する約定が、所有者と入会権者（共有の性質を有しない入会権の場合）、所有名義人としからざる入会権者双互間（共有の性質を有する入会権の場合）間に結ばれ又は存在するものと考えるのが相当であらう。そうでないとすると、所有者ないし所有名義人は公租公課を負担しながら、所有権の内容は入会権者に制限され、反面入会権者は何らの対価を支払うことなくして使用収益をなしうることとなって、特段の事情のない限り著しく均衡を失するものというべく、かかることは通常ありえないと考えるのを相当とする。殊に本件においては、控訴人側たる高椋部落は被控訴人側たる放光寺部落と全く対等の内容の入会権を有するというのであるから、特にしかりというべきである。しかるに控訴人等が公租公課を負担し来った事跡は何等認められない。却って〈証拠〉本件原野は土地台帳上すべて放光寺（名）所有とされ、ついで昭和二二年二月一二日又は昭和二六年二月五日不動産登記簿上放光寺部落、又は右部落所属員数名の共有名義に登載され、放光寺部落又はその所属員において公租公課を負担し来ったことが認められる。

㈡　〈証拠〉本件原野は耳納運山（高良山、耳納山、鷹取山）の北斜面兜山の西方に位置する山地の一部であるが、この近傍には入会地が多数存在し、また現に存在する。ところで入会地は、国土保安治水並びに木材供給の見地からその存続は好ましくないので、福岡県令第五五号公有林野整理奨励規程（大正八年九月二五日制定）で、㈠部落有林野を市町村等の所有に統一したとき、㈡二以上の市町村等又は部落との入会関係を整理したとき、㈢公有林野の共同使用を廃止したときは一町歩につき一円又は五〇銭以内の割合で奨励金を交付することとした。高椋及び放光寺部落の所属する山本村（現在久留米市に統合）においても右規程により部落有林野ないし入会地、共同使用地の統一整理廃止を企図し、昭和一〇年一〇月二三日統一整理委員会を設け、「山本村部落有財産統一協定書」を作成し、ついで翌昭和一一年四月九日山本村村議会において「部落有財産提供の件」なる議案を可決した。右協定書並びに議案によると、各部落有山林原野中台帳面積一四一町四反二畝一四歩その実測面積四二九町四反三畝二四歩（甲第一二号証分）及び実測一八六町九畝一三歩（甲第一四号証分）を前記県令の規程に基き統一整理し奨励金として前者につき四二七円、後者につき一七四円の交付を受けたのであるが、統一整理の概略は、㈠統一する山林原野のうち実測一〇〇町歩をもって村基本財産を造成する、㈡従来特殊関係を有し、又は村有として管理不適当と認める土地は相当価格で関係者に特売または交換することができる、(ハ)村造林地以外の林野は、従来の縁故を尊重し、関係部落民に無期限で貸与し、自家用秣の採取地として使用を認め、他部落民は之を冒さない、というにあった。本件原野はすべて右統一整理された部落有林野に含まれていたものであり、また、右の如く一旦統一整理された後に前記概要の(ニ)に従い放光寺部落所属員たる今村徳次郎外一一名の者の共有として特売され右特売は昭和一二年七月三〇日福岡県知事の許可を得ている。

ところで、右部落有財産の統一整理の際、その対象となった山林原野中に入会地が存在していたことは、〈証拠〉によって明らかであるが、本件原野についても控訴人等主張の入会権が存在していたかどうかは明らかでない。したがってこれらの書証によっては、控訴人等主張の入会権の存在は認められないことはいうまでもない。すなわち、甲第一二号証には整理種類として「統一」とし三井郡山本村大字豊田字大浦六五八番地の一外一一九筆（別紙明細書通りとあるも、明細書は証拠として提出されていない）は、山本村大字豊田放光寺外九ヶ部落有であったが整理後山本村所有となったところ、現況として「……旧来より入会権を認め居りたるも……」とあるが、右一一九筆全部が入会地であったか否、及び本件原野につき高椋部落がその主張の如き入会権を有していたかは、叙上の文面ではもとより明らかでない。なお右書証には前記文言に引続き「……殖林関係より大字耳納の如きは数年に渉り関係部落において入会権確認訴訟事件となり大正六年七月九日及昭和二年一月二九日和解調書に依り円満解決す」と記載されている。）甲第一四号証には整理種類として「部落有林野入会関係整理」とし、山本村大字耳納字若尾二、四〇九番地外九筆（その明細は証拠上不明である）は放光寺名柳返名等五名の所有であったが整理後山本村所有となったところ、入会権者は放光寺高椋等九部落であったが「旧幕時代より部落の入会を認め株雑木を採収し来りたるも今回統一のため之れが整理をなせり」と記載されているにすぎず本件原野が入会地であったかどうか、及び入会地であったとしても控訴人主張の内容の入会地であったか否かもとより不明である。

しかして、甲第一四号証と同日附で同じく「勧第二七二号」と題しある乙第九号証によると、整理種類として「入会関係整理」とし、山本村大字耳納字コウタケ二、六五五ノ一番地外九筆（別紙明細書通りとあるも明細書の提出なし）は整理前後を通じ山本村の所有であるが、入会関係の沿革、態様整理の方法として「旧藩時代より部落の入会地なりしが林野統一整理のため入会を解消せり、各部落同意の上村有に統一整理せり」と記載してある。また乙第一〇号証によると、整理種別として「共同使用廃止」とし、山本村大字豊田字西谷七一八ノ一番地外九筆につき同様の事項として「旧来より部落民の共同使用の採草地なり、共同使用者の同意を経て之を廃止し而して其の使用区分は造林地として使用するものなり」と記載されている。これら諸文書の記載を綜合すると本件原野が入会地であったとしても、当時山本村においては村内の入会地について入会権を有する部落の同意のもとにこれを解消し、共同使用地は使用権者の同意を得てこれを廃止し、所有者たる部落においで山本村に提供したものと考えるのが相当である。入会地の解消につき入会権を有する部落の全員の同意を得たかどうかについては、確たる証拠書類の存するものはないが、反証にしてこれを認めるに足るものがない以上、部落の同意は部落民全員の同意のもとになされたものと認めるのが相当であろう。昭和一〇年一〇月の「山本村部落有財産統一協定書」作成には、控訴人等所属の高椋部落民たる中野重三郎は統一整理委員として参加しているのであり、（同人は右協定書に自己の関知しないところであるというが信用できない）、昭和一一年四月の「部落有財産提供の件」なる議案の可決された村議会には右高椋部落民たる中野百準が議員として出席している。

以上を要するに、前段挙示の書証を検討するも、本件原野につき高椋部落がその主張のような入会権を有していた事実は認めがたく、かりに主張の如き入会権が存在していたとしても、適法な手続によって廃止せられたものと考えるのが相当である。

㈢　〈証拠〉本件原野の近傍に所在する三井郡山本村豊田字中丈クラベ七六八番地山林八畝一〇歩及び同郡同村豊田字道川八三七番地の三原野一反歩につき、所有者たる放光寺部落（登記簿上の名義人柴田健太郎外二名）から高椋部落（前者につき同上名義人上村光男外七名後者につき中野正良外九名）に贈与を原因とする所有権移転登記がなされていることは明かであるが、この点につき前記中野三代助証人は、本件原野以外に存した放光寺部落所有名義の入会地（入会権者高椋部落）を解消する代償として放光寺部落より高椋部落に贈与されたものと供述するが、これは下記事実にてらし信用できない。すなわち、〈証拠〉前記山林は高椋部落より放光寺部落に対し植林したいからとて土地の貸与方を申込まれた結果、昭和七年一〇月二三日地料一ヶ年金二〇銭で貸付けることにし放光寺部落より賃貸したもので、高椋部落の譲受申込により昭和二三年二月代金三、〇〇〇円でこれを承諾したものであり、前記原野は右山林譲渡に際しこれを共に一括して売却したものであることが認められ、登記原因として「贈与」とされていることは、右認定を妨げるに足るものではない。

㈣　〈証拠〉高椋部落より本件原野の一部の東側に通ずる原審検証調書添付図面表示の第二屋根にそう山道を俗に高椋駄道と称していることが認められるが〈略〉これは公の称呼ではなく、〈証拠〉右道路は放光寺部落で管理して来たことが認められる。かりにかかるよび名が部落民によって用いられているからといって、これをもって本件原野が控訴人等所属の高椋部落の入会地と認むるに足る証拠とすることはできない。

(五)〈証拠〉本件原野は放光寺部落において管理され来ったものでその立木の払下等の代金について同部落保存の村金収入帳に記入があること、本件原野生立の立木につき放光寺部落において過去二回伐採したことがあるがこれに対し高椋部落より別段の異議はでていないことが認められる。

以上説示の理由により、控訴人等は高椋部落民として本件原野につきその主張のような入会権を有することを認むるに足る証拠はないから、これあることを前提とする本訴請求は理由がない。よって本訴請求を棄却した原判決は相当で本件控訴は理由がないから、民事訴訟法三八四条八九条を適用して主文のとおり判決する。」

〔22〕最高裁昭和三七年一一月二日判決（昭和三五年(オ)一一四四号 入会権確認等請求事件）（最高裁裁判集民事六三号二一頁）

本件は、部落内の分家（いわゆる新戸）が村有入会地上に入会（持分）権を有することの確認を、地盤所有権者たる村にたいして求めた事件であって、係争地は福島県南会津郡伊南村白沢部落所在の入会山林である。

係争地はかつて白沢部落有であったが、大正一三年に伊南村有に統一され、統一と同時に当時の入会権者三五名（旧戸）に貸付けあるいは地上権を設定するという形式がとられた。部落の慣習により旧戸のみが係争地を独占的に使用し、その後分家した新戸にその使用が認められなかったので、新戸X ら九名が伊南村を相手として、自らも係争地上に旧戸と同様の入会権を有することの確認を求める本訴を提起した(新戸が旧戸ではなく地盤所有者たる村を相手にしている点が本訴の特徴である。)

第一審は、係争地が村有に統一されたとき従来の入会慣行を廃止して当時の入会権利者である旧戸のために地上権を設定しあるいは貸付をしたのであるから入会権はすでに存在せず、したがって入会権を有することを前提とする本訴は失当である、とXらの請求を認めなかった。Xらは控訴して、白沢部落には分家をして一戸を構えた者は入会権を取得する、という慣習があり、Xらは本訴提起前から旧戸に使用料を支払って係争地に入山してきたから入会権を有する、と主張した。これに対して伊南村は、係争地は村有統一のとき村会の議決により入会が廃止され、全部落住民もこれに同意しており、係争地は村が旧戸三五名に貸付け使用を認めている以上その使用に村が容喙する余地はなく、仮にXらと村との間でXらの入会権が確認されてもXらの権利が確定するわけではないから、本訴は確認の利益を欠くものである、と抗弁した。

第二審判決は、(1)係争地が伊南村有に統一されてもなお依然として白沢部落住民がその土地上に共有の性質を有しない入会権を有すること、(2)白沢部落において新たに分家して一戸を構えた者に入会権を取得させるという慣習が存在しないこと、を認定し、Xらの控訴を棄却した。

Xらは、上告して、(1)原審が、白沢部落の入会権について分家もこれを取得するという慣習を認定せず、また係争地の貸付契約は旧戸三五名のみにたいするものでなくXら分家を含む白沢部落民にたいするものであることを争っているのに、これを争いないものと判示したのは、審理不尽であると主張した。

(棄却) 最高裁は、当該部落には分家して一戸を構えた者に入会権を取得させるという慣習が認められないから、自らも入会

〔22〕最高裁昭和37年11月2日判決

権を有するというXらの主張は認められず、またXらは係争山林が旧戸三五名に貸付けられていることを前提として自己の権利を主張しているのであるから争いあるものを争いないものとした違法はないという理由で上告を棄却した。

◇（第一審　福島地裁会津若松支部昭和三四年八月一七日判決　同三二年(ワ)一八一号）棄却

「福島県南会津郡伊南村大字白沢字沼の平一三三七山林三町八反二畝十六歩外十八筆の山林の所有権が被告にあることについては当事者間に於て争がない。

原告らは伊南村大字白沢部落の部落住民として本件一九筆山林について入会権を有すると主張するのであるが〈証拠〉本件山林は元伊南村大字白沢部落の部落有であったところ大正十三年三月十七日大字白沢部落に於て伊南村に寄附しその際伊南村部落有財産統一についての議案が同日村会に於て議決せられ本件山林中字沼の平一四一八の一外三筆は被告村の直営地となり同所一三三七外八筆は大字白沢部落の縁故住民たる大宅正秋外三十四人に対し被告村より地上権が設定せられ字阿多根一四二一の一外五筆は同人らに対し貸付けられ右直営地の立木及産物については被告村に於て所有権があり右地上権設定地及貸付地については右大宅正秋外三十四人に於てその立木及産物につき所有権があること及右林野統一に際しては本件山林に於ける従来の慣行は之を廃止されたことが認められる。

然らば原告らが本件山林につき入会して自家用として秣草、柴、薪茸、栗、蕨、ぜんまい等の産物或は立木を伐採し製炭し又は立木を売却した時はその代金の配分を受ける権利を有するとの主張は之を採用し難い。

それで爾余の争点につき判断する迄もなく原告の本件山林について入会権を有することを根拠として被告村に対しその確認

を求める本件請求は理由なしとして棄却すべく訴訟費用の負担につき民事訴訟法第八十九条を適用して主文のように判決する。」

◇（第二審　仙台高裁昭和三五年八月二二日判決　同三四年(ネ)四五五号）棄却

「被控訴人主張の確認の利益の点の判断はしばらくおき、先ず入会権の存否について判断するに、原判決添付目録記載の本件山林一九筆が被控訴人の所有に属することは当事者間に争がなく、そのうち被控訴人主張の沼の平一四一八の一山林外三筆は被控訴人村の直営地、同沼の平一三三七山林外八筆は白沢部落の大宅正秋外三四名に対する地上権設定地、同阿多根一四二一の一山林外五筆は同右三五名に対する貸付地として扱われていることは控訴人等において明らかに争わないからこれを自白したものとみなすべきものである。

そこで〈証拠〉を綜合すると

一、本件山林十九筆は、被控訴人村に合併となったもと白沢部落の所有であり、この山林については右部落の各戸において、その必要とする立木、薪炭材の伐採、製炭や、秣草、蕨、茸、栗等の産出物を採取し得る慣習が存してきたのであるが、大正一三年三月林野庁の指示による林野統一により右部落から寄附の形式をとって被控訴人村の所有に帰したものであること

二、被控訴人村においては、統一山林に関する従来の部落の利用状況等を考慮し、その山林を一部直営地とするほか、各部落（林野統一は白沢部落以外数部落についてあった）のため貸付地、地上権設定地、特売地等として処理することとしたのであるが、右統一、処理のためには従来の入会等の慣習で廃止し得るものは一応これを廃止することを便宜としたため、村当

局においても各部落民と協議を重ね、白沢部落に関しても同様部落民と協議し、その承認を得て、特売地については部落民の入山収益することを廃止し、村直営地については従業のとおり部落に管理をさせ、その反面秣草、木の実、茸等の産出物は同部落に無償でこれを附与することとしたこと

三、ただ従来部落の各戸において入山し収益してきた慣習はこれを無視し得ないものがあり、これを全部廃止することは困難であったため、前示の立木、薪炭材の伐採、製炭や地上産出物の採取等のため特に貸付地と地上権設定地を設け、この土地については従来の慣習を存続させることとし、その扱いについてはそれぞれ白沢部落その他の各部落の自治に委ねることとしたこと、この扱いは前記の直営地の産出物の採取についても同様であること、これに基き被控訴人村においては白沢部落の当時の右慣習上の権利者である全戸主三五名を対象として前記六筆を貸付け、同九筆に地上権を設定し、また直営地の管理を委託したもので、右三五名においても以上の処理に何等異議のなかったこと

以上の事実が推認できる。

右によると大正一三年三月本件山林が被控訴人の所有に帰した後においても、前記貸付地、地上権設定地については、白沢部落の各戸主はその必要とする立木、薪炭材の伐採、製炭や秣草、蕨、茸、栗等産出物を採取し得る権限が慣習として存続し、また前記直営地についても、秣草、木の実、茸、蕨等の産出物を採取し得る権限が慣習として存続していたものであり、結局本件土地全部につき白沢部落の各戸主は、前記の借受に基く権限や地上権に基く権限などのほかに、土地により態様は異にするも、共有の性質を有しない入会権を有していたものと推認するのを相当とする。

被控訴人は、本件山林の所有権を被控訴人が取得した際、入会権などの従来の慣行が廃止された旨主張し、前記乙第一号証

（伊南村部落有財産統一案）にはこれに類する記載があり、また〈略〉右に添う証言をしているけれども、同号証を含む前記挙示の証拠を仔細に検討すると、前示の認定が相当であって、右証言部分は直ちにこれを採用し難く、また右乙第一号証の記載をもって従来の入会権が全部廃止されたものと認めることはできない。

したがって前記入会権を認める以上、これが新たな取得についても白沢部落の慣習によるものといわなければならない。この点に関し、〈略〉控訴人等に当然入会権がある如き旨の部分の〈略〉証言部分はいずれもこれを採用し難い。他に以上の判断を動かすに足る証拠はない。

次に控訴人等がその主張のとおりそれぞれ昭和八年以降白沢部落において分家したことは当事者間に争がない。控訴人等は、白沢部落に新たに転入したとき、またその部落民が分家し新たに一戸を構えたとき、この事実により入会権を取得する慣習があり、なお控訴人等は過去七年にわたり本件山林につき使用金を支払い入会権に基き白沢部落の旧戸三五名と同様の内容の使用収益をしてきた旨主張するところ、使用金を支払い右入会権を行使してきた旨の〈略〉証言に照してこれを採用し難く、右主張の慣習あることは未だこれを認めるに足る証拠がないし、その他控訴人等が前示入会権を取得したことを認めるに足る証拠はない。

以上により控訴人等はその主張の入会権を有することは認められないのであるから、その本訴請求は他の点の判断をなすまでもなく失当であり、これと結論を同じくする原判決は結局相当で本件控訴はその理由がない。

よって他の点の判断を省略し、民事訴訟法第三八四条第九五条第八九条第九三条第一項本文を適用して主文のとおり判決する。」

〔21〕最高裁昭和三九年二月二七日判決（昭和三八年(オ)四三四号　山林代金引渡請求事件）

本件は、もと部落共有であった町有林につき、同一部落内の分家や外来者が権利を有するか否かにかんするもので、係争地は岡山県新見市大字馬塚の石垣部落の山林である。

係争山林はもと石垣部落共有林であったが、大正一三年に財産統一により新見町有となった。この山林の統一条件により第一伐期の立木は部落住民に価格の五割で特売することとされていた。昭和二九年六月新見町は隣接町村と合併して市制を施行したが、その合併前に係争山林の立木が石垣部落住民に特売された。部落の住民一二名中在来からの住民（旧戸）であるY（石本憲一）ら七名が右特売の手続をして立木を第三者Aらに売却し、売却代金から町への売払代金を支払い、その残金を七名で配分したので、残る五名中の$X_1X_2X_3X_4$の四名が、係争山林は石垣部落住民の入会地であってX_1（石垣万平）は昭和六年、X_3（石垣多喜野）は同二二年にYらの先代または先々代から分家し、X_2（西田貞一）は昭和五年、X_4（比良熊夫）は同二一年に入村したものでYらと同様に部落住民として入会権を有する、という理由でYら七名を相手に立木売却収入（売却代金から町に支払った分を差引いた金額）の一二分の一の配分を求める本訴を提起した。Yらは、立木の特売をうける部落住民とは、部落有財産統一当時の住民をいうのであり、石垣部落には分家や外来者等を入会権者として認めるという慣習はなく、却ってかつて入村者に対して山林には関係ないという念書をとった事実もあるから、Xらは係争地上に権利を有しない、と抗弁した。（なおXらはYらに対する請求の根拠としてほかにYらの不法行為にもとづく損害賠償、Yらの不当利得返還を主張している）。

第一審は、係争地が石垣部落住民の入会地ではあったが、立木売買契約書が町長とYら七名のみとの間に取交され、Xらにつき同部落において入会権者として認める旨の話合いもなく、またYらがX_1らを入会権者として遇した事実が認められないこと、等を理由にXらの主張を棄却した。

X_1X_2の二名のみ控訴し、第一審では共有権にもとづく平等分割の請求権を主張していたのを、事務管理にもとづく請求権に変更し、また予備的にX_1X_2はX_3X_4との間に分配歩合に差異がある、と主張した。第二審は、⑴係争地は石垣部落住民の共有の性質を有する入会地であったから立木の特売をうけるのも部落住民であって特定の七名ではなく、Yらは部落住民代表として売買契約を締結したものである。⑵石垣部落においてかつて外来者にたいして山林につき無関係であるという念書をとったことがあるけれども、それは特殊な事情での移住者につき一件あっただけであり、それをもって外来者に権利を認めない慣習があるとはいえず、他に分家や外来者等を入会権者から排除するという慣習が認められない以上立木はYらのみでなくXらを含む部落住民（世帯主）全員に売却されたものである。⑶Yらの行為は事務管理にもとづくものであり、XらのYらに対する不法行為にもとづく損害賠償請求、ならびに、X_1X_2とX_3X_4との配分割合に差異があるというX_1X_2の予備的主張は失当である、と判示した。

Yら七名（ただし内二名死亡によりその法定相続人が訴訟承継し上告人一四名）上告して、次の如く主張した。⑴原判決は係争地が石垣部落の入会地であるというが、その発生原因や内容、地盤所有等を明らかにせず、Xらが単に部落の住民であるという理由のみで入会権者と認め、いかなる理由、原因で入会権者となったかを明らかにしていないのは理由不備、審理不尽の違法がある。⑵原判決は、Yら七名が町から立木を買受けて契約書を作成したのを目して、売買のあっせんであるとか、部落の住民のための事務管理であるとか云うが、YらはYら七名のために売買を行なったのであって部落住民のために行なったのではないから事務管理ではなく、またこれをあっせんと解するのは経験則違反である。

(棄却)「上告代理人軸原憲一の上告理由第一点について。

原判決は、「本件山林は明治初年以来石垣部落民に属する共有の性質を有する入会権の目的となっていたものである」と判示するが、この判示は、本件山林が石垣部落に居住する者全員の共有に属していたか、石垣部落に居住する者のうち上告人ら七名(訴訟承継のあった上告人らについては、その先代)の先祖の共有に属していたかを区別し、その前者であるという趣旨のものでないことは、原判決の理由全体を通覧すれば明らかである。そして、原判決の右判示は、その挙示の証拠により是認できなくはない。原判決には所論の証拠によらない事実認定の違法がなく、論旨は採用できない。

同第二点について。

原判決は、「本件山林が石垣部落民に売戻しされることになったのであるが、右売戻しの時が近づくや、石本憲一ら七名のみが買受人たるべきか右部落の世帯全員が買受人たるべきかにつき部落内に紛争を生じ、町の財産処理委員会において示談を試みたが奏功しないまま売戻さねばならないことになった。そこで、町としては、偏頗のそしりを避けるとともに、後日の部落内部における自主的な円満解決を期待して、一応部落民全体に売戻しの利益を受けさせることとし、その方法として右部落の世帯主全員一二名を買主として町より売渡したものである」と判示した。この判示は、挙示の証拠により是認できなくはない。したがって、原判決は、本件山林立木の売渡しの相手方の認定について審理を尽し、十分の理由を備えたものというべきであって、たとえ被上告人らの本件山林に対する入会権の有無など所論の点につき判示するところがなくても、所論の法律解釈の誤り、審理不尽、理由不備の違法があるということはできない。論旨は採用できない。

同第三点について。

新見町の財産処理委員会の調停あっせん案の内容が所論のとおりであったとしても、新見町が原判決認定のように石垣部落の世帯主全員一二名を買主として本件山林立木を売渡すことがないわけではない。したがって、挙示の証拠をもって原判決がなした前記の事実認定は、所論のように条理を無視し、経験則に反し、審理不尽、理由不備の違法があるということはできない。論旨は採用できない。

同第四点について。

原判決が挙示の証拠によって本件山林立木売渡しの相手方を被上告人らを含む石垣部落世帯全員であると認定した以上、所論の点に関する判示の有無をもって原判決を非難することは許されないのであり、原判決に所論の民訴一八五条違反、審理不尽、理由不備の違法はない。論旨は採用できない。

同第五点について。

事務管理意思に関する原判決の事実認定は、挙示の証拠に照して是認できなくはない。また、原判決は、新見町が石垣部落世帯主全員に対して本件山林立木を売渡したとの事実を確定したものであるから、被上告人らは右立木に対して他の世帯主と平等の割合による持分権を有する。したがって、上告人ら（訴訟承継のあった上告人らについてはその先代）が右立木を他に売却した代金中から平等の割合による金員支払を被上告人らが請求し、これを是認した原判決には、所論の法律解釈の誤り、審理不尽、理由不備の違法はない。論旨はすべて採用できない。

よって、民訴四〇一条、九五条、八九条、九三条に従い、裁判官全員の一致で、主文のとおり判決する。」

◇(第一審　岡山地裁新見支部昭和三四年三月二六日判決　同二九年(ワ)二七号)棄却

「被告石垣憲一、石垣一夫、石垣義美、石垣くに、矢吹栄、石垣万亀雄及び亡石垣治男計七名(石垣治男は本訴提起後たる昭和三十二年十月二十日死亡し、その妻孝代、長男久志、長女政子において遺産相続して訴訟を承継したので本件立木払下げ当時の世帯主たる右石垣治男及びその訴訟承継人三名を除く被告六名、計七名を石垣治男等七名と略称する。以下同じ)が市制施行前の新見町より同町所有の

(イ)同町大字馬塚字カヤノ木谷八十一番地九林班は小班

一、山林　　一町二反三畝十歩

の人工林立木(杉、檜)を代金四十二万五千円で

(ロ)同町大字馬塚字大谷八十二番地九林班へ小班と小班

一、山林　　六町六反十歩

の天然林立木(薪炭材)全部を代金七万円で

(ハ)同町大字馬塚字大谷八十二番地第九林班る小班

一、山林　　四町三畝十歩

の天然林立木(薪炭材)全部を代金四万五千四百二十円で

各買受けたと称し前記石垣治男等七名において原告等四名及び訴外井上明(原告等四名及び訴外井上明、石垣治男等七名計十二名が当時の新見市馬塚字石垣部落居住の世帯主全員であったことは当事者間に争いはない)に無断で同年五月二十三日頃、右

(イ)の山林立木を訴外平田仲三郎に、同年七月二十九日頃右(ロ)及び(ハ)の山林立木を訴外小林幾二郎に売却処分してその売却代金より町への払下げ代金を支払い残額を前記治男等七名の所得としたことは当事者弁論の全趣旨に照して争いなきところである。原告等は本件山林立木は新見町より当時の石垣部落居住の世帯主全員十二名（原告等四名訴外井上明及び石垣治男等七名）に払下げになったものであると主張し、被告等は前記石垣治男等七名に払下げられたと抗争する。本件の争点はこの一点に帰着する。そこでこの点について審究するに＜証拠＞本件立木は石垣部落居住の世帯主全員に払下げになったように一応見られるのであるが＜証拠＞昭和二十九年五月三日原告等主張の本件(イ)(ロ)の山林につき市制施行前の新見町よりその立木払下げの話がまとまり同日町役場において役場吏員により同日付の乙第十二、十三号証の売買契約書が作成せられ右石垣治男等七名は右各契約書の買主欄の自己の名下にそれぞれ捺印したこと。尤も乙第十二、十三号証契約書には売主新見町太池貞治、或は新見町長太池貞治との記載はあるが町長印は押捺せられていないのであるが後記の如く町は最終的に町長印を押す取扱いにしていたように思われること。右乙第十二、十三号証売買契約書の買主氏名石垣治男等七名の肩書には新見町大字馬塚字石垣部落とのみありて「代表」の字は存しないこと。同月十日頃にいたり町は被告石本憲一に乙第一、二号証売買契約書（各三部）を渡してこれは前の乙第十二、十三号証売買契約書を書き直したものであるから各買主氏名の下に捺印して貰いたいと依頼し、右石本はこれを部落に持ち帰って石垣治男等七名の捺印を得たがその際は乙第一、二号証売買契約書の買主名の肩書に「代表」の文字はなく、又売主新見町長太池貞治の下にも町長印は存しなかったこと。乙第一、二号証記載の立木払下げ代金支払のため被告石本憲一及び同石垣一夫両名は期日より二日位遅れて昭和二十九年五月二十二日頃前記捺印した乙第一、二号証各三部を携えて新見町役場に赴き同町へ立木代金を支払って乙第一、二号証売買契約書の売主欄に町長印を押捺して貰ったがその際買受人石垣治男等七名の承諾がないのに役場吏員小林政夫は立野勇をして擅に買主名の肩書の石垣部落とある下に「代表」の二字を書き加えさせたこと。

被告石垣一夫はこれに対しそんなことをして喧嘩をさせるのかと詰めよったところ、右小林は上司からいわれているといって強いて「代表」の字を記入させたこと。

以上の諸事情が窺われる。

〈略〉右検乙第一、二号証を見るに買主名肩書の部落代表の「代表」の二字はその記載の体裁色合等に徴しその余の部分と時を異にして加筆されたもののように窺われる。

前記乙第十二、十三号証を乙第一、二号証（甲第一、二号証）の如く書き替えたのは当時新見町は近く市制が施行されることになっていたので払下げ事務処理の都合上昭和二十九年三月三十一日と日付を遡及させる必要があったことと町の予算措置を省略する意味において立木払下価格を払下げ代金額から町の負担すべき保護料即ち代金額の半額を控除した残半額として掲げ、町は買主から代金を受領してその半額を保護料として買主に払い戻す煩を避けるためとであって何等契約内容に本質的変更を加えるものではなく、単に町の事務取扱いの便宜上形式的体裁を改めたに過ぎないことは〈証拠〉明らかである。

これを更に本件立木払下げの経緯に徴するに〈証拠〉石垣治男等七名は昭和二十八年頃新見町に対し本件山林は同人等の共有に属したものを誤って町有に統合したところであるから右山林立木の払下げを願いたいとの願書を提出していたところ、原告側からも町に対し石垣部落に入って既に相当年月を経過しているので応分の保護料に預りたいと申し出で他にも町有林払下げ申請があったので町としては町有林立木払下処分委員会を設けて町有林立木払下げの件を審議させると共に昭和二十八年四月七日原告側並に石垣治男等七名を呼出して山林立木保護料の分配につき調停を試みたが、妥結しなかったので払下げの件は同年度内は遂に実現せず翌昭和二十九年五月三日町は同委員会を開いて又々原告側及び治男等七名間に「払下げ価格の八割を町と治男等七名（即ち旧部落民）で等分し、残り二割を町と石垣部落全体とで等分し右部落全体の一割は原告側五名（訴外井上明を含む）及び治男等七名計十二名で等分する案を示して双方に互譲妥結を迫ったが結局調停はできなかった。被告石本憲一等は町に対し原告側には納得のいくように話すから払下げて貰いたいと申出たので町当局も払下げることとし、即日町役場において役場吏員において同日付で乙第十二、十三号証売買契約書を作成し買主として石垣治男等七名はこれに捺印した。而して同号各証には買主氏名の肩書に部落代表の「代表」の字は存しないのである。

以上のことが認められる。

右認定事実に対比すれば〈略〉はたやすく措信できないし、〈証拠〉中部落代表の字も真意は旧石垣部落民即ち石垣組の意味に解しられないことはないし〈略〉組代表は〈略〉部落代表と異り旧部落民即ち石垣治男等七名或はその先代を指称すると解する余地もある。成立に争いのない甲第十二号証〈略〉は昭和二十九年五月十日頃石本武が払下げが残っていたから役場から貰ってきた。この書類に捺印してくれといって買主石垣部落代表石垣一夫と記名してある売買契約書（甲第十二号証）三部を渡したので被告石垣一夫は自分一人で責任を負うことは困るから外六名と記入してくれといって捺印して右石本に返したがその時も町長印は押捺してなかった。その後町長印を押し外六名と書き加えて右石本が一部持ち帰ってくれたことが被告石垣一夫（第二回）の供述により明らかであるから同号証記載の山林立木は前記乙第十二、十三号証記載の山林立木と一括して払下げられたものと認められ、甲第十二号証中買主名肩書に石垣部落代表の字のあることも原告等主張事実を確認する資料として充分でない。〈略〉叙上の事実、特に前記払下の経緯に徴すれば乙第十二、十三号証の買主名肩書に石垣部落とし「代表」の字がないのは町当局においてこれを遺脱したものとは到底考えられないところであるから町は後刻石垣部落の平和を思うの余り事後工作を加えたものと解せられないでもない。即ち町は始め石垣治男等七人の払下申請を容れて同人等に対して払下げたが書類上は石垣部落居住の全世帯主に払下げた如く事務処理をしたのではないかと疑う余地が充分あるので原告等主張事実はこの程度の立証を以てしては未だこれを確認するに足りない。

原告等は前記主張の裏付として事実欄摘示の如く本件山林の沿革性質を述べ右山林が大正十三年新見町基本財産に編入せられて町有に統合されるまでは石垣部落自身とこれを構成する部落民とが実在的綜合人としてこれを総有していたものでその入会権の主体は実在的綜合人であり山林の管理処分の権能は部落自身に帰属し使用収益権能は部落民各個に属していて部落民としてのこの権能は同部落の慣習的規範により居住民であるか否かにより発生消滅したもので相続人であるか否か、他よりの移住民であるか否か、分家であるか否か等は関するところではない。前記統合の際新見町は新見町公有林野統一条件並に新見町林野条例を制定したがこれ等はいずれも前記の入会権の観念を基調とし右統一条件にその第一伐期の立木を部落民に特売すると規定し、その部落民とは立木売渡当時における部落居住民の意味で本件(イ)(ロ)の立木払下は第一伐期に該当する。

本件山林が石垣治男等七名の私有でないことは公有林として統合された事実によっても明らかである許りでなく〈証拠〉にそれぞれ公有林、公有林野、村中民有山林、但し旧公有地共、部落代表等の記載があることによっても明瞭である。本件山林の以上の如き性質から当然本件山林につき利益享受の権能を有する入会部落民とは石垣部落に居住する世帯主たることを以て足り原告等はかかる資格を有するものであるから本件立木は石垣部落居住の世帯主全員十二名に払下げられたものである等の主張をなし、被告等は事実欄摘示の如くこれを否認する。この点について検討するに〈略〉本件山林はその統合前たる明治十年頃は名寄帳に石垣治男等七名の先代又は先々代及び外一名（外一名が訴外亡谷与平であり、その後が絶えたことは当事者間争いなし）の名義に登載せられていた入会山林であったことが認められる。（それが私有たる同人等の共有であったか部落の公有であったかは暫く措く）而して同人等の後を受けた（相続を意味せず）世帯主である石垣治男等七名が所有名義人として共同で入会権を行使してきたことも〈証拠〉窺われるところである。そもそも入会権なるものは古来の慣習上認められた権利であるから入会各個にそれぞれ特別な性質があり民法も共有の性質を有する入会権につき先ず慣習によるべき旨を規定しておる。然しながらこのことは共有の性質を有しない入会権についても別異に解すべき理由はないので入会は慣習あるときは先ず慣習によるべきものであろう。原告等は本件山林に対する入会権をその統合前は実在的綜合人の総有と解するのであるが、その使用収益権能を有する入会団体員たる資格も亦慣習によるべきものである。本件山林が町有に編入され前記統一条件並に林野条例が制定されてもその前後により特に入会団体員全員の同意のない限り一挙にこの資格条件に変更をきたしたとは考えられない。ただ永年の慣例は新たな慣習を作ることは認めなければならない。本件においては石垣部落に居住する世帯主たることをその資格とすることについては争いのないところであるが、更に独立の生計を営む者たることを要するや、又居住と世帯主たる要件を具備していても新たに分家した者、或は他部落からの移住者を制限する慣習があるかについては原告等は何等の制限も存しないと主張し被告等はかかる制限が存する慣習であると争う。

先ず原告四名の各本人尋問の結果によれば原告西田貞一は昭和五年向田部落より、原告比良熊夫は昭和二十一年中原部落よりそれぞれ移住してきたもの、原告石垣萬平は昭和八年岡山より帰えり、原告石垣多喜野は広島方面に嫁していたが、昭和二十一年帰って来てそれぞれ一戸を構えたものであることが明らかである。〈略〉即ち本件山林は被告等の先祖七名において支配してきていた土地で明治四十五年訴外平田品蔵が上市から移住してきたときは入会権利者である石垣治男等七名又はその先代に乙第四号証永代定約証なるものを作成して差入れ本件山林につき何等関係せず牛馬の放牧は石垣組合の慣行に従い手厩牛に限り放牧を許す旨誓約し、原告西田貞一が移住してきたときは同部落内に田と山とを買ったから本件山林については配分に預ろうとは思わぬが放牧は許され度いと申し出たのでその条件で許し、石本富太郎、吉国吉五郎を証人として別に文書は作成せず、原告石垣萬平が帰ってきたときは本件山林については平田品蔵の先例によることとして別に文書は作成せず、原告比良熊夫、同石垣多喜野が移住してきたときは何等本件山林については話合いせず同原告等の居住は腰掛的な存在であった。訴外井上明が移住してきたときは端書をもって挨拶廻りした程度で山林につき話合はなく原告等四名はその組入りに際し旧入会権利者全員の入会加入についての承諾がなされていない許りでなく、石垣治男等七名は新見町より昭和三年本件(イ)の山林立木の払下げを受け、昭和十七年本件(イ)の山林その他の立木の払下げを受け、昭和二十二年、二十五年、二十八年本件山林の樹皮を採取したが、そのいずれの場合においても原告等を権利者として遇したことはなく、又原告等においても本件山林の保護管理育成に協力した事実は全くない。石垣部落近在の本村部落においては従前数名において納税していた山林で本件山林と同様町有に統合せられたものもあるが、その山林については新移住者に入会の権利を認めない事例もあり又、新移住者は権利者全員の同意の下に入会に買い加わる事例もあること、以上のとおり認められ〈略〉他にこれを覆すに足る資料はない。而して右の事実よりすれば既に五十年にもなんなんとする長年月間石垣治男等七名は近親の関係さえある原告等の入会団体員たることを拒否しつづけているのであるから本件入会については入会権利者全員が原告等を新移住者と認めたか新分家者と認めたかは暫く措き入会団体員たる資格の制限に該当するものとしてその権利を認めないという慣例が存し、この慣例は規範意識にまで高められて慣習となっているのではないかとの疑さえあるので他の争点の判断を用いず原告等主張の諸事情はその冒頭主張の事実の裏付けとなすに足りない。

結局原告等の本件立木は原告等を含む石垣部落居住の世帯主十二名が買受けたとの主張は確証なきに帰し肯認し難く従って本件立木につき共有権を有することを前提とする原告等の不法行為、不当利得、共有権に基く平等分割の請求はいずれも理由なく排斥を免れない。

よって訴訟費用の負担につき民事訴訟法第八九条、第九三条の規定を適用して主文のとおり判決する。」

◇（第二審　広島高裁岡山支部昭和三七年一〇月二六日判決　同三五年(ネ)四五号）一部変更、一部棄却

「岡山県新見市（旧阿哲郡新見町）馬塚に石垣という部落が存したこと、昭和二九年当時右石垣部落は十二世帯をもって構成せられ、その世帯主は控訴人両名訴外比良熊夫（原審共同原告）同石垣多喜野（同前）亡石本憲一（後に被控訴人石本品子等六名において相続）被控訴人石垣一夫同石垣義美同石垣くに亡石垣治男（後に被控訴人石垣孝代等三名において相続）被控訴人矢吹栄同石垣万亀雄及び訴外井上明の十二名であったこと、右世帯主の全部または一部（そのいずれであるかはしばらくこれを措く。）が昭和二九年中市制施行前の新見町より同町所有の

(い)　同町大字馬塚カヤノ木谷八一番谷地九林班は小班

一　山林　一町二反三畝一〇歩

地上の人工林立木（杉檜）

(ろ)　同町大字同字大谷八二番地九林班へ小班及びと小班

一　山林　六町六反三畝一〇歩

地上の天然林立木（薪炭材）

(は)　同町大字同字同八二番地九林班る小班

一　山林　四町三畝一〇歩

地上の天然林立木（薪炭材）

を代金は(い)につき金四二五、〇〇〇円(ろ)につき金七〇、〇〇〇円(は)につき金四五、四二〇円で買受けこれを共有したことは当事者間に争いがない。

控訴人等は右の買受をしたのは右部落の世帯主全員十二名である旨主張し、被控訴人等は右の買受をしたのはそのうち亡石本憲一被控訴人石垣一夫同石垣義美同石垣くに亡石垣治男被控訴人矢吹栄同石垣万亀雄の七名（以下石本憲一等七名と略称する）のみであって、控訴人等を含む爾余の世帯主等は右売買に無関係である旨主張するので、この点につき判断する。

〈証拠〉次の事実が認められる。すなわち

前記山林(い)(ろ)(は)（以下本件山林と略称）は明治初年頃以来前記石垣部落民に属する共有の性質を有する入会権の目的となっていたのであるが、大正一三年三月新見町の基本財産を造成するため林野条例なるものが制定せられ、同町内「一部一区」すなわち各部落民の所有にかかる山林原野を同町に提供せしめることとし、同時にその頃「公有林野統一条件」と称する町会決議により、右のうち従前の所有部落との関係が深いと認められる特定の山林については地上立木を従前所有していた部落民に売戻すことと定まったが、本件山林もこの条件に合致するので、地上立木を部落民に売戻すべき山林に加えられた。そして右条例及び決議により、本件山林は町有となるとともに、その地上立木が石垣部落民に売戻されることとなったのであるが、右売戻の時が近づくや、石本憲一等七名のみが買受人たるべきか右部落の世帯主全員が買受人たるべきかにつき部落内に紛争を生じ、町の財産処理委員会において示談を試みたが奏功しないまま売戻をせねばならぬこととなった。そこで町としては偏頗のそしりを避けるとともに、後日の部落内部における自主的な円満解決を期待して、一応部落民全体に売戻の利益を受けさすこととし、その方法として右部落の世帯主全員十二名を買主として町より売渡したものであって、町よりの売渡の相手方は明治初年頃の当時の居住者である石本憲一等七名に限定せられたのではなく、前記のとおり右売渡当時における部落の世帯主全員であったのであり、石本憲一等七名は全世帯主を代理する資格で売買契約締結の衝に当ったのに過ぎないものである。

以上のとおり認めることができる。〈略〉

もっとも

㈠　乙第一二、一三号証の各売買契約書には買主として「石垣部落」との肩書の下に石本憲一等七名の氏名が記されてあり、また甲第一、二号証の「代表」の文字は墨色書体等からして後に書加えられたものであることが明らかであり、これによれば一見本件山林の買主は部落代表としての七名ではなく個人としての右七名の者のみであるとの疑を生ずるけれども〈略〉乙第一二、一三号証における買主の表示として「石垣部落代表」との肩書を付すべきを、これが起案に当った町吏員の不注意によりその「代表」の文字を遺脱したのであるが、たまたま右証書中作成日付を書改めるため甲第一、二号証に書替えた直後、右吏員においてこれに気付き、甲第一、二号証の売渡契約書には「石垣部落」との肩書の下に「代表」の文字を書加え、その後各買主欄の氏名の下に捺印を得たものであることを認め得るから、右乙第一二、一三号証及び甲第一、二号証は前認定を覆えす資料となし難い。

㈡　被控訴人等は、前記入会権については移住者と分家とを排斥する慣習があったところ、町よりの売戻の当時における旧来よりの世帯の世帯主は石本憲一等七名のみであって、控訴人等を含む他の世帯主及びその世帯員は他からの移住者であるから、右慣習により本件山林について入会権を有せず、従って右売戻に際し買主とはされなかったものである旨主張するけれども、このような慣習が存したことについては、〈略〉はたやすく措信し難い。なお、(1)〈略〉明治四五年四月一三日新見町大字馬塚平田品蔵が同大字の石本小平太に対し馬塚字石垣組字カヤノ木谷及び字大谷の山林につき放牧を除き何ら利用権を主張しないことを誓約したことを認めうべく、これによれば、他地方よりの移住者は皆このような利用権を有しない慣習となっていることを疑わしむるに足るけれども、当審における控訴本人西田貞一の供述によれば、平田品蔵は上市という村から移住した者であるが、同人は右上市に相当の資産を有し、ただ税金等の関係から新見町に隠居するつもりで移住したものであるので、特に右利用権を欲しない旨の意思表示をしたものであることを認めうるから、これをもって他の一般の場合にも同様の慣習となっているものといい難く、(2)〈証拠〉本件山林は名寄帳の上では地主姓名として「石垣小平太外七名」又は「石垣甚之丞外七名」と記されてあるところ、同帳面上他の山林の地主姓名として「官」又は「何々総持」とある記載も散見するところから、或は本件山林は通例の入会権と異る特種の権利の目的となっているものと疑わしめるけれども、弁論の全趣旨によれば、右のように誰某外七名との記載をもってこれを入会権ではない単純な個人の共有を意味するものとは解し難く、また、部落民の有する入会権ではあるが移住者及び分家を排斥する慣習の付着せる特殊のものを意味する記載であるとも、その文面自体からして、にわかに受取り難い。従って右氏名の記載は、他の何らかの事情（例えば部落総持と称するに適しない程度の小人数であること）で通例の入会地であるのに個人を地主として表示したものと解する余地があるから、この書証をもって右慣習の存在を認めるに足らず、⑶〈略〉未だ石本憲一等七名が特別の権利を本件山林につき有することの立証となし難く、かえってその中「石垣組代表」「部落代表」の文字によれば、部落全体が入会権を有しそのうちの特定の者が部落全体を代表して本件山林立木の払下を受けかつ代金支払をしていることを窺い知ることができる。その他被控訴人等主張にかかる右慣習の存在を認めるに足る何らの証拠も存しない。従って被控訴人の右主張は採用し難い。

㈢〈証拠〉本件山林買受代金の支払資金調達のため石本憲一等七名が共同で約束手形を振出していることを認め得べく、これは右七名が本件山林の買主であると疑わしめるものであるが、前認定の各事実及び後記の立木転売に関する認定事実を綜合すれば、それは右七名において、将来右立木の転売により取得する代金の一部をもって容易に右手形金の支払をなし得るとの予期のもとに取り敢えず他の世帯主の利益のためをも兼ねて、自己の名義をもって右手形を振出したものと認めることができるから、右手形振出の事実は世帯主全員が買主であるとの前認定事実と牴触するものとはいい難く、従って右認定を動かす資料となし難い。

㈣〈略〉新見町財産処理委員会は本件山林の売買以前に控訴人被控訴人双方間の紛争を仲裁せんとしその案を示したが、その配分割合は控訴人側一人の取り分が被控訴人側一人の取り分の約六分の一に過ぎないこと、従って同委員会としてはむしろ石本憲一等七名のみに売却する意思であったとも疑われるけれども、これは当時における双方の言分により、円満解決を目指しての一のあっせん案に過ぎないから、これをもって買主が誰かを定める目安とはなし難く、かえって右書証によれば、町としては控訴人被控訴人間の紛争を円満に収束しかつ町の処置の公平を期するため、石本憲一等七名に対してのみでなく当時の部落世帯主全員に売渡したものと認めるに足るものである。

次に石本憲一等七名において、昭和二九年五月二三日頃前記(い)の山林の立木を訴外平田仲三郎に対し代金一、五〇〇、〇〇円で、同年七月二九日頃同(ろ)(は)の山林の立木を訴外小林幾二郎に代金七三〇、〇〇〇円で売却した事実は争いがない。しかして〈証拠〉に右山林立木が石垣部落世帯主全員のため払い下げられたという前認定事実を綜合すれば、右平田及び小林に対する売却は石本憲一等七名個人としてでなく、世常主全員の代表者としてなしたものであることを認めるに足る。

控訴人等は右は石本憲一等七名の横領による不法行為である旨主張し損害賠償を請求するが、これは後述のとおり、むしろ事務管理と目すべきものであって、横領による不法行為とは認め難いから損害賠償請求は失当である。

しかして石本憲一等七名のなした本件山林立木の買受及び転売の代理行為につき他の世帯主よりの代理権授与の事実は認め難いのみならず、かえって弁論の全趣旨を綜合すれば、代理権授与の事実は存しなかったことを認め得るところ（もっとも前記各認定にかかる諸般の事情によれば、町よりの買受については、後日黙示的に追認がなされたと認めるのが相当である。）、以上認定にかかる石本憲一等七名において本件山林立木の買受及び転売にあたり部落代表として行動した事実に〈証拠〉を総合すれば、これらの売買は他の世帯主のためにする意思をもって事務を管理したものと推認し得るから、右七名において事務管理に基き、受領した代金のうち、人数により平等に分割した一部を控訴人等に支払わねばならない。

控訴人等は代金の分配割合について控訴人等及び比良熊夫石垣多喜野の間に差異が存する旨予備的に主張するけれども、その根拠とする林野条例〈略〉の条文中保護料の分配割合に関する部分は、これと統一条件〈略〉の条文とを綜合考察すれば、部落民が町より本件山林立木の売戻を受けた代金額とこれを他に転売した代金額との差額については適用がないものと解せられるので、控訴人等と右比良及び石垣多喜野との間の代金分配割合は原則に従い平等というべきである。従って控訴人等の予備的請求は失当である。

ところが〈証拠〉石本憲一等七名は前記買主小林幾二郎同平田仲三郎より、右売却の頃前記代金合計金二、二三〇、〇〇〇円の支払を受け、その中から町に対し前記払下代金合計五四〇、四二〇円を支払い、残額金一、六八九、五八〇円を手元に保管するに至ったことを認め得るから、右七名はこの金額の十二分の一すなわち金一四〇、七九八円宛を控訴人等に支払わねばならず、しかしてその債務は民法の原則により分割債務となるからこれを七分し、金二〇、一一四円宛の支払義務を負うに至ったものというべきである。

ところで、その後石本憲一等七名のうち被告石垣治男が死亡し、その妻石垣孝代、長男石垣久志、長女石垣政子が遺産相続かつ訴訟承継をなし、石本憲一が死亡し、その妻品子、長男俊一、二男英二、二女和子、三男浩三、四男博美が遺産相続かつ訴訟承継をしたことは、訴訟の経過に徴し明らかであるから、その相続分に応じ分割し、石垣治男の相続人等は各三分の一である金六、七〇四円宛、石本憲一の相続人中品子は三分の一である金六、七〇四円、その余の相続人は三分の二を五等分した各金二、六八一円宛の支払義務ありというべきである。更に被控訴人等は本件訴状送達の日の翌日以降完済まで法定利率年五分の割合による遅延損害金を付加支払わねばならない。

よって本訴請求は、右限度で認容し、その余を失当として棄却すべきところ、原判決はこれと異るから主文のとおり変更し、訴訟質用の負担につき民事訴訟法第九六条第八九条第九二条第九三条を、仮執行の宣言につき同法第一九六条を適用し、主文のとおり判決する。」

〔29〕最高裁昭和三九年八月二〇日判決（昭和三七年(オ)七五一号　土地立木所有権確認請求事件）

本件は山林の土地並に立木の所有権帰属にかんする紛争であるが、第一審では立木等の伐採権能の有無に伴ない県有地上の入会権の存否について判示されている。

係争地は山梨県西八代郡三珠町三帳地内の山林で、同町下芦川の住民X_1（河野虎雄）が自己所有の山林として地上立木をX_2（矢野育造）に売却し、X_2が伐採に着手し搬出しようとしたところ、山梨県が係争地は県の所有地であるという理由でX_2の伐採搬出を差止めたので、$X_1$$X_2$は山梨県を相手として、係争地はもと御料地であったのが三帳組有となり、それをX_1の先代が買受けX_1が相続により取得したものであるという理由で係争地盤と立木の一部がX_1に、地上立木の一部がX_2に帰属することの確認を求める本訴を提起した。

第一審は、X_1らの請求を認めず係争地が県有に属すると判示したが、X_1が係争地上に以前屋根葺きに用いる木を伐りに行っ

たことがあるという主張に対して、それはX_1が三帳区住民として有する入会権の行使によるもので地盤が県有であることと矛盾しない、と判示している。Xら控訴したが第二審も請求を棄却したので、上告し、原判決は、係争地が山梨県所有の二四六番の一部であるというのみでX所有の二九三番が何処であるかに何らふれておらず、また係争地は郷山と呼ばれていたから村持すなわち三帳区有の山林であったのでありそれをXの先代が取得したことは明白であるのに県有に属すると判示しているが、これは審理不尽、経験則違反の違法がある、と主張した。

（棄却）「上告代理人古屋福丘の上告理由第一点第一について。

上告人ら主張の土地範囲（以下本件係争地という）が、第二九三番山林に該当するものとは認め難く、被上告人所有の第二四六番山林に属するものと認められるとした原審の事実上の判断並に認定は、原判決（並にその引用する第一審判決を含む。以下同じ）の挙示する証拠並に判示の事実関係に徴して首肯できないことはない。その認定判断の過程において、原判決には所論違法は存せず、所論は結局、原審の裁量に委ねられた証拠の取捨判断、事実認定を非難するに帰し、採用できない。

同第二について。

記録によれば、所論証人渡辺義輔は、第二九三番山林が甲一〇号証三帳区有図面表示の箇所に存在すると供述しているのではなく、むしろ第二九三番山林が実際何処にあるか知らない、本件係争地は恩賜林であると聞いている旨を供述しているのである。所論は、証言の趣旨を誤解して原判決に所論違法があると主張するものであって、採用できない。

同第三について。

原審は、本件係争地が第二九三番山林であることを認めるに足る証拠がなく、却って被上告人所有の第二四六番山林に属すると認定したのであるから、本訴請求を棄却すべきであるとした原審の判断は正当である。原審は第二九三番山林が存在しないと判示しているのではなく、また第二九三番山林が何処に所在するかを確定しなければ、本件係争地が第二四六番山林に属する旨を認定し得ない筋合のものではない。従って、原審の右認定判断に所論違法は認められない。

また、原審が上告人河野虎雄は訴外渡辺庫吉から本件係争地が売買の目的となった第二九三番山林であると聞いた旨の上告人河野虎雄の例述は信用できないと判断し、また本件に現れた全証拠によっても本件係争地が第二九三番山林とは認められないと判断したからといって、判文が先後矛盾するといえないことは明らかであり、原判決には、所論違法は認められない。

更に、原判決挙示の甲第一〇号証及び証人渡辺庫吉、同内田久雄の各証言に徴すれば、甲第一〇号証の改ざんの事情に関する原審の認定は首肯するに足り、右認定のもとにおいては、甲第一〇号証をもって上告人らの主張を肯認する資料とし難いとした原審の判断は是認できるから、原判決には所論違法のかどは認め難く、以上いずれの所論も採用できない。

同第四について。

本件係争山林の北側境界線であると上告人らが主張する山道は途中で消滅しており、右山道を除いては何ら右境界線を特定するに足るものはない旨の原判決の認定は、その挙示する証拠に照らして首肯でき、原判決には所論違法は認められない。所論は、ひっきよう原審の認定に添わない事実を前提として、原審が適法になした事実認定を非難するものであって、採用できない。

同第五について。

記録によれば、第一審における証人河野熊治郎、同渡辺清二郎、河野美胤らが、被上告人より強制されて境界査定に立会した体験に基づき、所論同人らの所有山林の北側が被上告人所有山林であると信じている旨証言した形跡は、認められない。所論は、証拠の判断に関する原審の専権行使を攻撃するものであって、採用できない。

同第六について。

原判決が事実認定の資料として所論証人らの証言を採用した判断は、いずれも首肯するに足り、右判断の過程において所論違法のかどは認められない。所論は、ひっきょう原審が適法になした証拠の判断を非難するものであって、採用できない。

同第七について。

同一証人が第一、二審において、同一事項につき相異なる証言をした場合に、そのいずれを採用するかは、事実審の自由心証に委ねられた事柄であるから（昭和五年㈴第六七七号同年九月十三日大審院判決法律新聞三一八〇号一三頁参照）、原審が、第二九三番山林の売買の際現地指示の有無につき、指示した旨の証人渡辺庫吉の第一審における供述を採用し、指示をしなかった旨の証人の第二審における供述を排斥したからといって、何ら違法のかどあるものではない。所論は、証拠の取捨判断に関する原審の専権行使を非難するものであって、採用できない。

よって、民訴四〇一条、九五条、八九条、九三条に従い、裁判官全員の一致で、主文のとおり判決する。」

〔29〕最高裁昭和39年8月20日判決

◇（第一審　甲府地裁昭和三五年一一月一五日判決　同三五年(ワ)五四号）棄却

「〈証拠〉原告等が主張するとおり、原告河野の父河野磯吉は、昭和二年一二月二五日当時所有者であった西八代郡下九一色村三帳区より、西八代郡三珠町三帳第二九三番山林一反四畝二八歩を買受け、同月三〇日にその旨の登記を経由し、その後同二七年三月二日右磯吉は死亡したため、原告河野が相続により右山林の所有権を取得し、同年六月一一日その旨登記した事実が認められ、右認定に反する証拠はない。

原告等は、本件山林は、原告河野所有の右西八代郡三珠町三帳（以下単に「三帳」という）第二九三番の山林（以下三帳所在の山林は、地番のみ略記する）であると主張し、被告は、原告等主張の右範囲は、被告が所有権を有する第二四六番山林であると主張するので、この点について判断する。

原告河野虎雄本人尋問の結果によれば、原告河野は、第二九三番山林を同人の父河野磯吉に売渡した当時の三帳区長である渡辺庫吉から、別紙第一目録記載の(B)点からほぼ西方に通ずる山道より南が右売買の目的となった第二九三番山林であると聞いた旨、および右磯吉よりも右売買の目的となった山林は、本件山林であると現場において指示された旨供述しているが、右供述は、後記に掲げた各証拠と対比すれば、信用することができず、その他本件にあらわれた全証拠によっても原告等主張の事実を認めるのに十分でない。（なお右本人尋問の結果によれば、同人は、磯吉とともに、本件山林に毎年「しば」をはきに行き、麦稾の屋根葺きに用いる「おしよく」と称する木を伐りに行ったことがある旨供述しているが、右事実は、右山林が、〈証拠〉によって認定できるように、三帳区の「郷山」（ごうやま）と称されて、同区が入会権を有していたのであるから、後記認定のように、被告が右山林の所有者であることと矛盾するものではない。）

〈証拠〉を綜合して認め得られる河野磯吉が右第二九三番山林を三帳区より昭和二年に買受けるに際しては、同区に古くより保管されてあった同区有図面〈略〉を一応参考とはしたものの、右図面は、当時一般には殆んど利用されておらず、加えて右図面の約数十箇所に紙片が貼られ、地番、境界線等が改ざんされていてこれを重視し得なかったため、当時同区の区長であった右渡辺庫吉とともに現場へ赴き、境界の確認をし、その指示を受けた結果、右図面よりも現場に重点をおいて取引が行われたこと、右売買当時すでに本件山林については、被告が自己所有の第二四六番山林として隣地所有者との間に境界査定をし、かつ、その承認を受けており、渡辺庫吉は、右事情を売買当時知っていたこと、その後河野磯吉は、昭和二六年に死亡するまで本件山林につき所有権を主張するようなことは一度もなかったところ、同三二、三年ごろに至って原告河野が父磯吉と親交のあった訴外河野熊治郎を訪ねた際、同訴外人に対し、「本件山林は俺のものに登記してあるから、俺のものだ」と突然言い出し、これに対し右訴外人は、「どうかなあ、そんなことは今まで聞いたことがない」旨返答したこと、三帳区有図面〈略〉によれば第二九三番山林は本件山林に符合するかまたはこれに近い所在を示しているが、一方西八代郡三珠町役場保管の図面〈略〉によれば、右山林は本件山林を遙かに南下した芦川沿岸にあって、結局右両図面のいずれかは現況と一致していないこと、前記第二四六番山林の現況は、三帳区有図面のそれよりも東方へ細長く延びていること、本件山林の附近にはこれとは別個に河野磯吉が三帳区より取得して所有していた山林一筆が存在するが、右山林は現在原告河野の姉訴外小林ふさじの所有名義となっていること、本件山林の南の境界にそれぞれ隣接している第二六一番ないし第二六四番山林の所有者右河野熊治郎、第二八二番、第二八三番、第二八五番および第二八九番山林の所有者訴外渡辺清二郎、第二九二番山林の所有者訴外河野美胤は、いずれも右各所有山林の北側が被告所有の山林であると信じていたこと、さらに、明治四四年以来現在まで、本件山林について被告が恩賜林組合をして管理させ、その報酬として同組合に対し立木または金銭を交付して来たこと、また、本件山林について、原告等がその北の境界であると主張する線は、別紙第一目録記載の(B)点より方位角約三三〇度の方向に通ずる山道によって一応区分されているように見えるが、右山道は、途中で消滅しており、右山道を除いては、何等右境界線を特定するに足りるものはない等の事実を総合すれば、本件山林は、被告所有の恩賜林であることを認めるに十分である。

してみれば、原告河野が本件山林の所有者であることを前提とする原告等の本訴請求は、その他の判断をするまでもなくいずれも理由がないからこれを棄却し、訴訟費用の負担について民事訴訟法第八九条、第九三条第一項本文を適用して主文のとおり判決する。」

◇（第二審　東京高裁昭和三七年三月三〇日判決　同三五年(ネ)二九五〇号）棄却

「本件係争土地は被控訴人所有の三珠町三帳二百四十六番山林の一部であって、控訴人所有の同所二百九十三番山林ではないと認められ、その理由は原判決の理由（ただし、四枚目裏六行中の、義轄を義輔と訂正する。）と同一であるからこれを引用する。〈証拠〉によれば、三帳区備付の大絵図（甲第十号証）は、明治三十九年頃御料地盗伐の刑事事件が発生し、三帳区の部落民多数がその取調を受けるに至ったので、村助役渡辺庄吉が二百四十六番を二分して、東南部分に二百九十三と記入し、二百九十四番の東南にあった二百九十三番地の表示である二百九十三の文字の部分に貼紙をし、二百九十三番と二百九十五番との境界（二百九十四番の南端と三百六番の東端とを直線で結んだ線）の線にも貼紙をして二百九十三番の土地が二百九十五番の土地の一部のように改ざんしたこと、本件土地について紛争が発生し、昭和三十四年九月調停が行われた当時二百九十三の文字にはられた貼紙ははがれておらず貼紙の上から二百九十三の文字が透視できたこと、その後訴訟が提記されたが、右貼紙の下の部分がはがれ、二百九十三の文字のうち三の文字が五に改ざんされていることが認められるから、甲第十号証によるも控訴人の主張を認めることはできない。

従って、控訴人らの主張は理由がないので、民事訴訟法第三百八十四条第九十五条第八十九条第九十三条により主文のとおり判決する。」

〔25〕最高裁昭和三九年九月二二日判決（昭和三八年(オ)四七九号　不当利得返還請求事件）

本件はいわゆる部落共有地の立木売却代金の配分をめぐる、旧来の権利者たる旧戸と分家たる新戸との紛争にかんするもので、係争地は福島県河沼郡高郷村大字揚津の内中山部落の山林である。

中山部落には中山共有分または部落共有地とよばれる部落有入会地があり、古くから区会がおかれ、Yら九名の住民が共同利用してきた。X_1（唐橋幸太郎）X_2（富田忠雄）は大正年間に分家して生れた新戸であるが、昭和三年に、分家も一定の加入金を負担することにより一部の山林を除き平等の入会権が認められることになった。本件係争山林は昭和三〇年、当時の山郷村が高郷村に合併される前に、中山共有の保存登記を経てXYら一一名に、昭和二三年に売買を原因とする所有権移転登記がなされた。それより前、昭和二七年に区会の決議により係争山林の立木が売却され、その代金がYら九名の旧戸のみに配分されたので、右所有権移転登記後、X_1X_2は、係争地上に旧戸と同様の入会権を有することを理由に、Y_1Y_2二名のみを相手として、（はじめは九名全員を相手としたが第一審提起後まもなく他の七名に対する訴を取下げた）立木売却代金配分額相当の不当利得金の返還を請求する本訴を提起した。Y_1らは、係争地は昭和三〇年にXYら一一名共有となる以前には山郷村有地で、分家に入会権を認めた土地には含まれず、Yら九名は町村制九〇条により旧慣による使用権を有していたのであり、また村会もX_1X_2が使用権を取得することの許可をしてないので、X_1らは昭和二七年当時係争地上に権利を有しなかった、と抗弁した。

第一審は、係争地は前記ＸＹらへの売渡前は山郷村有であって、町村制九〇条、地方自治法二〇九条（現二三八条の六）にいう旧慣使用地であり、X_1X_2が係争地を使用するにつき同条二項による村議会の議決を得ていないのでX_1X_2はその権利を取得していなかった、と判示したので、X_1のみ控訴してX_1X_2は加入金を準消費貸借の形態で支払い、係争地上にも入会権を認められ、町村制九〇条二項による許可は民法上の入会権と無関係である、と主張した。Y_1らは第一審におけるとほぼ同様の抗弁をした上、Ｙらが係争地上に有する権利は入会権でなく、町村制＝地方自治法上の公権である、と主張した。

第二審は、中山部落では昭和三年に所定の加入金を支払うことによりX_1ら分家にも部落共有地の共同使用権を認めることになったが、それには旧戸が育成した立木のある係争地は除外され、昭和三〇年に係争地がX_1Ｙら一一名に売払われるまではX_1らは係争地上に共同使用権も共有持分も有しなかった、と判示しX_1の請求を棄却した。なお第二審判示中には部落共有地の共同使用権という用語が用いられているが、その権利が入会権であるか町村制上の公権であるかにはふれていない。X_1上告して、原判決は係争地がX_1を含む中山部落住民の入会権を有する土地であるというX_1の主張を排斥したが、X_1を除外したＹらの係争地に対する権利が何にもとづくかを示していないのは本件の争点を不問にした理由不備の違法がある、と主張した。

（棄却）「上告代理人岡本共次郎の上告理由について。

原審の認定した事実関係は、本件土地についての上告人の権利関係として上告人の主張したところと相容れないものであることは明白であるから、右認定事実に基づき上告人の本訴請求を排斥した原判決は、結局、正当というべきである。原審の認定事実にして上告人主張事実と相容れないものである以上、原審が、上告人の本訴請求を排斥するに当って、上告人以外の被上告人らの本件土地に対する使用収益権につき法律的命名を付さなかったからといって違法とすることはできない。よって論旨は採用できない。

よって、民訴法四〇一条、九五条、八九条に従い、裁判官全員の一致で、主文のとおり判決する。」

◇（第一審　福島地裁会津若松支部昭和三五年一月二六日判決　同三一年(ワ)四七号）棄却

「原告らは福島県河沼郡高郷村(旧同県耶麻郡山郷村)大字揚津字葭沼乙九二八番原野一町三反四畝二三歩がもと山郷村旧中山部落民九名の共有に属した旨主張するのであるが、〈証拠〉前記原野が旧中山部落民九名の共有に属した旨の記載および供述部分は、後記各証拠に照らすときは民法上の共有を意味するものとしてはいずれも措信し得ず、〈証拠〉本件土地はもと前記山郷村の村有に属していたが、旧幕府時代からの慣行により同村中山部落民中の九名が代々使用収益を認められていたところ、同部落には他に部落民の数名または全員が共同して使用収益していた山林原野等が数十筆存したので、同部落民はこれらの土地をその所有形態にかかわりなく一括して共有地、中山共有分または部落共有地と呼びならわし、毎年定期または臨時に中山区会または常会と称する集会を開き会計簿を設備し、区長を選挙し当番による世話係を置いて部落共同の利益のためにこれらの土地を管理し、これらの土地に関する公租公課はもとより、部落民共同の寄附金、鎮守神社の維持費等の支出もみぎの区会によって運営されていたものであり、その間原告らの先代が大正年間に分家して新戸を構えた際金一五円宛の加入金の支払を条件として前記共有分に対する使用収益権を与えられることを定められたが、その支払をなし得ないでいたところ、昭和三年旧暦一月一〇日の区会において原告らの先代はそれぞれ金四五円およびこれに対する年一割の利息の支払義務を負担することによって共有分に対する入会地を認められたけれども、本件土地に関してはなお旧戸九名と平等な収益権は認められず、地上立木の売却代金の分配や地上松立木の伐採使用については制限を受け、みぎ両名の新規加入につき山郷村による許可も与えられていなかったものであって、他の共有分の大部分の土地については昭和二四年二月二〇日の区会において単独所有に分割することの合意が成立したが、その際本件土地についてはほか数筆の土地と共に分割しないことと決定され、本件土地については、昭和二九年に至って始めて原告ら両名に対しても平等の権利を認め山郷村から払下を受けて一一名の共有地とすることとなり、同年九月二〇日払下代金を納付し昭和三〇年三月一七日山郷村長相良清一名義による土地所有権移転登記嘱託書の受付により河沼郡高郷村大字揚津中山分共有としての所有権保存登記ならびに原告らおよび被告らを含む一一名に対する昭和二三年七月三日の売買を原因とする所有権移転登記がなされるに至ったが、山郷村会または山郷村議会において本件土地の売却につき決議をしたことはなかった事実を認めることができ、これらの事実によれば、本件土地は町村制（明治四四年法律第六九号）第九〇条および地方自治法第二〇九条の規定するいわゆる旧慣使用地に該当するものと解すべきであるから、原告らの先代が昭和三年頃本件土地を新たに使用するに際しては同条第二項の規定により山郷村の許可を必要としたところ、かかる許可の存在しないことは前記認定のとおりであるから、原告らが昭和二七年当時本件土地につき利用権を有したということはできない。もっとも、みぎ認定事実および前記登記嘱託書中山郷村長の肩書として「中山分共有管理者」との記載の存する事実によれば、旧中山部落に財産区が存在し本件土地は該財産区の所有に属し前記中山区会は町村制第一二五条の規定する区総会にあたるかのような一応の外観を呈しているが、同条の規定による区総会設置条例の設定、同法第一二四条第一項第四〇条第七二条に基く歳入出予算の議決、村長の収支命令等の存した事実を認めるに足りる何らの証拠もないのみならず、〈証拠〉によれば前記中山区の収支会計は山郷村長の命令監督を受けることなく全く独自に行われていた事実を認めることができるから、財産区の存在を認めることはできない。

したがって、原告らは昭和二七年当時において本件土地につき共有持分はもとより旧慣使用の権利または財産区の構成員としての権利をも有したものとは認められないから、原告らの請求はこの点においてすでに理由がない。

よって、原告らの請求を棄却し、訴訟費用は敗訴当事者の負担すべきものとして、主文のとおり判決する」。

◇（第二審　仙台高裁昭和三七年一一月二七日判決　同三五年(ネ)七六号）棄却

「㈠　昭和二七年一一月中被控訴人両名および外七名の者が本件土地上の松立木を訴外斎藤金三郎に代金九六万円で、雑立木を訴外木伏信義に代金一三万円で売却したが、その売上金は前記九名の間で分配し、控訴人はその分配にあずからなかった事実は当事者間に争いがない。

控訴人は被控訴人らと共に右地上立木について共有持分を有していたから右売上金の分配にあずかる権利があると主張し、その根拠として右立木の生立していた本件土地について被控訴人ら外七名と共に入会権を有していたこと、および仮にそうでないとしても昭和二三年七月三日以来右立木生立の地盤たる本件土地を右九名と共に共有していた旨主張するので、以下順次その当否について判断する。

㈡　本件土地の旧所有関係

本件土地が現在被控訴人両名および控訴人外八名の共有であることは当事者間に争いのないところであるが、右一一名の共有となる以前（一一名の共有となった時期については後記㈣参照）の所有権の帰属について控訴人はもと被控訴人ら先代と外七名の者の共有であったところ昭和三年旧一月一〇日控訴人先代幸作と訴外富田徳次郎が加入して爾来一一名の共有となったものであると主張するけれども〈証拠〉により前記一一名の共有となる前は耶麻郡山郷村の所有であった事実は動かし難いところである。

㈢ 右村有当時における本件土地の利用関係

〈証拠〉本件土地は他の三〇筆余のもと山郷村々有山林原野と共に遠く藩制時代からの慣行により同村中山部落の住民九名の者（その現世帯主は被控訴人両名、斎藤忠記、富田富雄、物江祐輔、物江慎一、物江秀雄、斎藤功、富田松喜代）が代々或る土地については右九名全員で（本件土地はその一例）、又或る土地についてはそのうち一部の者らが共同して採草、植林等に使用収益を認められてきたもので、これら土地の所有形態にかかわりなく中山分共有地、部落共有地と呼びならわし、右九名の者は毎年定期又は臨時に中山区会と称する集会を開き、区長および区長代理を選挙し、右土地管理の責任者とし、会計簿を設けて区会の収支を明らかにし、収益の一部を割いて共同積立金とし、これを部落共同の寄付金、鎮守の維持その他の使途に当てていたものであるが、控訴人先代幸作および訴外富田徳次郎が分家によって新戸主となるにおよんで右両名を一部中山分共有地の共同使用権者に加えようとの議がおこり大正一一年一二月二二日前記九名の旧戸主全員の賛同のもとに右両名は金一五円ずつの入会金を支払って加入することとなり、右金員は予定の支払期限までに納入されなかったため各自元利金四五円ずつについて昭和三年旧一月一〇日の区会においてこれを旧戸主九名に対する消費貸借にあらためたこと、しかし右加入により新戸主両名に共同使用を認めることにしたのは前記三〇筆余の中山分共有地と称せられる土地中前記九名の全員の共同使用にかかる山郷村大字揚津字鐙坂乙八一七番外五筆の土地にかぎられ、特に本件土地は右九名全員の共同使用にかかるものではあるがこの土地は右旧戸主らが古来育成してきた松林を形成していたので、これに対しても新戸主に対等の権利を認めるときは著しく旧戸主の既得の利益を害する結果となるのでこれを除外したものであること、されば

(1)　中山区会の記録によると昭和五年旧二月一六日区会において区長および区長代理の選挙を行った後旧戸主富田松喜代に対し家屋改築用材として本件土地から松立木三本を伐採することを認めると共に爾後建物を新築する者は、住宅の場合三本、土蔵の場合二本、納屋の場合一本の松樹を本件土地内から採取し得ることを区会の規約として定めることを議決し、ただしこのことは前記九名の旧戸主に限ることを明らかにしており、

(2)　昭和七年前後の中山区会の会計簿中に本件土地上の一部立木の売却代金一六〇円の処分として内金一三五円を九人分(一人当たり金一五円)の昭和七年度村道工事の寄付金に当てて残金二五円は共同積立金として区会の郵便貯金に付し、右貯金についてだけは特に「不加名者」も平等の権利を有する旨の記事がある。(ここに「九人」とは前記旧戸主九名を指し、「不加名者」とは本件土地につき共同使用権を有しない者という趣旨と解せられる。そうとすると土地に関し権利のない控訴人に対し金二五円の郵便貯金については旧戸主と対等の権利を認めることは一見矛盾の観があるけれども、この程度の金額および控訴人ならびに富田徳次郎は他の中山分共有地について共同の使用権を有し、それを通じて共同の積立をしていることなどを思い合せれば右のように解してもさして不自然とはいえない。)

(3)　昭和二四年二月二〇日の中山区会において多くの中山分共有地を単独所有に分割することの協議が成立したが、本件土地については他の数筆と共になお将来とも従前どおり中山分共有旧戸主九名の共同利用の形態を存続せしめる旨満場一致(控訴人も列席)で議決し、

(4)　前記のように昭和二七年一一月の本件地上立木の売却は被控訴人ら九名の旧戸主によって行われたものであるのにかかわらず、このことに対して控訴人からは、後記一一名名義に本件土地の取得登記の経由された後である昭和三〇年一二月一二日前後ころ突如として売却代金の配当を要求するにいたるまで、なんらの異議の申出もなかった。

以上のような事実を認めることができる。

そうしてみると前顕昭和二七年一一月の立木売却当時控訴人が本件土地に入会権を有していたから、当然右売却代金の配当を要求し得る権利があるとの控訴人の主張は採用できない。

＜証拠＞控訴人は当初旧戸主全員を共同被告として本件訴訟を提起したが、被控訴人ら以外の七名との間では提訴後間もなく裁判外において「相互の融和を計る目的をもって円満和解を誓約する」旨の書面を取り交わし、控訴人は原審最初の口頭弁論期日に先き立ち昭和三一年四月二日右七名に対する訴を取り下げた事実を認められるけれども、＜略＞控訴人と右七名間の話し合いは厳密な意味では必ずしも右七名の旧戸主らが控訴人の主張の正当性を認めた趣旨ではなく部落相互の円満を第一義として紛争を止めることとしたものであることが認められるから右事実はなんら先きの認定を妨げるものではない。

控訴人は又本件土地に対する賦課金も分担していたことからしても本件土地を除いて入会加入を認められたものではない旨主張するが、当審での被控訴人斎藤哲夫本人の供述によると前記旧戸主らは昭和三年以前には控訴人に対し中山分共有地に対する公課金を分担せしめた事実はなく、控訴人が前記のように一部中山分共有地の権利者の一員となってからはこれらの公課金は前顕共同積立金をもって支弁していたのであるから、被控訴人らも認める如く新戸主と旧戸主とが各有する共同利用地の不均等からくる多少の不公平は否めないまでも、そのことの故に控訴人が本件土地に対する権利を有する証左とはなし難い。

㈣　控訴人は仮に昭和二七年一一月当時同人が本件土地の入会権者でなかったとしても、控訴人は昭和二三年七月三日山郷村から被控訴人らと共に本件土地の譲渡を受けたものであるから、爾来右地上の立木に対しても共有持分がおよんでおったものであると主張するので、この点について判断するに、＜証拠＞本件土地は昭和三〇年三月一七日中山分共有地管理者山郷村長から被控訴人両名および控訴人その他合計一一名に対し、昭和二三年七月三日売買を原因として所有移転登記が経由されている事実を認め得るところであるが、＜証拠＞昭和二三年七月三日ころ山郷村において数件の村有地を縁故者に売り払った事実はあるけれどもその中に本件土地をも含む形跡は全く存しない。＜証拠＞昭和三〇年三月三〇日山郷村は町村合併促進法に基づき新郷村と合併して現高郷村となることとなったので山郷村では本件土地等を右新村に引き継ぐことを惜しみ、右合併に先き立ち急遽これを従来前記のように共同使用してきた者らに売払処分をすることとし、前記旧戸主九名の者らは協議の結果本件土地は当時としては昭和二七年の売却により、もはや立木もない裸山であったので前の場合のような控訴人および富田忠雄だけを特に除外すべき理由もなかったところから、右両名をも加えて払下を受けることを申し出で村当局もこれを了承したが、町村合併直前に村有財産をことさらに処分することの禁止を免れるため、前顕昭和二三年七月三日の村有地払下の際本件土地についても払下があったかのように装い前記所有権移転登記を経由したものであって、右登記原因の記載に拘らず真実の土地売払処分は昭和三〇年三月当時に行われたものであることが認められる。

したがって㈠の立木売却当時控訴人が本件土地およびその地上立木について共有持分を有していたとの主張も採用できない。

㈤　以上の次第であるから右立木に共有持分を有していたことを前提として被控訴人らに対し立木売却代金の一部を不当利

得として返還を求める控訴人の本訴請求は失当であるから棄却を免れず、これと同旨の原判決は相当であるから本件控訴はこれを棄却すべきである。

よって民訴法三八四条、九五条、八九条を適用し、主文のとおり判決する。」

〔23〕最高裁昭和四〇年五月二〇日判決（昭和三八年(オ)一〇二九号　山林所有権確認等請求事件）（最高民集一九巻四号八二二頁）

本件は、割山の慣行がある記名共有名義の入会地において、登記上共有持分権を取得した部落外の第三者が土地の共有権を有するか否かに伴ない右土地が入会地であるか否か争われた事件で、本判決は割山の慣行があっても入会地たることを失なわず、また部落外の登記上の共有持分権者は入会地に何らの権利を有しない、と判示した重要な判決である。

係争地は広島県三原市沼田東町（旧同県豊田郡釜山村釜山谷）所在のいわゆる釜山谷共有山林である。同山林は明治初年、釜山谷部落全戸を四組に分けた各組に配分され、さらに各組においてその山林の一部が組の共同使用収益地として残され、他は各組の構成員に「分け地」として配分された。この「分け地」は明治三六年に一回わりかえされ、大正六年九月に、部落全構成員四六名の共有として保存登記がなされた。共有持分は「分け地」の地盤とは一致しないが、共有持分の部落内における売買譲渡が認められ、さらに一部部落外の者に対しても売買譲渡が行なわれた。右分け地の登記上共有権を有しないが使用収益権を有する部落住民Y_1（松原定一）の先代がその分け地の立木を同じ部落住民Y_2（場垣内信夫）に売却し、Y_2がこれを一部伐採したところ、係争地の記名共有者の一人で部落外に転住したA（日野坪正蔵）の相続人から共有持分を買受けたX（日野邦雄――地区内居住者）が$Y_1$$Y_2$を相手として係争地は個人的な共有地であり共有持分を買受けた以上「分け地」の排他的所有権を取得したという理由をもって「分け地」の所有権確認と$Y_1$$Y_2$の立木伐採禁止ならびに$Y_1$$Y_2$の立木伐採処分によって生じた損害の賠償を求めて本訴を提起した。これに対して$Y_1$$Y_2$は、右分け地は部落住民の入会地であってAは持分権を失っているからXはその所有権を取得しないと抗弁し、かつ立木伐採禁止（Xが仮処分申請をした）によって生じた損害の賠償を求める反訴を提起した。

第一審は、係争地が明治期に同部落の四五名に分割され、各自その分割地を独占的に使用収益していること、その持分の処分が行なわれていること、大正六年以降四七名の共有地として登記されていること、等を理由に係争地は入会地とは認め難いとしてXの主張を全面的に認め、$Y_1$$Y_2$の反訴を認めなかった。

Y_1らは控訴して、係争地は釜山谷部落有の入会地であり、割山は各入会権者の独占使用が認められるが、柴草採取には入会権者たる部落住民が自由に立入ることができ、部落の慣習によれば、転出者は右山林に対する権利を失ない、新たに分家又は転入によって一戸を構え組入りの手続をしかつ組入料を納めれば入会権を取得することができ、Y_1らも右の手続により入会権を取得したものである。部落有入会地である以上Aを経てXが本件山林所有権を取得することはありえない、と主張した。

第二審は次の如き理由をもって$Y_1$$Y_2$の主張を認めて原判決を変更しXを敗訴させた。

(1) 係争地は古くから釜山谷部落住民の入会林野であって、この部落には部落の住民が部落外に去るときには分け地はもとより入会地に対する一切の権利を失ない、反対に分家や転入により新たに一戸を構えて組入りした者は入会地に対して平等の権利を取得する慣習がある。

(2) 係争地はかつて柴草、雑木の採取が行われていたが、その後地割して個人が排他的に支配するようになり、これを分け地とよんでいる。入会権は商品経済の発展に伴ない柴草や雑木採取等の古典的共同利用から団体直轄利用、個人分割利用または契約利用へと変化する。本件分け地はその利用において部落の統制下におかれているから、右の個人分割利用に該当し、入会地としての性格を失なってはいない。

(3) 係争地は実質上部落有地であるが、部落有名義では登記できないため当時の部落全住民四〇数名の名義で登記したのであって、登記簿上四〇数名の共有名義であるからとて係争地を個人的な共有地とみることはできない。

(4) したがって、Aは部落を去ると同時に係争地に対する一切の権利を失なったのであり、分け地が配分された当時部落に居住していなかったのであるから係争地の所有権を取得するはずがない。したがってAは所有権を有しないのであるからXが係争地の所有権を買受けてこれを取得したとはいえない。

なお、Y_1 Y_2のXに対する損害賠償の請求を認めた。

Xは上告し「分け地」については配置換えされることもなく、採草のため自由立入をしていた慣習もなくなり、「分け地」に対して独占的使用収益権が認められる。共有持分の売買は本件「分け地」の売買であり、「分け地」が自由に売買されるならばもはや入会権は存在しない、というのが最高裁判決(昭和三二年九月一三日)の示すところであり、原判決は最高裁判決に違背している。と主張した。

（棄却）最高裁は、「分け地」の慣習があってその持分の売買が行なわれたとしても、そのことによって直ちに入会権が消滅したとはいえない、と判示した。その理由づけは次の如くである。

(1) 入会林野の大部分が分け地とされても、その分け地に部落住民は柴草採取のため一定期間を除いて自由に立入ることができ、分け地の所有者もこれを拒否することはできない。

(2) 部落住民が部落外に転出すれば分け地のみならず他の共同利用地に対する一切の権利を失ない、かつ分家または外来者で組入りした者は平等の権利を取得しうる。

右の如き慣習がある場合には、分け地が行われても入会地としての性格を失ったとはいえない。したがって部落から転出したAは係争地にたいする一切の権利を失なったからXは係争地の共有権を取得することはないことになる。

なお上告人主張の最高裁判例（〔2〕判決）については、「事案を異にし本件に適切でなく」と判示している。

◇（第一審　広島地裁竹原支部昭和三四年九月二〇日判決　同二八年(ワ)二七号　三一年(ワ)一三号）本訴認容、反訴棄却

「（本訴請求について）

被告松原定一の先代松原権太郎が原告主張の本件山林の立木を伐採権ありとして右地上立木百六十石を代金十六万円で被告場垣内信夫に売却し同被告において昭和二八年四月下旬から右買受立木を伐採し始めたこと、原告が被告場垣内信夫に対し右立木の伐採につき竹原簡易裁判所に申立て仮処分によって右伐採樹木の搬出及びその余りの伐採を禁止せしめ後日右仮処分が取消されて同被告は右立木の伐採、搬出を続行したこと、被告松原定一は右松原権太郎の本訴被告並びに反訴原告たる地位を

承継したことはいずれも当事者間に争がない。

本件山林の所在場所、地番、面積及隣接地との境界について被告等は明らかに争はないので自白したものとみなす。

そこで本件山林が個人の所有であるか釜山谷共有地であって入会権の目的物であるかどうかについて判断する。

〈証拠〉本件山林を含む釜山谷に所在する百六町二畝二十一歩の山林は明治初年頃に同部落に一戸を構えている者四十五名に事実上配分し右四十五名は各自単独に管理し使用収益していたこと、明治三六年に至って右配分は土質、面積、所在場所等から見て不公平であるとして共有者協議の結果再分割が行われたこと、再分割によって所有権を得た者は分割前に共有権者であったこと、再分割された山林は名義上共有であるが区域を定めて分割し各自その部分を管理して独占的に使用収益していたこと、右四十五名の共有者は右部落外に転出しても当然には権利を失わなかったこと、右山林の共有者は自己の持分を他の共有者の承諾なく自由に処分できたこと、明治三六年再分割の際分割を受けた者で当時釜山谷部落に居住していない不在者が八名いたこと、訴外日野坪英一の父日野坪政蔵はその一人であったこと、当時右部落に居住していたが右山林の分割を受けなかったいわゆる新分家に属する者が七名いたこと、被告松原定一の先代松原権太郎はその一人であったこと、右新分家の右七名は共有林の世話をする山委員の数量によって右不在者の所有する山林に入山して上木を伐採することを許されていたこと、右松原権太郎は不在者たる右日野坪政蔵が所有する本件山林に入山していたこと、大正七年に至って不在者の山林に山委員の裁量で右新分家の者に入山させ上木を伐採させることは山委員の越権であるとの紛議を生じ二、三年の猶予期間をおいて同地上の上木を伐採して一斉に不在者に返還することとなり現実に返還したこと、右松原権太郎は大正八年本件山林にあった立木を伐採収去してその頃返還したこと、本件山林を含む右山林に対する公租公課は共有者において共同負担していたことの各事実をそれぞれ推認することができる。

＜証拠＞

＜略＞所在釜山字大迫一〇八番の一本件山林を含む十三町十四歩の所有者名欄に勝原常三郎外四十五人と記載せられ明治二六年五月二五日地主名称訂正願許可により釜山谷共有地となり、大正六年九月二〇日誤謬訂正としてもとの所有者勝原常三郎外四十六人と訂正せられていることが認められる。右釜山谷共有地との記載並びに乙第一六号証（土地台帳）の記載をもってしても本件山林を含む右山林が被告等の主張するように釜山谷部落の共有であって入会権の目的物であると認める証左とするのには到底左袒することはできず、他に前記認定を動かすに足る適確な証拠はない。

成立に争のない甲第三号証（不動産登記簿謄本）と＜略＞甲第四号証の二（売渡書証）によれば、本件山林を含む釜山字大迫一〇八番地の一山林十三町十四歩につき大正七年五月四日田坂伊八外四十四名で所有権保存登記をしたこと、右山林につき右日野坪英一が明治四〇年一二月二一日家督相続により右日野坪政蔵から四十五分の一の持分全部の所有権を取得したこと、原告日野邦雄は昭和二八年三月一〇日右日野坪英一から売買によって右持分四十五分の一の全部の所有権を取得したことが、それぞれ認められる。

＜証拠＞所在釜山字大迫一〇八番地の一右山林十三町十四歩は昭和三年四月三〇日広島法務局本郷出張所に届出によって分筆せられ、本件山林は地番を大迫一〇八番地の一九、面積四反五畝十六歩と分割された事実を認めることができる。

さうだとすると被告等が主張するその余の点について判断するまでもなく、本件山林は他の大字釜山俗称釜山谷所在百余町の山林と共に被告等及び原告の父日野亀一を含む右釜山谷部落居住の世帯主四十数名を権利者とする共有の性質を有する入会権の目的物であり、右松原権太郎は明治三六年三月頃他の一筆の山林と共に本件山林につき全面且つ独占的にこれを使用収益する権限を取得し爾来今日に至るまで引続き該山林を占有管理し、その毛上の収益を計って来たものであるとの被告等の主張は排斥を免かれない。

以上認定した事実を綜合すると、本件山林は釜山谷部落の共有ではなく、また、入会権の目的物でもなく、公簿上は田坂伊八外四十四名の共有物の一部であるが、もと訴外日野坪英一の所有であって原告が昭和二八年三月一〇日これが所有権を買受けたものと解するを正当と考える。

果してさうだとすれば被告松原定一及び被告場垣内信夫は故意に基く共同不法行為によって本件山林の立木を伐採して原告に対し金十六万円の損害を与えたことは明らかであるから、被告等は連帯して原告に対し右金十六万円とこれに対する本件訴状が被告等に送達された翌日であることが記録上明らかな昭和二八年一〇月二九日から完済に至るまで民法所定の年五分の損害金を支払う義務があるといわなければならない。

よって原告の本訴請求は理由があるから、これを認容すべきである。

（反訴請求について）

原告の本訴請求について判断したように、本件山林は原告の所有であるから、被告松原定一が本件山林は右釜山谷部落の共有であって入会権の目的物であり、同人はこれを独占的に使用収益する権利があるとの前提に基く反訴請求はそれ自体理由がないから、これを棄却するのほかはない。

よって訴訟費用の負担につき民事訴訟法第八十九条、第九十三条、仮執行の宣言につき同法第百九十六条をそれぞれ適用して主文のとおり判決する。」

◇（第二審　広島高裁昭和三八年六月一九日判決　同三四年(ネ)二六二号、民集登載）変更

〔32〕最高裁昭和四一年七月一五日判決　（昭和四一年(オ)二三九号　共有の性質を有する入会権確認請求事件）

本件は、入会集団が入会稼の権能を有する山林につき、山林地盤所有名義人との間で入会集団が共有の性質を有する入会権を有するか否かにかんするもので、係争地は秋田県南秋田郡五城目町馬場目字町《まち》村の山林である。係争山林は以前町村と台村との共有入会地であったが、明治三〇年に町村総代Y_1（伊藤市郎左衛門）と台村総代A_1（宮城清兵衛）との共有名義とし、昭和三三年にこれを分割し、それぞれY_1A_1の相続人Y（伊藤一郎）、Aの単独所有名義とした。その後、Yの所有名義となった山林につき、もともとY_1の単独所有地であった、という理由で、Yが町村部落住民の入会使用の禁止を通告してきたので、部落住民六四名中Yのほか二名（Yの分家であるY_2Y_3――伊藤次郎、伊藤雅光）を除くXら六一名（選定当事者Xら三名）がYら三名を相手として、右山林に共有の性質を有する入会権を有することの確認を求める本訴を提起した。Y_1は入会慣行を否認し、本件訴訟は固有必要的共同訴訟であるのにY_2Y_3が原告に加わっていないから失当である、と抗弁した。

第一審はYの抗弁を認めず、Xらの請求を認めたので、Yら三名は控訴して、(1)係争地はY_1およびA_1が個人として買受けた共有地を分割によりY_1所有地となったものをYが相続によって取得したもので、部落共有地ではない。(2)係争地上に町村部落住民が柴刈を行ない植林をしたことがあるが、それはY家の恩恵によるものであり、公租公課はY家で納付したあと一部を部落から返納をうけ、固定資産税になってからは直接部落の年番に納付させているが、これは右山林使用の代償として支払わせているのである。(3)Xらは、右山林の分割後隣村台村の土地がA名義から部落住民共有名義となったのはその土地が実質部落住民の入会地であることを示すもので、町村部落においても同様に実質住民共有の入会地である、というが、A所有の山林が台村部落住民の共有となったのはAが部落住民の圧迫に屈したからである、と主張した。Xらは、係争地は一二〇年以上つづいた町村の入会地であって、Y_1は町村の代表者として登記上所有者となったのであり、その後代表者は幾度か変わったがその交替の度ごとに所有名義人を変更するのは煩わしいのでY_1の名義のままとし、分割の折に町村の有力者数名の共有名義にしようとする論もあったがとりあえずY_1の相続人Yの名義で登記したにすぎない。現在町村部落住民が立木萱草採取、植林等に使用する共有の性質を有する入会地(予備的に共有の性質を有しない入会地)である、と主張した。

第二審も、町村部落住民が一貫して係争地を入会地として使用収益してきたこと、その公租公課を負担してきたこと、近隣にも代表者個人所有名義の入会地が存在すること等を理由に、町村部落住民の共有の性質を有する入会権の存在を確認したので、Yら上告して、原審がY_1A_1の共有として認められた土地を部落全員の総有に属すると判示したのは理由不備の違法がある。と主張した。

(棄却)「上告代理人内藤庸男の上告理由について。

所論は、種々詳論するが、ひっきよう、原審が違法に確定した事実と相容れない事実を前提として、原審の専権に委ねられた証拠の取捨判断および事実の認定を非難するに帰着し、採用するを得ない。

よって、民訴法四〇一条、九五条、八九条、九三条に従い、裁判官全員の一致で、主文のとおり判決する。」

◇（第一審　秋田地裁昭和三六年一〇月三〇日判決　同三三年(ワ)一二八号）認容

「(被告らの本案前の主張について)

被告らは、本訴が必要的共同訴訟であるのに、関係部落民全員が原告になっていないから不適法であると主張する。しかし本件請求は、入会的総有関係そのものの確認を求めるものではなく、入会団体の構成員が、その構成員たることにより、個々に分有する権利（共有関係における共有持分権に相当するもの）の確認を求めるものであることは弁論の全趣旨により明らかである。もちろん、その権利は、総有関係に由来するものであって、具体的には個々の部落民の入会慣行に従う使用収益権として現われるのであるから、個人主義的原理により構成される共有持分権とはその性質を異にするものであるが、それが各個人に帰属する権利であるという点においては、これと軌を一にするものというべきである。故に、この権利の確認を求める本訴は元来入会団体の横成員が単独でも提起できる性質の訴訟であって、これを必要的共同訴訟と考えるのは誤りである。

(本案について)

＜証拠＞次の事実が認められる。

(1)　別紙目録記載の蓬内九九番地、猿沢一二〇番の二の山林及び右記載外の猿沢一二〇番の一の山林は、天保年間以来、原告ら、選定者ら及び被告らの居住する町村部落及びこれに隣接する台村部落住民の共有の性質を有する入会地であり、別紙記載の入会慣行に従って、両部落住民が入会い、使用収益して来た土地である。

(2) 明治年間に、両部落民は、右入会地が官有又は村有に編入されるのをおそれ、民有地として残しておくためにこれを町村部落総代人伊藤市郎左衛門及び台村部落総代人宮城清兵衛の共有地として届出で、明治三九年一一月三〇日猿沢一一二〇番(分割前)及び蓬内九九番として、右両名の共有名義に所有権保存登記をし、その後も入会を続けて来た。

(3) その後、両部落の入会区分も協定されたのであるが、登記はそのままとなっていたので、この関係を明らかにするため、昭和三三年六月五日、猿沢一一二〇番を分筆して同番の一、二とし、同番の一を台村部落の入会地として宮城清兵衛名義に、同番の二及び蓬内九九番(別紙目録記載の山林)を町村部落の入会地として、前記伊藤市郎左衛門の家督相続人被告伊藤一郎名義に共有物分割の登記をした。

(4) その後、宮城清兵衛は右猿沢一一二〇番の一について、台村部落民の共有名義に所有権移転登記をしたのであるが<略>被告伊藤一郎は、昭和三三年度の部落総会においてはその部落民有の入会地であることを承認していながら<略>、これが右の経過により自己の単独所有名義となるや、たちまち前言をひるがえし部落民の入会権を否認し、自己の単独所有権を主張し始めた。

<略>

右認定の事実によれば、原告ら及び選定者らを含む町村部落民が、別紙目録記載の山林について、別紙記載の慣行に従う入会権を有することは明らかである。そして、被告伊藤一郎が、右山林の登記簿上の所有名義人であって右入会権の存在を争っ

ていることは、前述のとおりであり、又被告伊藤次郎及び同伊藤雅光が同部落民でありながらこれを争っていることは、弁論の全趣旨により認められる。従って、原告らの本訴第一次的請求は全部正当であるからこれを認容し、訴訟費用について民事訴訟法第八九条、第九三条を適用して、主文のとおり判決する。」

◇（第二審　仙台高裁秋田支部判決昭和四〇年一一月二九日判決　同三六年(ネ)一五六号）棄却

「一、原判決添付別紙二の物件目録(一)の山林（蓬内九九番）及び同(二)の山林（猿沢一二〇番の二）を含む分筆前の猿沢一二〇番山林（以上各地を含めて以下本件山林ともいう）につき、天保一一年に前者は市太郎、後者は清九郎なる者から伊藤市郎左ヱ門及び宮城清兵衛の両名名義で所有権を譲受け、その後明治改租の際にも官から右両名の共有地と認められ、地券、土地台帳、登記簿にも両名の共有名義に登載されたこと、右両地は後に市郎左ヱ門分と清兵衛分とに事実上分割され、蓬内九九番及び後に分筆された猿沢一二〇番の二にあたる地域を市郎左ヱ門分、右分筆後の猿沢一二〇番の一にあたる地域を清兵衛分と定められたこと、昭和三三年六月右両山林につき、市郎左ヱ門の世襲相続人である控訴人一郎及び清兵衛の相続人である二代目宮城清兵衛が各相続による共有持分の取得登記をした上、前に事実上分割されたところに従い、猿沢一二〇番を同番の一、二に分筆登記並びに共有持分の移転登記をし、猿沢一二〇番の一は宮城清共衛の単独所有、同番の二及び蓬内九九番は控訴人一郎の単独所有の登記となったこと、はいずれも当事者間に争がない。

二、〈証拠〉被控訴人ら及び選定者ら町村部落民並びに隣部落である台村部落民は各祖先以来一貫して本件山林は両部落民全員の共有入会地（前記事実上の分割後は各地域につき部落別の共有入会）と信じ、約一〇〇年にも及ぶ長い期間に亘り、本件山林に入会い、使用収益を続けてきたものであり、その間格別の問題を起すこともなかったこと、明治五年頃以降になされた改租、官民有地区分の実施の前後に亘り、右状態に変動はなかったこと、本件山林に対する租税等は公簿上の所有名義人に賦課されたが、結局において部落民がこれを納入してきたこと、本件部落附近には他にも部落民有入会地を公簿上一部部落民の所有名義とされているものが実在すること、本件山林の入会慣行は時代の推移に伴ない、いくらかの変遷があり、現在は被控訴人主張のようなものであること、を各認めることができる。〈略〉 他に右認定を左右するに足りる証拠はない。

三、被控訴人は、天保年間に部落民が本件山林を譲受けた事情竝びに明治改租、官民有地区分の際の所有原由取調における所有名義関係につき、具体的の主張をするけれども、本件の全証拠によるも未だ右主張をそのまま是認するには足りない。しかし前段認定の事実に徴すれば、本件山林はその地盤も含めて部落民全員の総有入会に属するものであり、ただ所有名義人を部落民中の市郎左エ門、清兵衛の両名としたものと推認するのを相当とする。

〈証拠〉蓬内二一七番外合併原野一二六町余につき明治四三年八月一九日受付で明治三九年六月二〇日売買を原因とし、農商務省から五城目町馬場目字町村部落及び下井河村大字今戸部落に所有権移転登記がなされたことが認められるが、官有不動産につき所管官庁を登記義務者とする登記は、当該官庁の嘱託によりなされるもの（現行登記法三〇条参照）であるから、右登記も嘱託手続によったものと推認され、従ってそのことから直ちに、本件山林につき明治三九年一一月三〇日なした保存登記〈略〉の際、部落名義で登記ができた筈と断ずることも相当でない（法人格を有しない部落が登記申請人となることは登記法上許されず、また〈証拠〉によれば、土地台帳上の共有名義人である伊藤市郎左エ門がその所有権を証するため土地台帳謄本を添付して同人及び宮城清兵衛の共有名義に右保存登記申請をしたことが認められる)。

次に控訴人は、蓬内九九番と猿沢一二〇番とは異別に論ずべきであるとし、仮に後者につき部落民のため地役の性質を有する入会権が認められるとしても、前者は入会権と全く無関係である旨主張するけれども、本件において右両地を区別して見るべき根拠はなく、却って、これを区別するときは、後者につき前記のとおり町村、台村両部落に不平等に分割した理由を発見するに苦しむところであり、むしろ蓬内九九番と合わせて、これを前記のとおり分割(該分割の結果が、ほぼ均分であることは本件山林反別の算数上明らかである)したものと見るのが相当である。

四、以上認定したところにより、本件山林につき被控訴人ら及び選定者らが共有の性質を有する入会権を有することの確認を求める被控訴人らの本訴請求は正当(控訴人次郎、同雅光も町村部落民であり、共有入会を争うものであるから、同人らに対しても確認の利益がある)として認容すべく、これと同旨の原判決は相当であり、本件控訴は理由がないので棄却し、なお被控訴人らは当審において請求の趣旨中、使用収益権の内容を具体的にするため、これを訂正し、該訂正も正当であると認められるので原判決主文を更正することとし、民事訴訟法三八四条、九五条、八九条に従い主文のとおり判決する。」

〔30〕最高裁昭和四一年八月二六日判決（昭和三九年(オ)九二〇号　採草妨害排除等請求事件）

本件は、入会採草地における採草権の有無をめぐる旧戸（本家）と新戸（分家等）の間の紛争にかんするものであるが、その採草権は入会権ではなくその類似の権利とされている。係争地は福島県東白川郡棚倉町（もと高野村）富岡部落の採草地である。

富岡部落には採草地がなかったため明治末期から国有牧野を借受け、在来の部落住民（旧戸）二四戸が採草のため入会利用してきた。戦後自作農創設特別措置法の施行に伴い、右採草地の売渡しをうけることとなり、二四戸の旧戸のほか分家等の新戸農家を含めて富岡牧野利用農業協同組合が組織され、同組合がその売渡を受け、買受代金は全員負担したが旧戸は新戸の一五倍の金額を支払った。その後、新戸も右牧野に立入って採草するようになったので、旧戸Xら一五名は、右牧野は慣習的に旧戸のみが採草権を有する土地であり、かつ買受代金も旧戸がそのほとんどを負担しているので、現在でも旧戸のみが排他的に採草権を有するという理由でYら新戸一六名を相手として、右牧野への立入禁止と旧戸の採草にたいする妨害の排除ならびにYらの採草によって生じた損害の賠償を求める本訴を提起した。Xらはその採草権につき、第一次的には農地法第一八条にいう採草放牧地の賃借権、第二次的に同法施行令第七条第一項の採草権、もしくは同条第三項の入会権である、と主張している。

第一審判決は、係争地上に旧戸のみが入会権的な採草権を有していたこと、係争地買受後の総会においてXら旧戸二四名が係争地において採草することが決定されたこと、等を理由に、旧戸のみが採草権を有すると判示し、立入禁止と妨害排除の請求を認容したが、損害賠償請求は認めなかった。

Yらのうち三名のみが控訴して、旧戸二四戸は慣習的な採草権を有していたとはいえず仮に有していたとしても政府からの売渡しと同時にその権利は消滅したというべく、Xらが主張する組合総会における、Xらのみに係争地上の採草権を認める議決は違法かつ無効である、と主張した。これにたいして第二審は明治以降官有地を利用していたYらの権利は入会権ではなく共同賃借権であり、その権利は自創法四一条による係争地の売渡と同時に消滅したと解すべきであり、組合の総会においてYらのみが採草権を取得したことが適法に決定されたとは認め難いので、係争地上の採草権は旧戸新戸を含む協同組合員四三名が有している、と原判決を取消しXらの請求を認めなかった。

Xら上告して、組合の総会における決定は適法なものであり、Xらのみが係争地上に採草権を有する、またXらが採草権を有しない採草者に妨害の排除を求めるのが民法二五二条但書の趣旨にそうものである、と主張した。

（棄却）「上告人ら代理人仲西廣次の上告理由について。

所論の点に関する原審の認定判断は、挙示の証拠により是認することができ、原判決に所論の違法は存しない。所論は、ひっきょう、原審の専権に属する証拠の取捨判断、事実の認定を非難するに帰し、採用できない。なお、民法二五二条但書に関する所論は独自の見解であって、この点に関する所論も採用できない。

よって、民訴法四〇一条、九五条、九三条、八九条に従い、裁判官全員の一致で、主文のとおり判決する。」

◇（第一審　福島地裁白河支部昭和三六年一月二六日判決　同二九年(ワ)一〇一号、下級民集一二巻一号一一五頁）一部認容、一部棄却

◇（第二審　仙台高裁昭和三九年四月一日判決　同三六年(ネ)九九号）取消

「一、先ず被控訴人ら二四名が別紙目録記載の土地（以下本件採草地という）について従前被控訴人ら主張のような採草権を有しているかどうかについて判断する。<証拠>福島県東白川郡高野村（現在は棚倉町）大字小爪部落では明治時代から本件採草地を含む同大字山下国有林60林班い全ろ牧野四五町七反一畝一二歩を所轄営林署から借入れて採草して来たところ、右小爪部落に隣接する大字富岡部落には採草地がなかったので、明治四四年頃から右牧野の内南方部分に相当する本件採草地を小爪部落より転借し、以来富岡部落民が共同でここから毎年料金を支払って採草を続けて来たが、その後大正時代に入ってから富岡部落は小爪部落の承諾を得て本件採草地を直接所轄営林署より借受けることとなり、爾来採草料も営林署に直接支払い、同部落民だけであるいは各自の採草区域をせり売できめたりその区域に一定の存続期間をきめて割替を行ったりする方法で同様にこれより共同採草を続けて来たこと、当時の富岡部落の住民で右採草の権利を有する者は大字富岡区内に居住する世帯主二四名であって、被控訴人ら一五名および訴外岩本菊太郎ら被控訴人ら主張の九名はそれぞれその本人または相続により世帯主となった者（ただし訴外金沢ヨシヱだけは例外で、戦死した夫金沢正味の右採草権を事実上他の世帯主の異議なく承継した者）であること（なお、被控訴人添田政一、菊池信男、添田四朗、鈴木勝也、金沢清二、原彦一郎、原登喜三、鈴木宗作らがそれぞれ被控訴人ら主張のように先代である従前の被控訴人らの遺産を相続したことは当事者間に争いがない。）が認められ、<略>他に右認定を動かすに足る証拠はない（なお控訴人らは被控訴人添田政一、鈴木勝也、原彦一郎、原登喜三の四名の当事者適格を争うけれども、右被控訴人らの先代らがいずれも本件採草地について採草の権利を有した者であることは前示のところより明らかであるから、各相続人である右被控訴人らはその点ですでに本訴につき当事者適格なしとはいえない）。

二、そして右事実に徴するならば被控訴人ら右二四名の採草の権利は採草地の利用方法が入会権のそれと類似しているけれども、明治末期以降の官地の共同利用をもって入会権と見ることはとうていできないから、前記のように被控訴人ら二四名がかなりの長期にわたって引続き採草料を支払って排他的に採草しているところから見て控訴人ら主張のごとき生草の売買関係ではなくて、所轄営林署に対する共同賃借権であると解するのが相当である。

三、控訴人らはかりに被控訴人らが本件採草地につきなんらかの権利関係（または利用関係）を有していたとしても、右関係は被控訴人ら主張の高野村富岡牧野利用農業協同組合に対する自創法第四一条による本件採草地の売渡と同時に消滅した旨主張するので案ずるに、本件採草地につきそのような売渡のあったことは当事者間に争いがなく、そうすると同法第四一条第五項により準用される同法第二二条によれば被控訴人ら二四名の前記採草権は本件採草地が被控訴人らにではなく右農業協同組合に売渡された以上一応右売渡の時期（昭和二七年八月一日頃）に消滅したものと見るほかはない。尤もそうだとすると被控訴人ら二四名は右第二二条によれば政府より右採草権の消滅によって生じた損失の補償を受けるべきであるのにその形跡がないけれども、〈証拠〉終戦後政府では自創法の施行に伴いその目的に従い国有牧野を関係農民に払下げてこれを自主的に使用収益せしめようとしたがそのため払下げの相手方を原則として個人とせず、関係農民の協同組合とし、その定款の目的に従って民主的に利用せしめる方針をとったので、本件採草地を払下げるについても、政府は関係農民として被控訴人ら二四名が従前そこで採草していた事実を認めつつ被控訴人ら二四名と同じ富岡部落民である控訴人らを含む一九名とを併せた四三名をもって前記農業協同組合を結成せしめ、これに対し本件採草地を富岡地区にもう一ヶ所ある採草地字寺の前六六四番原野四町九反八畝三歩と共に自創法第四一条の規定によって売渡し、右四三名の組合員をしてその協議によって右両採草地から平等に採草するように指導したことが認められ、右認定を動かすに足る証拠はなく、本件採草地のかような売渡事実関係から見るならば、同地に対する被控訴人ら二四名の採草地の消滅による損失補償は、もし損失があるとしても右第二二条の補償の趣旨からして政府がするよりもむしろ右農業協同組合の内部で協議考慮するのが妥当と解されるから、政府が右補償をしなかったとて前示採草権消滅の認定の妨げとなるものではない。

四、次に被控訴人らはかりに被控訴人ら二四名の従前の採草権が前叙のような理由から認められないとしても、本件採草権は昭和二八年四月二五日の蔵光寺での前記農業協同組合の総会の議決によって被控訴人ら二四名に改めて認められた権利である旨主張し、本件採草地等の採草配分方法について右同日同所で開かれた右組合の総会において組合員らが論議したことは当事者間に争いがないけれども、〈略〉の結果中右総会で本件採草権を被控訴人ら二四名に認める議決が成立した旨述べる部分はたやすく措信し難く、〈証拠〉総会の二、三日後作られたものであるといい、しかも控訴人ら側の代表委員原光次の捺印を得ることができなかったことも明らかで、また記載の仕方も採草の配分方法についてはきわめて簡単で会議録の体をなしておらず〈略〉右総会では採草の配分方法につき被控訴人ら側と控訴人ら側の意見が対立し議事は相当混乱したことが窺われる）、この点の議事の真相を録取したものとは受取れないし、同様の記載の〈略〉富岡区協議録〈略〉の検証の結果に徴すれば「九月二日（昭和二七年）区会協議事項」記載の用紙は被控訴人ら側で勝手に記載したものを綴り込んだ疑いが濃く、従って、いずれもこの点の証拠として採用し難い。却って〈証拠〉前記蔵光寺での組合総会における採草配分方法の論議の際、被控訴人ら二四名（いわゆる旧戸）側は従前の縁故関係を理由に本件採草地の配分を強く主張したが、控訴人ら一九名（いわゆる新戸）側は全採草地についての平等配分を主張して譲らなかったので、右配分方法については終に決定を見るに至らず、流会になったこと、そしてその後昭和二九年五月一六日と同年七月七日の二回の総会においても右のことが議題にされたが同様相譲らず、妥結するに至らなかったことが認められる。〈証拠〉前記農業協同組合に対する本件字山下の採草地および字寺の前の採草地の売渡（払下）代金一万六、二一二円を昭和二八年度（前記農業協同組合成立後）において被控訴人ら二四名側は一人当り金六六二円六四銭を、控訴人ら一九名側は一人当り金四四円四四銭を分担支払っていることが認められるけれども、〈証拠〉控訴人ら二四名側は後日になって右買受代金の分担が不平等であるのに気づき、当時の組合長岩本菊太郎にその是正を求めたが、判然とした応答がなかったので、昭和二九年六月二八日買受代金の不足分として金六、七〇〇円を同組合長に送金したことが認められるのであって、控訴人ら一九名側は必ずしも前記不平等な買受代金分担を納得してはいないことが窺われるから、右甲号証はなんら前示認定の妨げとなるものではない。

五、以上の次第ならば本件採草地等の採草権は現在被控訴人ら二四名および控訴人ら一九名によって成る前記組合員四三名がこれを有しているものと解するほかはなく、それなら本件採草地につき被控訴人ら主張のような排他的意味における採草権を有するとして、控訴人らに対し同地内の立入禁止と採草妨害の排除とを求める被控訴人らの請求は失当であり、これを棄却すべきである。なお、被控訴人らは右請求が容れられないことを前提として、民法第二五二条但書の規定を根拠に右同様の請求をするけれども、かりに本件採草地につき控訴人らに被控訴人ら主張の集団的不法行為があったとしても前記農業協同組合の財産の主体は法人たる同組合であって被控訴人ら組合員はその共有者でないのであるから、その点ですでに理由がないし、関係法規を見ても農業協同組合の組合員に組合財産保全のための特段の権利を認めたものは見当らないから、この請求もまた失当であり、棄却すべきである。右と認定を異にする原判決は不当であり、その取消を免れない。

六、よって民事訴訟法第三八六条、第九六条、第九三条、第八九条に従い、主文のとおり判決する。」

〔20〕最高裁昭和四一年一一月一〇日判決（昭和三八年(オ)七五四号　配当金請求事件）

本件は、いわゆる部落共有の山林からの立木売却代金等につき転出者がその配分請求権を有するか否かにかんするもので、係争地は島根県隠岐郡西郷町東郷部落の地下《じげ》山とよばれる山林である。

この地下山は東郷地下（地下は部落の意味）の人々の入会利用に供され、土地台帳上は村中持と記載されていたが、昭和三一年三月三一日に東郷村名義で保存登記され同日付で同村東郷部落の九名(九つの組の代表者)名義に移転登記が行なわれた。地下山には地下の住民中地下前（地下山に対する持分権）をもつ者の出役によって造林が行なわれ、昭和二四年ごろ学校施設のための資金づくりのため地下山の立木を売却し、余剰金を地下名簿に記載されている者に配当した。その中には地下に居住していない転出者および地下に居住してはいるが一戸を構えていない者Xら四名（泉湧、藤野松次郎、藤野トヨ子、村上八束）が含まれていた。しかしその後、転出者は地下山に権利をもたないのだから収益金を配当すべきでないという意見が地下の内部から出され、昭和三〇、三一年度地下では転出者等を除外して収益金の配当を行なった。そこで、その配当を受けなかったXら四名が、東郷部落を相手として右二か年の配当金の支払を請求する本訴を提起した。

Xらは、

(1)　係争地はXらを含む一〇四名の共有地である。部落全体で一七〇戸あるのに権利をもつのは一〇四名で部落全員が権利をもつのでないから部落総有とはいえないにかかわらず部落総会で共有者の持分喪失を決めるのは違法である。

(2)　昭和二四年東郷地下規約には、村外者は山林保全以外の作業を免除するとあり、Xらも代人による山林出役をしてきた。しかるに同二四年地下の者から代人による出役を差止められたが、そのため出役の有無をもって共有財産への協力如何を論ずるのは不当である、と主張した。

これに対する東郷部落の抗弁は次の如くである。

(1)　係争地は土地台帳上「村中持」と記載され、町村制施行後区有財産とされていたが、今次町村合併を機に部落住民の総有財産として譲受けたもので、部落住民によって構成される入会権者の総有にかかり、部落住民は分割請求および譲渡処分することができない。

(2)　右総有財産から生ずる収入は部落の公共のために支出するのが原則であるが、最近個人経済が苦しくなった一面部落の収入に若干の余裕を生じたので部落在住の権利者に立木売却代金の一部を配当したのである。

(3)　当部落の総有権者は部落内に現住して独立の生計を立て永住の見込あるものにかぎられる。部落の運営に関与しない者は除外され、長年月部落から転出した者は総有権者としての要件を欠く。Xらは部落に居住せずあるいは居住していても独立の生活を立てない者であるから総有権者たりえないだけでなく、部落に居住し財産の管理その他の作業等の負担をする者との均衡上も利益配当の停止、制限をうけるのは当然である。ただし部落から転出した者でも復帰すれば一定の要件の下に権利が与えられる。これらのことは東郷部落の慣習であるのみならず西郷地方の常識である。

(4) 部落総会は慣習により部落における最高決議機関で、配当についてはその議決によっているのであり、昭和二四年Xらの出役を差止めたのは、不在者は総有財産から生ずる利益の配当を制限又は停止するから代理を出してまで作業に出なくてよいと云ったのであり不在者も納得した。地下規約第二〇条に「地下前所有者村外に現住する場合山林保全関係以外は免除す」とあるのは病気や子女の教育等のため一時離村した者に道路作業等の賦役を免除するという意味である。

第一審は、係争地は東郷部落の地下山と称され、部落住民の共同所有財産で、その財産に対する権利は地下前と呼ばれて部落住民たる資格と結びつき、その収益機能は部落総会に帰属しており、地下前に対する権利は部落住民でも来住者や分家した者には与えられぬことがあり、また持分の売買も事実上行なわれているので、その権利関係は純粋の総有ではないが総有に近い共有形態であるから、部落総会で部落に在住しない者や一戸を構えていない者は潜在的に地下前を有するにすぎないことを理由として収益の配当を制限又は停止することは違法ではない、と、Xらの請求を棄却した。

Xら四名中三名控訴（村上八束を除く）。第二審は、次の理由で原判決を変更し、控訴人らの配当金請求を容認した。

(1) 係争地に権利を有するのは地下前をもつ者のみで部落の居住者でも入村者や分家などはその権利を有せず、一方地下前をもつ者は地区外に転出してもその権利を失わず、地下前は相続されるほか売買譲渡されている。それ故に地下山は地下前を有する者の集団の財産というべく、その集団は被控訴人たる東郷部落であるが、それは部落集団とは別個の存在である。したがってその集団構成員すなわち地下前をもつ者の地下山にたいする権利関係は総有ではなく合有である。
(2) 控訴人らは地下前権者の家督相続人か又はその権利を譲受けた者であり、昭和二七、八年に配当金の支払をうけているから当然地下前を有する。地下前を有する者に対して配当金をうける権利をうばうという部落総会の決議は無効である。
部落側は次の理由をもって上告した。
(1) 係争地は入会地であって民法上の共有地又は合有地ではない。地下前は東郷地区に居住する者のみがこれをもつことができるのであって、民法上の相続の対象とはならない。係争地からの立木処分等による収益は地区の共益費に支出しているが、地区外転出者に個人持分権が認められて、それらの者が共益費への支出に反対すれば部落の共同作業等は不可能となる。また、原判決は、地下前をもつ者が地区外に転出すれば権利を失ない帰村すれば復権するという部落の慣習を、地下前をもつ者が地区外に転出しても共有者集団から脱退しないと解しているが、これは理由不備の違法がある。
(2) 本件給付訴訟の請求原因たる給付請求権は共有持分権に基くと主張しているから共有権の確認を前提としている。東郷部落に入会権者団体は存在するが共有ないし合有権者の団体は存在しないので、上告人が共有物分割訴訟当事者として適格性を有するか、またその当事者たりうるかも疑問である。
(なお本件は、広島高裁松江支部昭和五二年一月二六日判決(下級民集二八巻一〜四号一五頁 判例時報八四一号三頁)と同一集団における同一当事者間の同種の紛争にかんするものである)。

〔棄却〕「上告代理人草光義質、同遠藤剛一の上告理由第一ないし第四点および第六点について。

「地下前」の譲渡性、本件山林の共同所有形態その他に関する原審の認定は挙示の証拠によって肯認し得、その判断の過程に何等所論の違法はない。所論は畢竟、入会についての自己の見解に立脚して、原審の専権に属する事実認定、証拠の取捨判断を非難するに帰し、採用し得ない。

同第五点について。

本件訴訟物が「地下前」の内容に基づく収益分配請求権であることは、被上告人らの主張によって明らかであり、上告人東郷部落が右「地下前」を有する者を構成員とする団体であることは原審の認定に徴して明らかである。従って、上告人東郷部落は当事者適格を有するものと認められる。また上告人東郷部落が当事者能力を有する団体たることも明白である。それ故、論旨は採用しない。

よって、民訴法四〇一条、九五条、八九条に従い、裁判官全員の一致で、主文の通り判決する。」

◇（第一審　松江地裁西郷支部昭和三四年一月二九日判決　同三二年(ワ)五、七、八、九号）棄却

「原告等がいずれも東郷部落（被告）の出身であること、被告が昭和三〇年度中共同財産である山林の立木を一部売却してその代金の中から原告等を除く部落の一部住民に一人当り金五〇、〇〇〇円ずつ昭和三一年度中には前回同様金一一九、〇〇〇円ずつ配当したことは当事者間に争がない。

＜証拠＞を総合すれば次のような事実が認められる。

㈠東郷部落には字深山一番地山林四〇町歩を基本とする部落民の共同財産が遠く旧幕時代から設定せられ右山林を地下山と称して同部落に居を構えていた百数十戸の者がこれを伝統的に育成し来り明治年間に土地台帳が出来るや「村中持」として登

録されたが、ついで町村制施行と共に村長の管理下に入り更に近隣の町村合併の際東郷部落民に再び返還されることになり、ただ登記は部落の小組を代表する九名の名義にされた。そして右共同財産は部落民の共同生活に必要な費用に充当するのが根本の目的であったから右のような沿革の下に常に学校、神社、消防、衛生、授産等公共のためにその収益を提供しかつその管理運営は部落の総会の意思決定に基いて行われて来たのである。

(二)部落民の共同財産に対する権利は地下前と称せられ部落に在住するものに限り与へられるが、部落民であっても他村から移住して来た者またはいわゆる分家したものには与へられないことになっていた。地下前を部落に無関係の者に譲渡することは許されないし部落民間においても特殊の場合にのみ譲渡が行われていたにすぎず、まして共同財産を分割することなど到底予測しえない性質のものであったところ昭和二四年一月従来の慣習を基本として部落団体を規律する地下規約が成立した。右規約によると部落の総会は総員の三分一以上出席を要しかつ出席者の過半数において議決を行う、総会は決算規約の改変財産処分役員選挙役員報酬その他組長の提案事項を審議する、地下前の新規加入は役員会の議決を要するが、役員会は区内現住者で自己の住居であるか永住の見込があるか区の統制に服しその義務を履行し得べき人物であるかを審議して可否をきめる、地下前につき個人間の売買はこれを承認しないし一口のほか所有を認めない(但規約作成前において現に二口以上所有しているものは別)、毎年一回以上山林の下刈間伐植林等を行うが無償とするか手間賃を支払うかはその都度示す、地下前の所有者村外に現住する場合山林保全関係の作業以外は免除する、等の事項が示されている。

(三)東郷部落における地下前は右のように個人の収益ということが主眼でなかった為、共同財産の収益を配当することはようやく近年において実行されたにすぎないが総会は地下名簿に記載されている者でも部落に在住しないもの独立の生計を有しないもの山林その他の作業出役に参加しないものに対しては地下前の性質及び公平の見地から山林立木を売渡して得た収益の配当を為すに際しその他の者に比して格差を設けるようになった。かような関係で昭和二三年頃当時の部落総代であった訴外高梨新太郎は将来配当の制限ないし停止の予想されるものまたはその代理出役者に対して作業に出るに及ばないと通告したところ、その当時においては特に異議を申し出るものもなかった。現在において東郷部落の近隣の地区で共同財産を有するものが少くないけれども他出者に対しては右財産に関する権利につきいづれも差等がつけられているのが通例である。すなわち西郷町の今津部落においては共同財産につき権利を有するものもその部落を離れると権利を喪失するが再び復帰したときは届出を為し加入申込書を提出することによって総会の許可を得る道が開かれており同町有木部落においては他出して一年以上経過すれば失権するが又帰ってきたら総会の決議により従前と同様の権利を与へられるし、なお同町大久部落では他出後一年以内においては在住者と全く同一の取扱をうけるけれども二年目からは一割づつ配当を減額せしめられ一〇年目からは一割のみを与えられるのであってこれ等の場合において権利の喪失制限につき必ずしも当該他出者の承諾を得てはいないのである。

㈣原告トヨ子同八束は東郷部落に在住しているけれども独立した一戸を構えた世帯とはいい難く、また原告湧、同松次郎は久しきにわたって右部落を離れている者であるので部落の総会は昭和三〇年度及び昭和三一年度の山林立木売買代金配当に際し、一般の在住権利者に比してかなり減額したものを支払う旨通報したのに対し、原告等はかような差を付することは全くいわれなきことであると反対し、遂に交渉も物別れとなった結果総会において原告等に対する右各年度の配当はしない旨を告げるに至った。

〈略〉

以上認定の事実によれば地下前すなわち東郷部落民の共同財産に対する権利は部落住民たる資格を離れて独立の財産権たる性質を有せず収益権能に対する部落の統制はきわめて強くまた管理権能は殆んど部落総会に帰属しており純粋の共有とはいえないけれども部落住民でも一部のものたとへば他から移住して来たもの又は旧民法時代分家などして戸主たる地位をもたなかったもの等が権利を与へられないことがあるし、かつては地下前を持分のように事実売買することが黙認されたことなどからして完全な総有とも断じ得ないので結局総有と共有との中間に位しむしろ総有に近い共同所有形態であるというほかはない。従って部落の意思決定をなすべき総会の適法な決議によって部落に在住しないものや一戸を構え独立の生計を立てていると認められないものは部落の出身者であってもいわば潜在的に地下前を有するにすぎないものとし収益の配当を制限または停止することをとらえてこれを違法視することはできないし、殊に原告等は今後部落に定住しかつ独立の生計を立てる世帯主となれば前記地下前規約に定める新規加入者に比して一層有利な条件で正規な地下前の所有者となる資格をもっていると思われるから部落総会の原告等に対する措置を目して無効のものということはできない。

なお原告等は東郷地下規約第二〇条に地下前所有者が村外に現住する場合は山林保全関係の作業以外は免除すると規定してあることを根拠として不在者といえども山林の出役については権利義務を有し従って配当も平等とあるべき旨主張するが原告松次郎、同湧が果して地下前所有者として村外に現住する者に該当するかどうか、また右規定が長期間にわたり他の地域に在住する者にもひとしく適用されるかどうか著しく疑問があるし、また右配当において当然に不在者と在住権利者とを同等に取扱うことを義務づけた規定であるとは解し得ないから前記主張は採用できない。

なお原告トヨ子提出にかかる甲第一号証（戸籍謄本）と〈証拠〉を綜合すれば原告トヨ子は昭和二七年二月五日に藤野忠一

と養子縁組の届出をなした旨戸籍上の記載があるが右忠一はすでに昭和一二年二月一六日平壌において死亡しているのにかかわらず、その届出がなかったので前記のような養子縁組届が受理されるに至ったこと、前記昭和二七年二月五日においてはもちろん忠一の生前においても同人と原告トヨ子との養子縁組は実質的に成立していないことを認めるに十分である。

それ故原告トヨ子が藤野忠一の養子となったことを理由とする配当の請求も亦採用できない。

以上の次第であるから、原告等が東郷部落の共同財産につき他の権利者と同一の配当請求権を有することを前提とする本訴請求はその余の点に判断するまでもなく失当として棄却を免れない。よって訴訟費用の負担につき民事訴訟法第八九条第九三条を適用して主文のとおり判決する。」

◇（第二審　広島高裁松江支部昭和三八年四月二六日判決　同三四年(ネ)三一号）変更

「一、西郷町東郷地区が旧くは独立した一村をなして東郷村と呼ばれた（以下これを旧東郷村という）が、町村制施行の際における町村合併により東郷村大字東郷となり、さらに昭和二十九年西郷町と合併して西郷町大字東郷となったこと、東郷地区の関係者が大字東郷字深山一番地山林四十町歩ほか十数筆の山林、雑種地、宅地等を共同して所有すること（以下これを共同財産という）、被控訴人が右共同所有者全員を以て構成された団体であることは、当事者間に争がない。

二、そこでまず控訴人等が被控訴人の構成員であるかどうかについて判断する。

(一)〈証拠〉

共同財産の中心をなすものは前記字深山一番地山林四十町歩を基本とする一団の山林であって、そのうち右基本山林ほか数筆の山林は旧幕時代から、「地下山」（「地下」とは部落の意である）と呼ばれ、東郷地区住民が旧東郷村当時から共同して植林し、間伐、下刈等をなし、自生木とともにこれを育成してきたものであり、右山林の立木を売却した利益を以て、明治二十年代以降さらに山林等を買入れ、これをも共同財産となし、右地下山と同様共同してその育成に努めた。そして立木は業者等に一括して売却するのが常であって、その利益は苗木の購入、山林の管理等の費用に充てるほか、主として神社の経営、祭祀の施行、道路橋梁の改修の経費等地区住民の共同生活に必要な費用に提供したが、地区住民にも分配し、殊に昭和二十六年からは殆んど毎年利益を分配するようになり、また立木の一括売却が困難な際には、立木を分配することもあった。

しかしかように立木売却による利益等の分配を受け、また植林、間伐等の共同作業に従事するのは、地区住民のすべてではなく、「地下前」をもつ者に限られている。旧東郷村当時地区の戸数は百戸余りであったが、分家したり、特に大正時代以降他から移住する者が次第に多くなって戸数も増加し、現在地区の戸数は百七十戸を超えるに至った。旧東郷村当時の百余戸はそのほとんどが地下前をもっていたのであって、その家を継いだ者がこれを承継するほかは分家して地区内に一戸を構えた者とか、他所から地区に移住してきた者には地下前は与えられなかった。また地下前をもつ者が地区から他所に移転しても、地下前を失うことはなく、利益の分配を受け、また多くは人を雇って山林の間伐、下刈等の共同作業に従事せしめてきた。そしておそくとも大正の頃より、右のように分家した者、移住してきた者等地区内に居住しながら地下前をもたない者の中には、地下前をもつ者からこれを売買等により譲受けるものもあらわれ、その例もかなりの数に上り、また藤野忠一（藤野昭夫の父であって、昭和二十一年死亡）の如きは父祖伝来の地下前のほか、新たに地下前を買受けて、二口の地下前をもつに至った。

かように地下前を譲受けた者は、他の地下前をもつ者と同等の処遇を受け、また右忠一およびその相続人昭夫は、前記共同作業には人を雇って二人分の労務を提供し、二口分の収益の分配を受けたのであり、反面地下前を譲渡した者は当然に共同財産に対する一切の権利を失うものとされた。かくして、地下前は相続によって承継され、またこれを地区居住者に譲渡することも許されるものとされてきた。

植林の計画、立木の売却、利益の処分等はすべて地下前をもつ者の総会において決定され、総会で選出された世話人が右決定に基ずき、立木の売却、利益の分配等を施行してきた。そして前記のように、古くは地下前をもつ者の範囲と地区に居を構える者の範囲とはほぼ同じであったけれども、分家、転入者の増加、地下前をもつ者の転出等により、前者と後者とは著るしく齟齬するようになり(しかし右総会はなお部落総会とも呼ばれる)近年中学校々舎建築資金の寄附が地区に割当てられた際、共同財産による収益をその資金に提供したほか、地下前をもつ者は個人としてこれを負担しなかったが、地下前のない地区住民はそれぞれ寄附金を醵出することとなったのであって、前記の如く収益を地区における共同生活のため提供するといっても(原審において被控訴人代表者高井武義は右資金が部落民の共同生活に必要な費用である旨供述する)、それは地区住民一般の利益のためというより、地下前をもつ者の共通の利益のため支出する趣旨となった。

共同財産のうち前記地下山等は旧東郷村当時土地台帳が作成された際、「村中持」として登載され、未登記のままであったが、東郷村が西郷町と合併する直前の昭和二十九年三月三十一日、東郷村の名義で所有権保存登記がなされ、同時に地下前をもつ者の代表九名の共有名義に所有権移転登記がなされ、昭和二十年以降前記のように買入れた山林等は、いずれも買入当時の地下前をもつ者の代表数名の共有名義で所有権取得登記がなされた。もっとも後者の山林等の一部は、前記基本山林から離れた位置にあって管理に不便なため、昭和の初め頃これを地下前をもつ者に分配し、もはや共同財産ではない。なお東郷村が共同財産の管理処分に関与したことは全くなかった。

〈略〉

以上認定の事実および前記一の事実によれば、地下前をもつ者は共同財産を単に共同して管理するに止まらず、これを利用し主として造林により収益をあげることを目的として結合しているものということができるのであって、その団体（被控訴人）は部落集団とは別個の存在であり、「地下前」は右団体の構成員たる地位をいうものと解するのが相当である。そして地下前を地区居住者に譲渡することは許され、これによりその譲渡人は右団体構成員たる地位を失って譲受人が構成員となり、地下前をもつ者が死亡すると、その相続人が構成員たる地位を承継し、また地下前をもつ者が地区外に転居しても構成員たる地位を失うものではなかったのである。したがって地下前をもつ者（構成員）の共同財産に対する所有関係は、被控訴人主張の如きいわゆる総有でないことは明らかであるけれども、地下前をもつ者の間に前記の如き共同目的のための結合関係があり、共同財産に属する個々の物に対する持分の処分、分割の請求は予期されないところであって、被控訴人等主張の如き単純な共有でもなく、組合が組合財産を共有する関係に類するものというべきである。

(二)〈証拠〉によれば、昭和二十四年一月被控訴人の規則として「東郷地下規約」なるものが定められたことが認められる。

右規約は第一、二章において役員、役員会、総会について規定し、第三章「地下前及其ノ権利義務ニ関スル事項」において、「地下前ノ新規加入ハ役員会ノ議決ヲ要ス。役員会ハ左ノ事項ヲ審議ス、(イ)区内居住者ニシテ自己ノ住居ナルヤ、(ロ)永住ノ見込アルヤ、(ハ)区ノ統制ニ服シ其義務ヲ履行シウベキ人物ナリヤ。前項ニ依リ可決セラレタル者ハ加入金ヲ納付シタル時ニ於テ効力ヲ発生ス。」「地下前加入金ノ額ハ概ネ毎年社会情勢ヲ考慮ノ上決定スル。」「地下ヨリ脱退スルモノニ対シテハ加入時ノ金額ニ不拘其年度ノ金額ヲ支払フ。」「地下前ハ個人間ノ売買ハ之ヲ承認セズ、又一口以上ノ所有ヲ承認セズ、但シ本規約作成前ニ於テ現ニ二口以上所有シ居ルモノハ之ヲ認ム。」と定め、さらに「本人ガ地下前加入者タルコトニ依テ地下運営上著シキ障害ヲ与ヘタル場合ハ総会ノ決議ニヨリ除名ス、但シ右ノ場合ハ加入金ノ払戻シヲナス。」と定めている。

右規定中「地下前ノ新規加入」は、〈略〉明かなように、従来の慣行になかったことである（新規加入により従来から地下前をもつ者の共同財産に対する共有持分は当然縮少するものと解され、かかる規定は右の者全員の合意によらなければ定め得ないことはいうまでもない）が、右規定が従来認められていた地下前の相続を否定する趣旨と解されないのは勿論、右規約は地下前をもつ者が地区外に移住することを以て脱退の事由としたものとも解しがたいのであって、このことは、当審における被控訴人代表者赤田盛男訊問の結果により明らかなように昭和二十九年一月の総会において、部落外居住者を排斥する意図の下に、地下前をもつ者が十年間地区を離れているときは地下前を失うこととする旨の議案が提出されたところ、否決された事実に徴しても、これを窺《うかが》うことができる。ところで右規約は前記のとおり、「地下前ハ個人間ノ売買ハ之ヲ承認セズ」と定めるが、その文言によると、地下前の譲渡は売買によるもののみを禁じ、それ以外の原因、例えば贈与によるものは許されるかの如くであるけれども、かかる区別をすべき理由は見出し得ないのであって、右規定にいう売買は譲渡の意味に解すべきであろう。従来の慣行によれば、地下前を地区居住者に譲渡することは許されていたのであって、右規定がかかる慣行を改め、地下前の譲渡を許さない趣旨であるとしても、地下前の譲渡による構成員の交替は、実質的には譲渡人が脱退し、譲受人が加入するのと同一であって、前記脱退および新規加入に関する規定からみて、少くとも地区居住者に対する地下前の譲渡は、被控訴人の承認があれば、許されるものと解するのが相当である。

(三)よって控訴人等が地下前をもつか否かについて検討する。

<証拠>控訴人湧の父泉松次郎は地下前をもっていたことが認められる。そして松次郎が昭和二十年七月十九日死亡し、控訴人湧が家督相続をしたことは被控訴人の明に争わないところである。

<証拠>控訴人松次郎の兄藤野善市は地下前をもっていたが、昭和二十年六月二十七日死亡し、法定の推定家督相続人も指定家督相続人もなく、家督相続人の選定もなされなかったので、その相続には民法附則第二十五条第二項により改正民法が適用され、控訴人松次郎等において共同相続したけれども、控訴人松次郎以外の相続人は相続財産に対する権利を拋棄し結局控訴人松次郎が善市の地下前を承継取得したものであって、昭和二十四年被控訴人において作成した「東郷地下名簿」にも、控訴人松次郎が地下前をもつ者として登載されていることが認められる。

<証拠>藤野森男方の屋号は板屋といい、藤野忠一(森男の母の子)は森男の父の代に分家し、その屋号を板屋隠居といい、森男および忠一は各自地下前をもっていたところ、忠一は大正年間地下前を森男に譲渡して朝鮮に渡り、昭和十二年妻子のないまま死亡した。控訴人トヨ子は森男の子であって、東郷地区に居住するものであるが、森男は控訴人トヨ子に板屋隠居の跡をつがせるべく、昭和二十七年にその二口の地下前のうち一口を控訴人トヨ子に贈与し、その旨被控訴人に告げ、被控訴人から昭和二十八年十二月二十五日「板屋隠居藤野トヨ子分」として昭和二十七年度分配金六千円が支払われ、昭和二十九年にも

「板屋隠居分」として昭和二十八年度分配金二万四千円が支払われていることが認められ、右認定を左右するに足る証拠はないから、控訴人トヨ子は昭和二十七年地下前を譲受け、被控訴人もこれを承認したものというべきである。

したがって控訴人等はいずれも被控訴人の構成員であって、共同財産を他の構成員とともに共同して所有するわけである。

三、被控訴人が共同財産たる山林の一部立木を昭和三十年に金六百二十四万七千三百円で、昭和三十一年に金千六百十七万七千五百八十三円で売却し、総会において、昭和三十年度の分配金として地下前をもつ者一人当り金五万円宛、昭和三十一年度の分配金として金十一万九千円宛を分配すべきものと決し、昭和三十年度分配金を控訴人等を除く九十五名、昭和三十一年度分配金を控訴人を除く九十七名の地下前をもつ者に支払ったことは、弁論の全趣旨に照らし当事者間に争がない。

そこで被控訴人が控訴人等に対し右利益分配金の支払を拒絶しうる理由があるか否かについて判断する。まず被控訴人はその理由として、控訴人等は地区に居住しないか、地区に居住しても独立の生計をたてていないものであって、かかる者は地区において独立の生計をたてている者が部落のため財産の管理保全に関する作業のほか、毎年精神的、労役的、経済的に多大の負担を蒙っていることとの権衡上、利益の配当を受けないのは当然であり、近隣部落にも例のあることであって、西郷地方の常識であると主張する。よって近隣部落の事例を検討するに、〈証拠〉西郷町今津部落にも古くから山林を主とする共同財産があり、その立木育成のため郎落民が無償で労務を提供してきたが、数年前立木売却による利益を分配したとき、三十年以上部落に居を構えている者に対しては金十万円、三十年未満のものに対しては在住の年数により減額して配当したけれども、その後分配したときに一律に金五万円宛配当したのであって、当時同部落に終戦前より居住する世帯主は、学校教師等部落の共同生活に関係のない者を除き、すべて共同財産に対する権利を有するものとして利益の分配を受けた（現在は共同財産に対する権利をもつ者が部落を離れると権利を喪失し、復帰したとき総会の決議により再び権利者となることができ、権利者の世帯から独立して一戸を構えた者、他から移住してきて相当年数部落に居住した者は総会の決議により権利者となることができるものとされている）ことが認められ、〈証拠〉西郷町大久部落にも同様の共同財産があり、共同財産に対し権利をもつ者が部落外に転居しても権利を失わないものとされていたのであって、利益の分配に当っては、他出後一年以内の者は部落在住者と同額を、それを超える者は一年につき一割づつ減額し、十年以上の不在者には在住者の一割を分配することとなっていたが、同部落においては古くから他出者は出役を要しないものとされていた（昭和二九年権利者が社団法人を設立し、共同財産は右法人の所有となった）ことが認められ、〈証拠〉西郷町有木部落にも同様の共同財産があり、共同財産に対する権利の売買も黙認され、また権利者が部落外に移住してもその権利を失なわないものとされ、山林の下刈等の出役は無償とされていたのであるが、昭和二七年利益分配した際、他出した者に対しては、一年に十日の出役を要するものとして、一日金二百五十円の割で不在の年数に応じて減額して配当した（昭和三十年社団法人を組織し、共同財産は右法人の所有となった）ことが認められる。右近隣部落の事例のうち、今津部落においては、終戦前より部落で共同生活を営む世帯主はすべて利益分配を受け、ただその分配額を在住の期間の長短に応じて定めたものであって、本件とは事情を異にする。また大久部落および有木部落においては、他出している年数に応じ配当額を減額したのであって、その減額も無償で提供すべき労務を他出者が提供しないため、それに相応する金員を控除した趣旨であることが窺えるのである。したがって右事例から、地下前をもつ者が東郷地区に居住しない場合または地区に居住しても独立の生計を立てない場合には利益の分配をしないのが一般の常識、慣行であると推論することは到底できない。〈証拠〉控訴人湧、控訴人松次郎は東郷地区に居住しないけれども、いずれも人を雇って、山林の下刈、間伐等の共同作業に従事せしめ、控訴人トヨ子は父藤野森男と同居しているが、森男は二口の地下前をもっていた当時、人を雇って二人分の共同作業をしていたのであって、昭和二十四年頃当時の組長高梨新太郎が代人による出役を差止めたので、爾後控訴人湧、控訴人松次郎は共同作業に従事せず、森男も一人分の作業をするにとどめるようになったのであり、また昭和二十七年頃からは出役に対して手間賃を払うのが通例となり、組長、山守等に対しては総会の決定した報酬を支払うこととなっていることが認められるのであって、かかる事情に照すと、控訴人等に対し本件分配金を配当しないことが公平に合する旨の、被控訴人の主張の不当であることは、明らかであろう。

次に被控訴人は、利益の分配は総会が決定するのであって、総会において、地下前をもつ者が東郷地区に居住しない場合および独立の生計を立てない場合には利益を分配しないものと決した以上、控訴人等に利益を分配する要はないと主張する。なるほど利益の処分は総会において決定するものとされてきたことは前記認定のとおりであり、また前記「東郷地下規約」には総会の三分の一以上が出席し、出席者の過半数を以て決するものと定めてあり、〈証拠〉によると、昭和二十九年一月六日の総会において、昭和二十九年度以降は地区に在住しない者および存在するも一戸を構えない者に対しては利益を分配しないことする旨の議案を賛成多数により議決したことが認められる。しかし総会は利益金のうちいかほどの金額を分配するかを決することができても、地下前をもつ特定の者から、利益の分配を受ける権利を奪うことは、もとよりなし得ないところであり、右総会の決議は無効である。

そうすると、控訴人等はいずれも、立木売却の利益を前記の如く分配すべき旨の総会の決議により、昭和三十年度分配金として金五万円、昭和三十一年度分配金として金十一万九千円の支払を求める権利を取得したものといわなければならない。

四、〈証拠〉右総会の決議はおそくとも昭和三十二年三月までになされ、控訴人等が同年三月被控訴人に右金員の支払を求めたことが認められるから、被控訴人は各控訴人に対し夫々金十六万九千円およびこれに対する昭和三十二年四月一日より完済まで年五分の割合による遅延損害金を支払うべき義務がある。

よって控訴人等の本訴請求中、右会員の支払を求める部分は正当としてこれを認容し、その余はこれを失当として棄却すべきであるから、控訴人等の請求を全部棄却した原判決は変更を免れず、訴訟費用の負担につき民事訴訟法第九十二条第九十六条を適用し、主文のとおり判決する。」

〔36〕最高裁昭和四一年一一月一八日判決（昭和四一年(オ)六三五号　管理処分権確認並に妨害排除請求事件）

本件はいわゆる部落共有山林の立木処分をめぐりその管理権能が争われた事件で、係争地は長野県須坂市大字仁礼地内の山林である。

この山林はもと一一部落の共有入会地であったが、大正一四年関係部落の協議によって分割され当時井上村の井上、幸高、九反田、中島四部落共有地となり、四部落では共有山管理委員会を設けて山林の管理にあたることになり一〇名の管理委員が選出された。昭和四年に共有地をめぐる紛争を生じ、井上二一〇戸、幸高四九戸、九反田四〇戸、中島八五戸の合計三八四戸が訴訟に参加した。それ以外に訴訟に参加しない住民もあったが、そのとき以来部落の持分を定め、三分を各部落平等割、七分を入会権者による戸数割とし、前記戸数を各部落の基準とした。

昭和二三年、管理委員X（山岸加一郎）らが部落総代に辞任を申出たが受理されずにいたところ、昭和二九年部落住民Y_1（山岸惣太郎）は、本件山林は三八四名の共有林であると称して共有者の総会を招集し、その席上でXらの委員を罷免し、Y_1を含む一二名を管理委員に選出した。そしてY_1らほか二（Y_2小林義美、Y_3佐々木佐十郎）は昭和三〇年、係争地上の立木伐採に着手しようとしたので、Xら九名（一〇名の管理委員中一名欠員）は、Yら三名を相手として自分らが共有山林の管理委員であることの地位確認と、管理委員の承認がない立木の伐採、搬出の禁止を求める本訴を提起した。Xらは、係争地は四部落住民の共有入会地であって前記管理委員がその管理の責任を負うものであり、管理委員の辞任および選任は部落総代の承認を必要とするが、Xらは委員を辞任する申出をしたが総代の承認を得られなかったため辞任を徹回したので現在でも管理委員である、と主張した。Yらは、本件土地は井上村住民三八四名の共有地であって四部落の共有入会地ではなく、Xらの辞任およびYらの委員就任は有効であり、仮に係争地が四部落共有であるとすれば、部落有財産は昭和二二年政令第一五号により村有財産となり村長が管理すべきものとなるから、Xらの管理委員の権限は消滅したことになる、と抗弁した。

第一審は、(1)係争地が三八四名の共有地ではなく四部落共有の入会地であって前記政令第一五号は部落住民共有財産には適用がない。(2)Xらは管理委員の辞任を申し出たが部落総代に受理されず後に辞意を撤回したから辞任の効力を生じないのでXらは現在でも管理委員であり、前記罷免は無効である。(3)したがって係争地が三四八名の共有であることを前提としたYらの委員選出は無効であり、Yらは係争地上の立木を伐採、搬出すべき権限を有しない、と判示してXらの請求を認めた（ただしXら九名の委員（原告）中、訴訟提起後三名が死亡したのでその者にかんする分は訴訟終了したと判示した）。

Y_1 Y_2二名のみ控訴（被控訴人は六名）したが第二審も請求を棄却したので、上告して、原判決は入会の慣習の名のもとに公序良俗に反する慣習を是認しており、また時価数億円に相当する山林の独占的処分権をXらに終身にわたり認めているが、憲法違反である、と主張した。

（なお本件は長野地裁昭和三九年二月二一日判決――下級民集一五巻二号三二四頁――と同一集団における類似の紛争――一方当事者は本件Xら六名――にかんするものである）。

（棄却）「上告代理人富森啓児の上告理由一について。

原判決認定の慣習が公序良俗に反するとは認められない。論旨は採用できない。

同二について。

趣旨は、所有権に等しい絶対無条件無制約の管理処分権を特定の個人に認める原判決は、憲法一三条、一四条、二九条に違反するというが、原判決が認めているのは、植林事業のための本件土地の管理権と毛上の管理処分権にすぎないから、違憲の主張は前提を欠き理由がない。

よって、民訴法四〇一条、九五条、八九条、九三条に従い、裁判官全員の一致で、主文のとおり判決する。」

◇（第一審　長野地裁昭和三八年八月一六日判決　同三一年(ワ)六号）認容、一部訴訟終了

「(本件土地の所有関係)

一、別紙第一目録記載の土地（以下本件土地という。）を含む二七七〇町余の山林がもと旧井上村（現在須坂市）井上、幸高、九反田、中島部落（以下井上村四部落という。）、旧仁礼村（現在東村）仁礼、仙仁、栃倉部落、旧高甫村（現在須坂市）八丁部落計八部落の共有であったこと、右土地が大正一四年頃分割され本件土地が登記簿上井上村大字井上、大字幸高、大字九反田、大字中島の共有地として登記されたことは当事者間に争がない。（なお、〈証拠〉右土地はもと原告等主張の一一部落の共有であったが、原告等主張の経過で明治四二年二月二六日前記八部落の共有となったことが明かである。）原告等は右分割により本件土地は前記井上村四部落の共有になったと主張し、被告等は右四部落住民中被告等主張の三八四名の共有になったと抗弁するので以下この点について判断する。

二、本件土地を含む前記二七七〇町余の山林（以下入会山という。）が古くから前記八部落（以前は前記一一部落）全住民の入会山であったことは当事者間に争がないところ、被告等は明治四四年頃井上村四部落の住民のうち井上部落二一〇名、幸高部落四九名、九反田部落四〇名、中島部落八五名計三八四名が原告となって高甫村、仁礼村の各部落を被告として長野地方裁判所に入会権の確認及び妨害排除の訴を提起した際、井上村四部落の住民中原告となった前記三八四名以外の住民は入会山に対する権利を放棄した、と主張し、その頃井上村四部落の住民が原告となって被告等主張のような訴訟を提起したことは当事者間に争がなく、〈証拠〉右訴訟の原告となった住民が三八四名であったことは明かであり、その際右訴訟の原告とならなかった住民があったことは原告等の認めて争わないところであるが、右の住民が入会山に対する権利を放棄したことを認めるに足りる証拠はない。もっとも〈略〉被告山岸惣太郎、同小林義実は、右住民は右訴訟の費用を負担しなかったため権利を放棄したものとみなされた旨供述するが、〈略〉当時右入会山の費用として住民から直接徴収したのは右訴訟の費用だけで、その他の費用は多年各住民から徴収した区費から支出されていたことが認められるので、仮に右住民が右訴訟の費用を負担しなかったとしても、その一事によって入会山の権利を放棄したものと認めることは相当ではない。のみならず右三八四名の数字は後記認定のとおり明治初年以来公租公課その他の費用を右四部落に割当てる基準として実際の戸数の変動とは無関係に踏襲されて来た各部落の戸数の合計と符合するので、特段の事情の認められない本件においては、むしろ右訴訟の提起に当り右戸数に合わせて原告となる住民の数を揃えたものと推認するのが相当である。

三、昭和四年一二月一日井上村四部落間に原告等主張の協定が成立したことは当事者間に争がないところ、原告等は右協定は入会山の分割によって井上村四部落の共有となった本件土地につき四部落に対する収益分配の率を定めたものであると主張し、被告等は右協定は本件土地が四部落住民中三八四名の共有となったことを確認し各共有権者の持分の割合を定めたものであると主張するので、この点について判断するに、〈証拠〉次の事実が認められる。

前記入会山は前叙のとおりもと前記八部落の入会山であって、各部落の全住民が直接の収益権能を有し、入会山から自由に薪炭、秣を採取（但し炭は消炭に限り入会山に泊りこんで焼くことを除く。）することができ、各部落としては入会山委員を選出し右委員が共同で入会山の公租、公課の割当、徴収、林道の修理等の管理をなすに止まっていた。ところが所属する村の異なる前記八部落住民の入会山であったため管理が適切に行われず、各住民による濫伐のため山林が荒廃し、そのため入会山から流出する鮎川の氾濫のため前記各部落特にその最下流にある井上村四部落はしばしば洪水の被害を蒙ったので、大正一三年三月二七日長野県の指導により旧来の住民による自由な入会を規制して治山、治水をはかるため前記三村所属部落間において入会山を分割する旨の協定が成立し、その後更に細目について協議や実測を重ねた結果昭和四年井上村四部落において入会山のうち本件土地の所有権を取得した。井上村四部落はその頃各部落総代の協議により前記入会山分割の趣旨に則り、共同で取得した本件土地につき共同して治山、治水のための植林事業を営むことを契約（組合契約）した上、その全業務の処理を各部落から選出された旧来の入会山委員（右分割に際し整理委員の名称でその衝に当った。）全員に委任し、かつその頃全住民の黙示の同意を得て従前各住民の有した直接の収益権能を右委員全員の許可があるときに限りこれを行使し得ることに制限した。そして右四部落は同年一二月一日右共同事業から将来生ずることの予想された収益を四部落に分配する比率を定めることを主たる目的として前記協定をなすに至ったのであるが、右比率を定めるに当っては、明治初年地租改正の際の四部落の戸数で、その後実際の戸数の変動とは関係なく四部落の公租、公課その他の費用の分担の基準として使用されて来た井上部落二一〇戸、幸高部落四九戸、九反田部落四〇戸、中島部落八五戸という戸数（右戸数が前記協定成立当時の実際の戸数ではなかったことは当事者間に争がない。）をそのまま収益分配の基準として踏襲したのであって、右協定の趣旨は本件土地から生ずる全収益の一〇分の三は四部落に等分し、一〇分の七は前記戸数に比例して各部落に分配するというのである。（前記協定第三、四項は第一項と同趣旨を表現したものと解すべきである。）

以上の事実が認められ、＜略＞他に右認定を動かすに足りる証拠はない。そうだとすれば本件土地は前記入会山の分割により井上村四部落の共有となったことが明かである。

四、被告等は仮に本件土地が入会山の分割により井上村四部落の共有になったとすれば、昭和二二年政令第一五号「町内会、部落会又はその連合会等に関する解散、就職禁止その他の行為の制限に関する政令」第二条により本件土地は昭和二二年七月三日井上村の所有に帰した、と主張するが、右政令にいう「部落会」とは、隣組、町内会と共に昭和一五年九月一一日内務省訓令第一七号によって全国的整備がはかられた制度であって、戦時諸施策の実施に当り常に国政の基本方針を末端まで滲透せしめるための細胞的活動を担当して来たものを指すのであって、古くから存在した社会的、経済的共同体である部落そのものをいうのではないから、井上村四部落共有の本件土地（及び後記認定の別紙第二目録記載の土地）には右政令の適用がないことは明かである。そうだとすれば本件土地は現に右井上村四部落（昭和三〇年一月一日以後須坂市に所属。右は当裁判所の調査嘱託に対する須坂市長の回答書によって明らかである。）の共有であるといわねばならない。

（管理委員の権限等）

＜証拠＞前記入会山分割後は井上村四部落選出の旧入会山委員が井上村四部落共有山林管理委員（当初は山林委員とも呼ばれたが、本判決においては入会山分割後の委員を以下管理委員という。）として本件土地の管理に当ったが、その定数は旧入会山委員当時の慣例に従い、井上部落選出四名、九反田、幸高、中島部落選出各二名計一〇名とする慣習であり（以上は当事者間に争がない。）、各部落における管理委員の選任、辞任の方法及び任期については各部落の内部規範である慣習にまかされていたこと、管理委員は前認定のとおり入会山分割の際組合関係にある井上村四部落から右四部落が共同して行う植林事業の全業務の処理を委任されたのであるが、その際併せて右委任の範囲内において自己の名において本件土地を管理しその毛上を管理、処分する権限をも授与されたこと、管理委員一〇名は後に井上村四部落共有山林管理委員会（当初は井上四部落山林委員会と称されたが、本判決においては以下これを管理委員会という。）を組織し、うち一名を委員長、一名を副委員長としたが、その議決は全員一致によってこれをなし、右権限の行使は常に各管理委員全員の名においてこれをなす慣例であって、右権限は管理委員会組織後も管理委員全員に合有的に帰属すること、昭和八年九月二二日当時の管理委員一〇名は右の権限にもとずき本件土地の管理の便に資するため、本件土地に隣接し四部落から本件土地に至る通路に当る別紙第二目録記載の土地ほか四筆の土地を、四部落のために右一〇名の名において柄沢五一郎、柄沢利一から買受け、同月二九日右一〇名の名義で所有権移転登記を経由し、その頃四部落から右土地につき本件土地と同様自己の名においてこれを管理し、その毛上を管理、処分する権限を授与されたことが認められ、右認定を動かすに足りる証拠はない。

もっとも原告等は、管理委員の選任、辞任の効力の発生については管理委員会の承諾を必要とする慣習である、と主張し、〈略〉右供述、記載のみでは未だ右慣習の存在を認めるに足らず、他にこれを認めるに足りる証拠はない。

被告等は、昭和二二年政令第一五号第二条により昭和二二年七月三日本件土地及び別紙第二目録記載の土地は井上村の所有に帰し管理委員の権限は消滅した、と主張するが、右政令が本件に適用されないことは前叙のとおりであるから、管理委員は現に前叙の権限を有することが明かである。

（原告等の管理委員辞任、罷免の効力）

昭和二三年五月当時の管理委員が原告等九名及び山岸住蔵の一〇名であったことは当事者間に争がない。

被告等は昭和二三年五月から六月にかけて当時井上部落選出の管理委員であった原告坂本重雄、同山岸加一郎、同原山千代松、同清水初三が相次いで管理委員を辞任したと抗弁し、その頃右原告等四名が当時の井上部落総代であった横山豊太郎に管理委員の辞表を提出したことは当事者間に争がない。そこで右辞表提出によって原告等四名の辞任の効果が発生したか否かについて判断するに、前叙のとおり管理委員の選任、辞任については各部落の内部規範である慣習にまかされていたところ、〈証拠〉井上部落においては管理委員の選出は部落総代（区長、自治会長ともいう。）が部落の役員である当役四名と協議した上本人の承諾を得てこれをなす慣習であることが認められ、特段の事情が認められない本件においては、管理委員の辞任も部落総代が当役四名と協議の上辞任を承認して本人の提出した辞表を受理しなければ辞任の効力が発生しないものと認めるべきところ、前記横山豊太郎が当時の当役四名と協議の上原告等四名の辞任を承認して右各辞表を受理したことを認めるに足りる証拠はない。却て前記各証拠によれば、前記横山豊太郎及びその後任である井上部落総代が右の手続を経て原告等四名の辞任を承諾したことはなく、原告等四名は昭和二六年五月一七日に至り昭和二三年から昭和二六年までの井上部落各総代、当役の勧告を受けて辞意を搬回したことが認められる。よって右原告等四名の辞任はその効力を生じなかったものといわねばならない。

被告等は本件土地及び別紙第二目録記載の土地が被告等主張の三八四名の共有であることを前提として、前記横山豊太郎が同年七月二二日井上部落の共有権者総会において原告等四名の辞表提出の事実を報告したときに原告等四名の辞任の効力が発生したと主張するが、本件土地及び別紙第二目録記載の土地が被告等主張の三八四名の共有でないことは前認定のとおりであるから、被告等の右主張は採用の限りではない。

次に被告等は昭和二六年一月中島部落選出の管理委員であった原告佐藤重太郎、同堀内房司が辞任し、堀内金之助、牧嘉一が新たに管理委員に就任した、と抗弁し、〈証拠〉中島部落においては部落総会の選挙によって管理委員を選出し、二年毎に改選する慣習であったところ、昭和二六年一月の改選に当り当時同部落選出の管理委員であった原告佐藤重太郎、同堀内房司は落選し、堀内金之助、牧嘉一が管理委員に選挙されたことが認められるが、〈証拠〉右堀内金之助ほか一名は間もなく辞任したので、同年五月二四日の同部落総会においてこれを承認し、改めて右原告両名を管理委員に選挙し、右原告両名は同日新たに管理委員に就任したことが認められ、右認定に反する証拠はない。そして特段の事情の認められない本件においては前記同部落の慣習は二年毎に管理委員を改選する建前であるが、仮に右改選が行われなかったときは従前の管理委員がそのままその地位を保有するという趣旨と解すべきところ、同部落においてその後管理委員の改選が行われたことの主張、立証はないから、右原告両名は現に管理委員の地位にあるものといわねばならない。

更に被告等は昭和二九年九月一日開催の井上村四部落共有山林有権者総会の決議により原告等九名は管理委員を罷免され、被告等ほか九名が新たに管理委員に選任されたと抗弁するが、本件土地及び別紙第二目録記載の土地が被告等主張の三八四名の共有でないことは前認定のとおりであるから、仮に右事実が認められるとしても右総会の決議による管理委員の罷免、選任は無効であり、被告等の右抗弁は排斥を免れない。

そうだとすれば、原告等九名のうちその後死亡したことが当事者間に争がない原告坂本重雄(昭和三七年六月一六日死亡)、原告原山千代松（昭和三六年四月二九日死亡)、原告山岸信太郎（昭和三一年一二月二六日死亡）を除く六名が現に管理委員であることは明かである。

(本案についての判断)

被告山岸、同小林において前記原告等六名が前叙の権限を有する管理委員であることを争っていることは同被告等の主張自体によって明かであるから、同被告等との関係で右原告等六名が管理委員であることの確認を求める同原告等六名の請求は正当として認容すべきである。

被告山岸、同小林が別紙第三目録記載の土地の立木を伐採、搬出しようとしていることは同被告等の自白するところであるところ、同被告等が被告等主張の昭和二九年九月一日開催の井上村四部落共有山林有権者総会の決議により管理委員に選任されたとしても右選任が無効であることは前叙のとおりであり、他に同被告等の右立木を伐採、搬出すべき権原についての主張立証のない本件においては、同被告等は共有権者である井上村四部落に対する関係において右立木の伐採、搬出をなすべからざる義務のあることは明かである。そして前叙のとおり組合関係にある井上村四部落のために自己の名において本件土地及び別紙第二目録記載の土地の毛上の管理、処分権を有する前記原告等六名は、その資格において右四部落のために右被告両名に対し右立木の伐採、搬出の禁止を求める本件訴訟の原告となる適格（訴訟追行権）を有するものと解すべきであり（頼母子講の管理人に関する最高裁判所昭和三五年六月二八日判決参照。）、前叙のとおり右管理、処分権は管理委員全員に総有的に帰属するから、右訴訟は固有の必要的共同訴訟（数人の選定当事者が提起した訴訟と同様である。）であるところ、原告坂本、同原山、同山岸信太郎及び前記山岸住蔵（昭和二八年一〇月一一日死亡）が既に死亡したことは当事者間に争がなく、〈略〉右四名の管理委員の後任はいずれも選出されておらず、現在の管理委員は右原告等六名のみであることが認められ、右認定を動かすに足りる証拠はない。もっとも被告山岸惣太郎本人（第一、二回）は、幸高部落では昭和二八年一二月二三日右山岸住蔵の後任の管理委員として山岸勇を選出した旨供述し、〈証拠〉これに添う記載があるが、右各証拠によれば、右選出は本件土地及び別紙第二目録記載の土地が井上村四部落住民中被告等主張の三八四名の共有に属することを前提とし、そのうち幸高部落の共有権者四九名で構成されるいわゆる有権者総会の議決によってなされたものであることが認められるところ、本件土地及び別紙第二目録記載の土地が右三八四名の共有でないことは前認定のとおりであるから、右選出は無効であるといわねばならない。そうだとすれば右原告等六名から前記被告両名に対し前記立木の伐採、搬出の禁止を求める請求も正当として認容すべきである。

被告佐々木佐十郎が昭和三五年一月二五日死亡したことは当事者間に争がないところ、同被告に訴訟代理人が選任されている本件においては訴訟手続は中断しないが、同被告の訴訟代理人は以後同被告の相続人（何人が相続人であるかは本件手続においては明かにする必要はない。）の訴訟代理人として訴訟を追行すべきものであるから、原告等の訴の利益の有無、請求の当否は実質上同被告の相続人に対する関係においてこれを判断すべきところ、同被告の相続人（〈証拠〉によれば同被告の妻が相続人であることは明かであるが、他に相続人があるか否かは明かでない。）において原告等の管理委員たる地位を争い、前記立木を伐採、搬出するおそれのあることを認めるに足りる証拠はないから、前記原告等六名の同被告に対する訴はいずれも訴の利益を欠くものとして却下を免れない。

（中間の争についての判断）

〈証拠〉原告坂本は昭和三七年六月一六日、同原山は昭和三六年四月二九日、同山岸信太郎は昭和三一年一二月二六日死亡したことが明かであるので、同原告等の被告等に対する本件訴訟がこれによって当然終了したか否かについて次に検討するに、同原告等三名の前記管理委員たる地位の確認を求める訴の訴訟物は同原告等の右委員たる地位であるところ、前認定の事実によれば右地位は相続によって承継されないことが明かであるから、右訴訟は同原告等三名の死亡と同時に当然終了したものであるといわねばならない。

同原告等三名の立木伐採搬出の禁止を求める訴は同原告等三名が他の原告等六名と共に管理委員たる資格において井上村四部落のため提起したものであるところ、原告等全員が死亡または辞任によってその資格を喪失したときは訴訟代理人のない限り訴訟手続は中断し、原告等の後任として管理委員に選任され右資格を取得した者が訴訟手続を受継ぐべきであるが（民事訴訟法第二一二条参照。）、前叙のとおり管理委員の前記管理処分権は管理委員全員に合有的に帰属するから、そのうちの一部である前記原告等三名が資格を喪失したときは、その原告たる適格（訴訟追行権）は残余の原告ら六名に吸収され（民事訴訟法第四八条、信託法第五〇条第二項参照。）、右原告等三名の訴訟はその死亡による資格喪失と同時に当然終了したものと解すべきである。（従って訴訟代理人がなくても訴訟手続は中断しない。その後原告等三名の后任として管理委員に選任された者は第一審の口頭弁論終結前に限り受継の方法によらず訴の追加的併合によって本件共同原告たる地位を取得すると解する。）

被告等は右原告等三名の請求についても請求棄却の判決を求め、右原告等三名の本件訴訟が終了したことを争っているから、主文において右訴訟が既に終了した旨を明かにすることとする。

（結語）

よって前記原告等六名と被告等三名との間の訴訟費用の負担につき民事訴訟法第八九条、第九〇条、第九三条を適用して主文のとおり判決する。」

◇（第二審　東京高裁昭和四一年三月一八日判決　同三八年(ネ)二四八八号）棄却

「本件土地が被控訴人主張の四部落の共有（総有）であることは〈証拠〉を加える外は原判決理由一ないし三中に説示するとおりであるのでその部分を引用する。〈証拠〉

本件土地の管理権及びその毛上の管理処分権が被控訴人等主張の管理委員の権限にあったことについてもその認定の証拠〈略〉を加える外は原判決理由中（管理委員の権限等）に説示するとおりであるのでその部分を引用する。

被控訴人等が昭和二十三年五月当時管理委員であったことは控訴人等も争わないところである。

控訴人等は昭和二十三年五、六月頃控訴人山岸、同清水は当時の井上部落の総代横山豊太郎に辞表を提出し管理委員でなくなったと主張するけれども右両人が依然として管理委員の地位に留っていたことはその認定の証拠〈略〉を加える外は原判決理由中（原告等の管理委員辞任、罷免の効力）と題する部分の第二第三段に説示するとおりであるのでその部分を引用する。

〈証拠〉

控訴人等は昭和二十六年一月被控訴人佐藤、同堀内は管理委員を辞任し新たに堀内金之助、牧嘉一が就任したと主張するけれども前記被控訴人両名が依然として管理委員の地位に留っていたことはその認定の証拠に当審における被控訴人佐藤本人尋問の結果を加える外は原判決理由中前示題下第四段に説示するとおりであるのでその部分を引用する。

〈略〉

控訴人等は昭和二十九年九月一日被控訴人等は有権者総会の決議により管理委員を罷免されたと主張するけれども管理委員の選任は前認定の方法によるものであって控訴人等主張の総会の決議によって被控訴人等の管理委員の地位を奪うことはでき

ないものであるから右主張は失当である。

その他に被控訴人等がその後管理委員の地位を失ったとの事実は本件全証拠によってもこれを認めることができない。

控訴人等が被控訴人等が管理委員であることを争っていることは控訴人等の主張自体から明らかであるから被控訴人等のその確認を求める請求は正当である。

被控訴人等の控訴人等に対する妨害排除の請求の正当であることは原判決理由中に説示するとおりであるのでその部分を引用する。

以上認定のとおり被控訴人等の本訴請求はいずれも正当であり、これと同旨の原判決は相当であるから民事訴訟法第三百八十四条第一項に則り本件控訴をいずれも棄却し、当審の訴訟費用については同法第九十五条、第八十九条および第九十三条第一項本文を適用して主文のとおり判決する。」

〔17〕最高裁昭和四一年一一月二五日判決（昭和三四年(オ)六五〇号　所有権移転登記手続請求事件）（最高民集二〇巻九号一九二一頁）

本件は、もと大字有地で学区財産とされ、現在村有となっている林野に大字住民が地盤の共同所有権あるいは入会権を有するか否かにかんする、大字住民と村との間の紛争で、係争地は青森県三戸郡倉石村大字又重の林野である。

係争地はもと大字又重持の、大字住民の入会地であったが明治四二年に学区財産に編入された。その後も大字住民の入会地として採草採薪放牧等の使用収益が認められてきたが、昭和一六年国民学校令の施行により学区制が廃止されるとともに倉石村有財産とされた。昭和二七年ごろ係争地について地元住民の間で紛争を生じ、昭和三〇年、倉石村は係争地につき倉石村大字又重名義で保存登記をした上、昭和一六年四月二八日承継を原因として倉石村に所有権移転登記をした。大字又重住民はこれを不服として、Xら三三〇名は、係争地がXらの共同所有に属することを理由に、倉石村を相手として、係争地につきXら三三〇名への所有権移転登記、もしくは前記昭和一六年四月二八日付でなした倉石村への所有権移転登記の抹消登記手続を請求する本訴を提起した。第一審は、明治四二年以前に大字又重住民共有であったと認める証拠がない、という理由でXらの請求を認めなかった。第一審係属中訴の取下があり第一審判決をうけたのはXら二六五名であった。

Xらは控訴し、原判決は明治四二年以前の係争地盤所有権の帰属につき審究せず、土地台帳上又重部落と登載されているのが学区有になったとすればその原因、手続等が明らかにされなければならないのに、全くふれておらず、学区財産となった経緯が不明である以上学区財産となることはなく仮に学区有又は村有となったとしてもXらは明治四二年以降、平穏且公然、善意無過失にこれを共同所有しかつ無制限に使用してきたから係争地を時効取得したものであり、したがって係争地は又重部落住民の共同所有に属する、と主張したほか、請求の趣旨を拡張し、Xら又重部落住民が係争地上に共有の性質を有する入会権もしくは共有の性質を有しない入会権を有することの確認を求めた。

第二審は、係争地が土地台帳上大字又重有と記載されているが、それをもってXら又重住民の共有と認められず、係争地が学区財産に編入された経過は明らかでないが、明治四二年以降村長管理のもとに学区財産として維持管理されることに住民も異存なく、したがってXらが所有の意思をもって管理してきたとは認め難くかつ昭和三〇年に倉石村名義で所有権登記がされているのでXらの係争地にたいする所有権の時効取得は成立せず、係争地盤は学区財産を経て倉石村有に属すると判示し、またXらの入会権については、学区財産編入は入会権を廃止する行為であったと解すべきであるから係争地の学区財産編入と同時に消滅したものと解すべきであり、それ以後Xらが係争地を使用収益していたとしても入会権を有していた証拠とはなし難い、という理由でこれを認めなかった。第二審係属中も訴の取下があり控訴判決をうけたのはXら二一六名であった。

Xらのうち一二八名上告。その上告理由は多岐にわたるが、要旨次の如くである（この上告理由は典拠たる判例集に掲載されていない）。

(1)原判決は民法施行後新に入会権の取得を認める余地はない、と判示しているがXらはそのような主張をしていない。

(2)原判決は、本田勘蔵名義の土地は同人が恩恵的に入会利用を認めていたのであるから住民の入会権はないというが、この土地は同人の所有でなく大字又重所有地であるから、法律の解釈を誤った理由不備の違法がある。

(3)係争地が第二学区有財産になり村長管理の下におかれ入会権は消滅したというが、第二学区設置の説明がなく、理由不備で法律の解釈を誤ったものである。

(4)原判決は、青森県通牒を理由に入会権の存否を云々しているが、入会権は通牒によって消長を来たすものではない。

(5)原判決は又重部落の財産として実質上財産区を認めながら他方において財産区の存在を否定しているが、理由齟齬の違法がある。

(6)原判決は、係争地がいつ、どんな原因で第二学区有財産になったか明らかにすることができない、といいながら、何ら首肯すべき理由も附せずに学区有財産と推断しているのは経験則に反し理由不備の違法がある。

(7)係争地が仮に学区有であったとしても村有に移転しないことはXらが主張したところであるが、原判決はこれについて何らの判断もしていない。

(8)係争地が仮に部落住民総有でなかったとしても、原判決はXらが係争地を時効取得した事実を認めながら、昭和一六年四月二八日に係争地を又重学区から係争地を承継取得しその登記を経た倉石村に対抗できないと判示しているが、又重学区は同年三月三一日かぎりで消滅しているのであるから、倉石村が学区からその財産を承継できるはずがない。

(一部破棄、却下、一部棄却) 最高裁は、Xらの共有権の確認ならびにそれにもとづく所有権移転および抹消登記の請求、係争地上に共有の性質を有する入会権または共有の性質を有しない入会権を有することの確認請求は固有必要的共同訴訟であることを理由に、また係争地が財産区有に属することにもとづく村の所有権取得登記の抹消請求は当事者適格を有しないことを理由に、いずれも第一、二審判決を破棄し、その請求を却下した。また所有権の時効取得については部落としての団体的占有によって個人的色彩の強い民法上の共有権が時効取得されることはない、と判示してその請求を棄却した。

◇（第一審　青森地裁八戸支部昭和三二年七月二九日判決　同三〇年(ワ)四二号　民集登載）棄却

◇（第二審　仙台高裁昭和三三年一二月一六日判決　同三二年(ネ)三九五号　民集登載）棄却

〔42〕最高裁昭和四一年一二月一六日判決（昭和四一年(オ)一〇二一号　土地所有権確認並びに立入禁止請求事件）

本件は、もと部落有であった町有林において部落住民相互間でその土地上の樹木所有権の帰属に伴い入会権の存否が争われたもので、係争地は長崎県南松浦郡（五島）有川町太田郷内の山林である。

太田郷（郷は部落に相当する）の住民X_1（高塚六市）X_2（高塚源之助）、X_3（高塚与助）は、係争地はもと郷有地で太田郷住民の入会地であって郷住民は郷に若干の金員を支払い郷の承諾を得て樹木を植栽しうる、という慣習があり、その慣習にしたがい、右土地中の一部甲地上にX_1X_2Yの祖父A_1（高塚源之助、X_2とは別）が、同じく乙地上にX_3の祖父A_2（高塚与三郎）が植林し、X_1X_2はA_1の権利を承継し、X_3はA_2の権利を相続したのに、Yが甲、乙両地に立入り樹木を伐採する、という理由でY（高塚紋十）を相手として甲地、乙地の管理使用権の確認とYの立入禁止を求める本訴を提起した。

第一審は入会権の存在が認められないという理由で入会権の存在を前提とするX_1らの請求を棄却したので、X_1ら控訴して、郷住民は前述の如く郷の承諾を得て係争地を使用しているのであり慣習により認められた土地の管理使用権を有しX_1らはその権利を取得したものである、と主張した。第二審は入会の立証が不十分であるとしながらもXらの主張する慣習の存在することを認定したが、甲、乙両地ともA_1が植栽したものであり、このことは郷の山林野取帳（台帳）によっても認められ、したがって甲地、乙地ともその地上立木はA_1の承継人A_3（高塚又助）の家督相続人Yが承継したものである、と判示した。

X_1らは上告して、台帳上の記載を理由に乙地上にもA_1が植栽したという判示、ならびにYはその父A_3と同居せず、係争地はA_3と同居していたX_1X_2がA_3から贈与をうけたのに、Yが家督相続したという理由のみでYが係争物件を承継したという判示は、ともに審理不尽の違法がある、と主張した。

（**棄却**）「上告代理人黒田慶三の上告理由について。

所論の点に関する原審の認定および判断は、挙示の証拠により、これを是認することができ、原判決に所論の違法は存しない。所論の実質は、ひっきよう、原審の専権に属する証拠の取捨判断、事実の認定を非難するに帰し、採用することができない。

よって、民訴法四〇一条、九五条、九三条、八九条に従い、裁判官全員の一致で、主文のとおり判決する。」

◇（第一審　長崎地裁福江支部昭和三九年一一月三〇日判決　同三三年(ワ)二三号）棄却

「本件甲、乙両地はいずれももと長崎県南松浦郡有川村太田郷の郷有地であったが、大正一三年の有川村有地の整理統一に際し有川村有地となり、さらに有川村の町制実施に伴い同町有地となったことは当事者間に争いがない。

ところで原告等は右山林については、明治九年頃以来今日まで、請求原因二、に主張するような入会いの慣習が行われているものであると主張するが、この点については原告の全立証その他本件全証拠によるもこれを認めるに足りない。

してみれば、右入会いの慣習の存在を前提とする原告等の本訴請求は爾余の争点に関する判断をなすまでもなく理由なしとしてこれを棄却し、訴訟費用の負担につき民事訴訟法第八九条、第九三条を適用し、主文のとおり判決する。」

◇（第二審　福岡高裁昭和四一年五月一八日判決　同三九年(ネ)九三九号）棄却

「一、原判決添付別紙目録記載（甲）（乙）両山林が、いずれも、もと長崎県南松浦郡有川村太田郷の郷有地であったところ、大正一三年の有川村有地の整理統一に際し、有川村有地となり、さらに有川村の町制実施に伴い、同町有地となったことは、いずれも当事者に争いがない。

二、ところで控訴人らは、右山林については、太田郷有地であった時代（明治九年の地租改正以来大正一三年ごろまで）には、郷民のための共有の性質を有しない入会地として、村内各部落の慣習により、部落民は、当該部落の責任者に酒代若しくは部落費用として、いくばくかの現金を支出し、その承諾をえて、郷有地内を開墾耕作したり、植林することができ、その権能は利用地域内にかぎり利用行為はもとより、生産物の処分に至るまで独占的で、かつまたこれを譲渡したり、相続によりその権利を取得することができるものとされていた、と主張する。

しかしながら、本件（甲）（乙）両山林につき、控訴人等主張のごとき郷民のための共有の性質を有しない入会いの慣習が行われていた事実は、本件全証拠によるもこれを確認することができない。したがって、本件（甲）（乙）両地につき共有の性質を有しない入会権の存在を前提とする控訴人らの本訴請求は理由がない。

三、しかしながら、太田所有地について、明治九年ごろから大正一三年ごろまでの間、共有の性質を有しない入会権ではないにしても、控訴人ら主張のごとき慣習上の特殊な権利が存在していたことは、〈証拠〉これを推認するにかたくない。他に右認定を動かすに足る資料はない。

四、そこで、次に控訴人らが、それぞれその主張のごとく、本件（甲）（乙）両山林について、前記認定のごとき権利を承継取得したか否かの争点について検討することとする。

㈠　この点に関し、控訴人らは、まず控訴人高塚六市（以下単に六市という）、同高塚源之助（以下単に源之助という）、被控訴人高塚紋十（以下単に紋十という）ら三名の祖父高塚源之助（控訴人源之助と同名異人）が、本件山林中の（甲）地に控訴人高塚与助（以下単に与助という）の祖父高塚与三郎が同山林中の（乙）地に、いずれも数十年前に、当時の太田郷責任者の承認をえて植林し、これら樹木の所有ならびに管理のため、当該土地をそれぞれ独占して占有使用する権利を取得した、というのである。しかしながら、控訴人六市、同源之助、同紋十らの父高塚又助が本件係争の有川町太田郷字有川道一、二八九番の一三の山林現地につき、前記認定のごとき太田郷によって認められた慣習上の権利を有していたことは、＜証拠＞これを首肯するにかたくない。しかしながら、本件山林中（乙）地につき、控訴人与助の祖父高塚与三郎が、前記認定にかかる、太田郷によって正式に認められた慣習上の権利を有していたことは、これを確認するに足りない。＜証拠＞本件係争山林については、前記慣習上の権利者として高塚又助のみが登載されていて、高塚与三郎は権利者として登載されておらず、＜証拠＞高塚与三郎は同じく有川町有地である字大泊一、八七一番四三、同一、八七一番九の山林について明確に前記慣習上の権利者となっていることよりみれば、高塚与三郎が、果して本件山林中（乙）地につき、権利者として太田郷から認められていたものとは断じがたい。右認定に反しまた反するかのごとき＜略＞各本人尋問の結果は、仔細に検討すれば、明確を欠く点や矛盾した点もあって、前掲各証拠と対比して措信しがたく、他にこれを動かすに足る確証はない。しかるときは、本件山林中（乙）地につき高塚与三郎が太田郷によって認められた前記慣習上の権利者であったことを前提とする控訴人与助の本訴請求は理由がない。

㈡　よって、次に、控訴人六市、同源之助が本件山林中（甲）地につき、前記慣習上の権利を承継取得したか否かの争点について検討する。

（甲）地につき、高塚又助が、前記慣習上の権利者として太田郷から認められていた者であることは前記認定のとおりであり〈証拠〉高塚又助が、昭和一五年四月三日死亡したことおよび被控訴人紋十がその法定推定家督相続人（長男）であったことが各明らかであるから、（甲）地についての前記権利は、高塚又助の死亡に伴う家督相続によって被控訴人紋十に相続承継されたものといわざるをえない。

この点について、〈証拠〉いずれも（甲）地に関する前記権利は、控訴人紋十が、高塚又助から親不孝のために勘当され、紋十も三十数年来、父高塚又助方に寄り付かないという事情にあったところから高塚又助において控訴人六市、同源之助に対し、その死亡前これを贈与したものである旨の証言ないし供述をしているのである。しかしながら、右証言ないし供述自体、明確を欠く点があるばかりでなく、高塚又助と被控訴人紋十とがいかなる理由によって不仲であったのか、被控訴人紋十がいかなる親不孝をなし、いかなる理由によって勘当されていたのか、その辺の具体的な事情についても、また、つまびらかではないものがある。しかも、〈証拠〉に徴してうかがいうる、（甲）山林現地についての同控訴人らの指示説明が明確を欠き、その都度、喰い違いを示していて、今日まで的確にはこれを捕捉しがたいものがある。ことに、成立に争いのない甲第一号証は、控訴人（申立人）与助、被控訴人（相手方）紋十、控訴人（参加人）六市、同源之助および有川町間に昭和一九年八月一二日成立した調停調書であるが、〈証拠〉そのころ被控訴人紋十において、有川道一、二八九番の一三（本件係争山林）の山林現地を管理していたにもかかわらず、同号証では、有川道一、二八九番一三が有川町有であること、有川道一、二八六番ロと有川道一、二八六番の各山林が一、二八九番の一三と隣接していることおよび右各山林現地の境界と範囲が確定されただけであって、一、二八九番の一三の管理権について、なんら問題になった形跡の認められないこと、また、成立に争いのない乙第一号証は、控訴人（申立人）六市、同源之助および被控訴人（相手方）紋十間に昭和一八年六月八日成立した調停調書であるが、〈略〉そのころも被控訴人紋十が有川道一、二八九番の一三の山林現地を管理支配していたにもかかわらず、同号証では被控訴人紋十において、有川道一、二八六番山林が高塚又助から控訴人六市、同源之助に対して贈与されたことを認め、控訴人らから、さらにこれを被控訴人紋十に贈与する旨が定められただけであって、一、二八九番の一三の山林現地についての管理権については、何ら問題となった形跡の認められないこと（控訴人六市、同源之助らのいうごとく、同控訴人らが、一、二八六番山林の贈与をうけたということは、同控訴人らが、これに隣接する一、二八九番の一三の山林の贈与をもうけたということであり、両者が一体であったと考えていたとすれば、一、二八六番山林を被控訴人紋十に贈与する旨の調停によって、一、二八九番の一三の山林もまた被控訴人紋十に贈与したこととなり、控訴人らには現にその管理権は存しないこととなる。控訴人六市、同源之助は、前記調停調書の成立を否定するが、とうてい措信することができない。）〈証拠〉一、二八九番のロ山林については、高塚又助から控訴人六市、同源之助宛の売渡証が存するのに、一、二八九番の一三については、何らの書面も作成された形跡の認められないことなどの事実に対比するときは、控訴人六市、同源之助が、（甲）地に関する前記権利を高塚又助から贈与をうけたという前記証言ないし供述は、にわかに信を措きがたく、直ちにもって控訴人らが贈与をうけたものとは断じがたい。もっとも、〈証拠〉被控訴人紋十が父高塚又助夫婦と別居していたことが明らかであるけれども、これをもって前記認定をくつがえし、控訴人らの主張事実を肯認するに足りず、他にこれを動かすべき確証はない。よって、贈与を前提とする控訴人らの主張は採用しがたい。

五、しかるときは、控訴人らの本訴請求を棄却した原判決は、結局、正当であって、本件控訴は理由がない。よって、民事訴訟法第三八四条、第八九条、第九五条、第九三条に従い、主文のとおり判決する。」

〔26〕最高裁昭和四二年三月一七日判決（昭和三七年(オ)一三六五号　**山林所有権確認等請求事件**）（最高民集二一巻二号三八八頁）

本件は、いわゆる区有地につき区の住民の一部と財産区との間における、係争地が区の住民総有か財産区有か、ならびに区住民が係争地上に入会権を有するか否かにかんするものである。

福島県耶麻郡西会津町（旧野沢町）の野沢本町の住民は、藩制時代から地下持山と称する山林を入会利用していた。明治二二年町村制の施行に伴い野沢本町は野沢村に編入され、同二四年に本町区会が設置された。大正年間に自由な入山が差留められて、賃料を払って柴、薪の採取や植林するなど、その後利用方法に変化があった。昭和二八、九年頃住民中一部の者が係争山林の所有権の帰属について争ったことはあるが山林の使用については住民からも全く異議はでなかった。昭和三〇年に野沢町（明治四〇年町制施行）は他の町村と合併して西会津町となり、同年本町財産区設置条例が公布されて同財産区が係争山林を管理するようになった。ところがその後、本町区住民中Yら一一名が、係争山林は本町区住民七二名の共有に属すると主張して地上立木を伐採しようとし、うち三名は立木を伐採してそれを搬出した。そこで本町財産区は、Yら一一名を相手として、次の如き理由をもって係争山林ならびに地上立木が本町財産区の所有に属することの確認、ならびに伐採木の引渡を求める本訴を提起した。

(1) 係争山林は藩制時代から旧野沢本町村の所有に属していたが、本町村は町村制施行後野沢村の一部となり、区会設置条例が制定されて係争山林の管理にすべて本町区会の議決を経て管理者たる野沢村長が執行してきた。その後町村合併により本町区は西会津町本町財産区と改称されたが、係争山林の管理は全く変わっていないので、係争山林は本町財産区の所有に属し、したがって地上立木、搬出木とも財産区の所有に帰する。

(2) 仮に係争山林が旧本町村の所有でなかったとしても明治二四年に区会条例が設置されて以来本町区の支配下におかれたのであるから、本町区の後身たる本町財産区は時効により所有権を取得している。

(3) 区住民は入山料を払って柴、薪等の採取を行ない、賃料を支払って一定地域を植林、開こんのため使用を許可されているのであるからYらは係争山林に入会権を有するものでない。

Yらは、右山林はもともと本町住民の共有に属するものであり、本町区に所有権を移転した事実はないから本町財産区有地ではない、と抗弁し、反訴を提起して、(1)区住民Yら七二名が係争山林に共有の性質を有する入会権を有することの確認、(2)Yらが、入会権にもとづき、右係争山林に立入り地上立木を伐採することにたいする妨害の排除、とを請求した。

第一審は、係争地盤の所有権は旧本町村所有を経て本町財産区に帰属すると判示し、本町住民は係争地上に共有の性質を有しない入会権を有することを認めたがYらの立木伐採行為が入会権者の総意によって認められたものでない、として財産区の主張を認めた。またYらの反訴のうち妨害排除の請求を棄却し、入会権確認請求は入会権者全員が当事者となっていないから不適法であるという理由で却下した。Yらは控訴して次の如く主張した。

(1) 原判決は係争山林が旧本町村の所有に属していたと認定しているが、旧本町村は行政上の村ではなく実在的総合人としての村であったから、係争山林は行政村たる本町村の所有ではない。

(2) 係争山林は大部分が古くから地下持山であり、一部は弘化年間に藩から払下げをうけたもので、本町村民は山税を納め、毎年春寄合で入会についての取りきめをして自由に山入りしてきたものであり、明治十一年福島県令から本町村部落有であることを確認されたものであるから、係争山林は本町村部落住民七二名の共有に属する。

(3) 明治二四年に制定されたという区会設置条例も当時の官報に掲載されていない。したがって本町区は存在せず、財産区の取得時効の主張も失当である。

(4) Yらが係争山林に共有の性質を有する入会権を有しないとしても、Yらは係争山林に用益権にもとづく入会権（共有の性質を有しない入会権を意味するものと推測される）を有し、その入会権の行使にたいする妨害の排除を求める。

第二審も次の如き理由でYらの主張を認めなかった。

(1) 係争山林の土地所有権の帰属につき、地価取調帳等の「元本町分共有地総代某」「元本町分共有地某外七一人」という記帳は「元本町分共有地」の趣旨を表示するもので、土地台帳上の「旧本町共有」「元本町共有」という記載と同趣旨であるが、右の共有は元本町所有の意義を有するものと解されるから、係争山林は本町村の所有であったのであり、したがって係争山林は本町区の後身たる本町財産区の所有に属する。

⑵　本町住民中旧戸は係争山林に入会権を有していたが、大正年間に自由な入山を禁止され、旧戸新戸の区別なく入山料を支払って柴、薪を採取し、貸地料を納入して植樹、耕作目的で借り受けるなど、土地の使用方法が一変し、その後、区の住民は区の管理統制のもとに係争山林を使用してきたが、昭和二八、九年頃まで住民は右の使用方法に異議がなく、かつ、入会権に関する決定機関であった「春寄合」も本町区会に意見を具申するための機能しか有しなくなっている以上、本町部落住民は係争山林にたいする入会権を放棄したと認めるのが相当である。

Yら上告し次の如く主張した。

⑴　原判決は、本町部落住民は係争山林に入会権を有していたと認定しながら、町村制施行後区会の設置により、係争山林が本町区の所有となったと判断しているが、なぜ本町区の所有になったかの理論的根拠を示していない。

⑵　入会権の放棄は入会権者全員の意思でなければならない。本件では入会権者が入会権を放棄した事実も、また全員が放棄する意思表示をしたこともない。原判決は、大正年間以降係争山林の使用収益が一変して昭和二八、九年頃まで係争山林の使用方法につき住民から全く異議がなかったことを理由として住民が入会権を放棄した、と判示しているが、部落住民の係争山林にたいする入会利用は昭和二八、九年頃町長が住民の入会権を無視する行為に出て本件訴訟に発展するまでつづいたのであり、それまで歴代町村長は住民の入会権を無視することがなかったから異議がなかったのは当然である。異議のないことを理由として入会権を放棄したと判示した原判決には理由不備の違法がある。また、終戦後留木たる松立木伐採につき区の住民は春寄合の決議の上で実行しているのであり、したがって春寄合が単に区会にたいする意見具申機関になったと認定する根拠は何もない。

（**棄却**）最高裁は、係争地盤所有権の帰属については原判決をそのまま承認して財産区有であると判示し、入会権については、住民がこれを放棄したと解すべきではないが、しかし係争地の使用収益方法が古典的共同利用から他の形態に変更し、かつその使用等につき区会の承認を必要とし区会がその権能を握っていることをもって、入会地の使用収益がすべて区会の管理下におかれ入会集団の統制下にあることをやめるに至ったから入会権は消滅解体したというべきである、と判示した。

◇（第一審　福島地裁会津若松支部昭和三五年三月一六日判決　同三二年(ワ)四五号、同三三年(ワ)六六号）本訴認容、反訴一部却下、一部棄却

「原告は別紙第一目録記載の山林が旧会津藩政時代以降旧野沢本町村の所有に属し、明治以後同村が他村と合併した後も引続き旧本町区所有として存続した旨主張するのに対し、被告は本件山林は旧本町部落民の共有地または入会地として存続した旨主張するので、先ずこの点について判断する。別紙第一目録記載の土地のうち字権現堂、字比利山、字伊達ヶ沢山、字牛ヶ沢山、字願治刈山、字猿沢山、字萱刈場の各土地（以下本件前山と称する）が旧会津藩政時代野沢本町村の地下持山とされていた事実は当事者間に争いがなく、〈証拠〉旧会津藩は寛政一〇年六月本件前山を含む通称前山を旧野沢本町村の地下持山と定め、毎年松山役として銀一二九匁を収納し、これを銀目山と称して毛上の自由伐採を許していたところ、弘化二年四月更に本町村肝煎石川栄吉の願により当時御林山として人民の立入を禁じていた本件土地中前記前山および字浅岐の原野を除く各土地（以下本件奥山と称する）を含む通称奥山を金一〇両を収納して本町村に払い下げ、以後銀目山同様伐木等勝手たることを許したので、以後村民はこれらの前山奥山を「一村所持共有地」と観念し、村民各自自由に入会って草、柴、薪等を採集し、

ただ松立木のみは公共非常の際以外は伐採を禁じていたところ、明治維新の折旧来の秩序に従わず地上立木を乱伐する者が現れたので、明治八年三月村民一同協議の上前山のうち字牛ヶ沢山二、二四七番山林四町七反三畝一〇歩は村内公共事業の費用に充てるため共同の管理下に保存し前山の他の部分は保守を強化する目的でこれを旧来の慣習に従い四地域に分け村内七二戸を構成した一番ないし四番の四組で各一地域を割当てて保守の責を負わせると同時に入山区域を各組割当地域内に限定したところ、組によっては割当地域を更に組内の一戸ないし数戸ごとに分割して個人所有地と同様に使用収益させたこと、本町村は藩政時代は会津藩野沢御代官所の管轄下に本町御用場と称する村役場を設け肝煎が一村を統轄し村民の選挙した山守に村費をもって年給を給し山林に関する租税諸入費の調達支弁、警察、消防、苅敷等の入会の山の口（入山日時）の指定等山林に関する一切のことに当らせ、村民は毎年春会集してこれらのことを協議していたこと、明治八年本町村は他村と合して野沢村と称するに至った〈略〉が、前記同年三月の山分けの決定は野沢旧本町一村確定として本町の住民の一部の反対にもかかわらず多数決により決議されたこと、明治五年二月二四日達の地券渡方規則、同年七月四日および一〇月晦日の同規則の改正、明治六年三月二五日布告の地所名称区別、明治七年一一月七日および明治九年六月一三日の同布告の改正、明治六年七月二八日布告の地租改正条例および地租改正施行規則等の諸法令により山林の官民有区分が大問題となった際、本件山林についてはみぎ明治五年一〇月晦日達第三四条、明治六年三月二五日布告および地租改正施行規則第六則の各規定により一たん公有地としての地券が村方に下附されたが、その後公有地の区分が廃せられ官有民有のいずれかに編入されることとなって、野沢村に対し再度にわたり前山奥山の官民有決定につき証拠の提出が命ぜられたところ、同村のうち本町分総代二名は明治一一年一一月には什長および用係と連名で、明治一六年二月には野沢村戸長の連署および副進を得て、それぞれ民有原由取調上申書を提出した結果前山奥山はいずれも民有地第一種（「人民各自所有の確証ある」土地および「人民数人あるいは一村あるいは数村所有の確証ある」土地で官有地でない土地を指称する）と認定されたこと、ならびに、明治一八年三月には野沢村惣代人六名の連署のある野沢村民有森林取締規約が制定されて、各旧村ごとに民林取締人一名宛を公選し、森林に関する一切の事務を取扱わせ、その給料、事務費の決定および徴収方法は村会の議決によることとし、一村共有林および一部落共有林の管理方法を詳細に定めた上、該規約に違約したものに対しては違約金を課し、取締人がこれを徴収することが定められたこと、をそれぞれ認めることができ、これらの事実を総合すれば、本件前山および奥山の地盤は単に或る特定の時期における本町部落の住民の現行民法上の共有に属したものではなく、また本町部落民の共有の性質を有する入会権の目的たるにとどまったものでもなく、野沢村の発足前は独立の自治組織を有した本町村の所有に属したものであり、野沢村の発足後は同村の一部として独立の法人格を有した本町部落の所有に属したものと認めるのが相当である。ただ明治二一年法律第一号町村制の制定前は町村の一部が財産権の主体となりうるという法律思想が存在しなかったのみならず、例えば明治九年一〇月布告第一三〇号各区町村金穀公借共有物取扱土木起功規則は区有（当時町村の上級の一区行政単位とされていた）または町村有の土地建物等をも共有物と称していたことからみても、前掲各証拠および成立に争いのない乙第一〇号証の一ないし一六（土地台帳—土地台帳は明治二二年三月勅令第三九号土地台帳規則および同年三月大蔵省訓令第一一号により始めて従前の地券台帳を整理修補して作成された）に本件前山および奥山の地盤に対する所有関係を本町村共有、何某外何名共有または元本町共有あるいは代表者の単独所有として記載されているのは、いずれもその所有関係を正確に表現したものではないと認めるのが相当である。また前掲の各証拠によれば、前記認定の山分けにより各個人または数人共同の保守入山の受持区域と定められた土地が後年地盤の所有権自体が分割されたものとして取扱われた事実を認めうるが、この事実は部落内部の力関係と前記のような法律観念の混乱とに因り事実上部落財産の一部処分と入会権の解体とが行われた結果であると解するのが相当である。

そこで進んで明治二一年法律第一号町村制が同法第一三一条により明治二二年四月一日以降順次国内各地に施行された以後本件前山および奥山がどのように取扱われたかについて検討する。被告らは同法施行後野沢村に本町区が成立し本町区会が設置されたことを否認するのであるが、同法第六四条第一項は「町村ノ区域広濶ナルトキ又ハ人口稠密ナルトキハ処務便宜ノ為メ町村会ノ議決ニ依リ之ヲ数区ニ分チ毎区区長及其代理者各一名ヲ置クコトヲ得」と規定し、同条第三項は区長およびその代理者は同法第一一四条による区会の設置された区においては当該区会において選挙するものとして、町村長の事務を補助執行する町村の機関（第七三条）としての区長の設置を認め、他方第一一四条は第六四条の区または町村内の一部が特別に財産を所有しもしくは営造物を設けその一区限り特に費用を負担するときは郡参事会は町村会の意見を聞き条例をもって財産および営造物に関する事務のため区会を設置しうることを規定し、第一一五条はみぎの事務の管理は町村長が町村の行政に関する規則により行なうことを定め、同法附則第一三〇条は郡参事会を開設するまでの間郡長が郡参事会の職務を代行することを規定したが、明治四四年勅令第二三八号により同年一〇月一日から施行された同年法律第六九号町村制もその第六八条において町村は処務便宜のため行政区画としての区を画し、町村会の選任する区長およびその代理者を置くことを得ることとし、第八一条は区長は区内に関する町村長の事務につき町村長の命によりこれを補助する職務権限を有することを定め、第一二四条は町村の一部が財産を有するときは特別の規定のない限りその財産の管理処分については同法中町村の財産に関する規定によることとし、第一二五条は府県知事は必要のあるときは区会を設けて町村会の議決すべき事項を議決させることができるものとして、大体において旧町村法上の制度を踏襲し、従来存在した区会は同法上の区会として存続するものとされ、更に日本国憲法の施行と同時に施行された地方自治法は、従前の町村長の補助機関としての区長の制度を廃し、市町村等の一部で財産を有するものは、これは財産区と称し、これを特別地方公共団体の一として一章を設け、市町村の財産区については都道府県知事は議会の議決を経て市町村の条例を設定し、財産区の議会を設けて財産区に関し市町村の議会の議決すべき事項を議決させることができるものとしたところ、〈証拠〉前記明治二一年法律第一号町村制の施行後野沢村においては本町部落の財産を所有し独自の費用を負担する同村の一部たる同法第一一四条所定の区(これを講学上財産区と称した)であると認めたので、福島県河沼郡参事会の職務を代行していた同郡郡長は明治二四年一月二八日附内務大臣の許可に基き野沢村原町本町の両区に区会を設置し区会はその区において所有する財産および営造物に関する事件を議決すべきものとし区会議員の定員を各一二人と定めることを定めた野沢村区会条例を同年二月一六日布告施行し、別に野沢村は同法第六四条に基き区会の選挙する区長およびその代理者各一名を置いて村長（野沢村外数ケ村組合村長）の事務処理を補助させたが、その後本町区長は事実上本町区民の代表者として本町区民の入会管理および一般的隣保事務を決する慣習上の集会である春寄合（終戦頃にいたるまで毎年旧暦二月に召集され、春惣会とも称した）を召集指導し緊急の場合は区民の臨時総会を召集して議長となりその他公私にわたり村長（組合村長）と区民との間の連絡の取次をするなどのことを行なって、部落団体としての本町区の中心となっていたこと、本町区会議員は財産区の事務処理のための議決をするほか、みぎのような性格を有した区長の事務処理全般の補助をしていたこと、本町区住民は旧来の居住者であると、分家または新規転入した者との間に本件土地に対する入会権の内容に区別を設けず、区外に転住した者は入会の権利を失うものとされていたこと、本町区議会は本町区有財産管理規程を設けて明治三七年度から施行しまた従前の慣行に従い本件土地の看視人（山守り）を選任して日当を支払っていたこと、本町区議会は明治三九年奥山のうち字大石沢甲二三〇七番地山林一〇町歩を区内の郷社諏訪神社に無償譲与することを議決し、明治四〇年三月河沼郡参事会の職務を行なう同郡郡長の許可を得た上、明治四〇年五月二七日野沢村旧本町区のための所有権保存登記手続と同時に同神社に対する譲与による所有権移転登記手続がなされたこと、本町区民は区議会および春寄合の決議した入山方法に従い差別なく本件土地に入会いまたその一部を借り受けていたが、人口の増加に伴い管理の必要上大正年間から入会につき入山料が徴収されることとなり、区長が区民の入山料をとりまとめて野沢村（町）収入役に支払い、収入後は区長、看視人等の報酬その他の費用を支出し、不足分は区議会の議決により区民から区費を徴収していたこと、明治四一年一〇月および大正六年一〇月には本町区が本件土地上の立木を売却するにつき河沼郡長の許可を受けたこと、本件土地上の松立木は非常災害の時に区民の総意による以外は処分できない旨の入会慣行が引続き遵守されていたこと、本件土地については明治二一年度から昭和二四年度に至る間は本町区に対し地租および地租附加税が賦課され、昭和二五年度から昭和二八年度までは本町区に対し固定資産税が賦課されたが、その間本町区民に対してこれらの租税が賦課されたことがなく、昭和二九年度以降は税法の改正により公有地として固定資産税の対象外として取扱われたこと、原告は昭和二三年以降二度にわたり本件土地上の一部雑立木を伐採して処分したが、いずれも、そのつど区民総会の決議による同意を得たこと、ならびに本件土地上の松立木の伐採や売却は本町区民の総会の決定による場合のほかは許されなかったこと、をそれぞれ認めることができ、これらの事実を総合すれば、本件前山および奥山はいずれも前記各町村制上本町区の、地方自治法上財産区たる本町部落の、各所有に属し、本町部落民はこれに対し用益権としての入会権を有するものと解すべきである。

次に別紙第一目録の九の字浅岐甲二〇九番の原野が前記認定の前山または奥山の一部であることを認めうる証拠は存しないが、前掲乙第二一号証中野沢旧本町一村確定と題する書面によれば、みぎの土地は前山のうち字地原門および字牛ヶ沢山の各山林に隣接することを認めうるところ、〈証拠〉によれば、みぎの土地は明治二一年二月調製の地籍帳には地目数、土地の区別民有地第一種との記載のみ存し所有者の氏名の記載がなく、土地台帳には地目原野所有者元本町共有と登録され、明治二一年度から昭和二八年度までは本町区ないし本町財産区が地租、固定資産税を納付し、昭和二五年三月調製の本町区貸地名寄帳には現況畑として原告が訴外若林三郎に賃貸中である旨の記載がなされている事実を認めうるので、これらの事実を前記認定の諸事実と合せ考えるときは、前記本町区はおそくとも明治二一年四月以降引続きみぎの土地を所有の意思をもって占有し、かつ占有の始めにおいて善意無過失であったと認めうるから、本町区は以後一〇年の経過によりみぎの土地の所有権を取得したものと認めることができる（みぎの土地に共有の性質を有する入会権が存したことを認めるに足りる証拠はない)。

野沢村が明治四〇年町制を施き、昭和三〇年三月合併により西会津町となった事実は当事者間に争いがないから、以上の認定したところにより前記地方自治法の施行と同時に野沢町本町部落に同法第二九四条所定の財産区が存在し、西会津町の発足後もこの関係が継続しているものというべきである。そして被告らが本件各土地につき共有持分権ないし共有の性質を有する入会権を主張することならびに別紙第二目録記載の各伐倒木および用材が亡鈴木昌平、被告江川喜一、同渡部栄一により本件土地の一部地上から伐採搬出され現にみぎ両被告および亡昌平の相続人である被告鈴木幸輔が占有している事実はいずれも当事者間に争いがないから、原告の請求はみぎ被告三名を除く他の被告らとの間において別紙第二目録記載の物件の所有権確認を求める部分を除き正当として認容すべきであるが、みぎ除外した請求部分は、みぎ三被告を除く他の被告らにおいてなんら所有権を主張しないものであることが弁論の全趣旨により明らかであるから、確認の利益を欠き失当であって、棄却を免れない。

なお被告らは、原告は本件土地の所有権につき登記手続を経由していないから、被告らに対し所有権をもって対抗しえないと主張するが、前記認定のとおり被告らは本件各土地につき所有権、共有持分権ないし共有の性質を有する入会権を取得したことを認めえないから、原告の対抗要件の欠缺を主張する法律上の利益を有しないものというべきであり、みぎの主張は採用し難い。また、みぎの被告三名は、別紙第二目録記載の物件はいずれも亡昌平および同被告らが入会権に基き伐採し占有しているものであって同被告らの所有であると主張するが、入会権者は慣行上および成文上の規約に従って入会地上の産物を入山採取したときまたは総入会権者の合意によってこれを分配したときにのみ採取物件に対する所有権を取得するものと解すべきところ、別紙第二目録記載の物件は前記三名が前記認定の慣行上の入会規約に基いて伐採しまたは本町部落民の同意により分配を受けたものでないことは、弁論の全趣旨にてらして明らかである。したがって、みぎ被告三名はみぎの物件について所有権を取得するいわれがないから、みぎの主張も理由がない。

そこで進んで被告らの反訴請求につき判断する。被告らは先ず本件土地につき共有の性質を有する入会権を有することの確認を求めるのであるが、入会権の存否確認訴訟は入会権者全員に対して既判力を及ぼす必要があるから入会権者全員を原告または被告とするのでなければ適法な訴とはならないと解すべきであり、このことは本訴によると反訴によるとによって区別を生ずるものでないというべきであるところ、被告らは本件土地に対する入会権者の一部であることを自認しているから、みぎの反訴提起は不適法として却下すべきである。次に被告らは共有の性質を有する入会権に基き原告に対し本件土地に立入ることおよび本件土地上の立木等を採取することの禁止を求めるのであるが、被告らを含む本町住民が本件土地上に共有の性質を有する入会権を有するものでないことは前記認定のとおりであり、かりにみぎの請求が用益権としての入会権に基く請求を内包しているとしても、原告が被告らのかかる入会権を現に侵害しまたは将来侵害しようとしている事実を認めるに足りる証拠がない（前記認定のとおり、原告は昭和二三年以後二度にわたり本件土地上の一部立木を伐採処分したが、そのつど本町住民の総会の同意を得ている）から、いずれにしても、みぎの請求も理由がなく、棄却すべきである。

また、被告鈴木幸輔、同江川喜一、同渡部栄一は、別紙第二目録記載の物件が同被告らの共有の性質を有する入会権の行使の結果により所有権を得た物件であるとしてその所有権確認を求めるのであるが、同被告らが本件土地につき共有の性質を有する入会権を有しないこと、およびみぎの物件が用益権としての入会権の適法な行使の結果伐採されたものでないことは、いずれも前記認定のとおりであるから、みぎの請求もまた失当として棄却を免れない。

よって、訴訟費用は各敗訴当事者の負担とすべきところ民事訴訟法第九二条ただし書を適用して本訴反訴を通じ全部被告らに負担させることとし、仮執行の宣言につき同法第一九六条を適用した上、主文のとおり判決する。」

◇（第二審　仙台高裁昭和三七年八月二二日判決　同三五年㈹一三七号、民集登載）棄却

〔47〕最高裁昭和四三年一一月一五日判決（昭和四二年(オ)五二四号　所有権移転登記等抹消登記手続等請求事件）（判例時報五四四号三三頁）

本件は、数名の代表者の共有名義で登記された部落有入会地において、登記上共有持分権を取得し、また共有持分上に抵当権を設定した第三者がその土地上に権利を有するか否かが争われた事件にかんするもので、入会集団の慣習に反して第三者が登記上共有持分権を取得しても実体上何らの権利をも取得しないことを判示した、重要な判決である。

係争地は愛知県豊田市御立部落の入会地で同部落住民の共同利用に供されていたが、明治四一年当時の高橋村大字御立名義で登記されていたものを、部落代表者A_1およびA_2A_3三名に売買を原因とする所有権移転登記が行なわれ、登記上A_1ら三名共有名義となった。その後、$A_1A_2A_3$はそれぞれ相続人Y_1（塚本文男）Y_2（塚本正蔵）Y_3（塚本勘一）の共有名義となったが、Y_1は部落外のY_4（加藤孜）Y_5Y_6の三名に、自己の登記上の共有持分権（三分の一）を譲渡し、一部に抵当権を設定し、Y_4らは所有権移転、抵当権設定登記を経由した。$Y_1Y_2Y_3$の三名を除く御立部落の入会権者Xら七五名は、係争地は御立部落住民総有に属する土地であり、$A_1A_2A_3$は単なる登記名義人にすぎず共有持分権者でないからA_1の相続人たるY_1は持分権を有せず、したがってY_1の持分権の売買、抵当権の設定は無効であるという理由でY_1Y_2ら六名を相手とする本訴を提起し、$Y_1Y_2Y_3$には相続による移転登記の抹消、$Y_1Y_4Y_5Y_6$には所有権移転登記および抵当権設定登記の抹消登記を請求した。

第一審は、係争地がXら七五名および$Y_1Y_2Y_3$合計七八名の総有に属することを認め、係争地が部落からA_1ら三名に売買を原因として所有権移転登記されているが、その売買は仮装されたものであるから無効であり、したがってA_1らからY_1らへの相続による移転登記も無効であり、Y_1は共有持分権を有しないのであるからY_4らが共有持分権を取得し抵当権を設定しうるいわれがない、という理由でY_1らおよびY_4らに対して登記の抹消を命じた。なお$Y_2$$Y_3$は提訴後請求を認諾したので、認諾による終了宣言をした。

Y_4ら三名のみ控訴して、Y_4らは係争地をY_1ら三名の共有地と信じてY_1から共有持分を買受けあるいは抵当権を設定した善意の第三者であるから保護さるべきであり、仮に係争地が御立部落住民共有の入会地であったとしても、部落がA_1ら三名に売買契約により係争地の所有権移転登記をしたのは虚偽表示によるものというべきであるから、Xらはその無効を主張しえない、と主張した。

第二審は係争地が御立部落住民総有の入会地であることを認定し、各部落住民は共有における如き独立の持分を有せず、従って登記上共有持分権者といえども持分を有するものではないから持分を移転することはありえないので虚偽表示にかんする民法九四条二項の規定は適用がない、と判示しY_4らの主張を認めなかった。$Y_4$$Y_5$のみ上告して、Xら部落住民は総有のものを便宜的に共有として登記上表示することを承諾の上売買を原因としてA_1ら三名に所有権移転登記を経由したのであるから法律上通謀虚偽表示の責任を負うべきであり、またY_4らは善意の第三者であるのに通謀虚偽表示の成立を否定した原判決は理由不備の違法がある、と主張した。

（**棄却**）最高裁は、総有において共有持分は存在しないにもかかわらず、共有の性質を有する入会権における総有関係を登記する方法がないため便宜上共有名義で登記されるにすぎないのであるから、共有名義で所有権移転登記がなされたとて入会権者と登記名義人との間に仮装売買契約があったと解すべきでなく、したがって入会権の登記には民法九四条二項の適用はない、と判示した。

◇（第一審　名古屋地裁岡崎支部昭和四一年三月二二日判決　同三九年(ワ)一七九号）認容

「一、まず職権で本訴の当事者適格について考える。

本訴請求中別紙目録記載の(甲)、(乙)、(丙)、(丁)、(戊)の各不動産が原告等及び被告塚本文男、同塚本正蔵、同塚本勘一の総有に属することの確認を求める部分については、総有者全員につき合一確定を要する必要的共同訴訟と解すべきところ、原告等の主張によれば右土地は御立行政区の区民の各戸の世帯主の総有に属するというのであるが、原告等七五名と被告塚本文男、同塚本正蔵、同塚本勘一の計七八名が御立行政区の各戸の世帯主全員であることは〈証拠〉により認められるので原告等及び右被告三名はいずれも当事者適格を有すること明らかである。被告塚本正蔵、同塚本勘一は第一回口頭弁論期日に請求を認諾したことは本件記録上明らかであるが、必要的共同訴訟たる右訴については右認諾は無効というべきである。

然しながら原告等の本訴請求中被告塚本正蔵、同塚本勘一に対し相続による所有権移転登記の抹消を求める部分及び明治四一年二月七日受付の所有権移転登記の抹消を求める部分については、それぞれの持分についての各登記抹消を求める訴も許されると解すべきで、前記第一回口頭弁論期日における請求の認諾は有効というべきであるから、この点については手続を明らかならしめるため主文において認諾により終了した旨の宣言をすることとする。

二、本案について

㈠　本件土地が原告等及び被告塚本文男、同塚本正蔵、同塚本勘一の総有に属することの確認を求める訴について
別紙目録記載の（甲）、（乙）、（丙）、（丁）、（戊）の各土地が御立行政区の各戸の世帯主である原告等七五名と被告塚本文男、同塚本正蔵・同塚本勘一の計七八名の総有に属することについての原告主張事実は被告塚本文男、同塚本正蔵、同塚本勘一においてすべて認めるところであるから、右各土地が原告等七五名と右被告三名の総有に属することの確認を求める原告等の本訴請求は正当というべきである。

㈡　被告塚本文男に対する相続を原因とする持分移転登記及び明治四一年二月七日受付の売買を原因とする所有権移転登記の各抹消を求める訴について
〈証拠〉別紙目録（甲）、（乙）、（丙）、（丁）、（戊）の各不動産はもと西加茂郡高橋村大字御立名義で保存登記がなされていたところ、その名義人の法人格が認められなくなり区民の代表者として被告塚本文男の先代文八、被告塚本正蔵の先代萬五郎、被告塚本勘一の先代勘次郎の代表者名義で登記するため売買を原因とする所有権移転登記がなされたことが認められ、売買は仮装であるから無効というべく、右登記は無効原因にもとずくものといわざるを得ない。
ところで、被告塚本文男が別紙目録（甲）、（乙）、（丙）、（丁）の各土地につき亡文八の持分を相続によって取得したとして所有権持分移転登記をなしたことは当事者間に争がないから、右各土地が総有と認められることは前記のとおりである以上、被告塚本文男の持分なるものは存在せず、被告塚本文男の権利なきにかかわらずなされた右相続登記は無効原因にもとずくものという外はない。
従って被告塚本文男に対し右売買による所有権移転登記及び相続登記の抹消登記手続を求める原告等の本訴請求は正当

というべきである。

(三)　被告加藤、同孔、同佐藤に対する請求について

別紙目録（甲）記載の不動産につき被告塚本文男が被告加藤に対しその所有権持分移転登記をなしたことは原告等と被告加藤間に争なく、別紙目録（乙）記載の不動産につき、被告塚本文男が被告孔に対しその所有権持分移転登記をなしたことは原告等と被告孔間に争なく、別紙目録（丙）、（丁）記載の各不動産につき被告塚本文男が被告佐藤に対し抵当権設定登記をなしたことは原告等と被告佐藤間に争のないところであり、〈証拠〉別紙目録記載の（甲）、（乙）、（丙）、（丁）、（戊）の各不動産が原告等と相被告塚本文男、同塚本正蔵、同塚本勘一の総有に属するものであること、明治四〇年一一月二七日に高橋村大字御立の名義で保存登記がなされていたが、名義人の法人格が認められなくなった関係で、被告塚本文男先代文八、被告塚本正蔵先代萬五郎、被告塚本勘一先代勘次郎の三名の代表者名義で明治四一年二月七日受付の売買による所有権移転登記がなされたこと、被告塚本文男は先代塚本文八に三分の一の持分があるとし相続によって取得したとして、昭和三六年五月二一日受付の相続を原因とする所有権持分移転登記をなした上、別紙目録（甲）記載の不動産を被告加藤に、別紙目録（乙）記載の不動産を被告孔にそれぞれ売渡し別紙目録（丙）、（丁）記載の各不動産を被告佐藤に対し抵当権設定をなし、前記の各所有権持分移転登記及び各抵当権設定登記がなされた次第が認められ、右認定に反する証拠はない。

右認定のごとく別紙目録記載の各不動産が原告等と被告塚本文男、同塚本正蔵、同塚本勘一の総有に属する以上、被告塚本文男にはその共有持分なるものは存在せず、従って処分の権限を有しない被告塚本文男より持分を買受けたと称する

被告加藤同孔において持分所有権を取得するいわれなく、又同じく抵当権設定をしたと称する被告佐藤においても抵当権は成立しないものといわざるを得ず、右各登記はいずれも無効原因にもとずくものという外はない。

被告加藤は区民の代表者名義で登記したことは公示されていないし登記を信じて名義人たる被告塚本文男より持分を譲受けた被告加藤は保護さるべきであると主張するが、たとえ登記名義を信用したとしてもその登記が真実に合致しない以上無権利者より護受けた第三者に権利の移転するいわれなく、被告加藤の右主張は採用できない。

従って被告加藤、同孔に対し各持分移転登記の被告佐藤に対し各抵当権設定登記の各抹消登記手続を求める原告の請求も正当というべきである。

よって原告の本訴請求はいずれも正当として認容し、訴訟費用の負担につき民事訴訟法第八九条を適用して主文のとおり判決する。」

◇（第二審　名古屋高裁　昭和四二年一月二七日判決　同四一年(ネ)二七八号、下級民集一八巻一号七三頁）棄却

〔46〕最高裁昭和四四年五月三〇日判決（昭和四四年(オ)九〇号　土地所有権不存在等確認請求事件）

本件は、部落内のいわゆる共有林の共有権者であった転出者が共有権を有するか否かにかんするもので、係争地は高知県幡

多郡西土佐村奥屋内上部落所在の山林である。この山林はもと奥屋内部落の共有であったが大正二年同部落が上下二部落に分かれるときに二分され、上部落二名、下部落二名合計四名の代表者名義（酒井強一外三名）で登記された。上部落山林の共有権者であったが部落外に転出したXは他の転出者一〇名（転出者の住所はいずれも比較的近いところであるが、それぞれ異なっており、またこれらの一一名は前記登記名義人またはその相続人ではない）とともに、奥屋内上部落（代表者西土佐村長）を相手として係争地上に共有持分を有すること、同時にその部分については奥屋内上部落が所有権を有しないこと（土地所有権不存在）の確認を求める本訴を提起し、係争地は明治初年七四名の共有となったが、奥屋内部落が分割されたとき上部落四二名の共有となりXらも共有持分権を有する、と主張し、奥屋内上部落は特別地方公共団体たる財産区であるから当事者適格を有する、と述べた。上部落は、本案前の抗弁として、同部落は構成員の生活協同体であって財産区ではない、と主張し、本案については、係争地は民法二六三条にいう部落総有地であり個人の共有地ではない、と抗弁した。

第一審は、(1)係争地は、上部落の共有の性質を有する入会地であるからその権利の発生、消滅、内容等は慣習によって定められXらが共有権を有するとは認め難い。(2)上部落は特別地方公共団体たる財産区であるが、その実質は実在的総合人であることと矛盾するものではない（この論旨は理解し難い点がある）、と判示した。

Xのみ控訴し、係争地はXの祖先を含む七四名が藩主から贈与されたものであるから共有持分権を有する、と主張するとともに相手方の訴訟代理人の適格性についても争ったが、第二審は、係争地がいったん部落名で所有権登記がされて直ちに四名共有名義に移転登記されたこと、しかもそれは村有編入を免れる目的で行なわれたものであってかつ右移転登記の抹消請求について勝訴確定判決を得ていることを理由に、係争地は部落有であって個人的共有地でないと判示してXの請求を棄却した。

（訴訟代理人の適格性には問題ない、と判示している）。

X上告して、相手方代理人の資格を争い、かつ係争地は共有地であるのに総有と解してXの権利を否認するのは財産権の侵害である、と主張した。

（棄却）「上告人の上告理由第一点について。

原審の確定する事実によれば、一審における被告訴訟代理人弁護士大西正男は昭和四〇年六月八日から同四一年八月二日までの間、自治政務次官に就任したものではあるが、一審訴訟手続は、その以前である昭和四〇年一月一八日の期日に口頭弁論が終結され、その後同弁護士はなんら一審の訴訟行為を行なわず、たんに同四一年二月二四日一審判決の送達を受けたにとどまるというのであるから、同弁護士に弁護士法三〇条三項違反の行為ありとすることはできず、この点に間する原審の判断は正当であり、論旨は理由がない。

第二、三点について。

所論は違憲をいう部分も含めて、その実質は原審のたんなる認定非難にすぎず、所論の点に関する原審の認定は挙示の証拠関係に照らして正当として肯認することができる。それ故、論旨は理由がない。

よって、民訴法四〇一条、九五条、八九条に従い、裁判官全員の一致で、主文のとおり判決する。」

◇（第一審　高知地裁中村支部昭和四一年二月一九日判決　昭和三四年(ワ)一六号）棄却

「先ず被告の本案前の抗弁について判断するに、被告は公法人たる財産区でないから、原告等の訴には確認の利益がないと主張するが、被告が法人格なき社団として訴訟上の当事者能力を有することは被告自から認めるところであり、しかも原告等は当初から当事者能力を有する実在の被告そのものを相手方として訴を提起し、実在の被告以外の何者をも相手方としたものでなく、被告もまた本件山林に対する原告等の共有権を否定し、自己の権利を主張していることは弁論の全趣旨から極めて明白であるから、原告等の訴に確認の利益があることは論をまたないところである。そして被告が公法人であるか、法人格なき社団であるかは当事者適格の問題ではなく、被告の本件山林に対する権利関係の実体をなすものであって正に本案において審理しなければならない問題であるから、被告の右抗弁は採用することができないものである。

それで本案について検討するに、原告等は本件山林は原告等の「共有」であって被告の所有でないことを主張するに対し、被告は原告等の共有を否認し本件山林は被告の「総有」であることを主張して、その消極的確認請求部分につき両者の主張は幾分明確を欠くが、元来「所有」といい「総有」というも共に所有型態の性質に対する法律上の解釈の問題に外ならないから原告等主張の本件山林は被告の「所有」ではないというのは、本件山林の所有型態そのものに関し被告に権利がないということを意味し、被告もまた原告等の右主張を否認していることは弁論の全趣旨によって明らかに認められるところである。従って右両者の主張には矛盾はないものと解する。

そして原告等の請求原因事実中⑴本件山林が被告部落の地域内に所在する事実、⑵大正二年頃訴外奥屋内部落が被告部落と訴外奥屋内下部落とに分裂した事実及び⑶本件山林の登記簿上所有名義人が形式上訴外酒井強一外三名となっている事実については当事者間に争いがない。

そこで本件の争点を⑴原告等の本件山林に対する権利の有無、⑵原告等の本件山林に対する権利の性質、⑶被告部落の法律上の性格、(4)被告部落の本件山林に対する権利の有無、(5)被告部落の本件山林に対する権利の性質の五点に分けて、以下順次判断することとする。

(原告等の本件山林に対する権利の有無)

＜証拠＞を総合すると。

(1) 訴外奥屋内部落には明治初頭、原告等主張の七十四名の者が部落民として居住し、右の者等は本件山林及び部落所在のその他山林に対し共同して立木伐採処分等の権利を有し且つその持分の割合が均等であった事実

(2) 大正二年頃右部落分裂の結果、右七十四名の内原告等主張の四十二名の者またはその承継者は奥屋内上部落である被告部落民となり、残る原告等主張の三十二名の者またはその承継者は訴外奥屋内下部落民となったのであるが、その際右山林に対する権利も分割して、本件山林に対する権利全部は被告部落民となった右四十二名の者又はその承継者に共同的に帰属するに至り、且つその持分の割合も均等であった事実

(3) 原告等はもと被告部落民であったが、右四十二名の者の権利を原告等主張のとおり相続または売買に基づき承継したものである事実

の各事実を認定することができる。従って、右権利が当初土佐藩主山内公から贈与されたものであるか、右権利が有効か無効か、現に存続するか否か、またその権利の法律上の性質が如何なるものかの問題は別として、原告等は本件山林に対し右立木伐採処分等の共同的権利につきその持分権を有していたものと一応認定せざるを得ない。

(原告等の本件山林に対する権利の性質)

それでは原告等の本件山林に対する右権利は法律上如何なる性質のものであるか、これこそ正に本件争点の中心をなすものであって、原告等は右権利は原告等十一名を含む前記四十二名の共有権に基づくものであると主張するのであるが、成立に争いのない甲第一号証の一、二及び第十号証（いずれも本件山林以外の土地台帳謄本）中の「共有者または共有持分とある記載部分」、甲第十三号（判決謄本）中の「本件山林が訴外奥屋内部落の所有でないとの判決理由部分」、〈証拠〉中「本件山林は部落民の共有であるとの共述部分」を総合しても後記各証拠に照らし原告等主張の共有事実を容易に認定することができず、またその他の証拠によっても右主張事実を認定することができないばかりでなく、むしろ後記各証拠によるときは原告等の右権利は民法第二六三条に規定する共有の性質を有する入会権であって、その発生、消滅及び内容等は原則として専ら被告部落の慣習によって定められるものであることを認めることができる。従って原告等の右権利が共有（所有権）であることを前提とし、その持分があるとの確認を求める請求部分は、その余の点について判断するまでもなく理由がないものと云わなければならない。

（被告部落の法律上の性格）

つぎに被告部落は実在的総合人であって且つ法人格なき社団であるとの被告主張に対し、原告等はこれを否定して被告部落は地方自治法に定める特別公共団体の一種である財産区であって公法人であると抗争するので検討するに、およそ一村内の部落は財産を有しまたは営造物を設けている限り財産区として法人格を認められるものであるところ（昭和三二年三月八日最高裁判決、民集一一巻三号五〇四頁参照）、被告が社団的性格を有するものとして本件山林を支配していることは既に被告の認めるところであり、また被告が財産を有し営造物を設けていることは〈証拠〉によって認められ、更に被告が西土佐村の一部落であることは弁論の全趣旨から当事者間に明らかに争いのないところであるから、被告は地方自治法に定める特別公共団体中の財産区に該当し法人格を有するものと解せざるを得ず、この点原告等の見解は正当なものと認める。もっとも右見解はその実質において被告部落が実在的総合人であることと矛盾するものではない。けだし問題はその実在的総合人に対して法が法人格を認めているか否かの点に相違が存するだけだからである。

（被告郎落の本件山林に対する権利の有無）

被告部落に対する右のような法律的評価はともかくとして、少くとも明治初年以来部落民の総合的協同体として実在する訴外奥屋内部落及びその後身である被告部落が本件山林に関してどのような権利を行使して来たかについて検討するに、〈証拠〉を総合すると、次の各事実を認定することができる。

(1) 本件山林とは異なる訴外奥屋内部落所在の字キタイキ一五八四番山林に対しては訴外堀田房太郎外七十三名(別表記載)の共有名義で、字同一五八三番山林に対しては訴外酒井喜太蔵外四十一名（別表番号1から42まで記載の者）の共有名義で、字小串一三五六番山林外二筆に対しては訴外堀田房太郎外三十一名（別表番号43から74まで記載の者）の共有名義でいずれも所有権保存登記がなされている事実

(2) 本件山林に対しては明治四十年九月三十日訴外奥屋内部落の所有名義で所有権保存登記がなされ、同日、訴外酒井強一外三名に対し、明治十年二月五日口頭契約による売買がなされたことを原因として、所有権移転登記がなされている事実

(3) 訴外奥屋内部落は少くとも明治二十一年頃から本件山林を前記共有名義山林とは異なる部落有の萱芝山として認めていた事実（ただし、前記七十四名の共有者と部落構成員とは重複している関係からその支配状態に明確な区別があったとまでは認定できない）

(4) 前記酒井強一外三名に対する本件山林所有権移転登記は、町村制施行により部落所有林が村有林になることをおそれ、その防止策としてなされた仮装の登記である事実

(5) 大正十五年訴外奥屋内部落が原告（代理人弁護士大西正幹）となり、訴外南金太郎外二名を被告として、本件山林につき所有権確認訴訟を提起したのであるが、これに対する高知地方裁判所同年(ワ)第五八号判決では原告敗訴となり、控訴の結果、大阪控訴院昭和四年(ネ)第一三号判決により原告の請求が認容され、本件山林は奥屋内部落の所有であることが認められ、右判決は確定した事実

(6) 昭和四年奥屋内部落は更に前記酒井強一外三名を相手方として本件山林につき所有権移転登記抹消登記手続請求訴訟を提起し、高知地方裁判所同年(ワ)第一〇二号判決により右請求が認容せられ、右判決は確定した事実

(7) 昭和六年六月二十一日、奥屋内部落の当時の代表者であった津大村村長と前記南金太郎外二名との間において、前記大正十五年訴訟の爾後処理に関し和解契約が締結されたが、その際原告東吉太郎は右和解の仲裁人となっているから、本件山林が奥屋内部落有林であることを熟知している事実

(8) 奥屋内部落は既に消滅し、その権利は現在被告部落と訴外奥屋内下部落とが分割して承継している事実

(9) 個々の被告部落民の本件山林に対する権利は俗に本戸権または新戸権と呼ばれ、本戸権は当初から戸主として資格を認められた者（原告等主張の四十二名）またはその承継者であって更に被告部落に居住する者の権利を云い、新戸権とは被告部落に現住する者であって被告部落に対する義務を忠実に果した者等に新たに与えられた権利を云うのであるが、その権利の内容は被告部落の慣習によって定められている事実

以上の各事実を併せ考えると、被告部落は本件山林に対する全般的な管理支配権を有し、個々の部落民は右権利行使に基づく利益を享受し、その損失を負担する権利義務を有しているものと見なければならない。

（被告部落の本件山林に対する権利の性質）

進んで被告部落の本件山林に対する右支配権の法律上の性質について考察するに、若し被告部落に法人格がないとすれば、前記の事実関係から、被告部落は実在的総合人として本件山林に対し総有権を有するものと解しなければならないが、既に前記のとおり被告部落が法人であると認定し本件山林が被告部落の有する財産と認められる以上、個々の人または法人に総有の観念を認める余地はないから、右支配権は所有権であると認めざるを得ない。もっとも、前記の事実関係からするときは被告部落民は右支配権を基礎とする本件山林に対する収益権能、すなわち民法第二六三条に所謂共有の性質を有する入会権を有しているものと解せられるところ、右入会権の性質が前記認定によって変容を受けたものと断ずることはできない。けだし、被告部落民の総合的協同体として観念せられる被告部落の実質的存在並びに本件山林に対する支配権の実質的内容はその法律的評価如何にかかわらず何等の変化はないからである。また原告等を含む個々の被告部落民が右入会権を有するか否かは要するに原則的には被告部落の慣習（例えば被告部落外に転出した者は権利を喪う等）に従わなければならないが、この点は本件において判断する範囲外の問題である。

（結論）

従って本件山林が原告等の共有であるとの事実並びに本件山林が被告の所有でないとの事実はいずれも認定することができない。

それで原告等の請求は理由のないものとして棄却し、訴訟費用の負担につき民事訴訟法第八十九条、第九十条、第九十三条第一項但書を適用して主文のとおり判決する。」

◇（第二審　高松高裁　昭和四三年七月一六日判決　同四一年(ネ)一七九号）棄却

「当裁判所の事実の認定、法律判断は、次に附加するほかは原判決の理由説示と同一〈略〉であるから、その記載をここに引用する。

(一)　被控訴代理人弁護士大西正男が、昭和四〇年六月八日から昭和四一年八月二日までの間、自治政務次官に就任していたことは、当事者間に争がない。ところで、弁護士法第三〇条第二項によれば、弁護士は常時勤務を要する公職を兼ねるときはその職に在る間弁護士の職務を行ってはならない旨規定されているところ、控訴人は、大西弁護士が右規定に違背して本件第一審判決を受けた旨主張するので検討する。本件記録によれば、大西弁護士は昭和三四年五月被控訴人（第一審被告）から本件訴訟につき訴訟委任を受け、爾来被告代理人として訴訟行為をなして来たところ、昭和四〇年一月一八日原審口頭弁論が終結されたこと、その後昭和四〇年六月八日前記のとおり自治政務次官に就任したのであるが、本件訴訟については既に弁論が終結されていたため以後何らの訴訟行為も行わなかったこと、ただ訴訟代理人の辞任をしていなかった関係上原判決には被告代理人として表示され、且つ昭和四一年二月二四日原判決の送達を受けたに止まること、以上の事実が明らかである。そうすると、同弁護士は自治政務次官に就任中本件訴訟につき弁護士としての職務を行ったものとは到底認められないから、この点に関する控訴人の主張は失当である。

(二) 本件山林の登記簿上の所有名義が、訴外酒井強一外三名の共有名義になっていることは当事者間に争がないところ、控訴人は右共有登記の存在を以て本件山林が共有物であることの証左であると主張する。しかし、〈証拠〉を綜合すると、本件山林については明治四〇年九月三〇日受付を以て訴外奥屋内部落の所有名義で一旦保存登記がなされ、次いで同日受付を以て明治一〇年二月五日売買を原因として訴外酒井強一、佐竹春吉、中脇源太、篠田重太郎に対し所有権移転登記がなされているところ、右のような共有登記がなされるに至ったのは、明治四〇年頃奥屋内部落有財産であった本件山林が法令の改正により村有に編入されることを虞れ、一旦部落所有名義に保存登記をなした上、虚構の売買契約を原因として形式上酒井強一ほか三名の共有名義に移転登記をなしたに過ぎないものであり、しかも、その後奥屋内部落は酒井強一ほか三名に対し右登記の抹消請求訴訟を提起し、その結果確定勝訴判決を得ていることが認められ、従って右共有登記の存在を以て本件山林が共有（個人所有）であるとは遽かに断定することができない。

(三) 次に、〈証拠〉によれば、高知県幡多郡西土佐村々長小林芳造は、昭和四〇年一月五日控訴人の証明願に対し、(イ)「西土佐村役場の土地課税台帳には部落有林並びに総有林と称する山林がないこと。」(ロ)「本件山林は西土佐村役場所管の課税台帳では共有山であること。」との旨の証明をなし、また、昭和三九年五月一八日控訴人の証明願に対し、(ハ)「本件山林の昭和三八年度分固定資産税につきその納税義務者及び土地所有名義人が酒井強一ほか三名となっていること。」との旨の証明をなしていることが認められる。しかし前記のとおり本件山林は現に登記簿上酒井強一ほか三名の共有名義のままになっているのであるから、課税台帳その他の帳簿上においても形式上共有林として取扱われていることはむしろ当然のことであり、右公簿上の記載が実体上の所有関係と照応していないことは前叙のとおりであるから、右村長の証明を以って本件山林が共有（個人所有）であることを認定する資料とはなし難い。

よって、控訴人の本訴請求を棄却した原判決は、相当であるから、民事訴訟法第三八四条により、本件控訴を棄却することとし、控訴費用の負担につき、同法第八九条を適用して、主文のとおり判決する。」

〔43〕最高裁昭和四六年一〇月一四日判決（昭和四六年(オ)二五七号　立木売却代金請求事件）

本件は、同一の区（大部落）内の他の組（小部落）に分家により転出した者が、転出前の組が管理する入会地に持分権を有するか否かにかんするもので、係争地は長野県木曾郡（旧西筑摩郡）三岳村大字三尾区内の三尾森林牧野利用農業協同組合所有名義の山林である。三尾区は日向、桑原、下条、入の四部落に分かれ、同組合所有名義の山林も一部の禁伐林を除き、それぞれ四部落ごとの入会地となっている。日向部落A_1（原闇爾）家では、その長男A_2（原誠吾）および二男が早くから村外に転出し、三男X（原潤二）が村役場に勤務する傍らA_1の農業の手伝いをしていたが、A_2が帰村したので話し合いにより、A_2が実家を承継し、Xは分家して桑原部落内に一戸を構え、A_1の死亡後、A_1が有した協同組合（当時、信用購買組合）員の地位を承継し、A_2死亡後はY（原誠貫）が、A_2の権利と地位を承継した。昭和三五、六年、日向部落入会地上の立木が売却され、その代金が、日向部落の入会権者三七名（Yを含む）に配分されたがXに配分されなかったので、XはYを含む三七名を相手として、XはAの農地や入会権および組合員たる地位を承継し、また入会権と組合員たる地位は不可分であるので当然入会権者であり、係争地上に三八分の一の持分を有するという理由で持分に相当する前記売却代金の配分を請求する本訴を提起した。

第一審はXの主張をほぼ全面的に認めたのでYら（ただし二名を除く三五名）は控訴して、次の如く主張した。(1)三尾地区には地区全体一三四戸の共有入会地と、各部落ごとの入会地とがあるが、日向部落の入会地は日向部落三七戸にのみ認められるものであって分家したり転出した者に、その権利は認められない。(2)入会権者と協同組合員の関係は不可分ではなく組合員すべてが係争地の入会権者ではない。(3)A家の承継人はYであり、YがA家の当主であり入会権者であることは日向部落全員によって認められている。

第二審はYら主張の事実を認めて原判決を取消し、Xの請求を棄却したので、Xは上告し、A_1の死亡時、A_2は在村せずXがAの原野の入会権や協同組合員たる地位を承継したにもかかわらず、不在者たるA_2が入会権を承継したと判示した原判決は入会権にかんする慣習を誤認したものである、と主張した。

（棄却）「上告代理人増田要次郎の上告理由について。

上告人の先々代原闇爾の有していた本件原野に対する入会権および入会地上の立木の共有持分が、同人死亡後はその家督相続人である原誠吾に承継された旨の原審の認定判断は、原判決挙示の証拠に照らし肯認することができる。原判決には所論の違法はなく、所論は、ひっきょう、原審の専権に属する事実の認定を非難するに帰し、採用することができない。

よって、民訴法四〇一条、九五条、八九条に従い、裁判官全員の一致で、主文のとおり判決する。」

◇（第一審　長野地裁木曽支部昭和四〇年一月一八日判決　同三七年(ワ)八号）認容

「一、長野県西筑摩郡三岳村大字三尾区が日向、桑原、下条、入の四部落に分れていること、本件原野が三尾森林牧野利用農業協同組合の所有に属し、日向部落民の入会地にして、その地上の立木が日向部落民の共有に属するものであることは当事者間に争いがない。

二、㈠　原告の先代たる原闇爾が本件原野に対して入会権を有していたが、大正八年に死亡したこと、原告が右訴外原闇爾の三男であり、同訴外人の長男原誠吾、次男原志磨雄が明治三二、三年頃にいずれも他出して、その父たる同訴外人の死亡当時は生家にいなかったこと、本件原野の入会権が従前より三八人に限定されていて、該原野は主として営農のための採草地として利用されてきたものであることおよび原告が昭和三年五月三尾区日向部落から、その隣接の桑原部落に住居を移したこともまた当事者間に争いがない。

㈡　＜証拠＞を総合すると、原告の長兄であった訴外原誠吾は明治三七、八年の日露戦争に出征して戦役に服し、除隊後、東京に出て宮内省に勤務したが、大正一三年は宮内省を辞して長野県西筑摩郡福島町に転住し、同町において借家をして印判業をなしていたところ、昭和二年五月右福島町大火ために罹災したので、一旦同郡新開村に落ちついたのち、当時同郡三岳村三尾区の日向部落にある生家において生活していた原告および原告の妻いち等と話し合いの結果、右訴外原誠吾がその生家に入り、原告はこれを同訴外人に引渡して、その生家から新たに同区の桑原部落に転居することになり、昭和三年五月原告が止むなく日向部落より桑原部落に住居を移すとともに、同訴外人がその生家に帰るに至ったものであること、原告は大正五年その妻いちと結婚したが、原告の父闇爾および原告の兄達の親族等が協議の上、原告において右闇爾所有の財産を引継ぐこととし、爾来原告の妻いちが原告の父闇爾とともに専らその家業たる農業に従事し、原告は大正六年以降三岳村役場に勤務し、父闇爾の死亡により同人の農業を引継ぎ、同時に右闇爾が有していた有限責任三尾信用購買組合の組合員の地位を承継し、大正九年一月二六日、右組合にその旨の届出をなし、併せて本件原野の入会権等をも承継し、同年一月と九月の二回に右闇爾の払込むべき同組合の未払出資金の払込を原告が同組合になし、昭和五年には同組合の理事に就任し、昭和九年三月同組合が保証責任三尾信用購買販売組合に、昭和一五年二月さらに保証責任三尾愛林利用組合にとその名称を変更したのちも引続き同組合の理事に選任されて就任しその後同組合の組合長の地位についており、また昭和二六年九月右組合の解散後改組された三尾森林牧野利用農業協同組合の設立後も同組合の組合長理事に就任し、引続きその組合長理事として現在に至っているものであること、右三尾森林牧野利用農業協同組合の地区は西筑摩郡三岳村三尾一円としており、その出資総口数は一三四口として三尾区在住の農民一三四名をもって組織され、三尾区内に居住する者でなければ組合員となり得ないものとし、同組合の組合員は同組合有林につき、いずれもその入会権とこれが立木の共有持分を有し、右組合の組合員たる資格と入会権者とは不可分の関係にあり、同組合の組合員が二口以上の持口や入会権共有持分を取得することは許されないことが慣習となっており、また同組合の組合員が死亡し、或は入会権を他に譲渡する等して該権利の承継がなされた場合には、その旨を同組合に届け出て同組合理事会の承認を得るという形態がとられていたこと、訴外原誠吾は昭和一六年五月一〇日もと訴外大脇義信が持っていた保証責任三尾愛林組合の出資一口に対する持分ならびに山林原野その他一切の権利を被告高田金太郎を経て譲り受け、同日右組合長宛譲渡人を右被告高田金太郎とし、譲受人を訴外原誠吾とした持分譲受届を提出し、同組合役員会の承認を得てはじめて同組合の組合員となったものであること、がそれぞれ認められる。被告高田金太郎本人尋問の結果中、右認定に反する部分は措信することかできず、〈略〉他に右認定に反する証拠はない。

(三) 以上に認定した事実によれば、原告はその父たる訴外原閭爾が大正八年死亡したことにより同訴外人の農業経営の承継者として、同訴外人の有していた前記組合の組合員たる資格（持口）および本件原野の入会権その他の立木共有持分の権利等一切を承継したもので、原告の兄たる訴外原誠吾はその父たる原閭爾の死亡により同人が生前有していた権利を承継することなく、昭和一六年五月一〇日に至りもと訴外大脇義信が持っていた前記組合の持口および本件原野の入会権等の譲渡を受けて同日以降はじめて前記組合の組合員となり併せて本件原野の入会権者となったものというべきあるから、原告の父たる訴外原閭爾が本件原野に対し有していた入会権ならびに該地上立木についての三八分の一の共有持分は原告に承継されたものとみるのが相当である。

三、ところで被告等は、本件原野の入会権は日向部落に居住していた者のうちその本家といわれるものに限って与えられていたもので、原告の父原閭爾の死亡によりその長男の訴外原誠吾が承継したと主張するが、右の入会権は農業経営の承継者に与えられており、右訴外原閭爾の死亡後同訴外人の有していた前記組合の組合員たる資格ならびに本件原野の入会権を承継したものは原告であって、訴外原誠吾ではなく、訴外原誠吾は昭和一六年に至りはじめて本件原野の入会権を譲渡によって取得したものであることは前記認定のとおりであり、また証人原いちの証言および原告本人尋問の結果ならびに本件弁論の全趣旨によれば、原告の父原閭爾死亡后の日向部落における主だった附合い等原告において訴外原誠吾の名前でしてはいたが、これは右閭爾の長男という立場を重んじてなされた原告の態度からきたものであって、右訴外原誠吾が昭和二年その生家に帰る迄の附合い等は事実上原告がすべてこれを果していたことが推認でき、他の入会権者全員が右訴外原誠吾による入会権の承継を認めていたとの事実は本件全証拠によってもこれを認めることができないので、被告等の右主張は採用することができない。

四、また被告等は、本件原野の入会権は権利者が死亡した場合、家督相続人のみ承継することが慣習として認められ、単に農業を承継しただけのいわゆる分家等には与えられないとして原告は本件原野に対する入会権を承継したものではないと主張するので、この点について考えてみるに、〈証拠〉によれば、本件原野の入会権の承継については日向部落に将来居住する相続人についてのみその権利が与えられるのを原則とし、通常は権利者の長男に、場合によっては長男以外の者が承継し、分家した者に対してはその権利の承継が許されないという慣習のあったことは認められるが、被告等の右主張に沿う〈略〉は、にわかに措信できず、却って原告がその父原閶爾死亡により同人の家業を継いだもので、一旦は他出していたその兄たる訴外原誠吾が、その父の死後約八年も経てから大火に遭ってその生家に戻るという事態から止むなくその生家から三尾区桑原部落に転出したものであることは前記認定のとおりであることから、原告がその父閶爾から本件原野の入会権を承継した当時は将来とも日向部落に居住して同人の家業たる農業経営を承継する心算であったものというべく、従って当初から分家する意図のもとに日向部落より桑原部落に転出したものではなかったということができるし、さらに〈証拠〉三尾森林牧野利用農業協同組合の所有林についての入会権の承継に関し、その家督相続人でない農業を受継ぐ親族たる二男等が権利者の死亡によってその権利を承継した事例が相当数あり、しかも前記訴外原誠吾は昭和一八年に死亡し、その長男原誠衛が、その家督相続をなし、右誠衛が昭和二〇年に死亡したのち誠衛には長男がありながら、右訴外誠吾の四男たる被告原誠貫が右誠衛の有していた本件原野の入会権を含む一切の権利を承継していることが認められるのであるから、原告がその父たる原閶函の死亡により、その農業経営の承継者として同人の有していた本件原野の入会権等の権利を承継したものと認めても決して慣習に反するものではなく異とするに足らないものと解せられるので、被告等の右主張もまた採用することができない。

五、次に被告等は、原告が既に日向部落から現住所の桑原部落に住居を移転し日向部落民としての資格を失っており、而も桑原部落に分家したので、本件原野に対する入会権の共有持分を有しないと主張するので、この点につき案ずるに、原告が昭和二年頃その生家のある日向部落から現住所の桑原部落に住居を移した事情については前記認定のとおりであって、通常の分家の場合とは異った形態がとられており、〈証拠〉三尾森林牧野利用農業協同組合の地区区域は三岳村三尾一円とされていることが認められるので、右組合有林に関する入会権についても組合員資格と不可分の関係にあるものとして、該組合の設置区域内たる三尾区に在住する限り同区内における部落の移動によって消滅するものではないと解されるところ、原告は前記のように日向部落から隣接の桑原部落に住居を移したものではあるが、日向部落民としての資格を失ったからといって、これをもって直ちに日向部落民の共有に属すべき本件原野に対する入会権の共有持分を有しないとする根拠はなく、しかも本件弁論の全趣旨によれば、前記組合有林に対する入会権の共有持分は三尾区全部で一三四名とされ、そのうち日向部落民としては三八名と特定されており入会権者が三尾区内の他部落に転居したとしても、転居によってその転居先の部落共有の古来から有する入会地に対し当然入会権を行使することはできないものとされていることが認められるので、原告は桑原部落に転居したことによって桑原部落民が古来から有していた入会地に対してはその入会権を行使し得るものではなく、依然として日向部落民の有する入会地に対する入会権の行使だけが許されるものと解するのが相当であるから、被告等の右主張もまた採用することができない。

六、最后に被告中下は、原告が三尾区の入会権を有するとしても、それは三尾区の桑原部落の入会権者として権利行使ができるもので、日向部落の入会権者としての権利行使はできないと主張するが、原告としては桑原部落民が古来から有していた入会地に対する入会権はこれを行使し得ないもので、日向部落の入会権者として、その権利を行使し得るにすぎないことは前記説示のとおりであるから、被告中下の右主張もまた採用することができない。

しからば、原告はその父たる訴外原閶爾が本件原野に対し有していた入会権を承継したことによって、該地上の立木につき三八分の一の共有持分を有し、その住居を三尾区日向部落より同区内の桑原部落に移したとしてもこれによって該入会権を失うことはなく、依然として現在に至る迄日向部落民が有する入会権につきその共有持分を有しているものということができる。

七、ところで被告等が昭和三五年五月本件原野内の風倒木を代金二四万円で他に売却し、その内金二四、〇〇〇円を三尾森林牧野利用農業協同組合規約に基き同組合へ収益金として納入し、諸費用金三一、〇〇〇円を差引いた残金一八五、〇〇〇円を三七名にて一人金五、〇〇〇円宛分配し、さらに昭和三六年一一月右原野内の立木を代金一、一〇〇万円で他に売却し、同組合に対し収益金として金一〇〇万円を納入し、諸費用金一〇万円を差引き、残金九九〇万円を三七名にて分配したことおよび被告等が原告に対し、右二口の代金につき全然分配をしないことはいずれも当事者間に争いがない。

しかしながら前記のように原告は本件原野の入会権につき三八分の一の共有持分を有しているのであるから、被告等が売却した右土地上の立木代金のうち右二口の残金の合計額たる金一〇、〇八五、〇〇〇円につき、その三八分の一にあたる金二六五、三九四円（余）は原告において当然分配を受けるべきものと解せられるところ、右の事実によれば右の金員は既に被告等三七名において分配してこれを受領していることが明らかであるから、結局原告が分配を受くべき右金員につき被告等三七名が一人当り金七、一七二円（余）宛の分配をしてこれを受領していたものということができる。従って被告等が受領したとみられる各金七、一七二円宛は原告に当然分配せらるべき金員であったとしてこれを原告に交付すべきものというべきである。

八、そうすると被告等は原告に対し各自金七、一七二円およびこれに対する本訴状送達の日の翌日であることの記録上明らかな昭和三七年一〇月六日から右完済に至るまで民法所定の年五分の割合による遅延損害金を支払うべき義務があるものといわなければならないので、原告の本訴請求は全部正当としてこれを認容すべく、訴訟費用の負担につき、民事訴訟法第八九条、第九三条第一項本文を適用して、主文のとおり判決する。」

◇（第二審　東京高裁昭和四五年一〇月二九日判決　同四〇年(ネ)一八四号、判例タイムス二五九号二四七頁——ただし一部掲載）取消

「一、長野県西筑摩郡三岳村大字三尾区が日向、桑原、下条及び入の四部落に分れていること及び本件原野が訴外組合の所有に属し、日向部落民の入会地であってその地上立木が入会権者全員の共有に属するものであることは当事間に争いがない。

二、被控訴人は本件原野の入会権と同地上立木の共有持分を先代闇爾から承継取得した旨主張するところ、原家の戸主であって被控訴人及び誠吾らの父であった闇爾が生前農業を営み、本件原野に対する入会権及び地上立木の共有持分を有していたこと及び同人が大正八年二月五日死亡し、長男たる誠吾が家督相続をしたことは当事者問に争いがない。従って闇爾が死亡

当時有していた財産（本件原野の入会権及び地上立木の共有持分は暫くおく）は相続によって包括的に誠吾に移転したものといわなければならない。

右の事実に、〈証拠〉を総合すると次の事実が認められる。

すなわち、原家では代々医業を営んできた関係から所有の田畑が少なかったので、闇爾死亡当時長男誠吾及び二男志摩雄はいずれも宮内省に奉職し、三男たる被控訴人もまた居村の三岳村役場に書記として勤務していた。闇爾死亡後はその妻きく、二女季江（大正九年他家に嫁す）三女さち（大正一〇年他家に嫁す）、四男三棄雄（大正一一年死亡）、四女愛（昭和四年他家に嫁す）及び被控訴人夫婦が、誠吾が相続した日向部落所在の住家に居住し、被控訴人を除くその他の者らが共同して誠吾所有の農地、山林等を使用して農業に従事し、被控訴人も村役場勤務の傍ら他の者に協力した。そしてこれら原家の家族の生計費、公租公課その他の諸費用は、右の農業経営からの収入や被控訴人の村役場勤務による収入によって賄われていた。しかしながら闇爾の葬儀の際には誠吾が喪主となり、また冠婚葬祭の部落内の附合はすべて戸主たる誠吾の名義をもって行われていた。誠吾は大正一三年宮内省を退職して三岳村の隣の福島町に転住し、印刻業を営んでいたが、昭和二年同町の大火で罹災したので、被控訴人その他の関係者と話合った結果、誠吾が日向部落の生家に復帰し、被控訴人は同一村内の桑原部落に移住することの合意をみ、翌昭和三年右合意どおりにそれぞれ転居をし、被控訴人は同年三月一日分家をした。その以後においては、戸主誠吾が直接原家の農業を経営することとなり、その頃には、既に二女季江、三女さちは他家に嫁し、四男三棄雄は死亡し、きくも老令に達していたため、原家の農業は名実ともに誠吾が原家の当主として主宰するに至った。他方、本件原野は古来日向部落に居住する三七戸の入会地として採草及び薪炭用材採取のために利用されてきたものであるところ、入会権者はかならずしも右三七戸の戸主たる地位を有する者に限られたわけではないが、日向部落に居住し、且つ実際上右三七戸の当主として農業経営を主宰する者が継続する習わしであり、権利の売買譲渡は認められず、また分家をした者にあらたに権利が与えられることはなく、本件原野に対する入会権者の数は一貫して三七戸三七名を越えることはなかった。しかして被控訴人及び誠吾等が属していた原家も右三七戸のうちの一戸として、閭爾存命中は両人が本件原野の立廻り（入会権の行使）をし、同人死亡後は、少くとも誠吾が昭和三年に日向部落に復帰し原家の農業経営を主宰するようになってからは、誠吾が閭爾の後継者として本件原野について立廻りの権利を有することを入会権者たる他の部落民によって承認され、日向部落の本件原野以外の他の入会地について区画を設けて部落内の各組に立廻り区域の割当を行った際にも、誠吾が部落内の田口組に属する原家の当主として割当を受け、戦時中日向部落が本件原野から薪炭の供出をした際にも、誠吾又はその家族の者が用材の採取や炭焼の共同作業に参加した。昭和一八年七月に誠吾が死亡した後は、その長男誠衛は戦死し、二男誠之は他家の養子となっていたため、いったん三男誠基が父誠吾の後を受けて原家の農業経営を主宰したが、他に転出したため、現在では四男である控訴人誠貫がその後を受けて小学校教員として勤務する傍ら、原家の農業経営に従事し、係争原野の入会権も同人がこれを承継し、同控訴人による入会権の承継は他の入会権者である他の部落民によっても承認され、現に本件で問題となっている本件原野の風倒木及び立木をそれぞれ昭和三五年五月及び昭和三六年一一月に売却した際の利益についても、控訴人誠貫が入会権者三七名のうちの一人としてその分配に与った。これに反して、被控訴人は少くとも同人が分家をして桑原部落に転住した昭和三年以後においては、本件原野について入会権者として立廻りの権利を行使し、あるいは入会権者としての共同作業に参加したことはなく、右風倒木及び立木の売却利益について被控訴人が自己にもこれが分配を受ける権利があるとして本訴を提起するに至るまでは、誠吾や控訴人誠貫が本件原野への立廻りをすることについて異議を唱え、又は本件原野に対する自己の入会権を主張し、他の入会権者たる部落民によってこの主張が承認されたというような事実もなかった。

およそ以上の事実を認めることができる。しかして〈証拠〉、他に右認定を左右するに足りる的確な証拠はない。なお、被控訴人は、闇爾死亡後間もない頃、遺族間の協議に基づき、誠吾と被控訴人との間で誠吾所有の農地、山林等につき使用貸借契約を締結されたと主張するけれども、右主張事実を認めるに足りる証拠はない。以上認定の事実関係からすれば、闇爾死亡後の原家の農業は事実上被控訴人を含む闇爾の遺族らによって共同して営まれていたけれども、対外的な関係では原家の戸主として誠吾の名義が用いられることが多く、昭和三年に誠吾が実家に復帰した後は名実ともに同人が原家の主宰者として農業経営に当ったものというべく、本件原野の入会権及び入会地上の立木の共有持分も原家においては闇爾の死亡後は、その家督相続人たる誠吾に承継されたものと解するのが相当である。

三、被控訴人は、父闇爾死亡後その後を受けて同人がその組合員として持分一口を有していた有限責任三尾信用購買組合の組合員となり、同時に同組合員たる資格と不可分の関係にある本件原野その他の右組合所有の山林、原野の入会権、立木共有持分等をも承継取得し、昭和一五年右組合が保証責任三尾愛林利用組合と名称が変更されて同組合の理事長に就任し、さらに昭和二六年九月法律改正により右組合が訴外組合(三尾森林牧野利用農業協同組合)に改組された後も引続き同組合の理事長となり今日に至っているところ、誠吾は闇爾死亡当時は東京に在って宮内省に勤務しており、前記組合の組合員たる資格なく、昭和一六年五月一〇日、もと訴外大脇義信が有していた組合員資格とこれに伴う入会権を控訴人高田金太郎を経て譲り受け、本件原野についてもはじめて入会権者となったものである旨主張する。しかして〈証拠〉被控訴人はその主張のとおり父閭爾死亡後その後を受けて有限責任三尾信用購買組合の組合員となり、被控訴人主張のとおり昭和一五年中に組合理事長に就任し、訴外組合に改組された現在も引続き右理事長の職にあること、誠吾は昭和一六年五月一〇日訴外大脇義信が有していた保証責任三尾信用購買販売組合（有限責任三尾信用購買組合の後身）の出資一口の持分を「山林原野其他一切の権利」とともに控訴人高田金太郎を経由して譲り受け、同組合の後身たる保証責任三尾愛林利用組合の承認を得てはじめて組合員たる資格を取得し、右資格は現在控訴人誠貫によって承継され、現に同控訴人が右組合の後身である訴外組合員となっていることを認めることができる。

しかしながら、〈証拠〉以下の事実を認めることができる。

大正八年中に長野県西筑摩郡三岳村大字三尾区と右三岳村との間に三尾区所在の山林原野の所有権の帰属をめぐって紛争が生じ、三尾区居住部落民一二八名の者が三岳村を相手取って訴を提起したが、大正一二年に至って裁判上の和解が成立し、紛争が解決した。右和解の結果係争の山林原野のうち一四〇余町歩はこれを三岳村有とすることとし、ひとまず、右三尾区名義で所有権保存登記をした上三岳村のため所有権移転登記をなし、また、係争山林原野の残余八〇〇余町歩については、まず三尾区名義で所有権保存登記を経由した上、所有名義を当時の保証責任三尾信用購買販売組合（前記三尾区居住部落民一二八名を組合員として構成されていたが、三岳村との紛争解決後六名の部落民の新規加入が認められて組合員数は一三四名となった）に移転した。同組合においては組合所有名義となった山林原野のうち一部分を禁伐林としてこれに植林をし、この禁伐林は組合管理の大共有地としてこれを有利に利用し、組合員全員の利益のために収益を図ることとされた。被控訴人も組合員の一人として右大共有地からの収益に対する権利を有し、被控訴人が前記の通り昭和三年に日向部落から同じく三尾区内である桑原部落に転居した後も、組合員たる資格及びこの資格に伴う大共有地からの収益に対する権利を失うことなく、このことは組合においても承認されていた。他方誠吾は父誾爾死亡前から昭和三年日向部落の生家に帰住するまでは先に認定したとおり他出しており、被控訴人がこの間に父の後を受けて組合員の資格を承継したため、日向部落に帰住後も組合員の資格を取得することができず、ようやく昭和一六年五月になって、前述したとおり、訴外大脇義信が有していた組合員の資格を控訴人高田金太郎を経由して譲り受けたのであるが、その際組合員資格とともに譲り受けた前記「山林原野其他一切の権利」なるものは、上述した組合管理の大共有地からの収益に対する組合員の権利を意味するものである。しかしながら前記大正一二年の和解の結果当時の保証責任三尾信用購買販売組合所有名義となった山林原野のうち前記組合管理の禁伐林と定められた以外のものについては、組合有というのは名目だけであって、実際上は三尾区内の日向、桑原、下条及び入の四部落のうちいずれかの部落の自主的な管理に一任され、各部落においては旧来の慣行に従い、部落民の立廻り区域として部落民の利益のため採草、薪炭材の採取、植林等に利用し、風倒木や立木の売却等によって収益があったときはその一部を組合に納付すれば足りるものとされた。ところで、本件原野も名義上は組合有となっているが、組合管理の大共有地には属せず、日向部落の管理に一任された同部落の入会地であって、同部落においては、先に認定したとおり、旧来の慣行に従い、同部落居住の三七戸三七人の入会地として右三七人の者だけが本件原野から収益について権利を有するものである。しかし訴外組合（有限責任三尾信用購買組合その他上述した訴外組合の前身たる組合についても同様である）の組合員は、三尾区内四部落のいずれかの部落民であっても、これら部落の管理に一任された山林原野については当然に立廻りの権利を有するものではなく、この権利を有するかどうかは専ら当該部落における旧来の慣行に従って決定されるものである。およそ以上の事実を認めることができる。原審及び当審における被控訴本人尋問の結果のうち右認定に反する部分はたやすく措信し難く、他に右認定を左右するに足りる的確な証拠はない。してみれば被控訴人が父閶爾死亡後その後を受けて有限責任三尾信用購買組合の組合員となり、同時に同組合員たる資格と不可分の関係にある本件原野の入会権をも取得したとする主張は、これを採用するに由なきものといわなければならない。

なお、被控訴人は、誠吾が本件原野の入会権及び地上立木の共有持分を被控訴人に贈与した旨並びに被控訴人が日向部落の生家から桑原部落へ移住した際誠吾において本件原野の入会権が被控訴人に属することを承認した旨主張するけれども、これを肯認するに足りる資料はない。

四、以上の次第で、本件に顕われたすべての資料によっても、被控訴人が本件原野の入会権及び地上立木の共有持分を取得したとの事実は、これを肯定することができない。さればこの事実の存在を前提とする被控訴人の本訴請求は爾余の争点について判断を俟つまでもなく失当である。

よって、原判決中右と判断を異にし、被控訴人の控訴人等に対する請求を認容した部分は不当であるから民事訴訟法第三八六条に則ってこれを取消すべく、訴訟費用の負担につき同法九六条及び第八九条を適用して主文のとおり判決する」。

〔33〕最高裁昭和四六年一一月二六日判決（昭和四五年(オ)七八八号　所有権確認並びに損害賠償請求事件）（判例時報六五四号五三頁）

本件は入会地上に入会権者が単独で植栽した立木所有権の帰属をめぐりその地盤所有権の帰属と植栽の権原の存否にかんするもので、係争地は長崎県南松浦郡（五島）若松町（第一審当時日島村）間伏郷（郷は部落に相当する）の入会地である。間伏郷の郷有林に同郷の住民（入会権利者）Xはその先代、先々代とともに大正時代から昭和三年頃にわたって杉および檜を植付け、その後植栽木を撫育するとともにその土地を排他的に使用してきた。ところが昭和二九年、間伏郷の住民（同じく入会権者）Y等がXの右立木に対する権利を否認し、立木を伐採搬出してこれを処分した。Xは日島村およびY等を相手として本訴を提起し、Xが係争地における地上権並びに立木の所有権を有することの確認を求め、日島村に対しては地上権設定登記を、Y等に対しては伐採によって生じた損害の賠償を請求し、その理由として次の如く主張した。(1)Xの先々代は係争地に個人植栽し、所有の意思をもって公然と使用したのであるから、その承継人たるXは慣習上の地上権（推定地上権を言うものの如くである）を有する。その地上権にもとづいてその後樹木を植栽したXは当然その植栽木の所有権を有する。(2)仮りに慣習上の地上権が認められないにしても、土地を自己のため占有し、その樹木を所有の意思をもって公然と育林してきたのであるから時効により地上権と立木所有権を取得する。係争地は郷有名義になっているが、郷有、部落有は法律上認められないから村有に属し、したがって土地所有者たる村は地上権設定登記義務を負う。

これに対して村およびY等は、次の如く抗弁した。(1)係争地は日島村有でなく郷住民の総有に属する入会林野である。(2)係争地にXまたはその先代等が植林した事実はなく、係争地の立木はすべて、Xを含む郷住民の総有に属し、住民において使用収益の権能を有するものである。

第一審は、Xの慣習上の地上権（いわゆる推定地上権）ならびにそれにもとづく立木所有権を認めなかったが時効による地上権と立木所有権の取得を認め、係争地は郷名義で登記されており郷有は財産区有であって村有ではない、という理由で村に対する地上権設定登記請求を認めず、また立木の伐採代金が供託されており、かつその代金がXの請求金額を上まわっているという理由で損害賠償請求を認めなかった。

X控訴してYらに前記損害の賠償を、若松町に対して係争地盤が若松町有であることを理由に地上権設定登記を請求し、Yらは附帯控訴して係争地上の植栽木の個人所有を認める慣習はなく立木は郷住民に帰属する、と主張した。第二審はXが供託金還付請求権を有することを認めたほかは第一審同様の判示をしたので、Yら（若松町を除く）上告して、係争地は間伏郷住民の総有地であり、判示の時期にXの先代が植木を植付けるはずはなく、Xの占有の権原を説明せずに地上権の取得を認めた原判決は法律の解釈適用を誤ったものである、と主張した。

（**棄却**）最高裁は、地上権の時効取得にはその土地使用が継続的であることのほか地上権行使の意思にもとづくものであることが客観的に表現されていることを要するが、本件の場合Xの先々代が郷住民の税金を代納した代償として係争地に杉等の立木を所有する意思をもって専用することを郷住民から許された旨を云い伝えられているのであるから、Xは右の地上権時効取得の要件を充たしたものというべきであるという理由で、Xの地上権の時効取得を認めた。

◇（第一審　長崎地裁昭和三六年一一月二七日判決　同二九年(ワ)五五三号、同三二年(ワ)一〇一号　判例タイムス一二七号八四頁）一部認容、一部棄却

◇（第二審　福岡高裁昭和四五年三月三一日判決　同三七年(ネ)九三号、五三五号、同四三年(ネ)二〇二号、二四六号）一部棄却、一部変更

「当裁判所は一審原告の本訴各請求につき原審並びに当審認容の範囲においてこれを正当として認容し、その余は失当としてこれを棄却すべきものと判断するがその理由は次に附加、訂正するほか原判決理由に説示するところと同一であるからこれをここに引用する。（但し原判決二一枚目表三行目「山村寿美」の次に「衛」を脱漏につきこれを加える）

一、理由欄冒頭に「本件係争地が原判決添付物件目録第二、第三並びに本判決添付同目録第一の㈠の土地であることは当事者間に争いがなく、又右第一の㈠の土地の位置及び範囲が本判決添付の別紙図面のとおりであることは〈略〉明らかであり、一審被告日島村が昭和三一年九月二五日若松村と合併して若松町となったこと、一審被告山口浪平が昭和三〇年一月一二日死亡し一審原告主張のとおりの相続関係で田中シゲ子ほか七名が現在浪平を相続していることはいずれも当事者間（但し相続の点につき一審被告太田豊を除く）において争いがない。」を加える。

二、原判決一〇枚目表一〇行目（理由欄一行目）「まず、本件各土地」とあるのを「よってまず本件係争の前記各土地」と改め、同一二行目「日島村」とあるのを「日島村従ってその承継人たる若松町」と改める。

三、〈略〉

四、原判決一二枚目表一行目「証拠はない。」の次に「更に一審原告主張の慣習上の山林地床についての専用的使用権若くは

地上権の存在についても〈証拠〉のみによってはこれを認めるに足りず他にこれを認めるに足りる証拠はない。」を加える。

五、〈略〉

六、〈略〉本件三箇所の山林についてはその附近の山林と共に間伏部落住民が管理し枝打、下払などして来たことや、昭和二二、三年頃山口浪平方で開かれた間伏部落常会で当時本件土地三箇所に檜が植林されていることについて誰が植えたか話題になったとき一審原告からは自分の方で植えたとの発言はなかった旨の供述があるが、右部落住民による本件山林についての枝打、下払の点は前掲各証拠に照して措信し難く、右常会で一審原告が自己の植林を主張しなかったとの点については〈略〉一審原告は同常会に出席の通知を受けず出席しなかったことが認められるので〈略〉各供述はたやすく措信し難く他に一審原告の本件各土地に対する占有管理の事実を覆えすに足りる証拠は存しない。」を加え、同行目「他」より同八行目「証拠はない。」までを削る。

七、原判決一五枚目表四行目および末行目に「日島村」とあるのを「日島村の承継人若松町」と改め、同枚目裏九行目の次に「一審原告は昭和二二年五月三日政令第一五号第二条により従来の部落所有地は普通地方公共団体の所有に帰したと主張するけれども、右政令はそもそも昭和二〇年勅令第五四二号ポッダム宣言の受諾に伴い発生する命令に関する件に基づくいわゆる戦時中の町内会、部落会又はその連合会等に対する解散、就職禁止その他の行為の制限に関する政令であり、昭和二二年五月三日公布の日から施行され昭和二七年四月一一日法律第八一号により同年一〇月二五日失効したものであるが、本件財産区は右政令にいう部落会等には該当しないものであり地方自治法の施行後もそのまま存置されたものであることが明かである。従って同政令第二条にいう町内会、部落会等に属する財産とは認められない。右の認定に反し解釈を異にする〈略〉

は採用し得ない。」を加える。

八、〈略〉

九、原判決一六枚目裏末行目の次に「(6)本件三筆の山林を含めて間伏郷所有名義の山林一五七筆に対しては昭和六年四月一日現在日島村より間伏部落に対して地租が課せられその後若松町から同部落に対して固定資産税が課せられていること（このことは右山林が少くとも若松町の町有財産でないことの証左であること）」を加える。

一〇、原判決一七枚目表七行目「日島村」の次に「現在は若松町」を加え、同八行目「行使することとなる。」の次に「なお執行機関として財産区の財産を管理するものは財産区の存する当該市町村の長であり、財産区を代表し、財産区に関する民事訴訟の当事者となるものは右市町村長であること、従って本件においては若松町ではなく若松町長であること地方自治法の規定に照し明かである。」を加える。

一一、原判決一七枚目裏九行目の次に「尤も成立に争いない甲第一八号証の一、二（若松町長より長崎地方法務局若松出張所宛の照会および回答）によると郷所有名義の土地を個人所有名義に移転登記手続をなす場合は一応郷有名義より村有名義にした上で個人有名義に移転登記手続をなすべきであるとの見解が述べられているが、右の見解をもって直ちに本件各土地が日島村の所有、従って合併後の若松町の所有であるとの認定には供し難い。」を加え、同一〇行目「日島村」の次に「従ってその承継人若松町」を加える。

一二、〈略〉

一三、原判決二〇枚目表一一行目の次に「そもそも一審原告としては本来換価前の伐採木につきその所有権に基づきこれが引渡を求め得る筋合であるが、既に右伐採木が前示のように換価されその売得金が供託された場合、右の換価は目的物の経済的価値を保全する目的でなされるものであるから右換価金は右伐採木と同一性を有し一審原告は右換価金の引渡を求め得るものというべきである。しかるところ一審原告は右換価金につき同原告の蒙った財産的損害の直接の塡補たるべきものではないとして換価金と同金額の損害の賠償を求めるが、前記認定のとおり同原告にはその主張のような損害の発生は認め難いから右賠償請求は理由がない。」を加える。

一四、原判決二一枚目表一行目の次に「よって一審原告の予備的請求について判断する。

前説示のとおり本件の場合所有権に基づき換価金そのものの給付の訴をなし得ること勿論であるが、換価金によって代替される伐採立木の所有権の帰属につき争いがあり必然的に換価金の帰属についても争いがあり、これが還付請求権の帰属を確認することにより右の争いをも解決し、右確認判決の確定により即時供託換価金の還付を受け得るから現在の権利関係につき即時確定の利益があるものと認められるから、一審原告の本件供託換価金還付請求権が同原告に存することの確認を求める右予備的請求は理由がありこれを正当として忍容すべきである。」を加える。

一五、〈略〉

よって一審原告の本訴各請求は前記認容の限度においてこれを正当として認容しその余は失当として棄却すべきであるから原審昭和二九年(ワ)第五五三号事件についての原判決を主文のとおり変更し、一審原告ら(但し若松町、太田豊、山口正之、山村ツマ、幹正光、山口ヒデを除く)の各控訴並びに一審被告山口正之、山村ツマ、幹正光、山口ヒデの各附帯控訴をいずれも棄却し、原審昭和三二年(ワ)第一〇一号事件について一審被告山村寿美衛、山口義美、山口熊三郎、太田村次、吉村伊佐夫の各控訴を棄却し、訴訟費用の負担につき民事訴訟法第九六条第九二条第九三条第八九条を適用し主文のとおり判決する。」

〔54〕最高裁昭和四六年一二月二三日判決（昭和四四年(オ)八五六号　通行権確認妨害排除等請求事件）

本件は、部落の共同墓地に通ずる土地（通路）の通行権にかんするもので、係争地は福島県北会津郡北会津村新庄の土地（宅地等）である。

新庄の住民Xら五八名は第三者A所有名義の土地に共同墓地を有し集団で管理使用してきた。部落からその共同墓地に通ずる通路の一部をその地盤所有者たるY夫婦（武藤美登利、同フク）がXらの通行を認めず、地上に玉石等をおいて通行を妨害するので、XらはY夫婦を相手として右係争区域上に通行権を有することの確認と妨害の排除を求める本訴を提起した（選定当事者二名）。Xらは、共同墓地ならびに係争区域を慣習的に地役的入会権類似の権利をもってこれを使用してきたのであるからその権利にもとづく係争地域上の通行権を有すると主張した。

第一審はXらの主張を認めたのでYら控訴して、Xらが係争地域に地役的入会権を有していたとしてもすでに消滅しており、係争地はYらが農作業に使用しているのであるからXらがその土地上に通行権を主張することは権利の濫用である、と主張した。第二審もYらの主張を認めず、権利濫用の主張にたいしては、Yらが若干不利を蒙るけれどもXらの通行権のために受忍さるべき性質のものであると判示した。Yら上告して、原審は、Xらの権利が入会権類似の権利であるというが、入会権の内容等につき何ら判断を加えておらず、またYが受忍義務を負うというがその理由が明示されていない、と主張した。

（棄却）「上告人らの上告理由第一点ないし第四点について。

所論の点に関する原審の事実認定は、原判決（その引用する第一審判決を含む。）の挙示する証拠に照らして首肯するに足りる。そして原審認定の事実関係のもとにおいては、被上告人らおよび本件において被上告人らを選定した別紙選定者目録記載の者が、本件係争区域に原判示の通行権を有する旨ならびに被上告人らが右通行権に基づいてした本件妨害排除および妨害予防の各請求は認容されるべきものである旨の原審の判断は、正当として是認することができる。論旨は、採用することができない。

よって、民訴法四〇一条、九五条、八九条、九三条に従い、裁判官全員の一致で、主文のとおり判決する。」

◇（第一審　福島地裁会津若松支部昭和四三年一月一九日判決　同四〇年(ワ)一七七号）認容

「一、まず被告武藤フクの本案前の抗弁について判断するに、本件訴が本件係争区域につき原告らが通行権を有することの確認を求め、あわせて右区域内に置き並べられた妨害物(玉石)の除去と右通行妨害の予防を求めるものであることは、その訴旨に徴して明らかである。ところで、〈証拠〉被告フクは被告美登里の妻で、昭和九年頃より本件係争区域の西側に所在する建物に居住して、夫とともに農業を営んでいるものであるが、本件係争区域ことにそのうち別紙図面表示の1、2、3、4、1の各点を順次結ぶ線に囲まれた範囲の部分（以下A部分という）につき、原告らが通行権を有することを強く争っている（殊に本訴提起後当裁判所で行われた民事調停においては、被告美登里よりもむしろ被告フクが原告らの主張する右通行権の存在を極力争い、少しも譲歩しようとしなかったため、遂に右調停が不調に終ったことは、当裁判所に顕著な事実である）のみならず、右A部分および本件係争区域中のその余の部分（以下B部分という）の各一部に自ら玉石を置き並べるなどして、原告らが同所を通行することを現に妨害していることが認められる（他には右認定を動かすに足りる証拠はない）。してみれば、同被告に対する本件訴はその利益のあることが明らかであるから、同被告の本案前の抗弁は理由がない。

二、そこで、本訴請求の当否について検討する。

本件墓地は、その登記簿上の所有名義人は訴外秋山佐五太郎になっているが、原告らが古来これを共同墓地として、地役的入会類似の関係をもって使用管理してきたことは、当事者間に争いがない。

ところで、原告らは、本件係争区域は本件墓地の付属地（墓参道）であって、原告らが先祖より引き続き地役的入会類似の関係をもってこれを使用し、自由に同所を通行してきたものであるから、右区域につき原告らは通行権を有する旨主張する。

よって、まず本件係争区域が果して原告らの主張するように本件墓地の付属地（墓参道）であるか否かについて判断するに、〈証拠〉原告らの属する新庄部落に伝わりその区長の保管にかかる明治八年改正と題する絵図面（甲第六号証の一、二）には、本件係争区域にほぼ該当する個所に道路が存在する旨の表示（朱線で表示）があること、また同じく同部落に伝わりその区長の保管する、「大正九年認定路線取調帳」と題する書類（甲第七号証の一ないし三）には、路線号九一、起点字西川原一九六一、終点同字一九六四、道路延長二〇（間）なる記載があり、かつ右書類に合綴されている図面（同号証の二）には、本件係争区域にほぼ該当する個所に九一と番号を付した道路の存在を示す朱線のある（なお右図面の余白には、

「区長黒沢徳治、調人山内富八、深谷清蔵、秋山佐五次郎、大正九年正月」なる記載がある）ことがそれぞれ認められ、さらに北会津村役場保管の図面の検証の結果によれば、同役場の保管にかかる「明治一六年九月地籍絵図面」中新庄村字西川原図面（以下役場図面という）には、八二、八三、八四番の土地と八一、七三番の土地の境界線附近（ほぼ本件係争区域に該当するものと認められる）に本件墓地より南方に通ずる道路の存在することを示す朱線の彩色が施されながら、その後右彩色を抹消した痕跡のある（なお同図面中には朱色の彩色を抹消した痕跡が他にも二ヶ所存在する）ことが認められる。しかしながら、他方福島地方法務局若松支局保管の図面の検証の結果によれば、同支局の保管にかかる「北会津郡北会津村大字新庄字西川原」の字限図面（右図面には、「明治二二年五月調製」との記載がある）（以下法務局図面という）には、本件係争区域およびその附近に道路の存在する旨の表示は全くなされていないことが認められるのである。

ところで、右法務局図面と役場図面との間に、道路の表示に関して何故に右認定のような相違があるのか、また役場図面中の彩色部分の抹消が何時何人によりいかなる理由でなされたのか、その間の事情は明らかではないけれども、本件にあらわれた前記各図面中、その作成年月の最も古いと認められる前記明治八年改正と題する絵図面〈略〉、および法務局図面よりもその作成年月の古いと認められる役場図面にそれぞれ前記の道路の表示があり（もっとも、右役場図面のそれは、前認定のとおり作成後何人かの手により抹消されてはいる）、さらに前記「大正九年認定路線取調帳」と題する書類〈略〉にも前認定のような記載のあること等に徴すれば、本件係争区域またはその付近に古くは道路が存在していたものと認めるのが相当である。

つぎに、現場の状況についてみるに、〈証拠〉本件係争区域中A部分は、福島県北会津郡北会津村大字新庄字西川原甲一九六〇番の一所在の被告美登里所有の建物（居宅）およびその北側に所在する被告ら所有の薪小屋と、その東方に所在する訴外板橋善喜方宅地との間の東西の巾約二・一八メートル、南北の長さ二四メートルの土地であり、またB部分は、右A部分の北方に連なり、本件墓地の南端近くにある石地蔵附近に通ずる東西の巾約二・一八メートル、南北の長さ九メートル余の土地であって、右A、B両部分とも一見して通路の状態を呈していることが認められるから、本件係争区域が、以前より本件墓地に通ずる通路として利用されていたことは、現場の状況に照らして明らかである。

＜証拠＞古来本件墓地に埋葬の行われる場合には、会葬者は本件係争区域の通路を通って南側より本件墓地に参入し、その入口附近にある石地蔵に参拝し、棺をかついで右石地蔵の周囲を三回廻ってから埋葬する慣習がある（もっとも近時は、他の入口から本件墓地に参入して埋葬した者もある）こと、ならびに右通路の巾については、古来七尺二寸（二・一八メートル）であるとの父祖からの言い伝えがあり、原告らは、被告らによって後記認定のような妨害がなされるまでは、葬送、墓参その他の場合に自由に同所を通行していたことが認められ、他には右認定を覆えすに足りる証拠はない。

さらに、＜証拠＞前記字西川原甲一九六〇番の一宅地（公簿上の面積四二坪二合）は、もと訴外秋山庄吉の所有であったところ、訴外黒沢安三郎を経て、訴外秋山源之助（秋山只八の父）の所有に帰し、その後明治三九年に右源之助より訴外酒井善蔵に売り渡され、さらにその後右善蔵の相続人訴外酒井善三郎を経て、訴外酒井丑次郎（酒井昌佐の父）の所有に帰したうえ、昭和一四年に右丑次郎より被告美登里に売り渡されたものであるが、右各売買にさいしては、本件係争区域中のA部分が前記のとおり墓参道として、また時には農道として使用されていたことに鑑み、特に右A部分は売買の目的物から除外されたことが認められ、被告人武藤美登里の尋問の結果中右認定に反するは部分たやすく措信できず、他には右認定を覆えすに足りる証拠はない。

以上の諸事実を総合すれば、本件係争区域は原告ら主張のとおり、本件墓地の付属地（墓参道）であると認めるのが相当である。しかして、本件墓地を原告らが地役的入会類似の関係をもって使用管理していることは、前記のとおり当事者間に争いがないから、特段の事情の認められない本件においては、本件係争区域についても原告らが右と同様の関係をもって使用管理しているものと認むべく、しかも前認定のとおり、原告らが父祖の時代から近年まで同所を何ら支障なく自由に通行していたのであるから、該区域につき原告らは自由に通行する権利を有するものということができる。

被告らは、原告らのうち一部の者は近年同所を通行したことがなく、また他の一部の者は同所を通行しなくとも他の方面から本件墓地に容易に出入できるから、これらの者については通行権を認めるべきでない旨主張するが、かりに被告ら主張のように、近年同所を通行せず、また同所を通行することなく本件墓地に出入しうる者があったとしても、これによって直ちにこれらの者につき前記通行権の存在を否定することはできないから、右主張は採用できない。

また被告らは、原告らが本件係争区域を通行しうるのは、葬送、墓参、石碑の運搬等の場合に限らるべきである旨主張するけれども、前認定の事実に照らせば、前記通行権の内容は右のような場合にのみ通行しうるという限定されたものと解することはできないから、右主張もまた採ることができない。

三、しかして、〈証拠〉被告らは、原告らが本件係争区域を通行することを極度に嫌い、数年前から、該区域内にほぼ別紙図面表示のとおり玉石を置き並べたり、また昭和四〇年八月頃には該区域内に木柵を設けて原告らの通行を妨害しようとしたことがあり、右木柵はその後程なく当裁判所の仮処分の執行によって撤去されたが、右玉石は現在もそのまま存置されて通行の妨害となっていることが認められる（他には右認定を覆えすに足りる証拠はない）から、右認定のような事情のもとにおいては、被告らが将来も原告らの右通行を妨害するおそれがあるということができる。

四、されば、被告らに対して前記通行権の確認を求め、あわせて右権利にもとづき前記妨害物（玉石）の排除と右通行の妨害の予防を求める原告らの本訴請求は、その理由があるから、これを認容することとし、訴訟費用の負担につき、民事訴訟法第八九条、第九三条を適用して、主文のとおり判決する。」

◇（第二審　仙台高裁昭和四四年五月一二日判決　同四三年(ネ)四八号）棄却

「当裁判所もまた被控訴人の本訴請求を認容すべきものと判断するものであり、その理由は左記事項を附加するほか原判決理由記載のとおりであるからこれを引用する。

一　控訴人主張一について

しかし控訴人の全立証によるもかかる主張を認めえないことは前認定のとおり（特に原判決七枚目裏二行目より八枚目表一〇行目まで）であり、右主張は採るをえない。

二　控訴人主張二について

控訴人主張のように字限図、役場備付図には本件係争地が道路として表示されておらず、道路としての表示が抹消されていることは前認定のとおりであるが、それだけの理由で通行権の存在を否定しえないことはこれまた前認定（原判決七枚目表三行目より同裏一行目まで）のとおりである。更に本件宅地上の建物が建築されたことにより従来存していた通行権が消滅するとは即断しえないところ、他に通行権消滅の事実を的確に証すべき証拠もないので右通行権が消滅したとの主張は採用できない。

三　権利乱用の主張について

控訴人らは被控訴人らの本件通行権の主張は権利乱用であるというが、その理由として述べていることは専ら本件通行権があることによって生ずる控訴人家の不便、不利益、特に農業経営上の不利益についてであるが、しかしその主張にかかる不便、不利益は通行権の存在のためには当然受忍さるべき性質のものである。更に控訴人らは本件係争地の東側にも通行権を認むべきであるとか主張するけれども、囲繞地通行権の問題ならば格別、そうでない本件の場合このような主張は主張自体理由がないというべきである。権利乱用の主張も採用できない。

以上説示のとおり控訴人らの主張はすべて理由がないので、被控訴人らの本訴請求は正当としてこれを認容すべく、これと同旨の原判決は相当であり、本件控訴は理由がない。

よって民事訴訟法第三八四条により本件控訴を棄却すべく、控訴費用の負担につき同法第九五条第八九条第九三条を適用して主文のとおり判決する。」

〔49〕最高裁昭和四七年一二月二一日判決（昭和四五年(オ)四八八号　契約無効確認等請求事件）

本件は大都市の市街地内にある旧村々共有地の地盤所有権の帰属にかんするもので、係争地は神戸市灘区一帯の山林である。

係争地はもと兵庫県武庫郡大石村など一三か村共有入会地であったが、一三か村が明治町村制の施行により武庫郡西灘村、都賀浜村、六甲村となったのちも、一三部落共有として、一定の資格を有する各部落住民の柴草、薪材、花類、浮石等の採取の用に供されていた。公簿上も一三部落共有名義で所有権の登記がなされ、一三部落の代表者からなる庄内会がこの山林を管理し、町村がその使用収益に干渉することはなかった。昭和四年に西灘村等三か村は神戸市に合併されたが係争地の管理帰すうには格別変化はなかった。しかしその後急激な都市化に伴ない、係争地の採取経済的な利用価値も減退してきたので、一三部落（管理団体）では係争地を売却することとし、昭和一五年に一三部落連合協議会長Aから神戸市の住民X（一三部落内の住民ではない）に地上立木とともに係争地が売却されたが、所有権移転登記はされなかった。しかしその後、昭和二〇年八月にXと神戸市との間で係争地の所有権を取得する旨の覚書がかわされそれによって神戸市が係争地の所有権者として登記された。このような経過により現在神戸市有とされている係争地につき、Xは神戸市を相手として前記神戸市との覚書が無効であることを理由に係争地がXの所有に属すること、および所有権移転登記手続ならびに明渡を求める本訴を提起した。

Xの主張は、Xの係争地取得後その一部が公売された事件につき、神戸市長は右公売に不正ありとして一三部落代表者およびXらを刑事訴追し、Xにたいし係争地を神戸市に譲渡せよとせまったので、Xは刑事処分を免れるためにやむなく係争地譲渡にかんする覚書に署名捺印したのであるが、これはXが市長の言動に畏怖していうがままに従ったのであって真意に出たものでないから覚書にもとづく契約は無効であり、また市長の態度は告訴権の濫用というべく、神戸市は係争地を取得するのに議会の議決等適法な手続をしていない、というにある。これに対する神戸市の抗弁は次の如くである。(1)一三部落は明治町村制の施行により町村の一部たる財産区となり、昭和四年三町村が神戸市に合併されてからは神戸市の一部たる財産区となり神戸市長の管理するところとなった。一三部落管理団体は係争地利用についての管理機関であって所有権者ではないから係争地を売却する権能を有せずXに売却することは不可能であり、Xの主張する売買契約もいわゆる売買の下相談にすぎない。(2)前記公売には犯罪の嫌疑ありとして一三部落管理者等を告発したが、事件を解決するため一三部落管理者等およびXらの示談申入れに応じて覚書による契約を成立させたのであって覚書作成には何ら強迫の事実はない。

第一審は、一三部落の入会慣行が町村制実施後も変わりなく行なわれ、一三部落は行政組織とは別個の入会団体として存続し財産区ではなかったことを詳細に認定し、したがってXの一三部落からの土地所有権の取得を認めたが、しかしその後土地所有権移転にかんする本件当事者間の覚書が有効であるという理由で神戸市が係争地の所有権を有すると判示した。Xは控訴して覚書による契約に種々の瑕疵があるから無効であると主張した。

第二審は、一三部落を入会集団たる面を有しながらも財産区であると解し、したがって係争地は財産区財産であるから、係争地のXへの売却も管理者たる神戸市長が許可しなかったのであり、しかし公売で事件が複雑になったため、神戸市は一三部落の管理者やXらと係争地の帰属問題を解決すべく、係争地の所有権を神戸市に帰属することを確認し、同市は一三部落ならびにXに対価を支払うことに異議なき旨の覚書を交わしたがこれは民法上の和解契約として有効である、従ってそれ以前にあいまいな点があってもこの和解によりXは係争地の所有権を主張できない、と判示した。

X上告。上告理由は長文にわたるが、その要点は、⑴一三部落は財産区ではなく、Xは適法に係争地所有権を取得した。⑵Xと神戸市との覚書による和解契約は終戦当時の行政権力の強迫、畏怖のもとに行なわれたのであるから無効もしくは取消うべきものである、というにある。

（棄却）「上告代理人仲武の上告理由について。

上告人は、原判示の覚書に基づく和解契約により、被上告人に対し、もはやいかなる意味においても、本件山林の所有権が自己に帰属するとの主張をなしえなくなったものである旨の原審の認定判断は、原判決挙示の証拠関係に照らし、正当として是認することができる。そして、原審が適法に確定した事実関係のもとにおいては、右和解契約は無効または取消しうべきものであるとする上告人の主張を排斥した原審の判断は、正当であり、原判決に所論の違法はない。したがって、右違法のあることを前提とする所論違憲の主張は、その前提を欠く。また、所論引用の判例は、いずれも事案を異にし、本件に適切ではない。論旨は、ひっきょう、原審の認定にそわない事実関係に基づき、あるいは、独自の見解に立ち、原判決を非難するものであって、採用することができない。

よって、民訴法四〇一条、九五条、八九条に従い、裁判官全員の一致で、主文のとおり判決する。」

◇（第一審　神戸地裁昭和四一年八月一六日判決　同二八年(ワ)六八九号、判例時報四五八号一八頁）棄却

◇（第二審　大阪高裁昭和四五年三月一六日判決　同四一年(ネ)一六九六号、判例タイムス二四六号二一四頁）棄却

〔40〕最裁昭和四八年一月一九日判決（昭和四四年(オ)九〇二号　立木収益分配、立木売却代金分配請求事件）

本件は入会持分権（入会集団構成員たたる資格）の有無にかんするもので、係争地は秋田県由利郡鳥海村笹子および下笹子地区所在の山林である。

係争地は明治以前から上笹子村福島、町、下野および下笹子村落合部落居住民の共同入会地として草木の採取伐刈等が行なわれていた。明治二〇年頃、上笹子村三部落（一部は下笹子村落合を含む四部落）の共有とされたが、大正一五年、部落有財産統一により、当時の笹子村（現鳥海村）に寄附された。村有統一後も住民の入会利用権はそのまま認められ、一定の慣習のもとに入会利用が継続され、立木売却代金は公共費用に充てられたが一部権利者への分配が行なわれることもあった。昭和三一年、三三年、三五年と三回にわたり立木売却代金が配分されたが、福島、町、下野部落の古くからの在住者（いわゆる旧戸五九名）のみに配分され、明治以降分家した者および落合部落の者に配分されなかったので、それら分家であるXら一八名（選定当事者X_1X_2——今野佐平治、大友良三）が、入会集団というべき本件山林の管理団体（月山大沢権利者団体）を相手として、係争地上に本戸と同様に採草、採薪を内容とする入会権を有することの確認を求めるとともに、その入会権にもとづき前記立木

売却代金の七七分の一（五九名と一八名で七七名となる）持分相当の金額を各自に支払うことを請求する本訴を提起した。

Xらは、係争地はもともと四部落住民の共有入会地であり、この部落で一戸を構える者は、その入会権を有するものとされたが、明治二〇年以降は分家して加入金を納めた者にかぎり入会権を認められることになり、Xらは、いずれも明治以降、本人または先代、先々代が分家して入会権を取得したものである（ただし落合の二名は、それ以前から入会権を有していた）、と主張した。これは対して権利者団体は、係争地は明治二〇年に上笹子村三部落住民五九名（一部は下笹子村落合住民三名を含む六二名）の共有地となったのであり、大正一五年、部落有財産統一によって村有となったが、それは名義だけのことであって五九名または六二名共有の実質はかわらず、この団体は共有地管理団体であって入会権者集団ではない。共有者以外の部落住民に係争地の使用を認めたことはあるが、それは共有者から、その分家のために使用させて欲しいという申入れがあったから一定の使用料を徴して使用を認めているか、あるいは毛上物採取に余裕があるから恩恵的に採取を認めているのであって、これらの者が入会権を有するからではない、と抗弁した。

第一審は、係争地が前記地元四部落住民の共同入会地であって、薪や柴草の採取、立木伐採、植林等に利用され、かつ部落で分家または転入して一戸を構え加入金を納めて住民としての義務を果すときは入会権の取得が認められるという慣習を認定した上、Xら一三名については本人またはその先代、先々代が分家し、加入金を納入して入会権者となったことを認めたが、残る五名については分家ではあるが入会権取得の事実が認められないという理由で、一三名についてのみ入会権を有することを確認し、立木売却代金の配分請求権を認めた。

権利者団体は控訴して、係争地はかつて個人有地であったものを五九名または六二名で買受けた共有地であって入会地ではないと主張し、Xらは控訴棄却を求めるとともに、第一審でその主張を認められなかった五名の者が係争地に入会権を有することを求める附帯控訴の申立てをした。

第二審は第一審同様、係争地が福島、町、下野および落合四部落住民共同の入会地であって前述の慣習あることを確認し、Xら一三名中村外に転出した一名を除く一二名が係争地上に入会権を有することならびに立木売却代金の配分請求権を認めた（転出者一名についても三三年当時は在村していたので代金配分請求権を認めた）が、しかし五名の者の権利確認にかんする附帯控訴については、原審において敗訴の言渡しをうけたのに所定期間内において控訴を提起せず、権利者団体がXらの勝訴部分を不服として控訴を申立てたのであるから五名の敗訴の部分について移審の効力を生ぜず不適法であるという理由で、これを認めなかった。

権利者団体は上告したが、その上告理由は、要約すると次の如くである。(1)係争地は五九名が出金して買入れた共有地、したがって当然私有地であるのに、これを部落有入会地と認定したのは審理不尽の違法がある。部落有入会地ならば公有地として村長管理の下におかれるはずである。(2)部落有財産統一も、地盤共有者がたんにその所有名義を移転したにすぎない。(3)Xらが係争地を使用する権能を有するとしても、その権能は前記共有者と同一ではなく、また農業的利用ではないから入会権を有するとはいい難い。

（棄却）「上告代理人加藤定蔵、上告補助参加代理人和田吉三郎の上告理由について。

所論の点に関する原判決の認定、判断は、その挙示する証拠に照らして正当として是認するに足り、原判決に所論の違法はない。論旨は、ひっきょう、原審の専権に属する証拠の取捨判断、事実の認定を非難するか、原審の認定しない事実を前提として原判決を非難するものであって、採用することができない。

よって、民訴法四〇一条、九五条、八九条に従い、裁判官全員の一致で、主文のとおり判決する。」

◇（第一審　秋田地裁昭和三九年九月二八日判決　同三六年(ワ)六号）一部認容、一部棄却

「一、原告らは、本訴において、原告両名及び原告選定者らは本件山林につき別紙目録(四)記載のような内容の入会権を有し、従って入会権の効力として本件山林に生立する立木の売却代金の分配を受ける権利があるのにかかわらず、本件山林立木を管理する被告が昭和三一年から同三四年にかけ前後三回に亘って立木を売却しながら、その売得金中合計五九七万八、五〇〇円を原告両名及び原告選定者らを除外して配分したと主張して右入会権の確認とこれに基づく立木売却代金の分配を請求するのに対し、被告は立木売却代金を分配しないという点を除き原告らの右主張を全面的に争っている。従って、本件における争点は、本件山林につき、入会権の存否及び入会権の存在が認められるとして原告両名及び原告選定者らが入会権者であるか否か、さらに右入会権は如何なる内容であるかに絞られるので、以下順次これらの点につき判断する。

二、ところで入会権はその発生及び内容がいずれも慣習によって定まるものであるから、まず当事者提出の証拠に基き本件山林の使用関係についての慣行を検討してみる。〈証拠〉即ち、本件山林四筆の土地は一団の山林であって維新前からいわゆる秣山として利用され、原告両名及び原告選定者ら居住の鳥海村下笹子字落合、同村上笹子字福島、字町、字下野及び字石神部落はいずれもその附近に所在するが、明治以前にもこれらの部落居住者の多数が引き続き本件山林に立入って杉の植立、下枝刈、蔦払等の労務に服し本件山林の維持管理に務める反面、草刈、柴刈を行い、世話役指定の時期に指定の場所か

ら萱を採取し、薪炭材として雑木の分配を受け、或は部落公共施設の造成維持又は部落民の災害復旧に要する資材供給源として利用されていた。大正一五年二月当時の笹子村（現鳥海村）は部落財産統一政策に沿い、村議会において本件山林を含めた村内山林につき、「林野の副産物は地元慣行を認め無償採取させる」ということで、特に月山一二番、一四番山林等については公課金相当の使用料を支払うことにより「従前通り永久使用を認める」条件の下に寄附採納の議決をしたので、本件山林の所有名義が同村に移った後も前記山林利用の状況は何ら変ることがなかった。

以上のような本件山林用益の実態からすると、たとえ利用者中に被告主張のように、本件山林所有権を共同で取得した者又はその相続人があったとしても、前記山林利用関係は単なる共有権の行使として解し得ないものであって、これら利用者は慣習に基き、本件山林に入会っているものと認めるのが相当である。

三、そこで、原告両名及び原告選定者らが入会権者であるか否かについて判断する。前掲各証拠によれば、前記のように本件山林に入会いこれを利用しているものは、いずれも本件山林のいわゆる麓村たる前掲各部落殊に字福島、字町、字下野等の各部落居住者であるが、しかし、右各部落に居住することにより当然には入会権者となるわけでなく、いわゆる分家又は他部落からの転入等により新たに世帯をもつにいたった者は所定の条件例えば一定の金員を支払うことによって右入会関係への加入を認められる反面、近接部落居住者でも右条件を履践した場合入会を認められることもあった事実が認められ〈証拠〉本件山林を管理していることに争いのない被告において昭和三四年七月にいたる迄原告今野佐平治、原告選定者高橋喜一、同今野万助、同大場乙次、同大場久一、同赤川正三、同鈴木惣右ェ門、同菅野宇一及び同鈴木章一郎に対して本件山林への「入山」を認めていたことが明らかである。〈証拠〉を総合すれば、右「入山」とは前記入会権の行使として本件山林を利用する事実を指すものと解することができ、また明治四二年右赤川正三の先代久弥が、大正七年大場乙次が右入会権取得の代価として加入金名下に金七円又は金三円をそれぞれ部落に納付している事実を認めることができる。そして〈証拠〉原告選定者高橋喜一郎の先々代喜造、小沼周三の先代鶴助、同鈴木章一郎の先代又治及び原告大友良三の先代末治が明治末期から大正中期にかけてそれぞれ前同様加入金を部落に納付していることが認められる。又〈証拠〉によれば大友歓一郎は明治四一年に加入金を支払っていることが認められ、同人が大友亀治の子で大友乙松の先代であることは〈証拠〉により明らかであり、右大友乙松が明治初期当時から代々本件山林に対する権利行使を認められていたことは被告の認めるところであるから、右加入金は原告ら主張のように歓一郎家より分家した（分家の事実は当事者間に争いがない）原告選定者大友良一先々代万七のために支払われたものと認めるのが相当である。又〈証拠〉によれば、原告選定者今野寅松方においても右加入金を徴する慣行の生ずるかなり以前から慣行上本件山林への入会を認められていた事実を窺うことができる。

以上、認定の各事実に徴すれば、原告両名及び原告選定者鈴木章一郎、同大友良一、同大場乙次、同小沼周三、同鈴木惣右衛門、同菅野宇一、同大場久一、同赤川正三、同今野万助、同今野寅松ならびに同高橋喜一は、いずれも本件山林に入会う権利を有するものと認めるのが相当である。

原告らは、原告選定者鈴木清次の祖父運吉が明治三五年入会権を取得したと主張するが、その事実を認めるに足りる証拠はない。つぎに、原告らは原告選定者鈴木末吉、同大友丙二郎、同菅野国松及び同鈴木金治はいずれも字福島部落民から出たいわゆる分家であって明治三〇年代又は昭和初期の分家に際し本人又はその祖父が入会権を取得したと主張し、右分家の事実は菅野国松を除いて当事者間に争いないところであるが、同部落居住の分家者に対しても明治四〇年代には既に加入金を徴していたことは前認定のとおりであり、慣行上単に分家するだけでは無条件に入会資格を認められていなかった——土地生産力に限界の存する以上権利者を制限する慣行の生ずるのはむしろ当然である——のであるから、右分家者において加入金の支払その他入会資格を取得した事実があることを認むべき証拠がない以上、右原告選定者五名についての原告らの主張はいずれも理由がない。

四、本件山林に対する入会権の内容は前記第二項に認定した通りであるが、原告らは、右の外なお入会権者は被告の管理する本件山林の立木の売却代金の分配を受ける権利があると主張し、被告は右は少なくとも土地所有者の権利に属すべきであって入会権の内容とならないとして争っているところ、<証拠>古くは本件山林に生立していた爺杉、姥杉と称される巨杉を伐採売却した際その売却代金を入会権者に分配した事実が認められ、<証拠>下って昭和二六年にも本件山林の立木売却代金が入会権者に分配された事実が認められるから、原告ら主張の立木による収益も慣習上入会権の内容に含まれると判断される。従って本件入会権の内容は結局原告ら主張の別紙目録(四)記載の通りであると認める。

五、<証拠>原告両名及び原告選定者鈴木章一郎、同大友良一、同大場乙次、同小沼周三、同鈴木惣右衛門、同菅野宇一、同大場久一、同赤川正三、同今野万助、同今野寅松ならびに同高橋喜一はいずれも別紙目録(四)記載の入会権を有するものである。被告が本件山林の立木を売却して得た原告の主張四(一)、(二)記載の計三三一万九、五〇〇円を、右原告両名及び原告選定者らを除外した五九名に分配したことは当事者間に争がなく、同(三)記載の二六五万九、〇〇〇円の分配を受けた者が原告両名及び原告選定者らを除いて五九名を出ないことが成立に争いのない甲第一八号証から窺われるが、右代金合計金五九七万八、五〇〇円は特段の事情がない限り原告両名及び前記原告選定者鈴木章一郎外一〇名にも平分さるべきものであるから、一人につき原告らの主張五記載の金七万七、六四〇円を超える金額の支払いを求め得ることが明らかである。よって原告らの本訴請求は、原告両名及び前記原告選定者一一名について、入会権の確認並びに一人当り金七万七、六四〇円びこれに対する弁済期到来の昭和三六年一月二二日以降の損害金の支払を求める限度で理由があるからこれを認容するが、その余の原告選定者五名についての請求は理由がないので失当として棄却し、訴訟費用の負担につき、民事訴訟第九二条、仮執行の宣言につき、同法第一九六条を適用して主文の通り判決する。」

◇(第二審　仙台高裁秋田支部昭和四四年五月二八日判決　同三九年(ネ)九〇号)一部棄却、一部取消、附帯控訴却下

「㈠〈証拠〉によれば、秋田県由利郡鳥海村上笹子字月山一二番山林一二町歩および同所一四番山林四反八畝一二歩は、もと上笹子村(上笹子村、中村、天補村の合併村)在住の篠子善宝の所有として山林原野原由取調書に登載されていたが、いずれも昭和五年五月二七日笹子村上笹子字町組・下野組・福島組の所有として保存登記を経由したうえ、同日大正一五年三月一五日贈与を原因として由利郡笹子村のため所有権移転登記を経由したこと、同村下笹子字大沢一八番原野三九町六畝歩は、もと小沼龍造外一〇五名の所有とされ、同字二一番山林三町七反八畝歩は、もと高橋喜平の所有として山林原野原由取調書に登載されていたが、前同日前者については笹子村上笹子字町組・福島組・下野組および同村下笹子字落合組の所有として保存登記を経由し、後者については、同村上笹子字町組・福島組の所有として保存登記を経由したうえ、前同日大正一五年三月一五贈与を原因として由利郡笹子村のため、所有権移転登記を経由したことが明らかである。

ところで、被控訴人らは、明治一一年二月八日町・下野・福島部落が篠子善宝から字月山一二・一四番各山林を被控訴人

大友良三の祖父大友亀治名義で買受け、落合部落民を加入させて、これを入会地として使用してきた旨主張しその証拠として甲第一四号証（売渡証写）を提出し、原審証人〈略〉は、右売渡証写は、昭和三五年九月本訴提起のため大友乙松方に書類調査に行き、同人の子凞一に原本を見せてもらい、その直後記憶をたどって記載したものである旨証言するが、前記乙第一八号証、控訴人月山大沢権利者団体（これは本訴提起に際し、仮に付した名称である。以下単に権利者団体という。）代表者小沼登雲本人尋問の結果、弁論の全趣旨によれば、上笹子村と下笹子村とが合併して笹子村となったのは明治二二年であり、明治二一年土地官民有区分に際し作成された山林原野原由取調書には一二番山林については、「反別凡拾町歩」と、一四番山林については「反別凡参反歩」と表示されていることが明らかであるところ、〈証拠〉には、物件の表示として現在の登記簿と同じく表示され〈略〉、売渡人・証人の住所とも合併後の笹子村が記載され、その作成日付である明治一一年二月八日に作成されたものとは認め難く、また、大友乙松は、原審における文書提出命令に対し前記山林についての売渡証は所持していない旨回答し、かつ、原審において同旨の証言をしているのであって、〈証拠〉部分は採用することができない。

また、被控訴人らは、大沢一八番原野は明治二〇年ころ町・下野・福島・落合四部落の共有名義となり、大沢二一番山林は明治一九年三月三一日町・下野・福島部落が旧下笹子部落民四四名からその持分を買受けた旨主張するが、直接右権利移転の事実を認めうる証拠はない。

しかしながら、本件林野のうち、昭和五年五月二七日月山一二・一四番山林につき、笹子村上笹子字町組・下野組・福島組の所有に、大沢一八番原野につき同各組および同村下笹子字落合組の所有に、大沢二一番山林につき右町組・福島組の所有に各保存登記を経由したうえ、これら林野につき大正一五年三月一五日贈与を原因として笹子村に対し各所有権移転登記を経由したことはすでに認定したとおりであり、〈証拠〉を総合すれば、次の事実を認定することができる。

すなわち、上笹子駅福島村は、藩制時代下笹子月山および大沢地内に入会地を有していた。明治初年本件林野は民有地とされたが、上笹子村町組・下野組・福島組（当時、上笹子村は旧上笹子村、中村、天補村を合併した村と思料される。）は、明治一一年ころから明治二〇年ころまでの間において本件林野を買受け、所属部落民の入会の用に供するとともに、落合村（旧市町村制施行後、同村は下笹子村に編入された。）部落民は、往時より地元部落民として月山・大沢地内に入会っていた関係から同部落民三名をも入会権者団体構成員に加え、以来右四部落民は平等に本件林野を入会地として使用してきたこと、入会権者団体構成員は、右部落に居住しているだけでは構成員とされず、構成員である家から分家し新たに世帯を持った者は、その願出により構成員ないし役員の承認を得て始めて構成員とされ、この場合新たに加入する者は金三円を入会権利者団体に納入するならわしであり、また他部落から移住した者も同様の方法により入会権者団体構成員に加入することが認められ、この場合には金七円を右団体に納付するならわしであったこと、往時本件林野の管理運営には、町内頭が数名の世話人の補佐を得てこれに当ってきたが、近年になってから構成員はその中から委員および委員長を選出して、これらの者に本件林野の管理運営に当らせていること、構成員は、本件林野から青木（松・杉・檜等の常緑樹）はみだりに伐採することを禁じられているが、一定の場所から自由に肥・飼料用として草を採取し、日時を定めてかや・柴・薪の類を採取したり、木分けと称し、地域を区分し、くじ引きにより炭材の分配を受け、構成員が火災等不慮の災厄により家屋を失ったような場合には建築用材の分配を受け、また、部落の火の見やぐらや橋梁等公共用資材を採取するなど、原判決添付目録㈣記載の収益ないし分配を得てきたこと、明治三〇年代、伐採跡地である本件林野の一部を土田子之助および原田伊之松に耕作させたが、右両名はその謝礼のため、耕作跡地に献納木として約一、〇〇〇本を植林し、近年これが成木して伐採して売却してから本件林野に植林するようになったこと、昭和二六年本件林野内から自然生赤松を伐採し、該代金を部落用消防ポンプ代金にあて、残金はその後構成員に分配したこと、構成員は、本件林野内の採草地の山焼や山道造りなどの労役に従事するのをその義務とされてきたが、前記のように本件林野に植林するようになってからは、杉の植付け、下刈り、下枝落し等もその義務とされ、旧来からの構成員であった者とその後構成員に加えられた者との間に区別なくこれら労役に従事してしたこと、構成員は従来その家督相続人によってその地位を承継されてきたが、昭和二三年改正民法施行後は、構成員の後継世帯主たる相続人が、その地位を承継するものとされていること、本件林野はいずれも部落有地と認められた結果、大正一五年三月一五日いわゆる統一により笹子村(後、鳥海村となる。)に所有権を移転したものであり、その際、月山一二・一四番山林については字町・福島・下野部落が代金を拠出し、部落有とした土地と認められ、公課金に相当する使用料を納付して従前通り永久に使用することができ、大沢一八番原野および大沢二一番山林については、公課金に相当する使用料を納付して秣草、かやの採取、自家用薪炭材および垣根用材を伐採することができ、剰余地に造林したときにはその収入が得られ、また、林野の副産物は無償で採取することができること、以上の事実を認定することができる。

前記証人〈略〉尋問の結果中、右認定にそわない部分は前掲他の証拠に対比して信用できない。

控訴人らは、本件林野はいずれも小沼龍造外五八名が買受け、その共有(大沢一八番原野については同人外六一名の共有)となったものである旨主張し、〈証拠〉本件土地が共有地であるかのような記載があるけれども、右乙三号証の一は、いわゆる統一により本件林野が笹子村の所有となってから後の昭和三年一二月七日に作成されたものであり、月山一二番山林につき、町・下野・福島部落有地と表示し、「此の壱人共有権売渡代金六拾円也、（中略）土地共有権売渡申候（後略）」と記載してあるところからみると、右にいう共有権とは、その持分権をさすものではなく、右山林についての収益すなわち入会権に着目して、その売買を意図したものとみられ、成立に争いない乙第二号証中の本件林野に対する共有持分の売買の意義についても同様に解することができる。また、〈証拠〉にいう共有地とは、組（旧時代の村落においては数組に分かれていた。）の共有関係に着目した表現とみられ、本件林野が純然たる個人の共有地であった証左とは認め難いのである。そして、原審における控訴人権利者団体代表者小沼登雲本人尋問の結果に徴し、成立を認める乙第七号証図面裏面（乙第七号証図面について成立に争いがないけれども後に追加提出された裏面については認否はない。）の記載によれば、元禄年間月山には御林（藩有地）と百姓持山があったことがうかがわれるけれども、当時における百姓持山は、土地の収益を内容とするものにすぎないし、明治初年地券制度の創設により、個人所有の土地については地券が与えられることになったが、他方において町村制度の改革が行われ、これに伴って町村の合併が行われた結果、旧来の村は合併町村を構成する部落(大字)でしかなくなり、本来「村持」として地券の交付を受けられた土地については、信託的に個人所有地として地券の交付を受けた事例が少なくなかったのであり、旧上笹子村および旧落合村に上来説示のごとく合併が行われたことの認められる本件においては、本件林野が明治初年地租改正に際し個人所有地と認められた一事により宅地や農地のように純然たる個人所有地であるということはできず、部落有地であるかどうかは土地使用の実情により決するほかなく、前認定の諸事情に徴すれば、本件林野は藩制時代数村の入会地であったことが推認されるのであり、冒頭認定のごとく、月山一二・一四番山林が篠子善宝の、大沢二一番山林が高橋喜平の所有とされたのは、信託的に個人所有地として地券の交付を受けた（前記乙第六号証によれば篠子善宝に右山林の地券が交付されたことが認められる。）ことによるものと認めるのが相当であり、また、大沢一八番原野が小沼龍造外一〇五名の所有とされたのは、明治初年地租改正当時における入会権者と解され、以上認定の事実によれば、本件林野は町・下野・福島・落合部落民の入会地と認めるのが相当である。〈略〉

(二) 次に選定者らが前記入会権者団体構成員であるかどうかの点について判断する。

(1) 鈴木章一郎について

〈証拠〉によると、鈴木章一郎の父鈴木又治は、大正八年四月鈴木太郎七家から分家し、以来字町に居住してきたが、右分家に際し、金三円を納付して入会権者団体構成員として加入することを承認され、昭和二二年右又治の死亡によりその財産を相続するとともに、その後継世帯主となり、本件林野に入会ってきたことが認められる。

(2) 大友良一について

〈証拠〉によると、大友良一の祖父大友万七は、明治四一年六月二三日上笹子六〇番地、大友歓一郎家から上笹子字川合五一番地に分家し、以来同所に居住してきたが、右分家に際し、大友歓一郎は、右万七のため金三円を納付して入会権者団体構成員として加入することを承認され、昭和二七年一〇月三一日右万七の死亡により、その長男栄太（同人は昭和二六年六月二六日死亡）の二男である大友良一は、右万七の財産を相続するとともに、その後継世帯主となり、右万七の地位を承継したことが認められる。

(3) 大場乙次について

〈証拠〉によると、入会権者団体構成員であった大場儀八の地位は、その長男大場斧次郎を経て大場常太郎に承継された。右儀八は斧次郎と別居して生活し、大正七年五月死亡した。そのころ右常太郎の弟である大場乙次は大場家から字町に分家したが、その際金三円を納付して入会権者団体構成員に加入することを承認され、以来本件林野に入会ってきたことが認められる。

(4) 小沼周三について

〈証拠〉によると、小沼周三の父小沼鶴助は、明治末期字町居住の小沼滝蔵の養子となったが、右鶴助は明治四一年四月三日金三円を納付して入会権者団体構成員に加入することを承認され、本件林野に入会ってきたが、昭和三二年ころ鶴助の死亡により、その子である小沼周三は鶴助の財産を相続するとともにその後継世帯主となり、鶴助の地位を承継したことが認められる。

(5) 鈴木惣右衛門について

〈証拠〉によると、同人の祖父鈴木利七は明治三〇年ころ上笹子村馬場から字町に移住して農業を営んでいたが、そのころ金七円を納付して入会権者団体構成員に加入することを承認され、鈴木惣右衛門は父鈴木兼吉を経て右利七の地位を承継し、その間字下野に移住してからも本件林野に入会ってきたことが認められる。

(6) 赤川正三について

〈証拠〉によると、同人の祖父は医師で明治三三年旧笹子村下笹子に移住し、赤川正三の父赤川久弥は笹子村書記に任命された。明治四二年久弥は赤川家から分家して字下野に居住するに至ったが、同年九月一日金七円を納付して入会権者団体構成員に加入することを承認され、赤川正三は右久弥の後継世帯主として久弥の地位を承継し、本件林野から薪炭材の配分を受けたり、植林のため本件林野に立入ってきたことが認められる。

(7) 今野万助・今野寅松・高橋喜一・今野佐平治について

〈証拠〉によると、旧上笹子村町組・下野・福島組が本件林野を買受けた当時においては落合部落には今野左平治の祖父今野佐市、今野万助の祖父今野和吉および今野常蔵の三家しかなく、これらの者は従前から本件林野の地元部落民として本件林野に入会っていた関係から、いずれも入会権者団体構成員とされ、右左平治は先代今野音次を経て家督相続により右佐市の地位を承継し、今野万助は父久松の承祖相続により右和吉の地位を承継し、高橋喜一の曾祖父高橋権七は明治二一年五月三〇日下笹子村八七番地高橋喜平の養子となり、やがて分家し、その長男喜造の代になってから、明治四二年ころ金七円を納付して入会権者団体構成員として加入することを承認され、父田一を経て右喜造の地位を承継し、今野寅松は昭和一五年八月一五落合部落に居住していた今野忠次の壻養子となった者であるが、いつの間にか入会権者団体構成員として処遇され今日に至ったことが認められる。

(8) 大友良三について

〈証拠〉によると、大友良三の父大友末治は、明治三九年八月二八日笹子村上笹子六〇番地大友歓一郎家から同村上笹子字福島三八番地に分家して農業を営んでいたが、明治四〇年七月一一日金三円を納付して入会権者団体構成員として加入することを承認され、昭和二二年右末治の死亡により大友良三はその後継世帯主として末治の地位を承継し、本件林野から薪炭材の配分を受けるなど本件林野に入会ってきたことが認められる。

(9) 菅野宇一・大場久一について

<証拠>を総合すると、菅野宇一の父与一郎は明治三〇年分家した際入会権者団体構成員として加入することを承認され、右宇一はその後継世帯主として本件林野に入会ってきたこと、および大場久一の父久造は明治四一年入会権者団体構成員として加入することを承認され、右久一はその後継世帯主として本件林野に入会ってきたことが認められる。

以上認定の加入金は、親睦団体たる町内会ないしは「おひまち」と称する会合への加入金であり、また、分家者らに本件林野への立入りは恩恵的に許容したかのように証言する原審証人<略>の供述部分は信用できない。

また、乙第一号証の一・二(町内会議議案)中には、町・下野組合土地を該土地所有者の分家者が使用するには、町内会議に付して許可を受け、分家者は金三円の使用料を支払って土地を使用し、三年毎に更新することができるが、立木の売買代金については配当しない旨の記載があり、右証人<略>らは、右土地のうちには本件林野も含み、従来行われてきた慣行を成文化し、大正八年に制定されたものであるかのように供述するが、従来の慣行を成文化したとの点については、本件林野に関する限り以上認定の事実に照合して信用できず、また<証拠>によるもいかなる者がいかなる方法で決議したかは全く不明であり、部落民を拘束しうるものであるかどうかは疑問としなければならないところであり、仮りに本件林野を含めて町内会が決議したところで、入会権者団体構成員全員が該決議に賛同したことも、入会権者団体構成員が町内会の決議に一切を委ねる慣行のあったことを認めうる証拠のない本件においては、右の決議をもって入会権者団体構成員を拘束することは許されないものといわなければならないのであって、このことは本件林野が純然たる共有地であることを前提に昭和三三年に作成した乙第一二号証(共有地管理規約)についても妥当する。

選定人今野左平治名下の印影が同人所持の印により顕出されたものであることは当事者間に争いがなく、当審における被控訴人今野左平治本人尋問の結果より成立を認める乙第三三号証によると、選定者今野左平治は、落合部落代表として、昭和三〇年八月一日付書面をもって町・下野・福島部落代表者にあて、落合部落有地大沢の隣接地月山には大沢とともに造林等の際は町・福島部落の者とともに作業してきたのであるから、特別の同情をもって月山へ加入を認めてもらいたい旨の書面を提出したことが認められるけれども、右本人尋問の結果によれば、右今野左平治は大友寅松から落合部落民は月山所在の山林について権利は有しないものである旨いわれ、ことの意外なのに驚いて考えていたところ、同席していた小沼三郎に加入すればよいではないかとすすめられ、同人の記載した前記書面に落合部落分家出身者を代表したつもりで自己の名下に押印したものであることおよび、右今野左平治は右の次第を母に話し、母から甲第一号証を見せられはじめて入会権を有することの確証あることを知ったことが認められ、右乙第三三号証は(7)記載の選定者らが入会権を有しないことの証左とすることができない。

控訴人らは、営農者でなければ入会権者たり得ないかのごとく主張し、選定者小沼周三が営農者でないことは当事者間に争がなく、成立に争いない乙第三一号証の二・四ないし六によると、選定者鈴木惣右衛門・菅野宇一・赤川正三・今野万助らは、いずれも営農者でないことが認められる。しかし、入会権者団体構成員の資格要件として営農者でなければならない理由はなく、本件においてかかる資格を必要とするなんらの証拠もない。〈証拠〉によると、従来営農者でない慈恩寺その他の者をも右構成員としていることが認められる。もっとも営農者でない者は、肥飼料用採草の必要はないけれども、これは必要がないために右採草をしないまでのことで、本件林野から冬囲い用の「かや」や薪炭林を採取するなど、前段認定の共同収益の慣行を有する以上かかる者をも肥飼料用の採草を含む原判決添付目録㈣記載の入会権（収益権能）者というに妨げがない。

㈢ 選定者鈴木清次・鈴木末吉承継人鈴木フヨ・大友丙二郎・菅野国松・鈴木金治に関する付帯控訴につき考えるに、選定当事者は、選定者の代理人として訴訟を追行するのではなく、選定者から訴訟実施権を委任されて訴訟を担当するのであり、民事訴訟法がかかる制度を設けたのは、多数の者が全員原告または被告として自ら訴訟を追行すると、裁判所にとっても当事者にとっても繁雑であって、訴訟の円滑な進行を阻害するのでこれを避けようとしたことによるものである。しかしながら、民事訴訟法は、共同の利益を有する多数者が訴訟を追行する場合に、当事者となるべきものを選定することを義務づけてはおらず、当事者を選定すると否とは全く自由であり、また、いったん当事者を選定しても、いつでもこれを取消しうることを定めているのであって、当事者の選定に関する民事訴訟法第四七条の規定は、共同訴訟の特則とみるべきものである。それゆえ、同条にもとづき当事者となるべき者を選定して訴訟を追行する場合、当事者としては選定された一人または数人であり、共同の利益を有する選定者らの法律関係を訴訟の対象とするものであるが、その実態は選定者らが各自訴訟を追行する共同訴訟の一変型にすぎず、被選定者を当事者とする判決の効力は選定者に及ぶ（民事訴訟法第二〇一条第二項）のである。したがって、第一審において、選定者らの一部の者の関係において請求を認容し、他の一部の者の関係において請求を棄却する旨の判決言渡しがあり、これに対し被選定者において控訴を提起せず、相手方において右請求を認容した部分につき、不服として控訴した場合においては、右請求を棄却された一部の選定者らの関係においては移審の効力は生ぜず、付帯控訴の方法により請求を拡張して敗訴の判決言渡しを受けた選定者らの関係において審判を求めることは許されないものといわなければならない。

本件記録によると、被控訴人らは原審において上記選定者らを除いた別紙選定者目録記載の選定者の関係においては勝訴の、前記選定者らの関係においては敗訴の判決言渡しを受けたのに、右敗訴部分については所定期間内に控訴を提起せず、控訴人（被告）側において右勝訴部分を不服として控訴申立てをしたことが明らかであるから、前記選定者らの関係においては移審の効力を生ぜず、したがって、被控訴人らが一部敗訴の判決言渡しを受けたものということができず、付帯控訴の方法により請求を拡張して前記選定者らの関係において審判を求める被控訴人の請求は不適法としてこれを却下すべきである。

㈣　本件林野内の松・杉等の常緑樹はみだりに伐採することを禁じ、これを公共用材としたりまたは公共施設の資金を得るための財源としたり、その残余金を構成員に分配し、近年になってから本件林野に杉の植林をするようになったことはすでに認定したとおりであり、〈証拠〉によると、古くは月山地内の老杉を売却して、その代金を入会権者団体構成員に分配したが、昭和三一年には三回にわたり、本件林野内の杉立木を売却して該代金を構成員に分配したことが認められるから、本件入会地の利用形態も時代に即応して変遷し、入会権者団体が直接入会地に植林してこれを売却して構成員に配分する慣行を生じたものと認めることができる。

そして、昭和三一年八月一四日月山一四番山林の杉立木七四一本を代金三、一二八、〇〇〇円で売却し、そのうち原判決別紙目録㈤記載の五九名に対し、一人当り金三二、〇〇〇円、金一二、〇〇〇円の二段階に分けて合計金、一、八七四、〇〇〇円を配分したこと、昭和三三年三月一二日月山一四番山林に生立していた杉立木五一八本を代金一六六万円で売却し、そのうち一人当り二四、〇〇〇円ずつ合計金一、四四五、五〇〇円を前記五九名に配分したこと、および昭和三四年二月八日本件林野の杉立木一、六四〇石を代金二九三万円で売却し、そのうち二、六五九、〇〇〇円を配分したことは当事者間に争がなく、〈証拠〉、右二、六五九、〇〇〇円については、別紙選定者目録記載の者に対しては配分されなかったことが認められる。(右甲一八号証中には、被控訴人今野左平治が月山一二・一四番山林分として金二八、五〇〇円の配分を受けた旨の記載があるが、〈証拠〉によれば、右金員は同被控訴人が佐藤金作の相続人佐藤初次郎から月山一二番の共有持分権——本来の共有持分権と解されないことは上来説示のとおり——を譲受けたものとして配分されたものであり、同被控訴人が入会権者団体構成員として配分を受けたものでないことが明らかである。)

そうすると、右配分金合計金五、九七八、五〇〇円は、五九名の外、別紙選定者目録(一)、(七)ないし(六)記載の一三名に対しても平等に配分すべき筋合であり、右金額を七二名に平等に配分すれば、一人当り八三、〇三四円となることが計算上明らかであるから、控訴人権利者団体は右選定者一三名に対し、右金額の範囲内である各金七七、六四〇円および、これに対する本件訴状が控訴人権利者団体に送達された翌日であること記録上明らかな昭和三六年一月二二日から完済に至るまで民法所定の年五分の割合による金員を支払う義務があるというべきである。

(五) 選定者鈴木惣右衛門が転出したことは当事者間に争いがなく、〈証拠〉同選定者は昭和三七年一一月二九日別紙選定者目録(ニ)記載の住所から横浜市神奈川区三ッ沢上町一四六番地に転出したことが認められる。被控訴人らは、同選定者は一時出稼ぎのため一時転出した旨主張するが、同人が一時居所を移したと認めうる証拠はなく、〈略〉鳥海村長が旧住民登録法所定の届出にもとづき同選定者の転出を証明したものであることは、文言上明らかであり、同証明書にいう転出とは、当該市町村の区域外に住所を定めた場合をいうものであるから、同選定者は右日時において鳥海村住民でなくなったものといわなければならないのであり、したがって下野部落民たる資格をも喪失し、これにより本件林野に対する入会権（収益権能）を失なったものというべきであるから、被控訴人らの本訴請求中、同選定者につき入会権を有することの確認を求める部分は失当としてこれを棄却すべきである。（右入会権の喪失は前段認定の立木代金の分配請求につきなんらの影響を及ぼすものでないことはいうまでもない。）

なお、原審における証人〈略〉の各供述によると、控訴人権利者団体はすでに町・下野・福島・落合部落を離れた者に対しても前示立木代金を分配していることが認められるけれども、これは本件林野が共有地であり、入会地ではないとの見解に立つものであって、右部落を離れても入会権を保持させる慣行があったものと認めることはできない。

㈥　選定者赤川正三が字町・下野・福島・落合部落以外の字石神に居住していることは当事者間に争いがない。原審証人〈略〉の各証言、弁論の全趣旨によると、同選定者の父久弥は下野部落に居住していたが同選定者の代になった昭和二一年字石神に移転したこと、石神部落は字町・下野に近接しており、従来の入会権者団体構成員が字石神に転居しても入会権を認められ本件林野に入会ってきたこと、従来から権利を有すると認められている慈恩寺は字石神に所在することが認められ、右認定を左右する証拠はない。

そうすると、特段の事情の認められない本件においては、字石神部落は町・下野部落と同視される共同生活圏内にあるものと推認することが相当であり、同選定者が字石神へ転居したことによっては入会権を喪失しないものといわなければならない。

㈦　以上の次第で、被控訴人らの本訴請求中、別紙選定者㈠、㈦ないし㈨、㈡ないし㈥記載の選定者らの関係において本件林野に対する入会権の確認を求める部分および右選定者および選定者鈴木惣右衛門の関係において立木代金の支払い（配分）を求める部分は正当として認容し、その余は失当としてこれを棄却すべきである。

右と一部異なる原判決は主文第一項のとおり変更すべく、また、本件付帯控訴は違法であるからこれを却下すべきである。

原判決は、当事者として選定された被控訴人（原告）両名と選定者らを用語上区別しており、また、原判決添付目録㈠選定者目録中には、選定者である今野左平治および大友良三の記載を欠いているけれども、民事訴訟法第四七条は、共同の利益を有する多数者のうちから当事者となるべき者を選定すべき旨規定し、本件記録（第一二丁）によれば右両名は他の選定者らとともに、自己および相手方を当事者となるべき者として選定していることが明らかであり、原判決中被告両名とは、訴訟を追行すべき当事者としての今野左平治、大友良三のほかに選定者としての右両名を指称する趣旨であることは、原判文を通読して理解することができるから、原判決中主文第二項を主文第七項掲記のとおり更正し、かつ、原判決添付㈠選定者目録を別紙選定者目録記載のとおり改めるにとどめる。

よって、訴訟費用の負担につさ、民事訴訟法第九六条、第八九条、第九二条を適用して主文のとおり判決する。」

〔15〕最高裁昭和四八年三月一三日判決（昭和四二年(オ)五三一号　入会権確認等請求事件）（最高民集二七巻二号二七一頁）

本件は、同一集落内における分家などの新戸が、在来の住民たる旧戸と同等の入会権を有するか否かにかんするもので、係争地が国有地であったため国有地上の入会権の存否が争われたが、本判決は国有地上に入会権が存在することを判示した、重要な判決である。

係争地は青森県西津軽郡木造町広岡部落内にある津軽半島西海岸の屏風山とよばれる海岸防風林である。藩制時代から広岡部落の入会地であって明治初年の土地官民有区分により官有地に編入され、その後も住民はその土地上に樹木を植栽し、これを官地民木といってその所有と伐採が認められ、また下草類を採取することができた。この部落は明治中期三六戸であったので、国にたいする関係で「何某外三五名」として交渉などをするようになった。そのためこの三六戸のいわゆる旧戸は、屏風山に権利を有するのは旧戸のみで、新戸は権利を有しないという態度をとるようになった。

昭和二七年および二八年に旧戸三六名は屏風山の黒松その他の樹木を伐採し、伐採木およびその売却代金を旧戸三六名だけで配分しあるいは消費した。新戸三一名が、旧戸のそのような行為は不当であるとして旧戸を相手として、屏風山に旧戸と同等の割合をもって入会権を有することの確認を求める訴を提起した。

その理由として、広岡部落では旧戸新戸をとわず森林育成のため平等に労力を負担し、またその収益も平等に配分されていること、部落に一戸を構えて定住すれば入会権を取得し、部落から転出すればその権利を失うこと、をあげている。

第一審は古くからの係争地にたいする使用収益慣行を理由に入会権の存在を認め、その入会権はいわゆる官有地入会権であって部落住民各自その部落の一員として収益権能を有する、という理由で新戸の入会権を認めた。第一審では国有地であることを理由として入会権の存否が争われていないが、法的な判断について裁判所は当事者の主張に拘束されないから、国有地上に入会権は存在しないという大審院判決に従うなら裁判所は当時者の主張にかかわらず入会権の存在を否定できたはずであるが、本判決において裁判所が国有地上に新戸を含む部落住民が入会権を有すると判示したのは、大審院判決の先例性を否定したものとして注目すべきである。

旧戸側は控訴して次の如く主張した。

(1)係争地は明治初期に国有地となったのであるから従来の入会権は消滅し（大審院大正四年三月一六日判決）、もはや入会権は存在しない。旧戸たちが係争地上に有する松立木は、その先代の共有物として公認され公簿にも登録されたもので、その共有権は譲渡性がなく、共同相続の目的とならず、部落退去者は権利を失う。その性質は純然たる共有ではないがいわゆる総手的共有であって入会権のごとき総有ではない。

(2)係争地の一部に旧戸と新戸とが共同で杉の植栽を行なったところがあるがこれは情愛により新戸の参加を認めたものであり、またある部分を新戸にも分割利用させているが、これは契約によって利用させているのであるから新戸が入会権を有するとはいえない。

第二審は、係争地上に広岡部落住民の入会権が存在し、新戸も旧戸と平等の権利義務を有することを認めた。第二審では大正四年大審院判決＝国有地上に入会権が存在するか否かが正面から争われているがこの点に関しては、(1)地租改正当時官有地に編入された土地につき入会権を消滅させる旨の法規がないこと、(2)民法が慣習による入会権の存在を認め、これについて民有地と国有地とを区別していないこと、を理由として国有地上に入会権が存在することを認めている。国有地上入会権の存在を否定した大審院判決を正面から批判し反対の立場を明らかにしている、注目すべき判決である。

旧戸側は上告し、要約次の如く主張した。(1)藩政時代における入会慣行の証明が不十分であり、明治以降旧戸らが係争地上に有する借地権を単純に入会権であると判断したのは審理不尽の疑いがある。(2)新戸が係争地を収益使用するのは旧戸の恩恵的措置によるものであって権利にもとづくものではない。

(棄却) 最高裁は、明治初年の土地官民有区分による国有地編入処分によって当然に入会権は消滅するものでない、と判示し、これと異なる大審院判例(大正四年三月一六日判決等)は変更さるべきもの、とした。そして係争地上においては国有編入後も入会権は存続し、現在も旧戸新戸を含むこの部落住民総体の入会権が存在するから新戸も旧戸と同等の入会権を有する、と判示して旧戸の請求を棄却した。右の如く本判決は国と入会集団との間における入会権存否についての紛争ではないが、国有地上の入会権を否認した判例を変更したものとして注目すべきである。ただ、傍論ではあるが、官有地上に住民の立入を制限し、あるいは相当の借地料を支払わせて入山させた場合など入会権が消滅し、あるいは形態を異にする権利関係に移行するとみられる、と述べているのは、不必要な論示といわざるをえない。

◇(第一審　青森地裁鰺ヶ沢支部昭和三二年一月一八日判決　同二八年(ワ)五二号　民集登載)認容

◇(第二審　仙台高裁秋田支部昭和四一年一〇月一二日判決　同三二年(ネ)二九号　民集登載)棄却

〔50〕最高裁昭和四八年三月一三日判決（昭和四六年(オ)七号　官行造林収益分収金権利者確認請求事件）

本件は、市町村有となったもとの部落有地上に設定された官行造林の分収金の帰属をめぐる、部落の在来の住民と分家や外来者等新たに住民となった者との紛争にかんするもので、係争地は熊本県人吉市薩摩瀬地区所在の人吉市有林である。

係争地は官民有区分により国有地となったが、明治四〇年不要存置処分により当時の西瀬村薩摩瀬部落（住民）に売払われ、薩摩瀬部落住民共同の採草、採薪地として利用されてきた。大正一〇年部落有林野統一により西瀬村有となり、西瀬村と国との間に分収率五分五分の官行造林が設定され、同時に西瀬村の収益五分を、さらに村と前所有者たる薩摩瀬部落との間で五分五分に分収する旨が定められた。のち西瀬村は人吉市に合併されたが、昭和三五年以降右の官行造林木が伐採され、人吉市はその分収益五割のうちの五割を、薩摩瀬部落在来の住民で山組合員といわれるYら八五名に交付した。これに対し山組合員以外の薩摩瀬部落の住民Xら五二名が、自分達も右分収金の配分をうける権利を有することの確認を求めて、山組合員八五名および人吉市を相手として本訴を提起した。

Xらの主張は、係争地は不要存置処分により薩摩瀬部落の所有となったのであるから分収収益金は地盤の前所有者たる薩摩瀬部落住民（世帯主）が受けるべきものである、というにある。これに対するYらおよび人吉市の抗弁は次のとおりである。

(1)明治四〇年に係争地を買受けたのは、当時薩摩瀬部落の別の入会地の共有者であった山組合員一〇〇名で、当時入会利用地に不足していたので山組合員が山組合の収益金その他組合員の負担金で、国有不要存置林を買受けたのであり、当時の規則等によると部落名をもってしか買受けできないこととなっていたので山組合員は部落名をもって買受けたが、実際はその後山組合員のみの入会採草地とされていたのである。(2)したがって係争地を西瀬村に提供したのは山組合員一〇〇名であり、分収収益金の交付をうけるのは、当然不在者等を除く現在の山組合員たるYら八五名である。(3)旧西瀬村戸越部落においても薩摩瀬部落と同じ条件で部落有林の村有統一、官行造林設定が行われており、同部落には官行造林地の前所有者であったAら九二名と西瀬村との間に分収収益金を交付する旨の契約書が作成されているが、これは収益金交付の対象となるのが部落ではなく統一時の共有権者であることを示すものであり、薩摩瀬部落においても同様である。

第一審判決は、係争地が国から売払われる当時、薩摩瀬には山林共有者の団体である山組合が存在し、それは当時の部落住民のほぼ全員であること(当然それは入会集団というべきであるが、判決は入会あるいは総有という用語をつかわずむしろ部落の解体、近代的共有形態を強調する傾向にある)、そして山組合員が各個人で金銭的負担をすることにより係争地の売払をうけて係争地の共同所有者となったこと、したがって山組合員が係争地を西瀬村に寄附統一したのであるから、当然分収収益金の交付をうけるのはXら山組合員である、と判示した。

Xら控訴したが第二審も第一審と同旨であったので、上告して次の如く主張した。

(1)係争地は旧国有林野法施行規則等により国有林野に縁故を有する市町村の一部たる部落が売払をうけたのであって部落住民が買受けたのではない。(2)係争地が売払により所有権登記が大字薩摩瀬となっている以上、所有者は公法人たる部落すなわち財産区であるとXは主張しているのに、原判決はそれに対する説明がなく、また、係争地の西瀬村への寄附処分が村会で議決されており、薩摩瀬部落に戸越部落のような契約書がないことは係争地が特定の個人共有でなく部落有であったことを示すものである。

（棄却）「上告代理人庄司進一郎の上告理由一および四について。

原審が適法に確定した事実関係のもとにおいては、明治四〇年三月二〇日付で本件土地の旧西瀬村大字薩摩瀬部落名義の持分部分を国から売払を受けた者は、同部落の住民である赤坂円七ら九五名のいわゆる山組合員であり、したがって、これを大正一〇年一二月一〇日旧西瀬村に寄付した者も右山組合員であった旨の原審の認定判断は首肯しえないわけではない。原判決（その引用する第一審判決を含む。以下同じ。）に所論の違法はなく、論旨は採用することができない。

同二、1、(イ)、(ロ)および(ハ)について。

原審が所論の主張を排斥したことは、原判示に徴して明らかである。原判決に所論の違法はなく、論旨は採用するに足りない。

同(ニ)について。

所論指摘のような事実があっても、直ちに、本件土地の薩摩瀬部落名義の持分部分を旧西瀬村に寄付した者が実質的には前記山組合員であると認めることの妨げとなるものではない。したがって、原判決に所論の違法はないから、論旨は採用しない。

同(ホ)について。

所論の点に関する原審の認定判断は、原判決挙示の証拠関係に照らして肯認することができ、その認定判断の過程に所論の違法は認められない。論旨は、ひつきよう、原審の専権に属する証拠の評価、事実の認定を非難するものにすぎず、採用することができない。

同(ヘ)および(ト)について。

所論は、原審の認定にそわない事実を前提に原判決の違法をいうものにすぎず、採用するに足りない。

同(チ)および三について。

所論は、原判決の結論に影響のない点について原判決の違法をいうものにすぎない。原判決に所論の違法はなく、論旨は採用することができない。

よって、民訴法四〇一条、九五条、八九条、九三条に従い、裁判官全員の一致で、主文のとおり判決する。」

◇(第一審　熊本地裁昭四二年四月一三日判決　同三八年(ワ)三八五号)棄却

「一　被告人吉市に昭和一七年二月一一日合併された旧西瀬村が、大正一〇年一二月一〇日、官行造林地として国に提供するために本件土地の寄附を受け、将来国との間で一対一の割合で分収する収益のさらに二分の一を、その寄附をした者に支払う旨を約したこと、および被告八五名は、球磨郡西瀬村大字西浦字熊の鹿倉三番地山林八町歩外数筆の山林の共有者であるところのいわゆる山組合員が、右分収金の権利者であると主張し、被告人吉市もそれを認めて被告八五名に分収金を支払っていることは、いずれも当事者間に争いない。そこで大正一〇年一二月一〇日本件土地を西瀬村に寄附した者は、原告らが主張するように「薩摩瀬部落」であったかどうかについて以下順次判断することゝする。

二　大正一〇年一二月一〇日西瀬村に寄附統一した本件土地は、いずれも明治四〇年に不要存置国有地として国から払下げを受けた土地であることは当事者間に争いない事実である。そこでまず右払下げを受けたのは一体だれであったかについて考えてみるに、登記簿上その払下げを受けて所有権を取得したものが「薩摩瀬」として部落名で表示されていることは、〈証拠〉によって明らかである（別紙物件目録1および3の各土地は大字西浦の矢黒および永野下組の各部落と、2および4の各土地は同大字の戸越部落とそれぞれ共有名義となっている）。

しかし、

(1) 〈証拠〉西瀬村大字薩摩瀬および大字西浦地区は昔から区有財産としての山林、原野を所有し、そこに同地区の住民が自由に立入って薪炭材等を採取していたのであるが、明治三〇年ごろその一部を各部落の住民に共有名義で払下げることが行われ、その際払下げを受けた山林共有者がいわゆる山組合（あるいは山株）を組織したものであるところ、本件薩摩瀬部落においては西瀬村大字西浦字熊の鹿倉三番地山林八町歩を明治三一年三月三〇日で赤坂円七外一〇一名が払下げて山組合を結成した。そしてそれは通常の共有形態であって各自に持分があり、その譲渡は自由とされていた、との事実を認めることができ、その認定に特に反する証拠はない。

右の事実によるとき、区（部落）そのものが山林、原野を所有して、その住民が採木、採草していた状態から、部落有山林の一部にせよそれを特定人に払下げて、近代的所有権（共有）の対象としたということは、所有形態において団体結合関係そのものが前面に出てくる、旧来の「部落」というものの崩壊ないしはその兆を、まず認めざるを得ないというべきである。〈証拠〉明治三一年に部落有財産の払下げを受けた当時は、部落のほとんどの住民が農民であって山林原野を必要としたので、その払下げにはほとんど全員の住民が参加したと思われるのであるけれども、それはたまたま全員の部落住民が共有者になったというだけであって、なお部落崩壊の傾向はこれを否定し得ないものと考える。
さらに明治四〇年には、前記のとおり本件土地が不要存置国有地として払下げられたのであるが、〈証拠〉その際、川口シカノ、山口己吉および西喜三郎の三名は、従来山組合員であったけれども、その払下げに参加しなかったことを認めることができるし、さらに当時は、近代的所有権をうたった現行民法も公布（明治二九年）、施行（同三一年）されて相当の日時が経過していたのであるから、旧来の「部落」の崩壊は到底否定し得ない状況に立ち至っていたというべきである。

かような状況において本件土地の払下げは行われたのである。

(2) 〈証拠〉によれば丙第二号証の一ないし四は前記国有地払下げの際の売払願を、当時西瀬村役場に勤めていた蓑田治男が書き写して保存していたものであるが、そのうち丙第二号証の一の西瀬村大字薩摩瀬字浜川一、八二四番地および字平田一、六九八番地国有林野八町八反一畝二四歩については「西瀬村大字薩摩瀬部落ニ於テ将来本部落耕作用堤防用等必要ニ付」との理由をもって、明治四〇年二月二五日付で、薩摩瀬部落惣代高橋吉三郎から熊本大林区署長山林技師田中喜代次宛に売払願が出されているのに対し、本件土地を含むその他の土地についての売払願（丙第二号証の二ないし四）には「部落ニ於テ府県設置以前ヨリ入会慣行ノ縁古ヲ有スルニ付」との理由を付している外、前記丙第二号証の一の売払願にはない払下価格の負担、その支払いの有無等につき詳細な記載がなされている一方、出願者の氏名、出願の日、出願の相手方など丙第二号証の一については存した記載が欠けている。しかし右丙第二号証の二ないし四の売払願には当時別に個人名を連記した名簿が添附されていたのであるが、前記蓑田治男において書き写す際それは省略したために右のようになっているものである、との各事実を認めることができ、この認定を覆すに足る証拠はない。

(3)　次に前記丙第一号証の二の「支出の部」に明治四一年三月二〇日付で金三円九一銭八厘の記載があり、その支出理由として「川ロシカノ山林原野払下願ニ不参加ニ付共有金払戻ノ分六円六銭ノ内（二円一四銭二厘ハ同払下ニ付現金取立ノ内ヨリ仕払タル残額）川ロシカノ渡」なる記載がある。すなわち同号証によって、国有地払下げの際個人から現金を取り立てた事実の存することを認定することができる(個人が現金を拠出した事実自体は原告らもこれを認めている)。そして〈証拠〉本件土地の一部である地蔵平、八峰平の土地（別紙物件目録1および3の土地）の払下代金は金六五一円六三銭九厘であって、その半額は明治四〇年三月二〇日契約締結の際即納し、残額は明治四一年三月一〇日までの延納願が出されていてその七割を薩摩瀬部落が負担することになっていたところ（その余は矢黒と永野下組の負担）、右七割に相当する金二二八円七銭四厘にほぼ近い金二三〇円が、地蔵平、八峰平払下代金として明治四一年三月五日付で右丙第一号証の二の支出の部に計上されていることが認められる。

ところで右丙第一号証は一体どこの帳簿であるかについて考えてみるに、それが現在は被告八五名で構成されている旧薩摩瀬部落の山組合に保存されている帳簿であることは、〈証拠〉明らかである。次にその表紙（丙第一号証の一）は「村山立木売却代金決算報告後ノ収支計算書及領収証綴」となっているのであるが、そこにいわゆる「村山」が明治四〇年に払下げを受けた国有地を指すのか〈略〉、あるいは明治三〇年来の山組合の共有山林全体を指すのか〈略〉帳簿自体からは必ずしも明らかでない。このような不明確な記載の生じた理由は、前認定のように、明治四〇年当時までは薩摩瀬部落のほとんど全員の住民が山組合に加入していたのであるから、この帳簿が部落そのものの帳簿か、あるいは山組合のそれであるかというようなことは所持者において明確に意識されていなかったことに基因すると思われる。しかしながら払下代金は、その全部か一部かは明らかでないが個人が拠出していること前認定のとおりであり、しかもそれが山林、原野を必要とした人達によって拠出されたであろうことは容易に推認し得るところである。そして山林原野を必要とした人々は明治三〇年に山組合を結成した、その人達であろうこともまた推認するに難くない。

そうであるならば、現在は山組合において保存している帳簿であるという前記認定事実も加味するとき、丙第一号証はいわゆる山組合の帳簿であり、そこに記載されている金二三〇円は山組合からの支出であるとする被告らの主張は、相当根拠のあることといわざるを得ない。

(4) 原告らは右払下代金は薩摩瀬部落そのものが支出していると主張し、その根拠として、明治三一年薩摩瀬部落が、熊の鹿倉三番地の部落有林野を赤坂円七外一〇一名に売却した際の代金四八九円五〇銭が同部落に保管されていたはずだと主張するが、〈証拠〉によれば、なるほど原告の主張する金額で熊の鹿倉の部落有林野が売却されたことを認めることができるけれども、その後約一〇年を経過した明治四〇年までそれが保管されていたと認めるのは、いかにも困難である。

また原告らは、払下代金を拠出した九八名（内三名は脱退）の者はのちに地蔵平、八峰平の立木のみの所有権を取得したが、土地そのものは部落が払下げたものであると主張し、原告田川政雪はその第一、二回本人尋問の際それに副う供述をなし、その理由として、土地そのものは部落でなければ払下げを受けられないことが、法律によって定められていたということのほか、丙第一号証の二によれば一人当りの拠出額は金六円六銭であって、九八名分で五九三円となるところ、右地蔵平、八峰平の払下代金がほぼそれに見合う点より考えれば、同人らは初めからその立木を目当てにしていたものと考えるべきであるばかりか、現に土地代に相当すると考えられる二七一円七〇銭を右九五名に返還していることが前記丙第一号証の二の記載によって明らかである旨供述する。しかし、まず法律の規定上部落でなければ払下げを受けられないとされているけれども（旧国有林野法第八条第四号、同施行規則第七条第四号）、入会権の整理を推進していた一連の立法経過からすると、右の部落をいわゆる実在的総合人としての部落そのものに限定し、部落民全員が夫々権利主体となる（すなわち部落民の共有とする）趣旨で部落名義をもって払下げをうけること、更には払下げをうけるものが部落民の殆んどであるような場合、その払下をうけるものが実質的に当該特定人の共有とすることにして部落名義をもって払下げを受けることまでも、右旧国有林野法が禁止し、その払下げを無効とする趣旨であるとは解されないし、また払下代金を拠出した九五名の者が、地蔵平、八峰平の立木所有権のみを取得したとみるのは、金額の点からする一つの推測に過ぎないものといわざるを得ず、到底採用することはできない。

以上の各点より考えれば、明治四〇年三月二〇日に本件土地の払下げを受けた者は、前記登記簿上の記載にもかかわらず薩摩瀬部落そのものとは解しがたく、それは当時その山林原野を必要とした薩摩部落住民（当時の山組合長）であったと認めるのが相当である。

三 〈証拠〉前認定のようにして国有地を払下げたのちの払下林野の利用および管理は、山組合に加入している住民のみによってなされてきたことが認められ、この認定を覆すに足る証拠はないのであるが〈証拠〉大正一〇年一二月一〇日西瀬村会において、西瀬村の各部落がその部落有財産（山林、原野）を西瀬村に整理統一（寄附）する旨、および西瀬村がそれを受理する旨の決議がなされ、本件薩摩瀬「部落」においては本件土地外一一筆の山林原野を寄附していることが認められるのである。すなわち本件土地を部落有財産として寄附したことになっていることが明らかである。しかし、

(1) まず右のように本件土地を含むいわゆる部落有林野を西瀬村に寄附統一するに至ったいきさつは、〈証拠〉によれば次のとおりであることを認めることができる。すなわち

明治四三年ごろから政府は、増大する木材の需要を満たし合せて治山治水の目的を達成するために、当時荒廃の傾向の著しかった部落有林野を、まず行政区劃としての市町村に統一する方針を打ち出し、強力にこれを遂行しようとした。それが明治二二年に施行された町村制を維持、強化する一方法とも考えられたのである。何故ならば市町村の一部を構成している部落が、市町村とは別にそれぞれ固有財産をもっているということは、市町村の融和を妨げ、その目的の遂行に支障を生ずることになるからである。しかし当初は部落有財産の無条件統一、すなわち市町村への無償譲渡という建前であったために部落住民の反対が強く、統一事業は遅々として進捗しなかったのであるが、大正九年に「公有林野官行造林法」が制定され、市町村有地に国が造林をなし、その収益を土地提供者の市町村と国が分収するという制度ができてからは、官行造林地とするため部落有林野を市町村に統一するという機運が急速に高まっていった。ところで西瀬村においては当時の熊本県技手片岡杢三らにより、部落所有名義となっている林野を西瀬村に寄附統一するよう強力な説得がなされたのにかかわらず、各部落では「昔からあった林野ではなく、明治四〇年に国から有償で払下げた土地である」から統一はできないとの意向が強く、容易にその機運は盛り上らなかったのであるが、前記片岡技手らのねばり強い説得により、官行造林に関して将来西瀬村が国との間で一対一で分収する収益の二分の一を、寄附統一した

者に支払うという条件のもとに、ようやく住民の納得を得ることができ、大正一〇年一二月一〇日西瀬村会においてその旨の議決がなされた、――以上のように認めることができ、この認定を覆すに足る証拠はない。

(2) 次に本件土地は登記簿上薩摩瀬部落所有とはなっていたが、実質的には山組合を結成していた住民の共有に関するものであったこと前認定のとおりである。

以上のとおりであるとすれば、部落有財産統一の事業は、部落所有名義となっている山林原野を市町村に統一しようとしたものであり、実質的には個人の所有（あるいは共有）であるかどうかということは特に考慮されないまゝ手続は進められたのであって、そのため本件土地についても部落有財産として村会の議決にもとづき西瀬村に寄附統一されたものであったが、実質的には右議決の形式にもかゝわらず、その共有者であった薩摩瀬部落の山組合員がこれを寄附したものであると認めるのが相当である。

四 次に〈証拠〉西瀬村大字西浦字戸越部落においては、住民九二名が連名のうえ西瀬村長に対し、大正一三年二月一〇日付「御願」と題する書面を提出して、前記官行造林分収金は右連名にかゝる部落住民に交付されたい旨を申出、同年三月（日は空白）付をもって西瀬村との間に、戸越部落寄附にかゝる土地上の官行造林分収金はその九二名の住民に交付する旨の契約書が作成されていることを認めることができるのに、他方本件薩摩瀬部落に関しては、戸越部落同様の契約書が現存しないことは被告らの自認するところであり、〈証拠〉戸越部落においては部落名義の林野が約二一七町歩存したのにかゝわらず、西瀬村に寄附したのは八八町三反一畝一一歩に過ぎなく、残りの一二九町歩余は、明治四〇年に九二名が代金を拠出して国有地を払下げたものであるからとの理由をもって、村会の議決を経たうえこれを右九二名の住民に無償譲渡している事実が認められるのである。しかし右の各事実をもってたゞちに他部落の場合には部落そのものがその所有林野を西瀬村に寄附統一したものであると断ずることはできない。なるほど原告らが主張するように、右の定めおよび無償譲渡は村会の議決にもとづいてなされたものであるから、条件が同じなら他部落においても同じようなことがなされたはずだということは一応考えられることである。しかし、

(1) 戸越部落の場合でも、西瀬村に寄附統一した林野は、本件薩摩瀬部落の場合と同様登記簿上の所有名義は「戸越」部落有となっていたことが〈証拠〉によって明らかであり、

(2) 薩摩瀬部落においても、明治四〇年に国有地を払下げる際、個人が、その全部か一部かは必ずしも明らかでないが払下代金を拠出していることは、前記二の(3)で認定したとおりであって、この点においては戸越部落と何ら違いはない。

(3) さらに〈証拠〉によると、戸越部落の場合には、前記明治三一年の部落有財産売却の当時、部落有林野が他部落に比して僅少であったのにかゝわらず、明治四〇年に国有地を払下げる際は二〇〇町歩以上も部落民個人が出捐して払下げを受けていることを認めることができるので、その際の個人拠出金が他部落のそれより多額だったのではないかということを推測することができ、それ故にこそ戸越部落では部落名義の林野中その一部分しか西瀬村に寄附統一せず、他は部落民に無償譲渡したのではなかったかということも考えられる。

(4) 〈証拠〉大正一〇年一二月一〇日各部落がその所有名義林野を西瀬村に寄附統一する際、戸越部落出身で当時西瀬村議会の議員であった有瀬袈蔵という人が、統一反対の急先峰であったのであるが、その後同人が西瀬村長に就任し、その在任中に前記戸越部落に関する契約書を作成したことが認められるところからすると、同村長において出身部落であ

る戸越については特に意を払い、その権利者を書面上においても明確にしたものとも考えられる。

以上の各事実に照らすならば、寄附統一について戸越部落と他の部落との間に本質的の差異があったとは思われず、戸越部落の例をもって本件薩摩瀬部落の場合には、部落そのものがその所有にかゝる林野を西瀬村に寄附統一したものであるとすることはできない。

五　なお乙第六号証（村会会議録）中の第五一号議案をもって定められた分収金権利者の「当該部落民」なる文言について一言するに、前記各認定事実を前提とするならばそれは、山林、原野を寄附統一した特定の権利者住民（本件薩摩瀬部落についていえば山組合員）を指すものであること極めて明瞭であるが、仮りに前記認定事実を度外視して考えてみても、原告らが主張するようにこれを「将来分収金が交付される際当該部落に居住している住民」という意味に理解することは無理があるというべきである。何故ならば、第一にさような取り決めをする合理的根拠に乏しいこと、第二にもし原告らが主張するような意味の取り決めをするのであるならば、単に「当該部落」に交付すると表現した方がより明確であり、かつ該議案の他の部分の用語例とも一致するとも考えられるし第三に入会解体の推移をたどってから長年月を経た前記大正一〇年一二月一〇日の寄附統一の際の分収金の取得について、その資格者を、寄附当時の住民およびその承継人とするのでなく、それとはかかわりなく、当該部落のその後の住民と定めたことに帰しすでに官行造林として立木その他毛上についての入会がないのに分収金についてのみ、あたかもその後の住民に入会を認めたのと同様のこととなり、契約としても不自然と思われるからである。

六　最後に、〈証拠〉によれば、昭和二六年一一月二七日、被告人吉市と薩摩瀬町代表中川今蔵外五名との間に「公有林野官行造林契約書」なるものが作成されて、市と「部落」とは、市が受ける分収金の各二分の一を分収する旨の定めがなされたことを認めることができる。しかし、〈証拠〉大正一〇年一二月一〇日になされた前記西瀬村会の議決中分収金に関する部分を確認したものに過ぎず、被告人吉市のもとめに応じて山組合の代表者である中川今蔵外五名がそこに署名したものであることを認めることができ（この認定に反する証拠はない）、そこに「薩摩瀬町代表」とある字句をとらえて、それは薩摩瀬部落の代表者がなした契約であり、したがって分収金については薩摩瀬部落そのもの（あるいは現在の住民全部）が権利を有するものであるとすることは到底できない。

七　以上認定の次第であって、本件土地上の官行造林分収金については、それが被告人吉市より交付される際人吉市上薩摩瀬町、下薩摩瀬町、相良町、宝来町、下城本町（旧薩摩瀬部落）に居住している住民（世帯主）全員が権利者であることを前提とする原告らの本訴請求は、失当であって認容することができない。

よって訴訟費用の負担につき民事訴訟法第八九条、第九三条第一項本文を適用したうえ主文のとおり判決する。」

◇（第二審　福岡高裁昭和四五年二月二六日判決　同四二年(ネ)三七六号）棄却

「当裁判所も原審と同様控訴人らの請求は理由がなく棄却を免れないものと判断する。その次第は、次のとおり付加訂正するほかは原判決理由の説示と同一であるからこれを引用する。

(1)　〈略〉

(2)　同裏一、二行目「大字西浦地区は」の次に「（ただし西浦地区においては矢黒、永野、戸越、鹿目、田野、大塚の各部

落ごとに)」を、

(3) 〈略〉

(4) 同七行目「当時は、」の次に「球磨川南岸の山間部に位置する大字西浦地区では各」を、各挿入し、

(5) 同九行目「参加した」から一一行目「部落」までの部分を「参加したが、球磨川の北岸平野部に位置し人吉市の中心部にも近かった大字薩摩瀬地区にあっては、部落民のうちには山林原野を必要とせず当初から払下に参加しなかったり払下後間もなく持分を処分したりした者も相当数あることが認められるから、特に薩摩瀬地区にあっては、主として入会集団として経済的社会的な統一を保って来た旧来の「部落」の」とあらため、

(6) 同裏初行「その際」の次に「薩摩瀬部落において払下に参加し代金を負担したのは部落民九五名であったこと」を、

(7) 同三行目「参加しなかったこと」の次に「(後記認定の事情をも考慮に入れれば、右九五名の部落民というのはとりもなおさず当時の山組合員の全員であり、川口、山口、西の三名は従来山組合員として組合に払下代金を積立てていたが払下前に山株を他に譲渡したのでその頃組合から共有金の持分六円六銭の払戻しを受けたものであること)」を、

(8) 同六行目「あるから、」の次に「薩摩瀬地区においてはすでに」を、各挿入し、

(9) 同七行目「立ち至って」を「立ち至り、入会団体として保持していた経済的社会的な機能は旧来の「部落」から山組合に移行して」と、

(10) 同一六枚目表三、四行目の「入会権の整理を推進していた一連の立法経過」を「〈証拠〉により認められる、部落有林

野の市町村への統一を促進していた行政指導および前記のような「部落」の経済的社会的機能の衰退、近代的所有権確立の過程にあった時代の背景」と、

⑾　同七、八行目「殆んどである」を大部分であり、これらの者が入会団体として旧「部落」にかわる組織である山組合を結成している」と、各あらため、

⑿　同一三行目「とみるのは」の次に「立木を必要とした理由がない点〈略〉」を挿入し、

⒀　同裏四行目「薩摩部落」を「薩摩瀬部落」と訂正し、〈略〉

⒁　同一〇行目「認められ」の次に「〈証拠〉後記のとおり西瀬村有に寄附統一された旧薩摩瀬部落有名義の山林原野のうち字浜川一八二四番山林二町四畝四歩及び字平田一六九六番の八山林六町七反六畝一八歩は、のちに昭和八年西瀬村からあらためて部落民の共有に払下げられたことが認められるが、同号証に掲げられた共有者の氏名は被控訴人西野徳馬ら八五名の主張として原判決に引用添付されている山組合員承継一覧表上の当時の山組合員の氏名と少数の例外を除き正確に一致しているところからして、右払下は薩摩瀬部落に関するかぎり、実質上山組合を相手方として行われたものということができる)」を挿入し、

⒂　〈略〉

よって原判決は相当で本件控訴は理由がないからこれを棄却し、控訴費用の負担につき民訴法八九条、九三条を適用して主文のとおり判決する。」

〔52〕最高裁昭和四八年四月六日判決（昭和四六年(オ)四七一号　損害賠償請求事件）

本件は、入会地の一部が開拓地として国に買収され、その代替として国から部落住民に売払われた林野上の立木処分に伴って生じた紛争に伴いその土地上に入会権が存在するか否かにかんするもので、係争地は高知県安芸郡奈半利町本村郷分所在の林野である。

本村郷分（郷分は部落に相当する）は明治初年から住民共有（総有）の入会林野を有していたが、昭和二一年頃その一部が開拓地として買収され、その代替として国有林の一部（本件山林）の売払をうけた。この林野は郷分の入会権者一九六名の共有名義で登記されたが、部落薪炭林として利用すること、他に転貸等をしないこと等の条件がつけられ、その代金は郷分の貯金および借入金で支払われた。昭和三六年郷分の総会において本件山林の立木を売却することを決議し競売の結果Y_2（丸仁商店）が落札した。ところが、この総会に出席しなかった郷分住民X ら五名は、右の立木処分を不当として、郷分代表Y_1（竹崎権之進）および落札人Y_2を相手として損害賠償請求の訴を起し、次の如く主張した。

(1)本件山林は本村住民一九六名の共有であるからその立木処分は共有者の同意によってなさるべきであるにもかかわらず、郷分の総会の決議でこれを行った。この総会の決議には共有者一九六名以外の者も加わっており、実際上一九六名の過半数の同意を得ていないからその決議は無効であり従って立木処分は不法である。(2)Y_2はXらが立木売却に反対であること、したがってその売却処分が無効であることを知りながら伐採を強行した。(3)仮に本件山林が共有ではなく部落有であるとすれば、財産区有であることになるから地方自治法第二九六条の五の手続によるべきであるにもかかわらずその手続をとっていないから本件立木処分は無効である。

これに対しY_1、Y_2は次の如く抗弁した。(1)本村には約六〇〇町歩のいわゆる郷分入会山林があり、郷分総会においてその管理、立木の売却、その代金の分配等が決定されている。本村住民で一戸をかまえて公私の負担をするときは、入会山林にたいする権利を取得し、居住者が外部に転出したときはその権利を失なうという慣習がある。本件山林は入会山が国に買収された代替として郷分が国から買受けたもので、形式上は一九六名の共有となっているが、実際は郷分の財産として右の慣習のもとにおかれているから、郷分の入会地である。(2)したがって慣習にもとづき総会の決議により立木を売却しその代金を権利者に配分することは違法ではない。

また、本村郷分（代表者Y_1）はXらのうち二名（柿内作馬、広末亀太郎）を相手として、Xらが係争地上の立木の競売を妨害したために入札希望者が少なく、その結果落札価格が見込価格よりも下まわったという理由で、その差額を、失なった利益にたいする損害として賠償を請求する別訴を提起した。（ただし本件併合審理）

第一審判決は右両件につき、いずれも請求を棄却した。したがって係争地が本村郷分住民の共有の性質を有する入会地であること、したがって本件立木の売却処分が有効であることを承認したが、Y_1らのXらに対する損害賠償請求を認めなかった。係争地は国有林野の売払をうけた林野であるが、それを入会地と判示しているは新たな入会権の発生を認めたものとして注目される。その理由づけは、本件山林が国に開拓地として買収された郷分入会地の一部の代替として国から売払われたものであり、買受の代金は郷分の預金と郷分代表者の責任による借入金で支払ったこと、売払のとき本件山林は部落薪炭林として共用し他に転貸等をしない等の条件が付せられたこと、郷分としては郷分持として登記したかったがそれができなかったので入会権者住民一九六名共有名義で登記をしたこと、これまでにも本件山林の立木を郷分の総会の決議によって売却しその代金を郷分の権利者に配分したことがあること、そして他の郷分の入会林野と同じく郷分の入会権者が慣習にもとづいて利用している、ということにあるのである。

Xら、本村郷分双方とも控訴。第二審は、係争地が郷分の入会地であることを確認しXらの請求を棄却したが、本村郷分のXらにたいする損害の賠償請求を認めた。

Xらは上告し、次の如く主張した。⑴係争地を入会地と認定したのは採証法則に反する違法がある。すなわち係争地はXら一九六名の共有登記が存在し財産区は解散されている。⑵XらがYらの立木処分に反対したのは係争地がXら一九六名の共有であるが故に郷分にその処分機能がないと信じ、自ら共有持分権者として権利保全の目的で反対の意思表示をしたのであって暴挙に出た事実はなく、またXらの反対の意思表示と売渡最低価格を下まわることによって生じた損害とは直接の関係がないから、Xらに不法行為責任はない。

最高裁は、入会権の存否については上告棄却し、Xらの損害賠償責任については破棄差戻を命じた。

なお、本件差戻裁判（高松高裁昭和四八年(ネ)七一号、同四九年三月二七日判決）は、最高裁判決のように、Xらの行為は自ら係争地に共有持分権を有すると信じその権利保全のために競売阻止の行動に出たものというべきであるから不法行為は成立しない、という理由で郷分の損害賠償請求を棄却した。

（一部棄却・一部破棄差戻）「上告代理人梶原守光の上告理由第一について。

所論の点に関する原審の認定判断は、原判決挙示の証拠関係に照らして肯認することができ、その認定判断の過程に所論の違法は認められない。論旨は、ひっきょう、原審の専権に属する証拠の取捨判断、事実の認定を非難するものであって、採用することができない。

同第二について。

原審は、その挙示の証拠によって、本件山林は被上告人奈半利町本村郷分（以下、被上告人郷分という。）所有の入会地であり、昭和三六年三月一日右郷分の総会において本件山林の立木（以下、本件立木という。）を売却する旨の決議が適法に成立し、同月二〇日本件立木の競争入札が行なわれるに至ったところ、右競争入札の当日上告人柿内作馬が、入札現場に来集した一〇名前後の入札希望者に対し、予め上告人広末亀太郎において作成した右上告人両名を含む八名分の共有持分権の立木売買を禁ずる旨を記載した「告示」と題する縦五五センチメートル、横四〇センチメートルの紙片を提示して、本件山林は右上告人両名らの共有に属し被上告人郷分の所有でなく、共有者は競売には反対であって売るわけにはいかないと大声でどなり立てたので、前記入札希望の木材業者中相当数の者が現場から立ち去り、実際に入札した者は結局僅か三名にすぎず、これらの者による入札の結果、被上告人有限会社丸仁商店が最高額の八〇〇万円の入札をし、これは被上告人郷分の見込価格一、一〇〇万円を大きく下廻ったが、被上告人郷分においては諸般の事情を斟酌した結果八五五万円の価格で被上告人有限会社丸仁商店に売却のやむなきに至ったこと、上告人柿内作馬および同広末亀太郎の本件立木の売却に対する反対運動は、上告人柿内作馬の前記入札現場における妨害運動のほか、当時上告人広末亀太郎も前記「告示」と題する紙片二〇枚位を居住地の奈半利町内はもとより隣接町村内の人目につく場所に貼りつける行動に出ていたこと、上告人柿内作馬および同広末亀太郎は、当時相互に意思を通じ、協力して本件立木の売却に対する反対運動を行なっていたものであること等の事実を確定したうえ、右妨害行動は、本件山林が被上告人郷分の所有に属し、上告人柿内作馬および同広末亀太郎らの共有に属しない以上、権利者である被上告人郷分の正当な処分行為を少くとも過失により妨害するものであって不法行為を構成し、被上告人郷分に対し上告人柿内作馬および同広末亀太郎は、本件立木の当時の客観的な時価と前記被上告人有限会社丸仁商店の買受価格との差額である一四五万円の損害を賠償すべき義務があると判断している。

しかしながら、物の所有者がその物を他に売却しようとしている時に、第三者が、買受希望者に対し、所有者に処分権がないなど虚偽の表示をしたため、所有者が処分行為を中止もしくは客観的取引価格より低い価額で処分せざるをえなくなって財産上の損害を被っても、第三者が、自己の権利を保全する等の目的から出た場合であって、その表示にかかる事実を真実と信じ、このように信ずるについて合理的事由が存在し、かつ、その表示が社会的に相当な方法でなされたときは、右行為には故意もしくは過失がなく、不法行為は成立しないものと解すべきである。

ところで、原判決の引用する第一審判決の事実摘示によれば、上告人柿内作馬および同広末亀太郎は、原審において、右上告人両名が競売に反対したのは、本件山林が被上告人郷分の所有でなく、上告人柿内作馬の長男である上告人柿内之義および同広末亀太郎ら一九六名の共有にかかるものであって、被上告人郷分に本件立木の売却処分権がないものと信じ、上告人広末亀太郎は共有持分権者本人として、また、上告人柿内作馬は共有持分権者である上告人柿内之義を代理して、右売却処分に反対したものであって、その方法も暴言暴挙に出たことはなく、適法な権利保全の手段にほかならない旨主張していたことが明らかである。

しかるに原判決は、右主張につき前叙のような観点から何ら審理判断を加えることなく、前記認定の事実から、直ちに、上告人柿内作馬および同広末亀太郎に不法行為責任を認め、第一審判決を取り消し、右上告人両名に対する被上告人郷分の各請求のうち一部を認容し、右上告人両名に対し金銭の支払を命じているが、この部分（第一審昭和四〇年(ワ)第一七六号事件中右上告人両名の敗訴部分）は、判断遺脱、理由不備の違法があるといわざるをえない。それゆえ、この点に関する論旨は理由があり、その余の論旨について判断するまでもなく、原判決中右金銭支払を命じた部分は破棄を免れない。そして、右部分については、さらに審理を尽す必要があるから、本件を原審に差し戻すのが相当である。

しかしながら、原判決中、上告人広末亀太郎のその余の部分に関する上告ならびに上告人広末信喜、同柿内生子および同柿内之義の各上告は、上告理由第一につき判示したとおり理由がないから、これを棄却すべきものとする。

よって、民訴法四〇七条一項、三九六条、三八四条、九五条、八九条、九三条に従い、裁判官全員の一致で、主文のとおり判決する。」

◇（第一審　高知地裁昭和四二年七月一九日判決　同四〇年(ワ)一七四号、同一七六号）棄却

（昭和四〇年(ワ)第一七四号事件について）

「一、原告等は、本件山林が原告等を含む訴外安岡朝治外一九五名の共有に属し、その処分については共有者全員の同意が必要であるところ、被告竹崎権之進は、右土地共有者の代表者であると称して、共有者全員の同意に基づかないで、本件山

林中の係争立木を被告丸仁商店に売却し、右被告丸仁商店は右の事情を知りながらこれを買受けて伐採搬出した旨主張するのに対し、被告等は、本件山林は単なる共有ではなくして、安芸郡奈半利町の七部落をもって構成する、本村郷分が主体となって所有するところの入会地であって、右山林は郷分の総会の決議に基づいて売却されたものである旨争うので、判断するに、

(1) まず、本件山林が、原告等を含めた一九五名の共有であるとの点については、〈証拠〉藩政時代から、奈半利村旧郷分は一つの独立した村であって、藩主の命によって住民が労役に服した報償として山林を貰ったのが始まりで、旧郷分の管理所有のもとに、本村郷分と称して住民の薪炭、肥料の採取に供せられていたところ、明治二六年と同三一年に、従来の慣習を成文化して奈半利村旧郷分規約なるものが作成されたこと、それによると、その内容は郷分共有の不動産は明治五年三ツ目山を購入した当時の戸籍により、郷分居住者に共有権があること、滅家者は共有権を失うが、家を再興した時は共有権を回復すること、明治五年の住民者から分家した者は、当然に共有権を有すること、共有権を有していた者が他村他部落に転出したときは、直ちに共有権を失い、再び帰村した時は共有権を回復すること、旧郷分の住民でも、全戸寄留であったり、単なる同居者は共有権を有しないこと、他村他部落から新たに転入した者であっても、共有権を取得したいと希望するものは、加入金を納付すれば許可されること、以上のとおりであったこと、そして旧郷分は、相当多数の田畑、宅地、山林、原野を所有しており、右管理、収益、郷分の運営については、各部落（旧郷分は平松、下長田、上長田、樋ノ口、百石、中里、車瀬の七部落からなっていた）から各一名の総代が選出され、それ等と毎年通常総会で選出された扱人（大総代）とが協議の上、総会の決議に従ってなされていたこと、通常総会は郷分の氏神であ

る多気坂本神社の通夜堂で開催され、必要によって臨時総会も開かれること、郷分の共有者は植林に適したところは植林し、または、食料の煮たき等に薪炭として採取し、或は肥草を刈ったりしていたこと、ところが明治四二年頃旧郷分の財産が町有財産に統合されるとの噂があったことから、若しそうなると、従来の共有者は薪炭用、肥料用の木草の採取が不可能となって、子孫が困ることがあってはと懸念し、今までどおり旧郷分の財産として保存すべき対策として、奈半利村郷区会という財産区を仮装し、土地台帳も従来奈半利村郷分とあったのを奈半利村郷分「持」と改め、従来の共有者坂本篤治外二二四名が右財産区である奈半利村郷分から地上権の設定を受けたことにして登記がなされ、その点に関して規約の改正がなされたこと、しかしながら、その管理運営については、その骨子は従前の規約と異ならず、只財産区ということなので、当時の村長が管理者となり、出納は収入役が兼務し、書記一名が税務その他の仕事をし、区会議員が一二名で、村長が議長となって運営し、財産区の経費は郷分の扱人が町長、収入役に納めており、財産区に余剰金が出たら、郷分の総会にはかって郷分の費用にしていたが、実際は財産区それ自体には新たな仕事はなく、郷分の仕事の援助をしていたかたちであったが、その後、昭和二二年以降はマッカーサー司令部の司〈指の誤か〉令による農地改革に伴い、区会が解散して、財産区の形式も立消えとなったこと、昭和二一年頃、県から一二〇町歩を開拓地として提供するよう申込みを受け、その結果、郷分の山林中七一町歩位を県の開拓地として買収され、これに対して昭和二二年から同二四年までの間、通常総会、臨時総会等六一回も開いて協議を重ね、ようやくその交換として、五一町七畝二五歩の国有林（本件山林）を昭和二四年二月一日払下げて貰うことになったこと、そして郷分としては郷分持ということで登記したかったけども、国の方ではそれでは登記の対象にならないから、権利者として構成員個人個人を選定するようにということで、会を開いて安岡朝治外一九五名を選定した結果登記が完了したこと、払下げの条件として、払下げた山林は部落薪炭林として共有すること、定められた用途以外には利用しないこと、他に転貸を行なわないこと等であったこと、右の代金四七万余円の支払いは、郷分の貯金四一万円と訴外安岡朝治が被告竹崎権之進保証のもとに、農業協同組合及び西山繁吉から計六万円を借り受け、これを合して充当したもので、当時の共有者各人は何等右支払いの負担はしていないこと、又本件山林については、その以前にも立木を総会の決議によって売却し、代金中から各構成員に対して配分がなされたこともあったが、これについては何等の異議もなかったことを認めることができる。そして右の事実から見れば、奈半利町旧郷分即ち、本村郷分という一つの住民の団体が山林等を所有管理し、その薪炭、肥料等の採取は、郷分の住民のみが慣習に基づいてこれをなし得る点から考えて右郷分とは入会であるということができる。

ところで、右認定の規約中に共有或は共有者という言葉があるけれども、ここにいう共有とは共有の性質を有する入会権（民法第二六三条）の意味の共有であって、民法上の単なる共有とはその性質が異なるものである。

即ち、入会権には、山林原野の地盤自体がその部落の所有である場合とそうでない場合とがあり、前者の場合を、共有の性質を有する入会権となして、各地方の慣習に従う外、共有の規定を適用する旨規定しているのであって、先ず慣習に従い、慣習のない場合にのみ共有の規定によるわけであるが、本来入会権とは、一般の共有権と異なり、その性質は総有と呼ばれ、物の管理処分は団体のみが有し、その構成員は譲渡しうべき持分権なるものは本来有しないのであるが、勿論これが分割を請求し得べくもないのである。従ってこの点については、民法上の一般の共有の規定は適用もなく、すべて慣習にまかされることになる。

そして、入会権は登記をなさなくとも第三者に対して対抗することができる権利であるから、これを登記する方法は認められていないが、しかし入会地の中には、第三者との争いを防止するために、その当時の入会主体の構成員の共有といった形で登記がなされているものが多いが、これは一つの便宜的な措置にすぎず、登記された者以外は構成員になり得ないのではなく、慣習に従ってその構成員はその時々によって変動して行くものであって、登記の名義人とは直接関係はない。

(2) なお又原告は、町村の部落は法令に別段の定めある以外は、新たに財産の譲受けができない行政実例に違背するとか、財産区の財産の処分は、地方自治法、同法施行令所定の方式によるべきところを、これによらない違法があると主張するが、右はいずれも財産区の財産についての事であって、前段にいう部落には本件のような入会の主体としての部落は含まれないと解すべきところ、本件山林が、財産区の所有にあらざることは前記認定のとおりであるから、右の主張も採用することはできない。

(3) そして、本件山林は自作農創設特別措置法に基づいて買収された土地の見かえりとして、国有地の払下げを受けたのであって、その払下げの時の条件等から見ても、当然本件山林についても入会関係が生ずるものと見ることができ、この時に新たに一般の共有関係が生ずると考えることはできない。

二、なお、原告は本件山林売却についての総会は、出席者総数一〇四名（委任状による者を含む）中には共有者でない者が三四、五名おり、採決の際に賛否不明の者が約三分の一以上あって、賛成者は七〇名以下となり、共有者総数一九六名の過半数に満たないから、賛成決議は無効であるという。

しかしながら、〈証拠〉郷分の総会には、以前は共有者の代りに家族が代って出席したこともあったが、昭和三六年頃は共有者が出席できないときは、委任状をもってそれに代えることもでき、又総会の決議は、共有者総数の過半分が出席した内、出席者中の多数決によってなされる慣習であったこと、そして昭和三六年三月一日本件山林の売却についての決議をなした時の総会には、出席者一〇六名、別に委任状によるもの二五名、計一三一名であったことが認められるところ、原告主張の共有権者にあらざる者三四、五名が何人であるか明確でないのみならず、原告広末亀太郎の尋問の結果によれば、本件山林の共有者として登記された者が右総会には六〇名位しか出ていなかったというのであって、右主張がその趣旨であるとすれば、前記認定のとおり、本件山林は入会地であって、その構成員もその時々によって変化しうべき性質のものであることは、その慣習に基づく規約によっても明白であり、〈証拠〉、本件山林について共有者の登記がなされたのが昭和二四年一〇月四日であって、前記総会の時から約一二年もさかのぼるのであるから、その構成員に相当の移動があることも当然考えられる。

そして〈証拠〉本件山林の売却の決議は、挙手によってなされ、反対五名、賛成多数となっていることは明らかであり、なおこれに反する〈略〉結果は本件山林についての所有者が、郷分ではなく、登記に記載された共有者であることを前提とする供述であって、右前提がそうでないことについては前記認定のとおりであるから、いずれもこれを措信しない。そして右認定事実と弁論の全趣旨を総合するときは、右の賛成多数とは、出席者の過半数であったと推認することができるのである。

従って右慣習に従ってなされた決議は有効であって何等違法は存しない。

三、そうだとすれば、被告竹崎権之進はもとより、郷分から本件山林を買受けた被告有限会社丸仁商店も又、原告等に対して不法行為をなしたものとは認められず、右不法行為があったことを前提として、被告両名に対して損害賠償を求める原告等の請求はいずれもその余の点について判断するまでもなく失当であるから、これを棄却することとし、訴訟費用については民訴法第八九条を適用する。

（昭和四〇年(ワ)第一七六号事件について）

一、安芸郡奈半利町旧郷分の七部落が本村郷分と称して、山林約四六二町歩を所有し、慣例として毎年正月一五日に同郷分の氏神である多気坂本神社で郷分の総会を開催し、前記山林等の財産の管理、立木の売却、その代金の分配、税金の支払いその他の事項を決議し、且扱人と称する代表者を選挙し、扱人は郷分の七部落が選出する部落総代の協力を得て、右郷分を代表して総会決議事項を執行し、以上のことは古くからの慣習として現在まで行われていることは当事者間に争いがなく、本件山林が右郷分所有山林の見かえりとして国より払下げを受け、入会地としてその郷分の所有に帰したこと、並びに昭和三六年三月一日右山林の内の係争立木について、原告より丸仁商店に対して売却する旨の決議が成立したことは、前記認定のとおりである。

二、そして同年三月二〇日右立木の競争入札がなされたことは当事者間に争いがなく、〈証拠〉によれば、当日入札には木材業者が九人位来ていたところへ、被告柿内作馬が来て、同人他広末亀太郎を含む八名分の所有持分権の立木売買を禁ずるとかいた告示と称する紙片を示して、この山は共有者のものであって、郷分の所有ではないから、共有者である自分達は売ることには反対であって、売るわけにはいかないと、やかましくいってきたので、入札にきた者の内数人が帰り、入札をしたのは三人であったこと、入札の結果、丸仁商店が金八〇〇万円で落札したが、右入札に当って原告側では、最低売却予想値を金一一〇〇万円と予定していたところ、それに達しない値段であったけれども、四・五名の反対のために売却できないとあっては、今後の郷分の運営に支障をきたすと考えて、敢えて売却に踏切ったこと、しかし金八〇〇万円ではあまり安いということで、当事者相談の上、金八五五万円に値上げして貰ったことを認めることができ、〈略〉他に右認定を覆えすに足りる証拠はない。

三、しかしながら、被告広末が右入札の場所に来たこと並びに、被告柿内が右のような行為にいでた事につき、被告広末が意思を通じていたことについては、何等証拠はないので、これを認めることはできない。

四、ところで、一般的にいって、入札によって売買する場合、入札の性質は売主の申込の誘引に対する買受の申込と解され、売主は右申込に対して承諾するや否やの自由を有していると解すべきところ、本件では入札の最高額が、売主の最低予定額よりも、さらに低い額であったわけであって、売主としては、売却を好まないならば、これを承諾しないこともできたわけである。勿論原告側としては、前記認定のとおり、少数の反対がある度に、売却を延期することは郷分の今後の運営に支障をきたすと考えたことも必ずしも肯定できないことはないけれども、しかし、一方原告側としては特にその時どうしても売却しなければならないような差迫った事情は認められないのであるから、一応売却を延期して、事情をよく説明した上、再度入札を行うことも当然出来たわけである。しかるに右のような措置をこうずることなく、売却価格が予定額を下廻ったからといって、直ちにその差額を被告柿内の行為に基づく損害であるとは断ずるわけにはいかない。従って原告の請求はその他の点について判断するまでもなく失当であるから、これを棄却することとし、訴訟費用については

民訴法第八九条を適用し、
よって主文のとおり判決する。」

◇（第二審　高松高裁昭和四五年九月一七日判決　同四二年(ネ)二二〇号）一部棄却、一部取消変更

「(一審昭和四〇年(ワ)第一七四号事件について)

当裁判所も、本件山林は、控訴人らを含む訴外安岡朝治ほか一九五名の共有に属するものではなく、本村郷分が国より払い下げを受けて所有する入会地であって、右郷分の総会の適法かつ有効な決議に基づいて本件山林中の係争立木は被控訴人丸仁商店に対して売却されたものであり、従って被控訴人竹崎並びに丸仁商店の各行為はいずれも不法行為を構成する余地がないので、それが不法行為であることを前提とする控訴人らの本件損害賠償の請求は失当であると判断するものであるが、その理由は原判決の理由一ないし三（原判決一二枚目裏八行目から同一九枚目裏四行目の「失当である」まで）に説示するところと同一であるから、ここにその記載を引用する。（但し原判決一三枚目表一行目の「被告等は、」の次に「係争立木を被告丸仁商店に売却したことは争わないが、」を加え、〈略〉同九行目に「明治二六年と同三一年に、」とあるを「明治二九年（同三一年改正）に、」と訂正し、同一四枚目裏六行目に「町有財産」とあるを「村有財産」と訂正し、同一五枚目裏一二行目に「代金四七万」とあるを「代金四九万」と訂正し、同一三行目の「郷分の貯金」から同一六枚目表二行目の「充当したもので、」までを「郷分において右山林の立木一部を売却する等の方法で調達した金員を以って支払いをすまし、」と訂正し、同四行目に「その以前にも」とあるを「昭和三一年頃にも」と訂正し、〈略〉同一六枚目裏九行目の「物の管理処分」の次に「権」を加

え、同一七枚目表一行目から九行目までを削り、同一七枚目裏七行目の「見かえりとして、」の次に「本村郷分が」を、同八行目の「その」の次に「郷分の沿革及び性格並びに本件山林の」を加え、同一二行目の「本件山林」の次、同一八枚目裏末行の「本件山林」の次、及び同一九枚目表末行の「山林」の次にいずれも「立木」を加える。同一八枚目表六行目の「乙第三号証の二」の次に「第一三号証」を加え、同一八枚目裏一行目の冒頭に「当時 の 共有者総数二〇〇名前後 の 過半数で」を加える。）

なお、控訴人らは郷分から買収せられた山林がすでに郷分の入会地から除外せられ、部落民の共有地となっていた旨を主張するのであるが、この事実を認めるに足る証拠がなく、〈証拠〉右山林は当時まだ郷分の入会地のままであったことが認定できるので、この主張は採用に由ない。

（一審昭和四〇年(ワ)第一七六号事件について）

(一) 安芸郡奈半利町旧郷分の七部落が本村郷分（控訴人）と称して相当の山林を所有し、慣例として毎年（旧暦）正月一五日に同郷分の氏神である多気坂本神社で郷分の総会を開催し、右山林等の財産の管理、立木の売却、その代金の分配、税金の支払いその他の事項を決議し、かつ扱人と称する郷分の代表者を選挙し、扱人は郷分の七部落が選出する部落総代の協力を得て、右郷分を代表して総会決議事項の執行にあたっていたものであること、そして以上のことは郷分の古くからの慣習として現在に至るまで実施せられて来た事柄であることは当事者間に争いがない。

(二) 本件山林が国より右郷分に対し払い下げられて、右郷分所有の入会地となったものであり、同山林立木につき昭和三六年三月一日（旧暦正月一五日）右郷分の総会においてこれを売却する旨の決議が成立したことは前記のとおりであり、その後同年同月二〇日右立木の競争入札が行なわれるに至ったものであることは当事者間に争いがないところ、〈証拠〉右競争入札の当日、現場には、入札希望者と思われる一〇名前後の木材業者が集まっていたが、そこに右柿内作馬（被控訴人）が現われ、広末亀太郎（被控訴人）が予め白紙にマジック黒色インキを以って書きあげた右両名を含む八名分の所有権持分権の立木売買を禁ずる旨の文面の「告示」と題する紙片（縦五五センチメートル、横四〇センチメートル）を提示して、本件山林は同人らの共有に属し、郷分の所有ではなく、共有者は競売には反対であって売るわけにはいかないと大声でどなり立てたので、右入札希望の木材業者中相当数の者が現場から立ち去り、実際に入札をしたものは結局僅か三名にすぎなかったこと、その入札の結果、丸仁商店が最高額の金八〇〇万円の入札をしたが、これは郷分（控訴人）側が入札の当初に見込価格として金一、一〇〇万円の最低売却値を予定していた〈略〉ので、それに遙かに及ばぬ値段であったばかりでなく、右丸仁商店にとってもこれは入札希望者の数が減った状況に応じてその場で割り出した入札額であって、右妨害行為前の当初の入札予定額を下回る価格であったこと、しかしながら郷分としては次の諸事情から、控人の竹崎権之進が当日現場に来合わせた役員（部落評議員）らと協議のうえ、右丸仁商店と交渉して売却値を金八五五万円に値上げして貰う手当を施しただけで、結局本件山林立木はそのまま右商店に売却されることとなったものであること、そこに至った事情としては、(イ)本件山林の立木はその生長がほぼとまっていて将来の増収を期待できない。(ロ)営林署の軌道が撤去されない間に処分する方が有利であり、撤去後は伐採木の搬出費用が高くつき郷分の利益が減る。(ハ)郷分運営のための経費が年間約七〇万円位必要であるが、当時郷分にはその資金が欠乏していてそれを調達する必要があった。(ニ)少数の反対者の反対のため折角の入札による売却を取りやめていては将来の郷分の事務の運営にも支障を生じる。殊に右柿内、広末らの反対運動は当分やまる見込みがうすいので、今後も平穏な入札が実施できる希望が持てない、などの事情があったこと、そして右立木の売却に対する反対運動は、前記柿内作馬の入札現場における妨害行動だけにはとどまらず、当時広末亀太郎も前記「告示」と題する紙片二〇枚位を、居住地の奈半利町内はもとより隣接町村内の人目につく場所にまでも貼りつける行動に出ていて、右両名はそもそも右立木売却の議案が審議され、その旨の決議が成立した前記郷分の総会の席上以来公然と卒先して反対運動に従事していた者であることが認定でき、〈略〉他に以上の認定を左右するに足る証拠がない。

㈢　以上認定の事実に徴すれば、先ず、右柿内、広末の両名は当時相互に意思を通じ、協力して本件山林立木の売却に対して反対運動を行なっていたものであることがうかがえるうであって、広末自身が前記競争入札の当日、入札現場で直接何らかの妨害行為を行なった事実、あるいは柿内の前記妨害行動につき予め広末との間に打ち合わせがなされていた事実などは、これを確認するに足る直接の証拠が本件全証拠を検討しても見当らないのであるが、しかし柿内の行なった前記のような入札の妨害行動は明らかに本件立木売却に対する反対運動の一つであって、同人と協力してその反対運動に従事している広末にとっては当然予想し得べき行動の埒内に属するものと認められるし、広末自身が入札現場で柿内の使用した「告示」を書きあげたものであること前記のとおりなので、広末も柿内の右妨害行動に伴う結果については柿内とともにその責任を免れないものというべく、右妨害行動は、前記のとおり、本件山林が郷分の所有に属し、右柿内らの共有に属するものでない以上、権利者の郷分の正当な処分行為を少くとも過失により妨害するものであって、不法行為を構成し、右両名は共同不法行為者であるというべきである。次に、本件山林立木の当時の時価が少くとも金一、〇〇〇万円を下らないものであることは当事者間に争いがないところであり当時少くともこの時価一、〇〇〇万円位での入札額の見込みがあったことは丸仁商店代表者西内重信本人尋問の結果及び当審における〈略〉からうかがえるところであるから、前記丸仁商店の入札額ひいては前記最終の売却値が、その時価を下回る価格に終ったことは、右妨害行動の結果として発生した事態であることが明らかというべきである。

㈣　そこで郷分のこおむった損害について判断するが、一般に競争入札による売買の場合、入札行為の性質は売主の申し込みの誘引に対する買い受けの申し込みであり、売主には買い受けの申し込み（入札）に対しなおこれを承諾するか否かの自由があると解するのが相当であるから、本件のように、入札の最高額が売主の郷分が予定した最低売却値に達しない場合、郷分としてはこの入札額による売却を承諾しない措置に出る余地もあったと考えられるので、前記のとおり妨害行動の結果入札額ひいては最終の売却値が時価を下回る価格に終ったからといって、直ちに一概にその差額を前記妨害行動によって売主の郷分がこおむった損害であると断ずる訳にはいかないのであるが、しかし郷分が結局その予定した最低売却値以下の価格で本件山林立木の売却を行なうに至ったのには前記㈡で認定の㈠ないし㈡の事情があったためであり、この事情からすれば、郷分にとってその際その低下した価格で売却を行なうこともやむを得ない措置であったと認められるので、本件の場合、本件山林立木の当時の時価と前記認定の最終の売却値八五五万円との差額が前記妨害行動の結果として郷分がこおむった損害額であるとする判断に妨げとなる点はない。もっとも郷分（控訴人）は得べかりし利益として時価を超える入札見込価格と右最終売却値との差額を主張するようであるが、本件全証拠によるも、本件山林の立木につきその競争入札の際に当時の時価（後記）を超える入札額での入札希望者がいた事実を認めるに足る証拠がないので、この点の主張は採用に由なく、なお当時の時価が少くとも金一、〇〇〇万円に達するものであることは当事者間に争いがないが、果してそれを超えて幾何であるかを確認できる証拠もないので、当時の時価は金一、〇〇〇万円であるというほかはない。従って郷分のこおむった損害額は計算上金一四五万円であるというべきである。

(五) してみると、控訴人（郷分）の各被控訴人（柿内、広末）に対する損害賠償の請求は、被控訴人両名各自に対し右金一四五万円及びこれに対する本件不法行為後の昭和三八年七月四日以降完済まで民法所定の年五分の割合による遅延損害金の支払いを求める限度において正当であるが、これを超える部分は失当というべきである。

以上の次第で、

一審昭和四〇年(ワ)第一七四号事件につき控訴人らの損害賠償の請求を棄却した原判決は正当であって、本件控訴は理由がないから民訴法三八四条一項によりこれを棄却することとし、

一審昭和四〇年(ワ)第一七六号事件につき控訴人の損害賠償の請求全部を失当として棄却した原判決は不当であるから、同法三八六条によりこれを取り消し、前記の控訴人の請求を正当とする限度においてこの請求を認容し、その余を失当として棄却することとし、

控訴費用、訴訟費用並びに仮執行の宣言につき同法九五条、九六条、八九条、九二条、九三条、一九六条一項を適用して主文のとおり判決する。」

〔44〕最高裁昭和四八年六月二二日判決（昭和四四年(オ)七五一号　共有権確認請求事件）

本件は原野および池沼の所有権の帰属にかんする部落内の旧戸たる登記上の共有権者と、登記上共有権を有しない新戸との間の紛争にかんするものである。

係争地は新潟市南部の同市長潟地内の原野および池沼で、長潟部落の住民は古くから原野で葦を刈り、池沼を土かき（池沼から肥土をあげて田の肥料にする）に利用していた。係争原野、池沼とも土地台帳には「長潟部落持」と記載されていたが、明治四二年に長潟部落一八名の共有名義で所有権登記が行なわれ、さらに大正二年に新たな権利者を加え五五名の共有名義となった。昭和三二年に原野の一部が土地開発業者に売却され、その売却代金の配分をめぐって、部落内の共有登記名義人と非登記名義人との間で紛争を生じたが、代金を六分四分の割りで配分するということで和解が成立した。しかしその後、登記名義人らが係争地の売却を計画したことから再び紛争を生じ、共有名義を有しない分家等の新戸Xら四六名は、共有名義人Yら五七名（五五名であったが共同相続のため、共有名義人が五七名となった）を相手として、係争原野ならびに池沼が、XらおよびYらの共同所有に属することの確認を求める本訴を提起し、係争地は登記上の所有名義にかかわらず長潟部落住民共有の財産であると主張した。

Yらのうち九名はXらの主張を認めたが、それ以外の四八名は、係争原野はYら五五名が昭和一一年に第三者から買受けたものであり、係争地沼は明治四三年に一八名所有となったものであるが、その一八名は部落住民全員の共有地にしたいと考え、当時の住民で非名義人七一名に共有者への加入をよびかけたが加入金負担が必要であったため、加入者は三五名にすぎず、その他の者は共有者たることを拒否したか、あるいは共有権を放棄したものであるから、係争地は五五名（池沼についてはその後二名加入）の共有地である、と抗弁した。そして、仮りに係争地が部落全員の共有であったとしても大正二年以来五五名で平穏且つ公然に占有してきたという理由で所有権の時効取得を主張し、また、係争地の管理は代々Yらの一人が代表者として、その任に当ってきた、と主張した。なお、訴の提起後、Xらのうち一四名から訴えの取下げの申請があったが、Xらの請求を認容したYらのうち九名は、その取下げに不同意の旨を表明した。

第一審は、まずXらのうち一四名の訴えの取下げは無効であるが、そのうち一一名は訴訟の中途において共有権を放棄した、と判示し、係争池沼が土地台帳上、長潟部落持と記載されていたこと、大正二年に部落住民全員の所有にした方がよいという意図のもとに五五名共有名義としたこと、それ以来昭和三一年まで区長が共有地の管理責任者となり、共有地に関する費用は五五人の名義と非名義人とを区別することなく均一の割合で徴収してきたこと、および前記和解の条項等により、係争原野、池沼とも、長潟部落住民全員の共有に属する、と判示した。ただし、共有権を放棄したXら二名の権利は認めず、Yらの取得時効の抗弁は、これをしりぞけた。

Yら三九名（四八名から九名を差引いた三九名）は控訴して、Xらは記名共有者でない者の相続人あるいは分家であるから共有権者となりえない（この主張の意味は明確さを欠く）、Xらのうち本人又は先代が共有権を他の部落住民に譲渡した者がいるけれども、それらの者は現在共有権者たりえず、仮に係争地が長潟部落住民共有であるとするならば、共有名義人たる部落住民が、なぜ他の住民に共有権譲渡の手続きをなし、また相続登記手続きをしているかについて合理的な説明ができない、と主張した。

第二審は、係争池沼が台帳上、長潟部落有とされていたのが一八名共有となったのち、それを部落住民全員の共有にしたいという動議にもかかわらず一八名を除く部落住民七一名中三七名しか加入しなかったことは、それ以外の者は係争地共有権の取得を拒否したのであり、したがって係争池沼は五五名の共有となったというべく、係争原野も五五名共有地の賃料収入により購入したのであるから五五名共有に属すると解すべきであり、登記非名義人が係争原野上の葦や池沼の肥土を共同利用している関係は、一種の共有の性質を有しない入会権であって共有権ではなく、他に部落住民共有と認める証拠がないので、係争地はYらの共有に属し、Xらは共有権を有しない、と判示し、原判決を取消した。

Xら上告して次の如く主張した。(1)係争地たる原野池沼とも藩制時代から長潟部落住民が共同で入会利用してきたもので一村入会に該当し、部落構成員の共同所有に属するものであり、したがって部落有名義から一八名共有となっても入会部落の住民たるXらが入会的共有権を失うはずがなく、また部落住民全員の共有とする旨の動議も、もともと住民全員の共有地であるから、共有権を取得させることではなく共有権の登記名義を取得させることであったから、登記名義人とならなかったXらも共有権を放棄したことにはならない。(2)係争地が長潟住民に入会利用されてきたことは原判決も認めるいるが、登記に公信力がないにもかかわらず原判決は登記名義にとらわれ、登記名義人たるYらの共有地であると解し、Xらの権利を共有の性質を有しない入会権であると判示しているが、いつ、いかなる理由で共有の性質を有する入会権から共有の性質を有しない入会権に転化したか何の説明もなく、登記にとらわれて権利の存否を判断したのは違法である。(3)本件訴訟は固有必要的訴訟であるから、Yらがその共有権確認の請求をするならば第一審原告であったX_2ら九名も含めて相手方とすべきであったのに、それをしていないのは違法である。

（棄却）「上告代理人広瀬通、同藤山藤作の上告理由について。

所論の点に関する原審の認定判断は、原判決の挙示する証拠関係に照らして首肯するに足り、その過程に所論の違法は認められない。論旨は、ひっきょう、原審の専権に属する証拠の取捨判断、事実の認定を非難するに帰し、採用することができない。

上告代理人斎藤直一、同広瀬通、同藤山藤作の上告理由について。

本件記録に徴すれば、原判決の過程に所論の違法は認められないから、論旨は採用することができない。

よって、民訴法四〇一条、九五条、八九条、九三条に従い、裁判官全員の一致で主文のとおり判決する。」

◇（第一審　新潟地裁昭和四〇年六月一五日判決　同三五年(ワ)一三五号）一部認容、一部棄却

「一、訴の取下

原告等の内左記一四名からそれぞれ本件訴を取下げる旨の書面が当裁判所に提出され、これに対し被告等の内左記九名がそれぞれ右取下に対しその都度不同意である旨の書面を左記のとおり当裁判所へ提出している。そして、この「訴の取下」の書面が当裁判所へ提出された頃に被告側にそれぞれ送達されていたけれども、不同意した被告九名を除くその余の被告四八名は終局的には笠原代理人を通して取下書を提出した原告一四名に対しても訴訟活動をし、この原告一四名も取下書が裁判所へ提出される以前と同様、藤山代理人を通して訴訟活動をして来た。

これ等の事実はいずれも当裁判所に顕著な事実であり、かつ、本訴が「長潟部落民が江戸時代から支配進退して現在に至った土地に対する部落民相互間（但し名義人側の内三名が部落外の住人であるが、これは昭和三三年に相続に因る登記の

結果であって、なお本件訴訟に於ては部落民と同視してよいと認められる。）における、いわゆる対内的に「共有権確認請求訴訟」であるから、訴の取下に異議を述べた被告等との間で右原告一四名の訴訟を維持し、異議を述べなかった被告等との間で訴を取下たものとみなすことは、将来本件不動産をめぐってますます紛糾の原因ともなると推測されるので、右原告一四名の訴の取下を無効と解するのが相当である。

＜略＞

二、共有権の放棄

左記原告一一名との間に於ては＜略＞原告等の一一名（即ち近藤貞次、板垣元治、木山ミイ、小林正秋、小沢伊藤太、大野利一、近藤近雄、伊藤景興、片野藤吉、藤沢藤一、槇坂忠作）は昭和三六年八月五日別紙第一、二物件目録記載の不動産がいわゆる共有名義人のみの共有であり、右原告一一名が共有権を有しない旨を確認したことが認められる。

従って、この事実によれば、同原告一一名は本訴の共有権確認請求訴訟の途中に於て共有権が自己にないことを認めたので、実体法的に共有権を放棄したものというべきであるから、その余の判断を加えるまでもなく、同原告一一名の本訴請求は失当である。

なお原告松原松雄が同号証に署名押印したように顕出されているけれども、同原告の本人尋問の結果によれば、その署名は同原告が自らしたのでもないし、押印をもしておらないこと、並びに共有権が自己にないことを認めた事実もないと認め得るので、同原告が共有権を放棄したとはいえない。

同号証に記載ある原告土橋重次郎、滝沢玉吉、北村高道、槇坂武一、黒鳥英三郎の五名に関しては、同号証の作成名義が真正に成立したものと認め難いから、同原告五名も各々共有権を放棄したとはいえない。

三、被告等の内九名が自白している。

被告等の内、伊原作一、増井増蔵、山口孝、伊原治、白井勝顕、田中政次、斎藤三四策、馬場和三の八名はいずれも請求原因を全部認めて自白しており、被告岩橋昇次は請求原因を明らかに争わないものと認められるので自白したものとみなす。

なお前記二で共有権を放棄した一一名の原告との間で一旦は右被告九名が自白したけれども、その後本訴係属中に右一一名の原告が共有権を放棄したから、右自白によって、当裁判所は拘束されないものというべきであるから、右自白にもかかわらず右一一名の原告の本訴請求は失当である。

四、右自白している九名を除くその余の被告四八名は、原告等が「本件不動産に対し被告等五七名（登記簿上の共有名義人）のみならず、原告等（非名義人）もまた共有権を有する」と主張するのを全面的に否定し、被告等五七名のみの共有であると争うので判断する。

（別紙第一、二物件目録記載の不動産を単に「本件不動産」と称し、その内第一物件目録記載の不動産を「第一物件」と称し、第二物件目録記載の不動産を「第二物件」と称する。）

㈠　新潟市長潟（旧称、中蒲原郡石山村大字長潟（或いは長潟新田）と呼ばれた時代もあった。）の部落民全戸が一団となって、江戸時代から第二物件及び既に処分した土地を、そこに群生する葦の採取場にしたり或いは土掻き（即ちその池沼の底土を採取客土して農地の肥沃をはかる）等をして使用収益をあげて支配進退して来た。

(二) 第二物件を含む右旧土地（部落民の支配進退して来た土地）に対し明治一五年一二月二二日付と明治一七年五月九日付とで地租改正に伴ういわゆる地券が発付され、それには持主として「長潟新田共有」と記載されている。そして明治四二年までは税務署の土地台帳に「長潟部落持」と記載されていた。

(三) ところが明治末期に至り、少なくとも市町村までが権利主体となり得て、それ以下の単位である部落では特に「財産区」を設立しなければ権利主体になれないことになった。そして当時の状況からみて右土地所有権は中蒲原郡石山村の「村有」に帰属（編入或いは移管）される羽目に立ち至った。その村有に編入されるのを阻止するために左記1、2の如き書類〈略〉が作成され、これに基づいて税務署の土地台帳も「長潟新田持」から「佐々木民三郎外一七名の共有」へと訂正がなされ、かつ、明治四三年四月三〇日受付で佐々木民三郎外一七名（以下「旧一八名」という。）の共有名義に登記された。

ともかく、右手続きによって財産区を設立せずに、かつ、村有に編入されずに部落民全戸が従前と同様に使用収益をあげ得ることとなった。

1（乙第一号証）

土地台帳誤謬訂正ニ付御発案願

中蒲原郡石山村大字長潟地内

別紙一筆限ノ土地ハ従前ヨリ自分共拾八名ノ共有土地ニ候処村内ノ懇請ニ応シ金壱百円ノ謝礼金ヲ受ケ明治八年ヨリ向フ卅五ヶ年間泥土採取及ヒ漁業自由ノ権利ヲ期限内譲リ置ク契約証ヲ村内ヘ差入置候処今般期限ニ相成候処長潟持

ト間違居リ候ニ付自分共々有地ト税務署ノ土地台帳ノ誤謬訂正ヲ判然シテ登記申請出願致度候得共必要ナル明治八年中村内ヘ差入置タル契約証明治拾壱年四月当時ノ戸長佐々木平太郎火災ノタメ本契約証始メ外該土地ニ関スル書類悉皆焼失ナシタル故焼失ノ契約証ニ換ユルタメ大字一同ハ該土地ニ対シテハ一切関係ナキヲ証スル証明証相添ヒ全ク名前ノ誤謬ナリト云フ村会ノ議決ヲ請求致度候間右御発案相成度此段願上候也

石山村大字長潟

明治四拾弐年参月弐拾三日　　願人　佐々木　民三郎

（外一七名の署名省略）

石山村長　渡辺貞次郎殿

（「一筆限」と題する表も省略）

2（乙第二号証）

土地名前誤謬訂正願ニ付証明証

石山村大字長潟佐々木民三郎外十七名ヨリ名前訂正ヲ願ヘ出タル土地ハ従前ヨリ右拾八名ノ共有地ニ候処自分共該土地ノ泥ヲ搔キ取リ田方倍養ニ供シ外漁業ノ目的ヲ以テ金壱百円ノ謝礼ヲナシ明治八年ヨリ向フ参拾五ケ年間右土地自由ノ権利ヲ得タル契約証ヲ受取置候処今般期限ニ相成本契約証返却可致筈ノ処明治拾壱年四月中戸長佐々木平太郎火災ノ為メ該契約証焼失致シ返却ナス能ハス依テ該土地ハ従前ヨリ拾八名ノ共有土地ニシテ公課其他ノ負担共都テ自分共ハ一切関係無之大字持トアルハ全ク誤謬ナルニ付返却ナスヘキ焼失ノ契約証ニ換ンタメ事実ノ確実ナルヲ自分共一

同連署ヲ以テ証明致候也

明治四拾弐年三月廿三日

石山村大字長潟

証明人　片　野　藤十郎

（外七一名の署名省略）

石山村長　渡　辺　貞次郎　殿

㈣　成立に争のない乙第三号証によれば明治四三年五月旧一八名の名義人と当時の非名名義人との間で右土地につき左記のとおりの契約が締結された。

（乙第三号証）

契　約　証

今般大字持ト誤記シ来タル字山ノ浦前甲千六拾番畑五歩外参拾壱筆ノ土地佐々木民三郎外拾七人共有地ト誤謬訂正出願ノ許可相成候ニ就テハ永遠ニ持続センカタメ契約ヲ為ス事左ノ如シ

第一条　共有土地ノ権利ヲ一同協議決定ノ上テアラサレハ他ノ人ヘ売買譲与等ナシアタハサル方法ヲ求メ登記ヲ申請致置ク事

第二条　大字長潟ニ居住セル希望ノ諸氏ニハ土地均一ノ権利ヲ譲与可致事

但シ協議ニ拠リ四拾四年度内ニ本条ノ趣旨ヲ行フ事アルヘシ

第三条　将来大字内ニ分家或ハ他所ヨリ移転シ来タル者ニシテ農業上又ハ漁業ニ付不都合ノ事情有之該本家或ハ本人

又ハ引受人ヨリ願出タル節ハ一同協議決定ノ上事実ヲ確知セシ後チ均一ノ権利ヲ譲与可致事
第四条　該土地ニ係ル地租及ヒ諸掛ハ勿論其他ノ経費及ヒ雑費等都而均一ノ賦課トナス事
但シ第三条ノ場合ニ生シタル経費ハ本条ノ例ニ依ルモノトス
右契約堅ク履行可致候也

中蒲原郡石山村大字長潟
佐々木　民三郎　㊞
（外十七名の署名押印省略）

明治四拾参年五月

同郡同村同字
片　野　藤十郎　殿
（外七一名の宛名省略）

(五)1、〈証拠〉によれば、次の事実を認めることができる。
即ち右旧一八名には、長潟部落内で共有名義人になるのに相当であるという人が選出された。旧一八名に共有登記出来てから間もない時期において、当時の部落区長等が「部落全員（全戸）の共有名義にしたほうがよいではないか、そうすることが将来に問題を残さないことになり、かつ、少数人の名義で部落に不利益な事態（不測の危険）を防止する所以でもある。」等と提唱した。それを実現するには登記料其の他諸掛りで一人（一戸）当り金二円五〇銭を出費する必要があった。従って「このような金員を出してまで全員（全戸）の共有名義にしなくとも、旧一八名の共有名義のままでよい。」等と訴外亡槇坂貞蔵（旧一八名の一人であり、原告槇坂槇男の祖父）等が反対した。その他の事由もあって旧一八名の内三名（右槇坂貞蔵、片野徳蔵《原告片野三蔵の祖父》、斎藤六次郎《原告斎藤祐平の祖父》）が名義人から脱退し、その代りにそれまでの非名義人三名（伊藤藤蔵、小林宇一、吉岡利三）が名義人に加わることとなった（この三名の加入脱退の事実は争がない）。この三名の交替につき登記原因となった「土地持分売渡証書」（乙第五号証）が作成された。そして非名義人の内三七名が二円五〇銭を支払って共有名義人に加入し（この点当事者間に争いがない。）

この加入に伴う登記原因となった「土地持分売買契約証書」が作成された。

更に大正元年一〇月右共有名義人となる五五名（旧一八名と新加入三七名との合計）と当時の非名義人（即ち二円五〇銭支払わないで、加入しない者）との間で左記のとおりの契約書（甲第一号証）が作成された。

（甲第一号証）

契　約　証　書

中蒲原郡石山村大字長潟佐々木民三郎外　　名共有ニ係ル別紙表示ノ物件ニ対シ仝郡仝村仝大字

外　　名ト共ニ契約ヲ為スコト左ノ如シ

一、別紙表示ノ物件ハ大字長潟在住者ノ合意ニ依リ佐々木民三郎外　　名ノミ共有権ニ属スルモ事実ハ凡テ大

字現住者ノ共有財産ニシテ之レカ権限ハ対等タルモノトス

二、今後新ニ分家シタルモノ又ハ他ヨリ居ヲ移シタルモノト雖モ共同ノ使用権ヲ許スモノトス

但シ加入金トシテ一戸ニ付金弐円ヲ徴収シ其共有権利ノ分割ヲ行ハス

三、所有権利者カ事情ノ如何ヲ問ハス本大字以外ノ者ニ共有分ノ質入書入及ヒ売渡シヲナシタルトキ又ハ自己ノ債務ノ弁済ヲ怠リ所有権ノ競売ニ付セラレタルモノカ一カ月以内ニ之ヲ回収スル能ハサル時ハ別ニ定ムル規定ニ依リ処分ス

若前項ノ処分ヲ受ケタルモノト情ヲ知テ行ハサルモノハ凡テ仝一ノ制裁ヲ加フ

其処分セラレタルモノアルトキハ大字区長ニ於テ区内各所ニ掲示スルト共ニ迅速ナル方法ヲ以テ各戸ヘ伝達スルコト

四、共有地ニ関スル管理方法及収支計算ハ毎年二月中ニ総会ヲ招集シテ之レヲ決定ス

五、共有権利者ハ大字共有財産ノ直接保管者ニシテ之レカ処行分為ハ忽チ大字ノ浮沈盛衰ニ至大ナル影響ヲ有スルヲ以テ自己独占ノ念ヲ去リ其ノ責任ノ所在ヲ明ニシ何時如何ナル処置ヲ受クルモ差閊ナキ様準備ヲ忘却セザルコト

六、前各項ノ実行並ニ共有地保存ニ関スル行為ハ大字ヨリ五名ノ委員ヲ選定シ専ラ本契約ノ履行ヲ委任ス

其委員ノ行為カ善意ニ出タルトキハ如何ナル事件ト雖モ異議ヲ申出サルコト

但シ任期ハ五ケ年トス

七、共有権利者カ非共有権利者ニ対スル契約ハ連帯ノ責任ニ非ラサルコト

右之通リ双方熟議ヲ遂ケ契約候上ハ互ニ確守可致本証書二通ヲ作リ各其一通ヲ所持スルモノナリ

<註、右証書中空欄は原文のまま>

2、右乙第五号証には、旧一八名の内三名の交替に伴い、その旧三名が新加入者三名に「共有持分」を代金一五〇円で売却した旨の記載があり、かつ、<略>があるけれども、かかる代金の授受が行われたとは到底認め難い。即ち右三名の交替の原因（動機）が前認定のとおり、部落民全員の共有名義にすることを敢えて反対したこと等であり、この三名の交替と相前後して更に三七名が金二円五〇銭支払って共有名義人に加わっている事実から考えても、右三名の交替に代金として金一五〇円を必要としたのなら、一人当り金五〇円になり、その頃、金二円五〇銭で誰でも加入を勧誘されていたのであってみれば、右三名がわざわざ一般人よりも二〇倍もの金員を出費したとは不自然であって、考えられない。

(六) 次いで大正元年一二月一八日受付で右旧一八名の内三名の共有名義人交替の登記が、更に大正二年一月二一日受付で一八名から五五名への登記が共有持分移転登と題してなされた。

(七) このいわゆる五五名の共有名義になってから以後少くとも昭和三一年まで古い時代から行われて来たとおり部落の区長が共有地の維持管理の責任者となって、部落費の徴収と同様、共有地に関する費用（例えば公租公課）をこの五五名の名義人と非名義人を区別することなく均一の割合で必要に応じて徴収して来た。

(八) なお右に関連して被告側は「名義人側のみの者が歴代の部落区長となって来た関係上、共有地の維持管理もまた区長

が兼ねて行なっていたにすぎなかった」旨主張し、これに副う〈略〉の結果を措信しない。むしろ非名義人たる原告槇坂武一が昭和二〇年頃、区長に就任し、共有地の維持管理の責任者となったことは、〈略〉によって認め得る。〈略〉、共有地に対する公租公課の徴収令書というようなものは一括して部落区長へ届けられ、これによって区長が各戸均一割りに算出して、各戸から部落（区）費と一緒に徴収して来たことが認められる。

更に被告側は「五五名の共有名義になってからは、公租公課を均一の割合で負担して来たけれども、その以前は旧一八名のみが当時の公租公課を負担していた。」旨主張するけれども、これを認めるに足る証拠はない。〈証拠〉によれば、五五名の共有名義になる以前に於てもまた部落民全員（全戸）がその当時の公租公課を負担していたものと認め得る。

(九)　〈証拠〉、昭和七年度の「長潟共有地鳥屋野潟境界樹テ費用」と題する納付書兼領収証に「一金五拾五銭　均一割」「右昭和七年十月廿日限リ納入相成候　納付セサルトキハ共有権ヲ放棄シタルモノト見做ス　領収ハ徴収簿ト契印ニヨリ証トス」と記載があり、該納付書兼領収証は当時の長潟区長北村増三郎が同年同月一五日付で訴外亡大野十七吉（非名義人の一人であって、原告大野新作の先代）に対して発行されたものであるけれども、右はガリ版刷の用紙であることからみても非名義人及び名義人を問わず同様の用紙を用いて徴収したと認めるのが相当である。〈証拠〉によれば、昭和一六年一月長潟区長が「長潟区費協議割」によって、共有地公課金及び維持費均一割」と明記して徴収したことが認められる。

㈢　被告側は五五名の内の共有持分が売買された立証として乙第六、七号証を提出しているけれども、これをもって右共有持分が真実売買されたとは認め難い。

1、乙第六号証について。

訴外亡伊藤藤蔵（旧一八名の前記交替に因り加入した一人）の死亡に伴い、その息子の「才一」が相続して家業（農業）を継ぐべきであったけれども、幼少のため藤蔵の末弟たる訴外亡伊藤謹次郎が家のあとを継いだ。これを登記手続上次のとおり行われている。即ち大正六年八月一三日訴外亡伊藤ミタ（藤蔵の妻）が遺産相続したことを原因として、大正一〇年四月一四日受付で共有持分五五分の一が伊藤ミタへ移転登記された。更に大正一〇年四月一四日伊藤ミタから伊藤謹次郎へ右持分の売却が代金一四二円九二銭でなされた旨の記載ある証書（乙第六号証）が作成された。翌一五日受付で右証書に基づき右持分の移転登記がなされた。

（なお謹次郎は昭和一七年一二月二七日死亡し、被告伊藤禎二が家督相続し、昭和三三年年二月二七日受付で、その旨の持分移転登記を経ている。）

2、乙第七号証について。

訴外亡北村市蔵（五五名の一人）が死亡し、その息子の「作市郎」がその家業（農業）を継げなかったため、市蔵の弟である北村仲三郎が市蔵のあとを継いだ。その結果、大正一〇年五月一五日作市郎から仲三郎へ五五分の一の共有持分が代金一四二円八一銭で売却された旨の証書（乙第七号証）が作成された。そして市蔵から作市郎へ遺産相続に因る五五分の一の共有持分の移転登記（大正一〇年六月一七日受付）がなされ、更に右証書（乙第七号証）に基づき作市郎から仲三郎へ右持分の移転登記（大正一〇年七月九日受付）がなされた。（なお仲三郎は昭和三二年八月二七日死亡し、被告北村一二が相続して昭和三三年二月二七日受付で相続に因る持分移転登記を経ている。）

3、右1・2の事実はいずれも争いのないところである。なるほど右乙第六、七号証は成立に争のない、いわゆる処分証書であり、それに金一四二円余で売渡された旨記載があるけれども、その作成された経過が右認定の如き親族間の事情であってみれば、右代金の授受があったとは認め難く、その他右代金の授受がなされたことを裏付ける証拠はない。

㈡ 弁論の全趣旨によると次の事実を認め得る。

即ち大正一〇年から大正一一年にかけて共有地に対する登記として、九件の家督相続による共有権の移転登記及び七件の住所変更等に伴う更正登記がなされた。しかしそれ以後昭和三三年訴外大潟土地開発株式会社へ売却するに必要上、相続に因る等の諸登記手続がとられたけれども、その間、登記手続が加えられなかった。

㈢ 第一物件の買取

訴外五十嵐久一郎が第一物件（旧来から共有地に隣接していた）を所有していたところ、これを売りに出したので、これを買取って所有権を取得し（この買主が五五名か部落民全部かについては争がある）、昭和一一年一一月二〇日受付で同訴外人から右五五名の共有名義に所有権移転登記がなされた。その売買代金として支払ったのは、旧来からの共有地の一部を貯木場として第三者へ賃貸した、その賃料で訴外五十嵐久一郎（売主）へ弁済した。

㈢ 農地解放

五五名の共有名義の土地の一部が開墾され、いわゆる農地（小作地）となっていたので、今次大戦後の農地解放により合計八反六畝二一歩が買収された。その代金を訴外亡小沢栄一（被告小沢与一の先代。当時の区長）が受領し、共有地の固定資産税その他維持管理費に充当した。その買収地は名義人及び非名義人の内二二名に売渡された。これ等の点はいずれも争いがない。しかし被告側は「訴外亡小沢与一が右代金の受領及び費消をしたのは名義人五五名の代表者という資格であって、区長の資格ではなかった」旨主張するけれども、これを肯認するに足りる証拠はない。

㈣ 第一次和解

名義人側は昭和三二年一二月五日訴外大潟土地開発株式会社に対しそれまでの共有地の一部（本件不動産以外の原野）を代金八八〇万円位で売却したところ、非名義人側の承諾を得なかったことから紛争が生じ、長潟部落民が名義人側と非名義人側（正確には売却に賛成する者と不賛成者）とに分かれ、名義人側は「名義人等のみが共有権を有し、非名義等は単なる利用権能を有していたにすぎない」と主張し、これに対し非名義人側は「登記簿上の名義人であって、名義人が共有権を有するのは勿論であるけれども、非名義人にもまた名義人と平等の共有権を有する」と抗争した。

右紛争を解決すべく、第三者の訴外媚山一彦（当時新潟市石山支所長）、黒井松蔵、佐野誠一、三膳秋坪の四名が和解の労をとって、名義人側と非名義人側との間で昭和三三年八月左記のとおりの和解が成立した(甲第二号証)。この和解による比率を算出するのが困難であったため、現実には名義人が九六、九一二円、非名義人が六四、六〇八円、新戸(分家であるため当然に非名義人)が金五一、九〇一円分配されて、落着いた。

(甲第二号証)

大潟の一部売却に伴う紛争の和解調停書

首題の件についてはかねて権利者被権利者の内に於紛争中の処今般両者共善意に基く権利と義務を良く自覚して永遠に部落の共存共栄と平和の為め左記の条項により完全に意見の一致を見たので円満に和解し後日の為め本書三通を認め各自署名捺印し権利者被権利者調停委員各代表者夫々一通を保存するものとする。〈被権利者は非権利者の誤か〉。追て本調停事項の実行には誠意と良心をもって実行する事を誓うものとする。

和　解　条　項

原則として所有権は認める。

一、所有権取得の時の権利金弐円五拾銭を現在経済指数に換算して所有者の取得とする。

一、本売却及び紛争中の調停に対する経費は共通経費として売渡金より支出するものとする。

一、残余の金額は権利者被権利者平等に配分する。

一、尚残余の共有土地については後日対等の代表者数に於て研〈検の誤りか〉討するものとする。

一、権利者が大正元年名義上の管理人とし又売却に対する法定上名義人としての処理義務等を併せ＋αを権利者に支出するものとする。

この支払いは調停委員権利者被権利者合議の上決定するものとする。

㈤　再度の紛争

名義人等が第三者へ本件不動産を一方的に売却しようとしている様子を非名義人側が発見したので、これを阻止する必要上、非名義人たる原告等（申請人）が昭和三四年七月二八日名義人（被申請人、被告等）に対し、本件不動産につき処分禁止の仮処分を申請し、即日そのとおりの仮処分命令が発付されて執行された。これによって共有権をめぐって紛争が再燃した。この仮処分に関する事実は当事者間に争いがなく、その余の事実は〈証拠〉によって認め得る。

㈥　第二次和解（不成立）

右紛争の再燃により、第一次和解の趣旨に則り一〇回余にわたって非名義人側三名と名義人側三名がそれぞれ選出され、この間で交渉が重ねられ、大体左記のような趣旨で、再度の紛争を解決する方向にむき昭和三四年一二月右三名ずつの間において調印寸前までこぎつけたけれども、非名義人側の反対によって結局において成立しなかった。

右事実は、〈証拠〉によって認め得る。

㈦　以上の内㈠から㈢まで、㈥・㈦・㈢から㈣はいずれも争いがなく、その余の事実は各々証拠によって認定したとおりである。

㈧　以上の各事実を総合するならば、本件不動産は長潟部落民の共有であると解するのが相当である。即ち第二物件は江戸時代から長潟部落民が進退して来て、明治時代に長潟部落民全員（全戸）の共有となり、また第二物件を含む旧土地の内の一部を第三者へ賃貸した賃料で買取ったのが第一物件であるから、やはり第一物件もまた長潟部落民全員（全戸）の共有であると解するのが相当である。

五、乙第一号証から第三号証までには、第二物件を含む旧土地が旧一八名の共有であったような記載があるけれども、同第一、二号証にも「明治拾壱年四月当時ノ戸長佐々木民三郎火災ノタメ本契約証始メ外該土地ニ関スル書類悉皆焼失シタル故………」と記載されている。ところで前出のこの土地に関する地券（甲第三、四号証）が、明治一五年と明治一七年との二回にわたり発付されたものであることは、その記載上明瞭である。〈略〉、この地券が俗称「御用箪笥」という中に部落に関する書類と共に一括保存され、代々の部落区長に引継がれて現在に至っているものと認められる。従って明治四三年二月には右地券が存在した（即ち時間的にみて、右明治一一年の火災によって同一五年及び一七年発付のものが焼失するはずがなかった）にもかかわらず、全くこれを無視し「該土地ニ関スル書類悉焼失シタル故……」として右乙第一、二号証が作成されている点からだけみても、右乙号各証をもって旧一八名の共有だったとは到底認め難い。

むしろ、該土地所有権が石山村に編入されるのを阻止して、従来どおり共有地として保全する便法に右乙第一、二号証が作成され、これによって当時の土地台帳及び登記簿上旧一八名の共有名義に書替えられ、次いで五五名の共有名義に変更されたものとみるのが、既に認定した事実から、自然である。

六、次に分家等で部落内に一戸を構えた者もまた共有権を有するといえるのには前出の甲第一号証の第二項に「今後新ニ分家シタルモノ又ハ他ヨリ居ヲ移シタルモノト雖モ共同ノ使用権ヲ許スモノトス　但シ加入金トシテ一戸ニ付金弐円ヲ徴収シ其ノ共有権利ノ分割ヲ行ハス」と記載あることから疑問となる。しかし前出の甲第一号証の契約が出来たいきさつからみるならば、部落民全員（全戸）の共有地を登記簿上、五五名の共有名義に信託的にしておかれたものと認めるのが相当であり、その五五名は同号証全体の記載からみて（また実際にもそのとおり現在に及んでいる）共有名義を分割或は譲渡をしない旨当時の非名義人に約束したと認め得るのであって、また弁論の全趣旨によれば、実際の経過から、名義人が純然たる第三者へ共有名義を移したことはなく、家を継いだ者によって承継され、大潟土地開発株式会社へ売却に伴う移転登記をする必要から、相続法の制約上、部落外に現住する者に共有登記が極く一部になされたにすぎなかったことが認められるのであってみれば、同号証第二項に右の如き「共同使用権のみを認める」とか、或いは「共有権利の分割を行わず」という記載となって来るのは、むしろ当然である。従って同号証に記載ある「共有権」とか「所有権」というのは登記簿上の共有名義という意味に解するのが相当である。

七、第一次和解（甲第二号証）の冒頭に「原則として所有権は認める」と記載あるのをめぐり、被告側は「名義人五五名の共有であることを非名義人側で認めた意味で、売却代金を非名義人に分配したのは非名義人も土掻き等利用して来た経過に鑑み、部落内の平和のため仲裁者の意見を容れて、そうしたにすぎない」と主張し、これに対し原告側は「名義人のみならず非名義人も共有権を有することを相互に確認した趣旨であって、売却代金の分配が六割（名義人）と四割（非名義人）となったのは五五名の共有登記手続費用等を加味した結果にすぎず、非名義人も共有権者として配分を受けた」旨抗争している。

＜証拠＞によれば、次の事実を認め得る。即ち第一次和解成立につき右証人三名及び訴外亡娟山一彦の四人が和解の仲裁に立って、まとめ上げられたものであるが、共有権が非名義人にもあるのかという点をめぐって争われていたけれども、既に訴外大潟土地開発株式会社へ売却し、その代金の配分を如何にするかということのほうに重点があった関係上、「対外的に売主を確定する意味に於ては登記名義人の共有とし、対内的（部落民相互間）に於ては名義人及び非名義人の共有である」という意味で「原則として所有権は認める」と記載されたものである。その売却代金の配分につき、約一割の差をつけたのは、名義人側で保存に要した費用（当初五五名にする際の諸掛り、或いはその後売却までになした相続等の諸手続費用）を名義人に補償する意味であった。

従って右被告側の主張も失当である。

八、従来の五五名の共有名義が現在五七名になっている経過は次のとおり、訴外亡馬場六治郎（名義人）の死亡に伴って分裂したことに因る。即ち、被告馬場和三の本人尋問の結果及び弁論の全趣旨によれば次の㈠、㈡の事実を認め得る。

㈠　名義人の一人であった馬場六治郎が大正一三年一〇月八日死亡し、その長男馬場正二（大正九年三月三日生）が家督相続した。しかし第二物件を含む旧土地につきその旨の持分移転登記をしなかった。他方馬場六治郎の妻キノは昭和二年九月八日届出によって被告馬場和三と養子縁組し、同被告は昭和三年三月五日分家届出し、次いで、馬場キヨ（右六治郎とキノとの間の長女）と結婚して昭和三年六月一三日受付で婚姻の届出し、六治郎の家業のあとを継いで農業を営んでいた。

従って昭和一一年一一月二〇日名義人五五名の一人として（馬場六治郎の家の後継者として）被告馬場和三が第一物

件の共有名義人になった（即ち五五名の共有名義人に加わった）。

(二) 前記馬場正二（六治郎の長男で家督相続人）は昭和二三年一〇月一八日ムツ（旧姓田村）と婚姻し、この両者間に長男栄八郎（昭和二六年九月一〇日生）が嫡出子として生れ、昭和二八年一二月一〇日右正二とムツとは協議離婚した。そして右正二と訴外真田ハナヨとの間に被告真田富雄（昭和年二九年五月一一日生まれ、同年六月一一日父馬場正二によって認知された）が生れた。その後の昭和二九年六月一九日馬場正二が死亡したため、右栄八郎（相続分三分の二）及び真田富雄（相続分三分の一）の両名が共同相続人となった。更に右栄八郎は昭和三一年三月七日届出で訴外斎田五一郎（養父）及び同人の妻キ子（養母）と養子縁組をなし、ここに斎田の姓となり、斎田栄八郎となった。

第二物件につき共有権の移転登記がなかったことから訴外大潟土地開発株式会社へ売渡す必要上、昭和三三年五月二一日受付で馬場六治郎(祖父)から馬場正二（父）へ、更に被告斎田栄八郎（持分は一六五分の二）及び同真田富雄（持分は一六五分の一）へそれぞれ共有権の移転登記がなされた。

(三) 従って馬場六治郎の共有名義が、第一物件につき被告馬場和三に、第二物件につき被告斎田栄八郎及び同 真田 富 雄に、それぞれ分離して承継されたものである。

九、被告側は「仮りに第二物件を含む旧来からの土地が長潟部落民全部(全戸)の共有であったとしても、大正元年一〇月頃いわゆる五五名の共有名義人のみの共有となり、その際非名義人になった者 は 自から共有持分権 を 放棄した。」旨主張するけれども、五五名の共有名義になった経緯、その他既に認定した諸事実によって、右主張は到底認め難い。

一〇、更に被告側は「仮りに第二物件を含む旧来からの土地が長潟部落全部（全戸）の共有であったとしても、明治四二年三月から旧一八名の共有となり、更にこれに引き続き三七名の加入に伴い、大正二年一月二一日受付で五五名の共有権の登記手続きがとられたから、明治四二年三月から平穏公然善意無過失に一〇年ないし二〇年間占有して来たから、時効により五五名の共有となった。」旨主張するけれども、旧一八名これを引続き五五名の共有名義に共有権の登記が出来ていることは争ないけれども、少なくとも五五名になってから共有地の公租公課等の維持管理費用は名義人非名義人共に均一割で負担して来ており、共有地の利用収益も平等であったこともまた争ない事実であるから、時効によって共有権取得する占有の要件は具備していなかったというべきである。よって右時効取得の主張も失当である。

一一、次に被告側は「本件不動産に関し第一・二回の和解が（前記のとおり）成立して共有権は名義人のみであると確認されているので、本訴請求は失当である。」と主張するけれども、第一回の和解によっては、共有権が名義人のみに帰属していることを確認したとは認め難いこと、第二回の和解が不成立に終っていると認め得ること、いずれも既に説示したところであるから、右主張も失当である。

一二、結　論

よって本件不動産は長潟部落民全部（全戸）の共有、即ち原告等と被告等との共有というべきところ、原告の内一一名（前記第二項のとおり）が本訴提起後その共有権がないことを自認して実体法的に共有権を放棄したから、この原告一一名の本訴請求は失当として棄却する。従って本件不動産はその余の原告三五名と被告等との共有（持分は均一）である。但し第二物件につき被告馬場和三は共有権を有せず、その代りに被告斎田栄八郎（持分は二七〇分の二、即ち$\frac{1}{55+35}\times\frac{2}{3}=\frac{2}{270}$）及び同真田富雄（持分は二七〇分の一）の両名が共有権を有し、第一物件につき、この両被告が共有権を有しない代りに、被告馬場和三が共有権（他の原被告等と同等の持分）を有する。この共有であることの確認を求める限度において原告三五名の本訴請求を正当として認容すべく（自白している被告等との間と於ても、その余の争っている被告等と共に、むしろ統一的に解決されるのが紛糾を避け得る場合であるから、確認の利益があるというべきである。）、訴訟費用の負担につき民事訴訟法第八九条から第九一条まで、第九三条を適用して、主文のとおり判決する。」

◇（第二審　東京高裁昭和四三年一一月一一日判決　同四〇年(ネ)一六九一号）取消

「控訴人(一審被告)山口孝、同斎藤三四策、同白井勝顕、同田中政次、同伊原治、同伊原作一、同故岩橋昇次、同増井増蔵、同馬場和三以上九名は控訴の申立てをなさなかったが、本訴は被控訴人等が右九名及びそれ以外の控訴人等を被告として本件不動産が被控訴人等との共有であることの確認を求める訴であって、訴訟の目的が右九名を含む控訴人等につき合一に確定すべき場合に該当するを以て民事訴訟法第六十二条の規定により他の控訴人等のなした控訴申立てはもとよりその他の訴訟行為は右九名の控訴人等のためにもその効力を生じたものとなすべきである。そしてそのうち岩橋昇次は昭和四十二年九月九日死亡し、その養子繁蔵その子ミイが相続人として昇次の権利義務を相続分に応じて承継取得したことは当事者間に争いがない。

また、第一審被告馬場清作、同斎藤二作、同小林岩次、同吉岡貞次、同大野徳次郎の各相続関係がいずれも控訴人等主張のとおりであり、その主張の各相続人が右各一審被告の権利義務を承継したこと、及び一審原告大野長作、同大野新作、同滝沢滝三郎の各相続関係が控訴人等主張のとおりであり、その主張の各相続人が右各一審原告の権利義務を承継取得したことはいずれも当事者間に争いがない。

そして、原判決添付第一、第二物件目録記載の土地（以下本件土地と称し、そのうち第一物件目録記載の土地を第一の土地、第二物件目録記載の土地を第二の土地と称す）がいずれも控訴人等の共有（但し、第二の土地について控訴人馬場和三を除き第一の土地については控訴人佐藤（斎田）栄三郎、同真田富雄を除く）に属するものとしてその旨の登記の存することは当事者間に争いがない。右事実によれば本件土地は、夫々その登記名義人たる控訴人等の共有に属するものと推定することができる。

しかるに被控訴人等は、本件土地は右控訴人等のみならず登記名義人でない被控訴人等の共有にも属するものであると主張するが前記推定事実を覆えし被控訴人等主張の右事実を認めるに足る証拠はない。

尤も、控訴人等及び被控訴人等の先代ないしは先々代が本件土地の所在地たる部落（新潟市長潟、旧称中蒲原郡石山村大字長潟、俗に長潟新田と称す）に居住していたこと、本件土地を含むその附近一帯の土地（既に売却した土地を含む）は江戸時代（安政年間頃）から右部落民全戸が一団となって土掻き（池沼となっている土地から肥土をあげて田の肥料とすること）やそこに群生する葦を刈取って利用してきた場所であること、明治初期の地租改正に伴いこれ等の土地に対して発布された地券には「長潟新田共有」と記載されてあり、そして明治四十二年までは税務署備付の土地台帳には「長潟部落持」と登載されていたことはいずれも当事者間に争いがなく、被控訴人等は、これ等の事実を以て本件土地が被控訴人等の共有にも属するとの主張の根拠としている。しかし次の認定事実からみるもこれ等の事実から直ちに被控訴人等の主張を肯認することはできない。すなわち、＜証拠＞を綜合するに、明治四十二年頃に至り第二の土地を含む附近一帯の土地につきそれまでの権利主体は明らかでないが土地台帳上「長潟部落持」と、地券には長潟新田共有と記載されていることは前記のとおりであり、（被控訴人等主張の如く右記載によって長潟部落民の共有であることの根拠となす資料はない）、明治末期に至り部落では特に「財産区」を設定しなければ権利主体とはなれなかった等当時の状況からみて右土地の所有権は石山村の村有に編入される懸念があったところから、同年三月二十三日佐々木民三郎外十七名の連署を以て、第二の土地（既に売却処分した土地を含む）は土地台帳上「長潟新田持」と登載されてあるが真実は右十八名の共有土地であり、従来部落の人達に泥土採取等のため使用せしめてきたものである旨の部落在住七十一名（右十八名を除く部落全員）の証明書（乙第二号証）を添付して石山村長に対し土地台帳誤謬訂正方を願出し（乙第一号証）、右十八名の共有である旨の石山村村会の議決書をつけて右台帳を佐々木外十七名の共有と訂正し、そして同年四月三十日受付を以て、右土地につき右十八名が共有権を取得したる旨の登記を経由したこと、しかし、これ等の土地は前記のとおり従来長潟部落民が池沼の泥土又はそこに群生する葦（毛上）を共同収益していた関係上部落有志のうちにはその地盤の所有権をも部落民全員の共有にしたいと提唱する者もあったので、登記名義人等の承諾の下にそれ以外の部落民七十一名に対し加入金二円五十銭を負担して共有権を取得せしめることとして明治四十三年五月頃これが勧誘をした。しかし右登記名義人のうち槇坂貞蔵（被控訴人槇坂槇男の祖父）は右方針に反対し、片野徳蔵（被控訴人片野三蔵の祖父）斎藤六次郎（被控訴人斎藤祐平の祖父）もその他の事由もあって結局大正元年九月十日以上三名は共有持分を夫々伊藤藤蔵、小林宇一、吉岡利三の三名に売渡し同年十二月十八日この旨の移転登記が経由された。その頃右勧誘により非名義人三十七名が加入金二円五十銭を支払って共有権利者となり、大正二年一月二十一日受付で前記十八名（そのうち三名の交替のあったことは前記のとおり）を加え五十五名の共有の登記が経由された。しかし、右以外の部落の人達（非名義人）は当時土地（地盤）そのものとしては価値も少なく加入金を支払って共有権を取得しなくとも前記土搔き等地盤の利用をすることは差支えないというところから右勧誘を拒否したものであって、当時の区長八木竹吉の尽力にも拘らず甲第一号証記載の如き契約は不成立に終ったことが認められる。右認定に反する〈略〉は採用し難く、その他右認定を左右するに足る証拠はない。

以上の事実によると、前記認定の非名義人は本件第二の土地の共有権者ではなく、長潟部落に居住していることに因って前記名義人等の所有に属する土地の地盤の上に成生する葦やその肥土を共同して利用収益している関係（一種の共有の性質を有しない入会権）にあったものであると謂うことができる。そして五十五名の共有名義になってから以後も部落の区長が本件土地の維持管理の責任者となって土地に関する費用を右名義人のみならず非名義人に対しても必要に応じ徴収してきたことは控訴人等も認めるところであるが、〈証拠〉から窺われるその賦課徴収の方法からみるも前示の如き土地利用の対価として支払われたものと認められるからこのことは右認定の妨げとはならない。

そして第一の土地についてみるに、右土地は昭和十一年十一月二十日いわゆる名義人五十五名が買主となり所有権者訴外五十嵐久一郎から買受け即日五十五名の共有名義の移転登記が経由されてあること、その代金はそれまで五十五名の共有地とされていた土地の一部を第三者に貯木場として賃貸した賃料によって支払われたことは当事者間に争いがなく、その賃貸地が五十五名の共有地であることは前示認定のとおりであるからその代金も右共有者によって支払われたものと謂うべく、このことからみても被控訴人等主張の如く従来の土地（第二の土地も含む）が登記簿上五十五名の登記名義になっていたので右第一の土地も同様前記五十五名の登記手続きをしたものとは認められない。

そうだとすれば、被控訴人等が別紙一覧表記載の非名義人の相続人ないしは分家した者であることは当事者間に争いがないから被控訴人等が本件土地の共有権を取得することはできないものと謂わねばならぬ。

なお〈略〉証人はいずれも本件土地の帰属につき当事者間に紛争が生じた際第三者の立場から仲裁の労をとった者でありその供述に徴し自己の憶測に基づいたもの、ないしは共有の法的意義を理解しないことによる発言であることが窺われるから右証言は真実に合致したものとは認め難い。

以上のとおりであるから被控訴人等の控訴人等に対する本訴請求は理由がないので、これを棄却すべく、これと趣きを異にする原判決は相当でないから民事訴訟法第三百八十六条によりこれを取消し、訴訟費用の負担につき、同法第八十九条第九十三条第九十六条を適用し主文のとおり判決する。」

〔60〕最高裁昭和四八年六月二六日判決（昭和四八年(オ)四一号　土地不存在確認請求事件）

本件は、現在市有林となっているもと部落有入会地の所有権の帰属にかんするもので、係争地は山口県小野田市千崎の山林である。

Xは市内他地区から千崎に来住し、係争地たる本件山林に接する田、溜池および山林を、部落住民A_1らより取得したA_2から、昭和二七年に係争地上の蔭切りの権利（採草および天然木伐刈等の権利）をあわせて買受け、右土地に耕作、果樹栽培、植林等を行ない、一部を他に貸付けたりしていた（田は山林に地目転換した）。この蔭切りが認められた山林が小野田市有地として登記されていたので、Xはこの山林が自己の所有に属することの確認と所有権移転登記手続を求めて小野田市を相手に本訴を提起した。（したがって本件は、土地所有権確認にかんするもので、土地不存在確認というのは、当該地域に相手方たる小野田市所有の土地が存在しないことの確認、という意味である。なお、Xは本訴提起当時から上告審判決のあるまで島根県に移住している）。

Xは、係争地は小野田市に合併する以前の高千帆村から千崎部落住民A_1らに売払われ、A_1からA_2に売渡されたものをXが他の山林や田等とともに買受けたものであり、仮に係争地が小野田市有に属するとしても、Xは昭和二七年五月以来、右山林内に果樹栽培や植林等を行なって占有を継続しており、かつ占有のはじめ所有権が自己に属すると信ずべき正当の事由があったから無過失である、という理由で、所有権の一〇年の時効取得を主張した。これに対して小野田市は、係争地は小野田市有であって高千帆村有の時代からこれを処分した事実はなく、かつ管理人をおいて管理占有しており、仮にXが占有していたとすれば市の管理をかすめてしたものであるから平穏かつ公然ということができず、しかも昭和三三年境界確認後本件山林にたいする管理占有を確実にしているから、それ以降のXの占有継続は失われている、と抗弁した。

第一審判決は、XがA_2から係争地に隣接する田や山林とともに取得したのは係争地上に千崎部落住民が有していた入会権の内容をなす採草権その他蔭切りの権利であって、その地盤所有権を含まないものであったこと、Xが昭和二七年に係争地の占有を開始したが、係争地は登記簿上高千帆村有であったからその承継人たる小野田市に所有権があることは十分推定しえたはずであるのに、その間の事実をたしかめることなく漫然と売主A_2やその前主たるA_1の言を信用したとしてもXに過失なしとはいえず、またXが係争地上に有する利用権は入会権が変貌したものであって所有権にもとづくものでないことの認識を欠いていたといわざるをえないから、Xに係争地の所有権が自己に属すると信ずべき正当の理由があったとはいい難い。仮に、占有の開始につきXに正当の理由があっても、Xはその後小野田市から島根県下に移転して係争地の管理を地元住民に依頼し、小野田市が市有林を整備し植林等を開始した昭和三六年以降はXの占有を認めることができないのでXは時効取得に必要な一〇年間の占有継続をしていないので、Xの時効取得は認められない、と判示した。

Xは控訴したが第一審と同一の理由で控訴棄却。X上告して、原判決は係争地が千崎部落住民の入会地であることを認定しながらXの所有権を否定しているのは、入会権を地役的入会権とのみ解し共有の性質を有する入会権について判断せず、また係争地が実質上千崎部落住民共有入会地であるにもかかわらず登記上高千帆村有になっている故に、単純に小野田市有に属すると解したのは審理不尽の違法があり、またXの時効取得の成否にかんする判断も審理不尽、経験則違反等の違法がある、と主張した。

（**棄却**）「上告代理人岡田俊男、同関元隆の上告理由について。

所論の点に関する原審の認定判断は、原判決（その引用する第一審判決を含む。）挙示の証拠に照らし首肯するにたり、右認定判断の過程に所論の違法はない。論旨は、ひっきよう、原審の専権に属する証拠の取捨判断、事実の認定を非難するものであって、採用することができない。

よって、民訴法四〇一条、九五条、八九条に従い、裁判官全員の一致で、主文のとおり判決する。」

◇（第一審　山口地裁船木支部昭和四三年一二月一七日判決　同四〇年(ワ)四七号）棄却

「一、別紙目録記載の(イ)(ロ)(ハ)(ニ)山林（以下本件山林という）は、登記簿上旧高千帆村所有名義に登記され、後昭和一五年同村を合併した被告小野田市の所有名義に現在登記されていることは当事者間に争いがない。原告は右の登記にかかわらず、旧高千帆村が右合併の際同村大字千崎部落民長谷実成ほか四名に対し本件山林を払下により右部落民の共有にしたと主張するが、〈証拠〉に照らし信用しがたいし、他に右主張事実を認めるに足りる証拠はない。すなわち、右の証拠によれば、本件山林は、古く千崎部落等近くの部落民が採草地として部落民入会の山林であったが、大正二年旧高千帆村と旧厚西村（後旧厚狭町に合併）が村界を確定するとともにこれを高千帆村の区域内にあるものと確定して両村の共有とし、同九年八月六日共有分割により高千帆村の単独所有となり、(イ)(ロ)(ハ)山林につき同一〇年一月一九日その旨保存登記及び共有分割登記、(ニ)山林につき同一五年九月二七日保存登記を経由したこと、本件山林に接続しその谷間（浴という）に古くから作られた田、溜池及び山林〈略〉は、部落民個人の所有権に基づく登記がすでに明治三〇年代以後行なわれ、部落農業共同体による農業形態とこれに付属する採草地等の入会林野形態が漸次集団から個人所有もしくは利用形態に移行するにつれて、部落民以外の個人に譲渡される取引が認められるようになったけれども、本件山林については、地盤所有権を高千帆村有とし、田を所有する者はこれを採草地として利用する権利を慣習上引き続き承認されていたこと、千崎部落民である長谷実成、伊藤弁輔、山田茂一、長谷川常雄、縄田安二郎は昭和一九年二月一〇日と同年六月一二日にわたり本件山林に接続する田、溜池及び山林〈略〉を共有するに至ったが、長谷らの有した本件山林に対する権利は、田の所有に伴う採草等の利用権すなわち入会権にすぎず、土地の排他的使用収益を目的とする所有権とは区別されるものであって、旧高千帆村が同一五年一一月三日被告小野田市に合併し、所有権が被告に承継されるに至ったからといって、その前後右の入会権が消滅したものと認むべき事情はないこと、ところが同二二年七月一日長谷らは共有の田、溜池及び山林を小野田太一郎に売却し、太一郎はこれを小野田千津子名義に同年九月八日所有権移転登記を経由し、太一郎死後の同二五年三月頃千津子は原告に売り渡す交渉を開始し、その際本件山林に対する所有権と入会権の区別が明確を欠き、入会権が所有権と混同されあたかも実質の所有権は千崎部落にあり登記簿上の所有者たる被告小野田市は単なる名目にすぎないものと誤解されるに至ったことの各事実が窺われるのである。右の事実によれば、なお、本件山林の所有権は旧高千帆村を合併した被告小野田市に帰属すべきものとする登記の推定を覆えすに足りず、原告が本件山林所有権は実質的に千崎部落民長谷実成ほか四名の共有に属していたとする主張は理由がないといわざるをえない。そうだとすると、本件山林地盤所有権に関し、長谷実成ほか四名が本件山林を小野田千津子及び小野田幸次郎に、同人らが原告にそれぞれ売買により所有権を譲渡したことにより原告が本件山林を所有する旨の原告の主張は、長谷実成ほか四名が本件山林を共有していたことの前提においてすでに理由がないのでその余の事実を判断するまでもなく失当というほかはない。

二、そこで原告の時効による本件山林所有権取得の主張を判断する。

㈠ ＜証拠＞原告は昭和二五年三月頃訴外小野田千津子から、本件山林、これに接続し地形上一団をなす田、溜池、山林等一一筆位の買い受け方交渉をうけ、代金一二万円で買い受けることとし手附金四万円を売主に交付し、原告、その補助者吉国和美、小野田幸次郎、長谷実成、山田茂一、縄田某高千帆森林組合長らが指示立会のうえ本件山林等売買対象の土地範囲を実測し一二町五反一畝二三歩（成立につき当事者間に争いのない乙第五号証によると実測七・四町）と確定して、測量費二、〇〇〇円を加え買い受け代金八、〇〇〇円をさきに約束の代金一二万円に追加することを再度右小野田千津子と契約して買い受け、同二七年九月一日付売買を原因として本件山林四筆を除く田、溜池、山林等五筆については同年四月六日所有権移転登記を経由し、買い受け代金全額の支払をすませたことが認められ、右認定を左右するに足りる証拠はない。右認定の事実によれば、原告は本件山林とこれと接続して一団をなす田、溜池、山林等を自分の所有にする意思をもって買い受けたことにより、同二七年一〇月六日には本件山林の占有を開始したものということができる。

(二) しかしながら、原告は、原告が本件山林を占有のはじめ所有権が自分に属すると信ずべき正当の理由があったから無過失であると主張するが、前示一に認定の事実および右(一)に認定の事実によれば、本件山林四筆については、登記簿上旧高千帆村の所有名義であり、旧高千帆村が被告小野田市に合併し、合併後被告小野田市が自己名義に登記をしていないからといって、なお被告小野田市に登記簿上所有権があることは十分に知りえたはずであり、被告小野田市の市長とりわけその所管部課係員に対し、本件山林の所有権、入会権等の実質的な権利関係及び隣接山林等との境界を確かめるべき取引上の注意義務があったといわねばならないのであって、この点の注意を怠り、漫然と売主やその前主たる長谷、山田、縄田らの言を信用したとしても過失がなかったということはできない。さらに〈証拠〉によれば、(1)本件山林測量の際被告小野田市の建築課員氏名不詳者がこれを実施したこと、(2)売主たる小野田幸次郎が本件山林の毛上立木の伐採を行なうのをまって買い受けたこと、(3)昭和二六年頃被告小野田市の市長が姫井という人のとき、本件山林を原告が買い受けたことを届け出て、同市長は原告に対する所有権移転登記手続を承諾していたこと、(4)長谷実成は当時被告小野田市議会員であり、縄田は森林組合長であったこと、(5)所有権移転登記手続を野村安治司法書士に依頼してあったが、本件山林の登記に着手する以前に死亡し、縄田が行方不明であったため未了に終っていたこと、(6)〈証拠〉原告が後に山口県動物愛護会を発起し本件山林を敷地として動物園を造成する計画を樹てたとき当時の被告小野田市長川村一与はこれに賛同したこと、(7)〈証拠〉原告が本件山林内に松杉栗桃を植林したとき、松杉は被告小野田市から提供をうけたこと、(8)同三九年五月七日被告小野田市農林水産課長朝倉悟が本件山林を被告所有と主張するまで、被告はもちろん第三者から本件山林の所有権が被告に属する旨の主張をうけなかったことを挙げて原告に過失のなかったことを供述しているが、〈証拠〉(1)について長谷実成と共有者であった伊藤弁輔は昭和二一年三月三一日に被告小野田市の吏員を退職したもので本件山林が被告に属するものかどうか知り得た筈であり、正式に被告小野田市が原告の行なう測量に参加したことを認めるに足る資料はない旨を供述していることに照らして、原告が無過失であることの事由になしえない。(2)の事実は、それが単なる立木の伐採である限り、入会権行使の一態様とも解することができ、権原が所有権であると即断しえない。(3)(4)(5)の事実は、原告が買い受けた当時姫井市長、長谷市議会議員、縄田森林組合役員らの努力により将来市議会の議決を得て、本件山林について原告に対する所有権移転登記が行なわれるように取り計ってもらえるものと信じた理由とはなりえても、原告が名実とも自己の所有であると信ずるにつき正当の事由があったものとはなしえない。(6)について、〈証拠〉原告が供述のように山口県動物愛護会を主宰し被告小野田市長川村一与もこれに賛同したものと窺えるけれども、それは前示売買契約の成立した後の昭和二九年のことであり、しかも、右愛護会名義をもって本件山林に立てた立札には、原告の所有地である旨を明記してはいないのであるから、これも正当の事由の資料とはなりえない。(7)の事実についても、それは売買契約より後のことに属する。(8)の事実については、もとより正当の事由を認める資料とはなりえないし、<証拠>原告と被告小野田市の両者において、原告の本件山林に対する利用権の内容が前示のとおり慣習上の入会権が変貌したもので、所有権と区別しがたい内容になっていることの認識を相互に欠き、本件山林の所有権争いに発展したものと窺えるのである。したがって、原告は本件山林を占有のはじめ所有権が自分に属すると信ずべき正当の理由があったものということはできないものといわなければならない。

㈢　仮りに一歩を譲り、右正当の理由があったとしても、原告主張の時効期間たる一〇年間が経過する昭和三七年一〇月六日までの間、本件山林に関する占有状態を検討してみると、前示認定の(1)原告が本件山林等を敷地として動物園を企画したこと、(2)松杉栗桃を植林したことのほか、(3)当裁判所の現地検証（第二回）の結果によれば、本件山林地域内に建物を建築したあとが認められること、現に原告の所有地であるから立入を禁止する旨の立札が一箇所に立てられていること、(3)<証拠>本件山林内において藤田登が長州炭鉱と称し同二七年九月から同三五年頃まで坑道をあけ、ボタ山に利用し、賃料五万円を原告に支払ったほか、同三八年一〇月二九日鉱害補償の契約をなしたこと、(4)原告本人尋問の結果、<証拠>によれば、原告は本件山林の一部を三田某に貸与し畑を作らせたこと、原告が同三〇年頃まで本件山林に接続する田を稲作に利用していたが、その後住所を小野田市内から島根県下に移転し、本件山林管理を右三田及び高原万吉、白石徳次郎に依頼していたことの各事実が認められるけれども、被告が抗弁として主張する事実、すなわち(5)<証拠>によれば被告小野田市は本件山林を市有林としこれに監守員を置いて手当を支給していたこと、前示山田茂一は昭和一二年頃以降三浦精一のあとをうけて本件山林の管理をし、同一五年一一月旧高千帆村が被告小野田市に合併したのちも引き続き同三五年まで監守員であったこと、同三三年二月朝倉悟が被告小野田市において本件山林の所管課である農林水産課課長代理に就任したあと、同年五月頃市有林監守（視）員らと市有林野整備計画を樹て、本件山林の境界を確認し、誤伐盗伐の見まわりを月二、三回行なうなど管理を行なって来たこと、同三六年以降は訴外目藤吉が本件山林の監守員に任じられていることの各事実もまた認めることができる。右の事実によれば、原告において同三五年頃までは本件山林の管理占有が継続していたけれども、その後は一部に植えられた杉松が生立しているだけで、他に原告の占有を認めるに足りるものはなく、その後はむしろ被告小野田市の管理占有が行なわれていたものというほかはない。

およそ山林である土地所有権を時効により取得することの要件としての占有は、その土地に対する客観的な事実支配としての所持がなければならず、所持があるというためには、土地に対する排他的な支配が客観的に認められるべき事実がなければならないと解すべきである。

そうだとすると、本件山林について被告小野田市の支配を排除する排他的支配が原告により同三五年頃以降も客観的に続けられていたとはとうてい認められないのであって、同三七年一〇月六日の経過により一〇年間の占有継続による時効取得の原告の主張は、この点においても失当といわねばならない。

三、以上の次第であるから、原告が本件山林に関し売買もしくは時効により所有権を取得したことを理由に被告との間で所有権の確認並び所有権移転登記手続の履践を求める本訴請求は、理由がなく棄却を免れない。よって訴訟費用の負担につき民事訴訟法第八九条を適用して主文のとおり判決する。」

◇（第二審　広島高裁昭和四七年一〇月一六日判決　同四四年(ネ)一八号）棄却

「控訴人の本訴請求については、当裁判所も、また、失当として棄却すべきものであると判断する。その理由は、次のとおり附加するほか原判決判示の理由と同様であるから、これを引用する。当審における〈略〉は、〈証拠〉に照らしてにわかに信用し難く、他に控訴人の右主張事実を認めるに足りる証拠は存在しない。

そうしてみると、原判決は相当であって、本件控訴は理由がない。よって、民事訴訟法第三八四条、第九五条、第八九条の規定を適用して、主文のとおり判決する。」

〔64〕最高裁昭和四八年一〇月五日判決（昭和四七年(オ)一一八八号　土地並びに地上立木所有権確認請求事件）（最高民集二七巻九号一一一〇頁）

本件は、部落有入会地の一部を買受けた部落住民相互間の土地ならびに地上立木の所有権帰属にかんするもので、係争地は島根県隠岐郡西郷町東郷部落の山林である（〔13〕と同一の部落である）。

東郷部落は昭和二三年に部落住民総有に属する入会地の一部たる甲土地を、入会を廃止して売却処分に付し、部落住民であるAが落札により取得し、さらに翌二四年同じ部落住民たるYがこれを買受けた。この土地は右売却時まで未登記のままであったが、昭和二七年東郷村（東郷部落は昭和二九年西郷町に合併編入されるまでは東郷村に属していた）名義で保存登記がされ、直ちにYに所有権移転登記がなされた。

一方、同じ部落住民であるXの先々代が明治二八年甲土地に隣接する乙土地を買受け、その相続人たる先代を経て昭和二八年Xが相続により取得したが、XY間において甲乙両地間の境界について争を生じ、XがYを相手として境界確認の訴を提起したが敗訴し、Xが乙土地の一部と主張していた土地は甲土地の一部であることが確定した。そこでXは本訴を提起し、右確定した部分（以下、単に係争地という）並にその地上立木がXの所有に属することの確認を求め、Xの先々代は乙土地を買受けたとき、係争地もその一部と信じて占有を開始したからその後一〇年又は二〇年の経過により係争地を時効取得し、その相続人たる先代を経てXが係争地を承継取得した、と主張した。

一、二審とも、仮にXの先々代が係争地を時効取得し、それをXが承継取得したとしてもYは民法一七七条の第三者に該当するから、Xは登記なくしてYに対抗することができない旨判示したので、Xは上告して次の如く主張した。

(1)　Xは前記境界確認訴訟で敗訴するまで係争地が甲地の一部であるとは思いもしなかったので係争地につき所有権取得登記をすることなど考えもせず、またその機会もなかったのであり、かかる場合Xは登記なくしYに対抗しうると解すべきである。

(2)　Yはこの部落の住民であり、共有の性質を有する入会権者の一員であるから民法一七七条の第三者には該当しない。

（**棄却**）最高裁は、取得時効により土地の一部の所有権を取得した場合も民法一七七条の適用があり、入会部落の総有する土地を買受けた入会部落構成員とその土地の時効取得者とは同条所定の第三者に該当する、と判示してXの請求を棄却した。

前述の如く本件は〔13〕におけると同一の山林で、〔13〕においては部落総有でなく合有であると判示されているのに本件で部落総有入会地と判示されているのは注目される。

◇（第一審　松江地裁西郷支部昭和四五年一月三〇日判決　同四一年(ワ)六号）棄却

「まず、被告の本案前の主張について判断する。被告は原告主張の境界確定請求訴訟の判決確定により九番山林と三五番山林との境界が確定されると同時にその各所有者である原告と被告との所有権の範囲も確定されているから、更に所有権確認の訴えを提起することができないと主張するが、境界確定の訴えは隣接する土地の境界が不明であって争いがある場合に、裁判によって新たにその境界を確定することを求める訴えであって、土地所有権の範囲を目的とするものではなく、したがって、境界確定訴訟において隣接する相手方の所有土地の地番内であることが確定された土地についても、後日更に時効取得を主張して所有権の確認を求める訴えを提起することは許されると解すべきである（昭和四三年二月二二日最高裁判所判決参照）から、被告の右主張は理由がないといわなければならない。

そこで、本案について判断する。原告主張の請求原因㈠の事実は当事者間に争いがないところ、原告は、先々代久四郎が本件土地を時効により取得し、その所有権は愛次郎が相続し、さらに原告が相続したと主張するが、右時効による取得の登記がなされていないことは原告の認めるところであるので、右主張事実の存否の判断はしばらくおき、かりに右主張事実が存するとして、原告がその所有権を被告に対抗できるかどうかを判断することとする。

〈証拠〉三五番山林は明治二八年一〇月一九日および大正四年一〇月一八日当時には旧東郷村の東郷部落（いわゆる地下）の共有林に属していたところ、同部落は昭和二三年一〇月一七日これを競争入札の方法により最高価格で落札した訴外原次芳に売却し、右訴外人は昭和二四年二月これを被告に売り渡したこと、そして三五番山林については昭和二七年七月一六日東郷村名義の保存登記がなされたうえ、中間省略により同日被告のため所有権取得登記がなされたことが認められ、右認定に反する証拠はない。右認定事実によると、原告主張の時効完成当時における本件土地の所有者は東郷部落であり、そののちに、同部落から原次芳に、同人から被告に順次本件土地の所有権が移転し、被告のための所有権取得登記がなされているのであって、被告は右時効による物権変動の当事者ではなく第三者であることが明らかである。そうだとすると、その主張の時効取得につき登記のない原告は、本件土地の所有権を第三者である被告には対抗できないといわなければならない。そして、本件土地上の立木は本件土地所有者の所有に属するものであるから、本件土地の所有権を被告に対抗できない原告は右立木の所有権も対抗できないといわなければならない。

以上の次第であるから、原告の被告に対する本訴請求はその余の点について判断するまでもなく理由がないからこれを棄却することとし、訴訟費用の負担について民事訴訟法第八九条を適用して、主文のとおり判決する。」

◇（第二審　広島高裁松江支部昭和四七年九月一三日　同四五年㈹一九号　民集登載）棄却

〔53〕最高裁昭和四九年六月二八日判決（昭和四九年(オ)一一七号　共有権確認請求事件）

本件は、同一地域における在来の住民集団と、職業等生活条件を異にする外来者および在来の住民からの非農業分家等との間における、いわゆる部落有地が在来の住民集団の総有かそれとも行政上の部落の所有地で外来者等もこれに権利を有するか否かにかんするもので、係争地は福岡県粕屋郡新宮町下府部落所在の海岸近くの砂山である。

係争地はもと国有地であったものを昭和一〇年頃、下府および隣接の夜臼両部落住民に売払われ、下府、夜臼両部落の代表者三名共有名義で登記された。昭和二七年頃から海水浴場や魚乾燥場として貸付けられてその貸付料は部落の諸経費に充当された。新宮町は福岡市に北接する町で、下府部落は昭和三〇年頃から宅地化がすすみ勤め人等の外来者や商店等が増加したが、主として農家である在来の住民と生活条件を異にするので、同三四年にこれを分離して第二部落とし、在来の住民集団を第一部落とした。その後、係争地の賃貸、交換等をめぐって係争地の所有権に争を生じ、第二部落は、第一部落および夜臼部落ならびに係争地の記名共有者三名を相手として、係争地が下府第一、第二部落および夜臼部落の共有に属することの確認を求める本訴を提起した。第一部落側は、係争地は下府、夜臼部落の在来の住民八九名で組織する山組合が国から売払をうけて取得し当時の山組合代表者三名の共有名義に登記したもので、部落所有の財産ではなく、当時は山組合員と部落住民はほとんど一致していたが、山組合規約により在来の山組合員のほか一定の金員を負担する分家以外の者は新たに組合員になることはできないため部落住民と組合員構成員との間に差異を生ずるに至り、現在でも係争地は山組合員八八名の共同所有に属する、と抗弁した。

第一審はほぼ第一部落の主張どおり、明治三六年在来の下府部落住民がもと下府部落（村）有地で明治初年国有に編入された山林の下戻をうけ、その山林を管理するため行政上の部落とは別に山組合を組織し、その山組合が昭和一〇年国から係争地を買受け、組合の代表者三名共有名義で登記し一定の慣習のもとに権利の得喪をみとめて使用してきた事実を認定し、行政上の部落の所有に属するという第二部落側の主張を認めなかった。

第二部落は控訴して、係争地は山組合の所有でなく、また行政体としての部落の所有でもなく、地域共同体たる三部落の共有に属する、と主張した。第二審も第一審同様の認定をした上、さらに部落と山組合との関係につき、土地買受け当時部落住民と山組合の構成員とが同一で両者が峻別されなかったが、係争地について町村は関与したことがないこと、戦後、非農家の新入住民が増加して部落と山組合との区別があいまいになりかけたが、住民の職業や生活基盤が異なるので、山組合を中心とする第一部落と新入住民による第二部落とに分離し、それ以後山組合として組織をはっきりさせ、係争地の公租等もすべて山組合において支払うようになった事実を認定し、係争地は山組合の所有、すなわち第一部落住民の共同所有に属すると判示し、控訴を棄却した。

第二部落は上告して、係争地の公租が部落名で納付され、また係争地からの収益金が部落収入とされているのに係争地が部落の所有でなく山組合の所有に属すると判示した原判決は採証法則を誤り理由そごの違法がある、と主張した。

（**棄却**）「上告代理人森竹彦の上告理由について。

所論の点に関する原審の認定は、原判決挙示の証拠関係及びその説示に照らして是認することができ、その過程に所論の違法はない。論旨は、ひつきよう、原審の専権に属する証拠の取捨判断、事実の認定を非難するものであって、採用することができない。

よって、民訴法四〇一条、九五条、八九条に従い、裁判官全員の一致で、主文のとおり判決する。」

◇（第一審　福岡地裁昭和四二年九月二二日判決　同三八年(ワ)六五〇号）棄却

「一、原告部落と被告下府一部落はもと下府部落という一つの部落であったところ昭和三四年に分立してそれぞれ独立の部落を構成するに至ったこと、本件土地が昭和一〇年九月迄国有地であったこと、本件土地所有権取得登記が持山八右衛門、横矢慶太郎、藤田文平の三名の個人共有名義でなされていること、持山八右衛門は死亡しその後被告持山宏征がその家督相続をなし、横矢慶太郎も既に死亡し被告横矢繁雄がその家督相続をなして、それぞれ現在に至っていること、原告部落と被告下府一部落の分立の経緯が原告主張のとおりであることはいずれも当事者間に争いがない。

二、そこで、原告部落が本件土地につき共有持分権を有するか否かの点につき判断する。

(一)　原告代表者柴田長七（第一、二回）は昭和一〇年九月当時の下府（分立前）、夜臼の二部落即ち原・被告ら部落が共同で、国有財産であった本件土地の払下げを受けて部落の共有地とし、払下げ費用は部落有保安林の中の砂山の部分の砂を売却した代金を以ってこれの支払にあてたものである旨供述するが右供述は〈略〉たやすく措信出来ない。次に〈証拠〉によれば新宮町役場の課税台帳の名寄帳には本件土地は部落財産として昭和一〇年九月より登載され、固定資産税は部落名義で納入されていることが認められ、さらに〈証拠〉によれば昭和二七年頃から本件土地を海水浴場や塩乾魚製造場として貸与し、その使用料名下に一年間に前者につき一万円、後者につき三、三〇〇円ないし一万五、五〇〇円を取得し、右収益を分立前の下府部落(即ち原告部落および被告下府一部落)の収益とし、右収益のうち年間三、〇〇〇円ないし三、四〇〇円を「山組合」が取得していることが認められるが、後に説明するとおり右事実を以って直ちに本件土地が原告部落と被告ら部落の共有であるという原告主張の事実を推認することはできない。

その他に本件全証拠によるも本件土地が原・被告ら部落の共有であることを肯認するに足りない。

(二) かえって、〈証拠〉新宮町大字下府はもと新宮村大字下府と称し、下府・夜臼の二部落が存したが、明治八年地租改正の際にもと部落有共有山林として部落民により多年に亘って支配されて来た大字下府字新開と大字下府字浜山の山林が誤って国有林に編入されたため明治三一年四月森林原野下戻し法の発布に伴い当時の部落住民が右山林の下戻しの申請をなした結果明治三六年五月に至ってこれが下戻しを受けてその所有権を取得したこと、(以下この山林を記念碑山林という)明治三七年ころ右下戻しを受けた同地区居住の部落民を以て「山組合」なるものを組織したが、組合規程によると同組合は前記新開および浜山山林の管理維持を目的とし組合員名簿を作成したこと、組合員たる資格を有する者は家督相続(本家)によりその権利を承継し、分家した者は当然には組合員たる資格は取得せず一定の金員を支出してはじめて組合員となり得たこと、他地区からの転入者は加入出来なかったが組合成立当初においては部落住民と「山組合」の構成員とはほぼ範囲が一致していたこと、山組合員以外の者は右山林の樹木の伐採、落松葉の採取等をすることが許されなかったことが認められる。

以上の事実から判断すると、右山林の下戻しを受けた主体は明治時代になって新しく制定された、いわゆる市町村の一部の行政区画としての「部落」ではなくて、古来下府・夜臼という集落を形成してきた村落共同体としての住民が共同で

「部落」として下戻しを受けたものと解するのが相当で、結局右にいわゆる「部落共有林」なるものの性質は、下府・夜臼部落の住民が共有している私的な共有山林であると言わなければならない。しかして、右の部落住民の私的な団体を市町村の行政上の下部機構である「部落」と区別するために「山組合」なる名称を付したものと解することが出来る。これを要するに、「山組合」は前記字浜山と同新開の記念碑山林を所有してその維持管理に当って来たと解するのが相当である。

(三) さらに〈略〉右「山組合」は組合員を一号山から五号山での五つのグループに分けて各担当の山林を定めてこれの管理維持にあたるとともに、当時国有地であった本件土地についても右土地が下府・夜臼部落の海岸の砂地であったところから五つの区域に分ちそれぞれ分担の場所に植林を試みていた経験からこれが払下げの申請をなし、昭和一〇年九月に右払下げを受けて所有権を取得し現在に至っており、その代金は当時全組合員が平等負担により出資して支払にあてたが、山組合名義で所有権取得登記をする方法がなかったために山組合員であった前記三名の個人共有名義に所有権取得登記をなした事実が認められる。

〈略〉

従って本件土地は「山組合」の所有と認むべきであって、原告主張の如く原・被告ら部落の共有と認めることはできない。

(四) なお原告提出の書証について検討を加える。

(イ) 成立に争いない甲第九号証（大字下府共有山林記念碑）によると、前記明治三六年の山林下戻しを記念して大正一二年に建立された記念碑の表面には「大字下府共有山林」と記載され、あたかも大字下府部落が下戻しを受けたもののようにも見受けられる。しかしながら前認定のとおり明治三七年「山組合」結成の当初から記念碑建立の当時までは部落民と山組合員の範囲はほぼ一致していたと思われるので、「大字下府共有山林」なる文字は部落の共有山林とも部落を構成する山組合員の共有山林とも解する余地があり右甲第九号証の裏面には下戻申請人として安河内半右ェ門ほか一二六名の氏名が記載してあり、〈証拠〉右記念碑建立の経費を当時の山組合の一号山から五号山までの組合員から均等に徴収している事実が認められ、以上の事実は前記浜山と新開の下戻しを申請した旧来の部落民が右山林の払下げを受けるとともに、山組合を結成して右山林の維持管理に当って来た事実を裏付けるものというべきである。

(ロ) 前記(一)において説示したとおり、〈略〉下府部落の昭和二七年度以降の収支決算書によれば、本件土地を海水浴場や塩乾魚製造場として貸付けたものとして使用料を徴収し、右収益の一部を山組合の謝礼金として支出した旨の記載があり、〈略〉新宮町役場の課税台帳の名寄帳には本件土地は部落財産として昭和一〇年九月より登載され、固定資産税は部落名義で納入されていたことが認められる。

しかしながら、〈証拠〉山組合は結成以来一号山から五号山に至る五つの区域に管理維持する山林を分け各地区には世話人および会計等の担当者を置いたが、山組合全部を統轄する委員長および会計の定めはなく、昭和三七年に至り漸く安武治郎が委員長として選出されたこと、下府部落（分立前）の部落長および会計担当者は従来例外なく山組合の組合員で山組合の世話もしていたところから、部落の会計事務と山組合の会計事務とを混同したような形でその両者の区別が明確に認識されていなかったこと、従って本件土地を海水浴場や塩乾魚製造場として貸付ける業務は本来ならば所有者たる山組合がなすべきであるが、山組合員たる当時の下府部落長が山組合と打合わせてこれを代理して借主との間に契約を締結し、賃貸料は本来ならば山組合が徴収すべきものであるが部落長が代理して徴収し、一部は山組合の収益金としてこれを一号山から五号山に等分して分配し、残りは下府部落に寄附したものであるが、帳簿上はあたかも部落が収益して山組合に寄附したように誤記したものであること、従って下府一部落の昭和三六年度の会計担当者であった酒井富雄は右のような「区有財産収支計算書」の従来の慣行的記載について不審を抱き、調査の結果昭和三七年度以降は右のような収益は山組合に所属すべきものとして同組合の担当者に委譲するに至ったこと、また以上の経過から判断すると部落名義で納入された本件土地の固定資産税も山組合に関係のない純然たる下府部落の経費の中から支出されたか否かは極めて疑わしく、なお昭和三七年頃以降の固定資産税は山組合において負担していることが窺われる。そうすると原告の提出している前記甲号各証によっても、前段認定を左右するには足りない。

三、よってその余の点につき判断するまでもなく本件土地が原告部落と被告ら二部落の共有に属することの確認を求める原告の本訴請求は理由がないからこれを棄却することとし、訴訟費用の負担につき民事訴訟法第八九条を適用して主文のとおり判決する。」

◇（第二審　福岡高裁昭和四八年一〇月三一日判決　同四二年(ネ)六〇八号、判例タイムス三〇三号一六六頁）棄却

〔76〕最高裁昭和五〇年七月二一日判決（昭和五〇年行(ツ)九号　財産区財産に編入行政処分の取消等請求事件）

本件は、財産区有として登記された土地につき、財産区の住民が財産区管理者（市長）を相手として、財産区編入処分の取消と、当該登記の抹消請求ならびにその土地の所有権を有することの確認を求めた行政訴訟事件である。係争地は兵庫県伊丹市鴻池地区の溜池および墓地で〔34〕と同一地区であり、かつ本件原告は〔34〕の第一審被告である。

昭和四七年一〇月に鴻池村と表示登記されていた溜池ならびに墓地等の土地が、鴻池財産区名で所有権保存登記されたので、鴻池地区住民X（武田義男）が、鴻池財産区管理者伊丹市長を相手として、（甲）右土地の財産区財産編入処分の取消、（乙）右処分に伴う財産区名義の所有権保存登記の抹消登記、（丙）溜池についてはXが所有権を有することの確認、（丁）墓地等については共有持分権を有することの確認、を求める行政訴訟を提起して次の如く主張した。(1)本件溜池はその所有権帰属につきXと鴻池農会との間で訴訟係属中であり、また墓地等については伊丹市も私有地と認めたにもかかわらず、伊丹市長は昭和四七年にこれらの土地を財産区財産に編入する行政処分を行ない、財産区名義で所有権保存登記を行なったが、これらの行為は行政機関が裁判権を行使するにひとしく、また私人の財産権を侵害する行為であり、いずれも無効であるから、その行政処分の取消と登記の抹消手続の履行を求める。(2)係争地中溜池は明治初年地区の地主が総有的に取得したもので現在その承継人の総有に属するがX以外の総有権者は係争地を財産区財産に編入することに同意しているからその権利を放棄したものというべく、したがってXの単独所有に帰し、また墓地は地区住民総有に属するが、前記の同意をした者は持分権を放棄したというべきであるから、右編入に同意しなかった他の住民七名とXとの共有物件となった。

これに対して財産区管理者たる伊丹市長は、(1)係争地は明治町村制以降「市町村の一部」が有する財産すなわち財産区財産であったのであって、新たに財産区財産に編入するという行政処分があったのではないから、その取消を求める請求は失当であり、また本件保存登記も行政処分ではない、⑵Xは他の権利者はその権利を放棄したと主張するが、他の権利者が放棄したのは水利権のみで池床の権利ではなく、また墓地についてはXほか七名が共有権者であると主張するが、そうであるとすれば共有者全員が原告として提訴すべきであるから、Xのみで共有権の確認を求める本訴は不適法である、と抗弁した。

第一審は、財産区財産編入の行政処分の存在が認められず、また本件所有権保存登記手続も行政処分に該当しない、という理由でXの請求を却下した。そして溜池や墓地等の所有権の帰属を争うならば地方公共団体たる財産区を相手とすべきであるから、財産区管理者を相手に土地の所有権あるいは共有権の確認を求める行政訴訟は不適法である、とこれも却下した。X控訴したが、棄却されたので、上告して、係争物件はいずれも共有の性質を有する入会権の対象物件であり私有財産であるのにそれを財産区財産としてなした財産区管理者の嘱託登記申請行為は憲法二九条に違反する行為であり、また原判決は本件判決を不適法というが、これは大審院判例（明治三〇年三月三日）に反する、と主張した。

（棄却）「上告人の上告理由について

本件訴えを不適法とした原審の判断は、正当として是認することができる。原判決に所論の違法はなく、右の違法を前提とする所論違憲の主張は、その前提を欠く。また、所論引用の判例は、事案を異にし、本件に適切でない。論旨は、ひっきょう、原判決を正解せず、あるいは独自の見解に立って原判決を非難するものであって、いずれも採用することができない。

よって、行政事件訴訟法七条、民訴法四〇一条、九五条、八九条に従い、裁判官全員一致の意見で、主文のとおり判決する。」

◇（第一審　神戸地裁昭和四八年一〇月一八日判決　同四八年行(ウ)三号）却下

「(一)原告の（甲）の請求について

(1)　財産区の制度は、明治二二年施行の市制町村制の下で町村の合併が行われた際、それまで住民が有し、あるいは利用してきた旧町村の財産並びに公の施設を新町村に吸収することなく、旧町村に残し、その財産並びに公の施設の管理処分について独立の人格を付与し、これを「市町村の一部」と呼称し、従来どおり旧町村の住民の利用に委ねたことに由来し、右制度は昭和二二年施行の地方自治法で呼称を「財産区」と改めたほかは、そのまま踏襲され、更に昭和二九年の同法改正により、その制度が整備され、今日に至っているわけである。すなわち、財産区の制度は、前記の意味で市町村の一部にして財産を有し、公の施設を設けているものがある場合、その財産もしくは公の施設の管理、処分もしくは廃止について、特別地方公共団体として独立の人格を認められたものであって、いわば右の意味での財産もしくは公の施設の存在そのものによって、あるいは、いわば慣行に基づくものであって、任意に設置し得るものではなく、従って、行政処分によって、ある財産なり、公の施設の管理処分に関し、財産区として法人格を付与し得る性質のものではないわけである。右の理は、市町村の境界変更により、市町村の一部が財産を有し、もしくは公の施設を設けるものとなる場合においても、変るところはない。

(2)　従って、かかる場合、ある特定の財産の管理処分に関し財産区として法人格を付与された場合に、右財産の所有権の帰属を争う者は、そもそも財産区として法人格を付与するにつき、行政庁の優越的な意思の発動たる行政処分は存在しないのであるから、民事事件としてその帰属を争うことは格別、行政事件として行政処分の取消を求める途はないという外はない。

(3) ところで、原告は、本件㈠ないし㈢の物件につき、昭和四七年一〇月に被告がなした財産区編入の行政処分の取消を求めているが、前記のとおり、財産区の設置につき、行政処分は存在せず、また、本件所有権保存登記申請も、抗告訴訟の対象たる行政処分に該当しないから、原告の該訴は、不適法として、却下せざるを得ない。

㈡ 次に、原告の（乙）乃至（丁）の請求は、本件㈠ないし㈢の物件が、本件財産区の所有物件ではなく、原告らの所有物件であるとして争い、（乙）の請求としては、その所有権保存登記の抹消登記手続の履行、（丙）の請求としては、所有権確認、（丁）の請求としては共有持分権確認を各求めているところ、それらの請求は、いずれも私法上の請求に該当する。従って、かかる訴においては、原告としては、単なる行政庁を相手方とすべきではなく、民事訴訟上当事者能力を有する権利主体たる公共団体を相手方として訴を提起すべきであり、本件の場合においては、右権利主体は、特別地方公共団体である本件財産区であるにもかかわらず、原告は行政庁たる本件財産区管理者を相手方として訴を提起しているから、右の各訴は、いずれも不適法として、却下する外はない。

㈢ よって、本件訴はいずれもこれを却下し、訴訟費用の負担につき、行政事件訴訟法第七条、民事訴訟法第八九条を適用して、主文のとおり判決する。」

◇（第二審　大阪高裁昭和四九年八月二九日判決　同四八年行(コ)三〇号）棄却

「当裁判所は、控訴人の本訴請求をいずれも却下すべきものと判断するが、その理由は、次に付加するほかは、原判決理由記載と同一であるから、これを引用する。

控訴人は、原判決添付目録記載各物件が財産区財産でなく、控訴人の所有である場合には、被控訴人がなした控訴人主張の所有権保存登記嘱託は、被控訴人が右物件の所有権帰属を確認してなしたものであって、控訴人に対し右物件を財産区財産とすることにつき、受忍を強いるものであるから、行政処分が存在すると主張する。しかしながら、不動産について官公署のする登記嘱託は、官公署が登記所に対し当該不動産について、一種の行政処分たる一定内容の登記をなすべきことを要求する行為であるにすぎず、これによって当該不動産について権利の設定、変更はもちろん、対抗力等が生ずるものではないから、行政処分ということはできない。控訴人の右主張は採用できない。

してみると、右と同旨の原判決は相当であって、本件控訴は理由がないから、これを棄却することとし、控訴費用の負担につき民訴法八九条、九五条を適用して、主文のとおり判決する。」

〔62〕最高裁昭和五〇年一〇月二三日判決（昭和四八年(オ)七三号　**損害賠償請求事件**）

本件は記名共有地の売却処分をめぐりその土地が共有入会地か名義人の共有地かが争われた事件にかんするもので、係争地は神奈川県横須賀市池上部落の山林である。

係争地はY_1 Y_2 Y_3 B四名の共有名義で登記されていたが、昭和三九年にBがその共有持分をB_1に、同四〇年にY_1 Y_2 Y_3が共有持分各四分の一をAに売却した。池上部落住民Xら二一名（選定当事者二名）は、係争地はY_1ら四名を含む池上部落住民二〇名の共有の性質を有する入会地で（二〇名中三名死亡し、その共同相続人八名が本件原告に加わっている）、四名は池上部落の四つの組の代表として所有名義人となっているのであって実質上四名の共有地でないにもかかわらずその共有持分を売却したのは他の入会権者たるXらの共有持分を侵害したものであるという理由でY_1 Y_2 Y_3を相手として損害賠償請求の訴を提起した。

第一審は、係争地が「仲間山」「共同山」とよばれ部落内で茅刈取の無尽が行なわれていた事実を認めながらそれは地盤所有者にたいする無尽加入者の権利に止まり共有入会権の存在は認められない、とXらの請求を棄却したので、Xらは控訴して、係争地は旧池上の名主名義で地券が交付されその名主から各小部落代表者四名の共有名義となったもので実質は当時の居住者三一戸の共有の性質を有する入会地である、と主張した。第二審は第一審を取消し、係争地が部落共有地であり、共有名義人は代表者として登記されたのであって、他の部落住民も住民であるかぎり地盤の共有権を有するものであり、これを共有の性質を有する入会権と呼ぶかどうかはともかくとして、名義人である被控訴人らがほしいままに本件山林を処分すればその共有権自体に損害を及ぼすことは明らかであり、第三者は係争地の買受けにあたり、真実の所有者が部落民全員であることにつき悪意であることを認めるべきものがないから係争地の持分権を取得し、その結果、構成員らはその持分権を喪失したことになるからY_1ら三名はXらにたいして損害賠償の責任がある、と判示した。

Y_1ら上告して次の如く主張した。(1)原判決は係争地がXらの共有の性質を有する入会地となった経緯の証明が不十分であるにもかかわらず入会地と認定しているのは経験則に反する。(2)Y_1らは係争地の共有持分を自己の財産と信じて売却処分したのであるからそれを不法行為として損害賠償せよというのは法律の解釈を誤ったものである。(2)係争地の利用はすでに昭和に入ってからは失われているにかかわらず、十分な入会利用の証明なしに入会権の存在を認定し係争地を部落住民の共有と判示したのは理由そごの違法がある、(4)原判決は個人所有名義の土地に個人持のものと実質部落有のものとがあることを認めながら係争地を直ちに実質部落有と判示したのは理由不備の違法がある。

（棄却）「上告代理人森英雄の上告理由第一、一ないし四について

本件記録によれば、被上告人らが原審において所論の事実を主位的な主張として陳述していたことは明らかであるから、右事実を認定したことをもって所論の違法があるとはいえない。また、所論の点に関する原審の事実認定は、原判決挙示の証拠関係に照らして是認することができ、その過程に所論の違法は認められない。原判決に所論の違法はなく、論旨は、採用することができない。

同第一、五及び第三並びに上告代理人吉田恵二郎の上告理由第二ないし第四について

所論の点に関する原審の認定判断は、原判決挙示の証拠関係に照らして是認できないものではなく、その認定判断の過程に所論の違法はない。論旨は、ひっきょう、原審の専権に属する証拠の取捨判断、事実の認定を非難するものにすぎず、採用することができない。

上告代理人森英雄の上告理由第二について

原審が適法に認定した事実関係のもとにおいては、上告人らが本件山林に対する共有持分の売却につき共同不法行為責任を

免れないとした原審の判断は、正当として是認することができる。原判決に所論の違法はなく、論旨は採用することができない。

上告代理人吉田恵二郎の上告理由第一、一について

所論の原判示部分は、山林の入会地の所有形態として、形式上個人の所有名義のものであっても、実質的には部落民の共有又は総有のものもありうるとの経験則を判示したものにほかならず、証拠によらなければ認定しえないものではないから、原判決に所論の違法はない。論旨は採用するに足りない。

同第一、二について

原判決は、本件山林をいわゆる部落持の山であると認定しても前示の経験則に反するものではないとしているに止まるから、原審が所論の点を審理判断しなかったことをもって、理由不備とはいえない。原判決に所論の違法はなく、論旨は採用することができない。

よって、民訴法四〇一条、九五条、八九条、九三条に従い、裁判官全員一致の意見で、主文のとおり判決する。」

◇（第一審　横浜地裁横須賀支部昭和四四年九月三〇日判決　同四一年(ワ)三号）棄却

「一、本件山林がもと訴外関口与兵衛、同伊野久左衛門の所有名義であったこと、明治三五年五月一三日本件山林について石渡民蔵、黒田新吉、原角次郎、鈴木安兵衛の四名に各四分の一の持分譲渡が行われたとしてその旨の所有権移転登記がされていること、被告ら及び訴外石渡秀男が本件山林を原告ら主張のとおり売却したことは当事者間に争いがない。

また本件山林が明治一〇年頃から屋根を葺く茅を採取する茅場であって、部落民の間で屋根を葺くための茅の刈取について、ある取り決め（原告らはこれを入会権であると主張し、被告らはこれを普請無尽契約であると主張している）がされていたことも当事者間に争いがない。

二、原告らは、明治三五年関口与兵衛、伊野久左衛門は本件山林を石渡久蔵他三〇名の共有入会地としたと主張する。

㈠ ＜略＞原告選定者西ヶ谷竹次郎、同石渡僊吉、同西ヶ谷一利、同鈴木惣太郎はいずれも、本件山林は部落民の共有であると供述し、その理由として関口サトは、同人は関口与兵衛の孫であるが、祖父与兵衛から「地券は貰ったが自分のものにせず、部落の茅山にしょうと開こんした」と聞いていることによるものであること、西ヶ谷竹次郎は、自分が二〇才のとき西ヶ谷藤蔵から「部落では他にも共有の山があったが大正七年頃売却処分して会館を建てたりポンプを買ったりしたが、共有である本件山林はまだ残っている」と聞いたからであること、西ヶ谷一利は、祖父から「本件部落にある堰田は右祖父名義になっているが、祖父のものではなく堰田組合のものであると同様本件山林は茅場組合のものである」と聞かされていたからであると、それぞれ供述している。

しかし右証人ら及び右原告選定者らの各供述によれば、右証人らや右原告遅定者らが本件山林を部落民の共有であると思っていたのは、本件山林が「茅場山」「仲間山」「共同山」などと呼ばれており、本件山林の茅刈取について無尽契約がされていて部落民が順番に茅を刈って屋根を葺いていたこと、本件山林の登記名義は池上部落のうちの小部落の各代表者四名にしたものと思われることなどによることが認められ、なお＜略＞原告選定者西ヶ谷一利、被告黒田潔の各供述によれば、終戦後本件山林を石渡久蔵が勝手に処分しようとしているという話が伝わり、部落民が石渡久蔵方に抗議を申込んだことがあったが、その解決は立ち消えになってしまったこと、被告黒田潔は昭和三九年に本件山林の持分権を売却するに際し、本件山林の所有関係についてこれを確かめるべく関口サト方に行って、何か書類でもあるかを調べたが、書類はなく、関口サトは「前記のとおり祖父与兵衛から聞いたほか、最初からの人は山について関係はあるが、茅山ができてから仲間に入った人は茅だけにしか関係がないというように聞いている、茅無尽は一時やめようということでやめているが、仲間山のことだから他の人にも聞いてくれ」と云ったことが認められるし、西ヶ谷竹次郎の供述については、同人は明治二五年生であるから同人が二〇才のときと云えば未だ明治四五年頃であり、大正七年の事実を聞いたということは年代的に合致しないので信用ができないものであり、西ヶ谷一利の供述については同人は右堰田の処分に関し、戦争中に処分されたらしいが詳しいことは知らないというあいまいな供述をしているのである。

従ってこれら併せ考えると、関口サトも本件山林が部落の共有となったことについて確信を有しているとは云えず、他の者もいずれも本件山林が部落の共有であることについて確実性を有しているものではないと考えられるので、本件山林が部落の共有であるとの前記の各供述は採用できない。

(二) 隣接町村において、数名の者の共有地について代表者のみに所有名義がされていたのに対し、最近これを売却処分するに際し、所有名義者が共有の事実を認めた事例の存することは、〈証拠〉により認められるが、右証拠によれば、右事例はいずれも共有地となった時期が明治初年またはそれ以前であることが認められるので、明治三五年に石渡久蔵他三名の所有名義となり共有入会地となったと主張されている本件とは相違点もあり、右事例をもって直ちに本件をも右と同一であると認定することはできない。

㈢　次に〈証拠〉によれば、原告らが明治三五年に共有入会権を取得した者として主張する三一名の者により明治一〇年頃から本件山林を開こんして茅山とし、明治一三年頃から屋根を葺くための無尽契約が始められて、明治四〇年に満会となり、改めて従来の加入者のうち不加入者を除き新規加入者を加えて再会を組織し、引き続きこれが実行されてきたこと、これに関して明治四一年三月に「再会池上供同普請仕様帳」が作成されていて、「池上里普請無尽再会期約」としてその内容が定められていること、甲第七号証の一は「家根葺替扣」、同号の二は「普請無尽掛金控帳」、同号の三は「家根替諸収支控帳」、同号の四は「普請帳」とされていて、無尽に当った者の屋根葺に関する収支の記録であることが認められるので、原告ら主張の三一名が明治初年から本件山林の茅刈取に関して普請無尽契約を締結してこれを実行して明治四一年以後に及んでいることは明らかであるが、これらには原告主張の共有入会権取得に至る事実を認められるような記載もなく、その事実は見出されない。

㈣　すると本件山林が部落民から「仲間山」「共同山」と云われたのは、本件山林の茅刈取については無尽契約が存在していたため、本件山林の使用収益が本件山林の所有名義者の石渡民蔵他三名によってのみ行われず、右無尽加入者によって行われてきたことによるものであって、その意味において無尽加入者が本件山林に対する使用収益をする権利を有していたことは明らかに認められるけれども、右権利は本件山林に対する使用収益に関する無尽加入者の権利に止まり、原告ら主張の三一名が共有入会権を取得していた結果であることは認められない。

㈤　すると原告ら主張の三一名が明治三五年本件山林に対し共有入会権を取得するに至った事実はこれを認めるに足る証拠がないので、その余の原告らの主張は判断するまでもなく、これを認めることができず、右認定を左右するに足る証拠は存しない。

㈥　原告らの予備的主張の民法上の共有権に関しては、右認定した事実によれば、これまた認めることができない。

三、従って原告らの共有入会権若しくは共有権にもとづく本訴請求はその理由がなく、失当である。

四、よって原告らの本訴請求はこれを棄却し、訴訟費用の負担につき民事訴訟法第八九条、第九三条を適用して主文のとおり判決する。」

◇（第二審　東京高裁昭和四七年八月三一日判決　同四四年㈭二七八五号、判例時報六八一号三七頁）取消

〔70〕最高裁昭和五一年二月二六日判決（昭和五〇年㈳三七号　所有権確認等請求事件）

本件はいわゆる記名共有山林が実質部落総有地であるか記名共有者の所有地であるかにかんするもので、第一審は簡易裁判所に係属し、最高裁判所に特別上告（ただし棄却）された事件である。

係争地は〔32〕と同一地区の山林でありその第一審被告も〔32〕の原告と同一人である。係争山林は鴻池部落の総有入会地

でY_1 A_1 A_2三名の共有名義で登記されているがY_1の相続人Y（武田義男）が所有権を主張するので、鴻池部落（地区農会）はYを相手として係争地が鴻池地区（農会）の総有に属することの確認を求める本訴を提起した。Yは地区農会の訴訟適格性を争い、係争地はもともとY_1 A_1 A_2 の純然たる共有地であったがYがY_1を相続後平穏且公然に二〇年占有を継続したのでこれを時効取得した、と抗弁した。

第一審は原告鴻池地区農会の訴訟適格性を認め、係争地が代々部落の管理下におかれ部落で植林等をしている事実から判断して実質部落有地でY_1らは係争地取得当時の部落役員であって名義人にすぎない、と判示し、Yの時効取得も認めなかった。Yは控訴するとともに、鴻池部落は係争地を売却する意思表示をしているがそれは係争地をYから買取る意思表示であるという理由でYは部落に対して係争地の買取請求権を有することの確認を求める反訴を提起した。第二審も本訴については第一審同様に係争地が鴻池部落有地であると判示して控訴を棄却、したがって反訴も棄却した。

Y上告。その理由は(1)入会権確認訴訟は固有必要的共同訴訟であるのに第一審原告には入会権者たるYが含まれていないので本訴は不適法である。(2)原判決は係争地は鴻池地区民の総有といいまた鴻池地区農会員の総有というが両者では総有権者に差があり、したがってその持分も異なるが、これは理由齟齬の違法がある、というのであるが、ともに理由なしとして上告棄却。Yは特別上告し、本件訴訟が固有必要的共同訴訟であるのに第一審原告中に総有権者でない者が含まれておりまた第一審原告たる鴻池地区と第二審以降の当事者たる鴻池地区農会とは別個の団体であるから、本訴は不適法である、と主張した。

（棄却）「上告人の上告理由について

所論は、違憲をいうが、その実質は単なる法令違反を主張するにすぎず、民訴法四〇九条ノ二第一項所定の特別上告の理由にあたらない。論旨は、採用することができない。

よって、民訴法四〇九条ノ三、四〇一条、九五条、八九条に従い、裁判官全員一致の意見で、主文のとおり判決する。」

◇（第一審　伊丹簡裁昭和四六年四月二七日判決　同四五年(ハ)二二号）棄却

「一、原告の当事者能力及び当事者適格について。

＜証拠＞によれば、原告は伊丹市の一地域である鴻池に先祖の代から居住する農家を構成員とする団体であり、団体としての規約を有し、それには団体の事業、代表者等役員の選出方法、総会の運営等について規定していること、この規約は従前からあった慣行を成文化したものであること、元来鴻池地域の住民は先祖から続いた農家であり、これらの農家が集まり鴻池部落として集団的共同生活を営んできたが、近時非農家の転入者がふえてきたので昭和三五年に鴻池地区の全住民を構成員とする自治会と昔からの農家を構成員とする原告に分れ、従前の鴻池部落の所有財産やその帳簿類を原告が引継ぎ管理してきたことがそれぞれ認められる。これらの事実によると、原告は法人格を有しないがその実体は鴻池部落であり、民法の組合に類似する社団であると解するのが相当であるから、民事訴訟法四六条の法人に非ざる社団で代表者の定めのあるものに該当する。また原告と被告との間で本件山林の所有権の帰属について紛争があることは本件記録上明らかであるから、原告は本件各請求につき当事者適格をもつと解する。

二、本件山林の所有権について

本件山林の登記簿上の所有名義が赤松与治右ヱ門、寺井万太郎、武田万太郎になっており、被告が右武田万太郎の相続人であることは当事者間に争いがない。＜証拠＞によれば、本件山林について明治二七年八月二九日付で売主中田太良吉より赤松与治右ェ門、寺井万太郎、武田万太郎の三名宛の売渡証（甲第八号証）が作成されており、同売渡証に同日付で登記済の印が押捺されていること、右の売渡証を鴻池部落の代表者が代々保管を続け原告に引継がれたこと、本件山林を買受けた当時より鴻池部落が本件山林に雑木を植林し、それを部落民の希望者に売渡して部落の収入としていたこと、被告の祖父の武田万太郎も本件山林の雑木を買受けたことがあること、本件山林の登記名義人寺井万太郎、赤松与治右ェ門等の相続人寺井信親、赤松義治が本件山林は鴻池部落の所有であると認めていることがそれぞれ認められ、これらの事実を綜合すると、明治二七年八月二九日に鴻池部落が前所有者の中田太良吉より本件山林を買受け、部落名で所有権移転登記ができないので、当時の同部落の役員であった前記三名の名前を借りてその登記をしたことが認められる。原告が右鴻池部落と実体を同じくすることは前記認定のとおりであるから本件山林は原告の所有（総有）に属することが認められる。

被告は本件山林の時効取得を主張するが、登記簿上所有名義の登記が存在するだけでは本件山林を占有したことにはならず、外に被告が本件山林を占有したことを認めるべき証拠はない。

三、妨害予防について。

被告が本件山林中の通路の一般通行を妨害するおそれがあることを認めるべき証拠はない。

四、よって、民事訴訟法九二条但書を選用して主文のとおり判決する。」

◇（第二審　神戸地裁昭和四八年一〇月二日判決　同四六年(レ)七四号　四六年(レ)一二〇号反訴事件）控訴棄却、反訴棄却

「一、控訴人は被控訴人の本訴提起について種々主張するが要するに被控訴人の名称の不適当なことを攻撃することに尽きるものと解されるところ、被控訴人が当事者能力を有することは原判決のこの点に関する説示＜略＞と同一であるからこれをここに引用し、右のように当事者能力を有する被控訴人にどのような名称を付するかは被控訴人の決め得るところであり被控訴人の本訴提起当時の「伊丹市鴻池地区」の名称が不適法なものと解することはできず又寺西房雄が代表権を有していたことは明白であり、右名称を「伊丹市鴻池地区農会」と変更したことをもって不適法なものと解することはできない。よって控訴人の本件訴を却下すべきことを求める主張はいずれも採用できない。

二、本件山林の登記法上の所有名義が赤松与治右ヱ門、寺井万太郎、武田万太郎になっており控訴人が右武田万太郎の相続人であることは争がなく、＜証拠＞明治二七年八月二九日付で売主中田太良吉から赤松与治右ヱ門、寺井万太郎、武田万太郎の三名宛の売渡証が作成されていること、同売渡証に同日付で登記済の印が押捺されていること、右の売渡証を鴻池部落の代表者が代々保管を続け被控訴人に引きつがれたこと、本件山林を買受けた当時より鴻池部落が雑木を植林しそれを部落民の希望者に売渡して部落の収入としていたこと、控訴人の祖父の武田万太郎も本件山林の雑木を買受けたことがあること、本件山林の登記名義人寺井万太郎、赤松与治右ヱ門等の相続人である寺井信親、赤松義治が本件山林は鴻池部落の所有であると認めていることが認められる。

右事実によると明治二七年八月二九日に鴻池部落が前所有者の中田太良吉より本件山林を買受け部落名で所有権移転登記ができないので当時の同部落の役員の前記三名の名前を借りて登記したものと解するを相当とする。

もっとも、＜証拠＞によれば、明治三二年八月調製の名寄帳上では、字西墓の本一六番の一山林一九歩なる土地につき所有者の氏名を一たん「松原広三郎」と記載しながら、これを抹消して「村持」と訂正してあるのにもかかわらず（因に〈証拠〉によれば、当時右土地は未登記であったが、大正六年九月一八日受付をもって松原新太郎名義で所有権保存登記がなされ、同一五年一一月一一日受付をもって武田市太郎、寺西源之介の共有名義に売買を登記原因として所有権移転登記がなされていることが認められる）、本件土地については、所有者の氏名欄に、単に赤松与治右ェ門、寺井万太郎、武田万太郎三名の氏名を記載してあるのみで、「村持」その他被控訴人所有たることを明示する記載がないことが認められるけれども、このことをもってしては前認定の反証として十分でなく、その他控訴人の全立証をもってしても前認定を左右するに足りない。

控訴人は本件山林の時効取得を主張するが、控訴人がその主張の期間本件山林を占有していたことを認めるに足りる証拠はなく、右主張は採用できない。

控訴人が本件山林中の通路の一般通行を妨害するおそれがあることを認めるに足りる証拠はない。

よって被控訴人の本訴請求中本件山林が被控訴人の所有に属することの確認を求める部分は正当であるからこれを認容すべきであり、その余の部分は失当として棄却すべきであり、控訴人の反訴請求はその前提たる本件山林が控訴人の所有に属することが認められないので失当として棄却すべきである。

三、以上の理由により本訴についての当裁判所の判断と同旨の原判決は相当で、本件控訴は棄却すべきであり、控訴人の反訴請求は棄却すべきものであるので、民訴法三八四条、八九条を適用し、主文のとおり判決する。」

◇（上告審　大阪高裁昭和五〇年九月二六日判決　同四九年(ツ)一〇号）棄却

「上告理由について

団体的権利である総有関係は全一体として部落民全体に帰属するものであるから、これらの者の側から提起する入会権確認の訴は必要的共同訴訟であることは上告人の主張するとおりであるが、本件の場合、被上告人は法人格なき社団としての実体を備え代表者の定めがあるのであるから当事者能力のあること明らかであり、しかも本件は被上告人と上告人との間で互に係争の山林の所有権が自己にあることを主張して争っている事件であるから、被上告人から上告人に対して訴を提起したことは当然であり、被上告人に当事者適格を認めて本案判決を言渡した原判決に何ら違法はない。

上告人は被上告人の内部関係、即ちその構成員の持分関係につきるる主張するが、右は本件訴とは無関係であり、別途に解決されるべきことである。

よって、上告理由はいずれも理由がないので、民訴法四〇一条により本件上告を棄却し、同法九五条、八九条にしたがい主文のとおり判決する。」

〔12〕最高裁昭和五一年七月一九日判決（昭和四八年(オ)五四一号　共有物処分代金分配残額請求事件）

本件は記名共有の山林が部落有入会地かそれとも登記上の権利者の共有地か、にかんするもので、係争地は青森県下北郡大畑町大畑のうち小目名部落の山林である。

係争地は小目名部落の入会地であったがX（北上高次郎）のみ持分三四分の二、他の者は持分三四分の一の三三名共有名義で登記されており、昭和二七年頃同部落は係争地上の立木を売却し、その収益の一部を部落の入会権者平等に配分したが、Xは共有持分が三四分の二であることを理由に二口分の収益配分を請求したところ容れられなかったので、部落住民で登記上の共有権者三二名中Yら二七名を相手として（除外した五名は部落不在者）、係争地に三四分の二の共有持分を有することの確認と、持分の差額一口分の配当金支払を請求する本訴を提起した。Yらは、係争地は小目名部落住民の共有の性質を有する入会地であって、権利者は小目名部落住民に限られ部落外に転出するとその権利を失ない、その権利は売買譲渡することができず、権利者が帰村した場合または権利者から分家した者は分家後一五年経過したときその権利が認められる、という慣習があると抗弁した。第一審は係争地が小目名部落の入会地であることを認めXの請求を棄却したが、ただYらのうちXの主張を認めたY_2（北上外之松）に対する請求は不適法の故をもって却下した。Xは第一審継続中に係争地の登記上の共有持分権三四の一をA（部落住民）に譲渡したので、控訴して（被控訴人はXら一三名のみ）係争地が部落共有入会地でなく三四名の共有地でありXが三四分の一の共有持分権を有することの確認のみ求め（金員支払請求を取下げ）た。

Xは共有持分権が抵当権の目的となりあるいは譲渡されていること、係争地が秣や薪採取に使用されず杉檜等所有のために使用されていることを理由に係争地の入会地たることを否認し、部落有地ならば公有であるから町長管理の下にあるはずだと主張し、Yらは前述の如き入会慣習を主張するとともに、係争地の立木処分代金を個人に配分したのは今回のみでほとんど部落公益費に充ててきた、と主張した。第二審は、部落住民が係争地を長年入会利用し、その収益を部落共益に充ててきたこと、部落の分家は一戸を構えて一定年限居住し部落経費を負担すれば係争地にたいする共有入会権が認められる一方転出すればその権利を失なう慣習があること、共有名義人三四名中約半数が保存登記したときすでに死亡もしくは隠居していたこと、等から判断して係争地は同部落住民共有の入会地であって三四名の個人的共有地とはいえないこと、部落住民中入会権者でない者がいても前記慣習により権利を有しないのであって、それ故に部落有入会地でないとはいえないこと、持分の譲渡が行なわれているが、これは主に部落住民間であり外部に譲渡されていても再び部落住民が買戻しており、また転出者に係争地からの収益金の配分をしたことがあるけれども、これは転出者との間の紛争をさけるためにとった妥協的な措置もしくは転出者にたいし失権の補償の意味で配分したものであり、いずれも係争地が入会地であることを否定するものでないこと、入会権は登記なくして第三者に対抗しうるが、それ故に入会地盤所有権の登記が不要、不合理であるともいえず、その登記をしたことによって入会地が登記名義人の個人的共有地になるものではない、という理由で係争地を入会地と判示した。

X上告して、係争地は三四名共有名義で登記され、その共有持分が売買、贈与、相続等によって移転されており、それが係争地は入会地でなく共有地であることを示す証拠であるにもかかわらず、他に十分な証明もなくこれを部落住民の共有の性質を有する入会地だと判示した原判決は理由齟齬、理由不備の違法がある、と主張した。

（**棄却**）「上告代理人成田篤郎の上告理由について

本件山林は小目名部落有の同部落民の入会山であり、共有の性質を有する入会権の目的となっていると認められ、これを単なる個人共有山林であると主張してその三四分の一の共有持分権を有することの確認を求める上告人の本訴請求は棄却を免れない旨の原審の認定判断は、原判決挙示の証拠関係に照らし、正当として是認することができ、記録を精査しても右認定判断の過程に所論の違法があるとは認められない。論旨は、すべて採用することができない。

よって、民訴法四〇一条、九五条、八九条に従い、裁判官全員一致の意見で、主文のとおり判決する。」

◇（第一審　青森地裁昭和三一年八月一三日判決　同二八年(ワ)一八七号）一部棄却　一部却下

「先ず被告北上卯之松を除くその餘の被告二十六名に対する請求について考察する。

成立に争のない甲第一号証の一の登記簿謄本には、下北郡大畑町大字大畑四百七十五番戸北上助五郎外三十三名が大正元年八月三十日本件山林について共有持分均等の所有権の保存登記をなしたこと、及びその後昭和二十八年一月二十六日までの間にその共有持分の移転登記が度々行われ、原告は昭和二十七年六月一日北上松之助の持分の贈与を受けて同年七月一日その移転登記を、同月十六日山田銀蔵の持分を買受けて同月十七日その移転登記をそれぞれなした旨の記載がある。しからば本件山林は原告外三十二名の共有に属し原告はその三十四分の二の共有持分を有するものと推定すべきである。しかるところ被告等は本件山林は単なる共有山林ではなく小目名村部落民の共有に属するところの入会山であって同部落民の本件山林に対する権利は共有の性質を有する入会権である旨抗争する。そこで甲第一号証の一による前記の推定を覆し被告等の右主張を肯認し得るか否かについて考察する。〈証拠〉下北郡大畑町大字大畑字小目名村の部落においては従来からの部落民で、一家の戸主たる者及び分家後十五年を経過し部落において承認を得た分家の戸主は本件山林を含め同部落所在の山林についてその産物を採取し、又産物を処分して得た金員の分配を受けることができること、及び右の権利も小目名村部落に居住している限り認められるもので他部落に転住した場合はその権利を失い、帰村したときはその権利を回復すること、右の権利はこれを売買することができないこと、右の如き慣習が古くから行われて来たが昭和十五年五月十九日同部落民全員の集会において右の慣習を確認し且つ全員右慣習に従うべきことを誓約した事実を認定することができる。又甲第一号証の一によれば、大正元年八月三十日から昭和二十八年一月二十六日までの間において本件山林の共有持分の移転登記がなされること六十六回に及びその内相続による移転が三十七回でその内小目名村部落以外に住所を有する北上松五郎、畑中幸太郎、畠山福三郎、山本兼松が相続をした場合にはそれぞれその移転登記をなした後直ちに（同日）小目名村部落に住所を有する北上初治（甲第十五号証によれば小目名村部落というのは字小目名村の外字奈良ノ木平及び字小目名家ノ下を含んでいることを認め得る）、畑中藤助、山田佐太郎、山本末松に更に移転登記をなしている事実及び小目名村部落以外に住居を有する者で本件山林の共有持分を相続以外の原因例えば売買、贈与等で移転を受けてその登記をなした者は田中富太郎、椛沢熊吉、松本和一、山本千代太の四名であるところ、田中富太郎は小目名村部落に住所を有する畑中藤助にその登記を移転しておる事実を認めることができる。〈証拠〉田中富太郎が畑中藤助に登記を移転したのは小目名村部落の惣代畑中藤助から本件山林の権利は小目名村部落民以外の者はこれを取得することができないという古くからの慣習があるから田中富太郎の取得した右の登記を小目名村部落に返還して欲しい旨の申入を受けてこれを承諾し右の登記を同部落惣代の畑中藤助に移転したものである事実を認めることができる。以上の各事実を綜合すれば本件山林の産物を採取する権利の得喪は小目名村部落の住民たる資格の得喪によるものであることを認めることができる。尤も、〈証拠〉によれば、本件山林の共有持分の権利者として登記簿に記載されているが小目名部落には居住していない松本和一、北上彌吉、山田善吉、畑中藤一郎が本件山林の立木を処分して得た金員の一人分として昭和二十七年八月から同年十二月までの間にいずれも金十五萬六千七百圓の分配を受けている事実を認めることができる。右の事実によれば本件山林の権利の得喪は小目名村部落の住民たる資格の得喪によるものではないようにも思料される。しかるところ＜証拠＞によれば、小目名村部落においては昭和十五年頃から昭和二十七年二月頃までの間に本件山林から産出する雑木、松、杉等を処分したところ、本件山林について共有持分の登記を有するけれども当時小目名村部落に居住していなかった松本和一、北上彌吉からその代金の分配を求められ同年六月十八日大湊簡易裁判所の調停において松本和一、北上彌吉に各金五萬圓を支払うことを約したため同年七月下旬に本件山林の立木を処分した代金についても右両名及び同じく小目名村部落に居住しないが本件山林について共有持分の登記を有する山田善吉、畑中藤一郎にも各金十五萬六千七百圓を分配したものであること、而して松本和一、北上彌吉の要求に応じたのは本件山林についての古来の慣習を記載した旧家記録帳(乙第一号証)が当時見つからなかったためと松本、北上の両名は訴を提起してでも要求を貫徹するとの態度であったので争を避けるためであったところその後昭和二十八年九月に前記紀録帳が見つかったのでそれ以後においては小目名村部落に居住しない者は本件山林に対する権利を失うとの態度を堅持するに至っている事実を認定することができる。しからば松本和一、北上彌吉、山田善吉、畑中藤一郎等小目名村部落に居住しないに拘らず同人等に本件山林の立木の処分代金を分配したのは同人等との紛争を解決するための手段としてなされた妥協の結果であるから右分配の事実を以って本件山林の権利の得喪に関する前記の認定を覆すことは相当でない。又甲第二号証の調停調書中本件山林につき松本和一と北上彌吉が各三十四分の一の共有持分を有することを確認する旨の調停条項は本件において当裁判所が本件山林の権利の得喪原因について判断するに当って当裁判所を拘束するものではなく又右判断の資料としても前記と同様の理由によりこれによってさきの認定を覆すことは相当でない。又さきに認定せる如く小目名村部落に居住しない椛沢熊吉、松本和一、山本千代太が売買又は贈与によって本件山林の共有持分の移転登記を受けている事実があるけれども、＜証拠＞松本和一は昭和十二年九月三日小目名村部落から大畑町大字大畑字本町に転居した後同年十二月本件山林の共有持分を大畑町大字大畑字新町に居住する椛沢熊吉に売渡し昭和十六年十二月これを買戻したところ前記転居後は前述の調停成立までの間本件山林に対する権利を認められないでいた事実を認めることができる。（証人＜略＞の各証言中には昭和十五年の盆の頃配当金を受領した旨の供述があるけれども昭和十五年五月には＜略＞認定せる誓約が記載されており且つ＜略＞右記録帳中松本和一の記名拇印は同人の自署と拇印であり、又甲第二号証の調停調書によれば松本和一は昭和十五年から配当を受けていない旨申立てているのであるから前記の証書は措信し難いところである。）しからば小目名村部落に居住しない椛沢熊吉と松本和一が本件山林の共有持分を買受けその登記をした事実を以って本件山林の権利の得喪原因についてのさきの認定を覆す反証とはなし難い。又山本千代太の分については、＜略＞小目名村部落を去って五十年を経過する山田甚四郎の持分が相続と贈与によって小目名村部落に居住しない山本千代太に移転したものであるところからその権利を認めないことに小目名村部落会において決定した事実を認めることができるので、これ亦右反証とはなし難い。以上いずれも本件山林の権利の得喪原因についての前記の認定を覆すに足らず他に右認定を覆すに足る証拠はない。然らば本件山林は甲第一号証の一の登記簿謄本の記載にも拘らず通常の共有山林ではなく入会山林であってこれの産物を採取する権利も共有の所有権そのものに基ずくのではなく共有の地盤を目的とする入会権に基ずくものと認めるのが相当である。ところで原告は本訴において本件山林は入会山林でなく単純なる共有山林であることを主張しその共有持分三十四分の二を有することの確認と、その共有持分の権利行使として金員の支払を求めているのであるから本件山林が入会山林である以上原告の本訴請求はすべてその理由なきこと明かである。よって原告の、被告北上卯之松を除くその余の被告二十六名に対する本訴請求はこれを棄却すべきである。

〈註、記録帳、は判決原文のまま〉

つぎに、被告北上卯之松に対する請求について考察する。

原告は本件山林が三十三名の共有で原告はその三十四分の二の持分を有することの確認を求めるところ、被告は原告の本件山林に対する主張を認めているのであるから被告との間において右の確認を求める利益はないものといわなければならず原告の被告北上卯之松に対する本訴請求の内確認を求める部分は不適法として却下すべきである。つぎに金員の支払を求める訴について按ずるに、原告の主張によれば、被告は本件山林について三十四分の一の共有持分を有するけれども本件山林の立木を他に売却しその代金を共有者に配分するため右代金を受領してこれを保管しているのは共有者の内本訴の被告松本正、同北上武夫、同山田末治であるというのだから、原告の右の主張からは被告が原告に対し本件山林の立木を売却した代金を支払う義務を認めることは困難であり、原告の被告北上卯之松に対する本件金員の支払を求める訴は請求自体の理由なきものといわなければならずこれを棄却すべきである。

よって訴訟費用の負担につき民事訴訟法第八十九条を適用して主文のとおり判決する。」

◇（第二審　仙台高裁昭和四八年一月二五日判決　同三一年(ネ)三九八号、判例時報七三二号五八頁）棄却

〔78〕最高裁昭和五一年一一月一日判決（昭和五〇年(オ)五三一号　山林売却金分配請求事件）

本件は、部落住民共有地上の持分権の有無についての紛争にかんするものであるが、上告審まで当事者適格が争われ、本案にたいする判示はない。

係争地は滋賀県草津市青地町（旧部田部落）住民共有入会地であって、昭和四六年にこの山林が売却され、その売却代金が部落住民に配分された。これに関して、昭和二八年以降部田部落に居住していたが現在は同市矢倉に居住するXが、青地町々会長等の役職にあるY_1（辻善次）Y_2（宇野岩松）を相手として、係争地はXを含む旧部田部落住民の共有入会地であり、Y_1らは町会の役員として係争地の管理、売却また代金の配分等を管理する立場にあるにもかかわらず、Xに代金の配分をしなかった、という理由でXの持分相当額の支払を求めるとともにY_1らの故意過失によって配分を受けなかったことによって生ずる損害賠償を請求する本訴を提起した。

Y_1らは、本案前の抗弁として、係争地はY_1らを含む一一四名の登記名義人の共有地で、売却代金もその総有に属するから、配分請求訴訟は固有必要的共同訴訟であって全共同所有者を相手にすべきであり、$Y_1$$Y_2$のみを相手とするのは不適法であると抗弁し、本案につき、係争地は登記名義人一一四名の共有地であってXは共有者ではなく、その処分、売却代金の配分等は各部落ごとに、また部落代表者相互に十分協議をかさねた上で行なわれたもので、Y_1らが任意に決めたものではなく、配分をうけたのは共有権者で部落山林の管理等に共同責任を負っている者であるが、共有権者でなくとも部落在住者は部落に対する貢献度に応じて売却金の一部が贈与された、と主張した。

第一審は、Xが本件で被告とする$Y_1$$Y_2$は青地町会の長としての$Y_1$$Y_2$かそれとも個人$Y_1$$Y_2$なのか紛らわしいが、Xの主張からみて個人としての$Y_1$$Y_2$と判断すべきであり、そうであるとすれば、立木売却代金配分義務を負うのは共有者全員（集団）であ

り、Y_1Y_2はその事務処理者にすぎないのであるから、代金配分請求訴訟の被告適格を有しない、と判示してY_1Y_2にたいする代金配分請求を却下した。しかし損害賠償請求については、Y_1Y_2が事務処理者として故意過失によりXに損害を与えることもありうるので被告適格を有するが、しかし山林売却代金はまだその配分を全部終っておらず、Xが配分請求権を有するか否か共有権者に対して確定してない段階ではXに具体的な損害が発生したとはいえない、という理由で棄却した。

X控訴して、Y_1Y_2は山林売却金の配分につき他の共有者に対して先議権ならびに支配権を有するから被告適格を有する、それが理由のないとき、被告を町会の代表者としてのY_1Y_2とする、また売却金の残余は皆無であるから損害はすでに発生している、と主張したが、第二審も控訴棄却した。

X上告して次の如く主張した。(1)原審がXの口頭弁論再開の申立にかかわらず終結宣言をしたのは審理不尽である。(2)Y_1Y_2は共有権者であるとともに町会長として山林を監督し売却代金処分の指導的、監督的立場にあったのであるから被告適格なしとする原判示は理由不備の違法がある。(3)Xは共有権者の一人であるが仮にそうでなくとも部落に貢献しているので代金の配分を受ける権利を有するのに、Y_1Y_2はXを除外して代金配分事務を行なっているので、X_1X_2の不法行為性は明白である。

（棄却）「上告人の上告理由第一点について

終結した口頭弁論を再開するかどうかは、裁判所の裁量事項であり、原判決に所論の違法はなく、論旨は採用することができない。

同第二点、第三点について

所論の点に関する原審の認定判断は、上告人の自認する本件事実関係のもとにおいて、正当として是認することができ、その過程に所論の違法はない。論旨は、原判決を正解せず、独自の見解に基づいて原判決を非難するものであるにすぎず、採用することができない。

よって、民訴法四〇一条、九五条、八九条に従い、裁判官全員一致の意見で、主文のとおり判決する。」

◇（第一審　大津地裁昭和四八年四月一八日判決　同四八年(ワ)五三号）一部却下、一部棄却

「（被告の確定について）

一、始めに、本件訴状の被告表示からは、原告が本訴において相手方とするのは(1)団体としての青地町(一)(二)町会なのか、(2)右町会の「長」という機関なのか、それとも(3)被告ら各個人なのかに紛らわしい点がある。

しかし、(1)原告の主張自体からも、本件山林は昭和二八年一月当時旧部田部落に在住した全世帯主の共有であるというのである（また原告がその共有権者の一であるかどうかは別として、共有であることも後記判示のとおりである。）から、仮に町会に権利能力なき社団性を認めたとしても、本件山林の売却代金が右共有権者らと別個の人格主体たる町会に帰属することはなく、従って右団体としての町会には、被告適格が認められず、また(2)町会（部落会）の如きは一の任意団体であって、その長と呼ばれる地位に行政機関性を認めることはできないし、私法人においては、その代表者の地位に独立した被争訟適格を認めることはできないから、前記町会の「長」としての機関を相手方とするものと解することも相当でない。そして(3)別紙請求原因と、訴状表示の被告の肩書住所が被告ら各個人の住所であること、原告提出の昭和四八年六月二五日付準備書面中「訴状に町会長と記載あるのは、被告辻善次、同宇野岩松両名のことであります。」との記載を綜合し、前記紛ら

わしい点はあるけれども、本訴において原告が相手としたのは被告両名個人であると把握して判断を進める。

（被告適格について）

二、本訴請求中、請求原因五項に基づく山林売却代金の分配（引渡）の請求は、左の理由により、被告らにその被告適格を認めることができないので、右請求に関する被告らの本案前の申立は理由がある。

(1) 原告も自認し、被告ら本人尋問の結果からも認められる如く本件山林は町会の所有ではなく、被告らを含む一一四名（又は原告主張によれば、これへ更に原告が加わり一一五名となるべきものであるが、それは本案の問題であるから、ここでは立入らない）の共有に属することは明らかである。すると、原告が分配（引渡）を求める本件山林の売却代金も右共有権者らに総手的に帰属するのであって、被告両名がその配分事務を管掌するということだけでは、被告らにその実体上の処分権が帰属するものではなく、被告ら個人としては、右売却代金に対し、共有権を主張し、その分配に預ることを主張する第三者に対しても何らの支払義務を負担するいわれはない。

すなわち、被告ら個人は本件山林売却代金の分配支払について、その支払義務の実体上の帰属主体ではなく、右支払義務の実体上の帰属主体は他の共有権者全員であり、他の共有権者全員が支払義務を有つことによって、その事務処理者である被告らが始めて、しかも反射的に事実上の分配責任を負うに至るのであるから、被告らに右請求についての当事者適格を認めることはできない。

(2) 何となれば、当事者適格の存否とは、要するに、その当事者間でその訴訟物についての判決を得ることが、紛争の終局的解決に役立つかどうかの問題、つまり訴の利益を当事者の面から捉らえようとするものであるが、右の様に実体上の支払義務が他の共有権者全員に帰属する以上、仮に原告が被告らのみを相手に勝訴判決を得、これに基づき、被告らが本件山林売却代金の中から原告に分配し又は分配しようとすれば、右判決の既判力が及ばない他の共有権者らにおいてこれに不服のあるときは第三者異議訴訟や不当利得返還訴訟を以てこれを争うことを、制度上阻止することができないのである。従って原告にとっても、被告らとの間のみで判決を得ることは何ら紛争の終局的解決たり得ないのである。

(3) たしかに本件の様な場合、原告に多数の当事者の所在を確認してその全部を相手に提訴せよと強いることは、洵に酷であって、その煩に堪え難いこと同情を禁じ得ないものはある。そこで、被告が分配の掌にあずかる分配責任者である以上、その者との間で原告への分配を命ずれば、それで事足りる様な解決が図れれば原告にとって好都合ではあろう。本件においても、被告らを民訴法二〇一条二項の「他人ノ為被告ト為リタル者」にあたると解し得れば、被告らに対する判決の効力が他の共有権者全員に及ぶものとして、被告らに本請求についての当事者適格を認めるにやぶさかでない。しかし、本件山林売却代金につき、実体上の処分権が被告らに帰属しないことは既に前述のとおりであり、また町会の「長」たる地位は何ら被告らに法定の訴訟信託又は訴訟担当の権利義務を付与するものではなく、且つ前記配分事務を管掌し、配分決定に事実上の影響力を持つというだけでは、直ちに他の共有権者らから、任意的にも訴訟追行権を授与されたものと認めることはできないので、本件において被告らに右法条を適用することもできない。

(4) かくて、原告が本件山林売却代金分配請求権そのものを訴訟物とする限り、その裁判の既判力が右共有権者全員に及び且つ合一的にのみ確定するのでなければ、その目的を達し難いのであるから、被告ら主張の如くこれら全員を相手とする必要的共同訴訟となるものと解すべきである。

原告援用の判例は、「被告が所有権移転登記抹消登記手続をなすべき義務を有する限り、これのみを被告とし、当該被告よりさらに所有権移転登記を受けた者があるからといって、その者を共同被告としなければならないものではない」というに止り、本件山林売却代金の処分権が被告両名と共有権者らとに総手的に帰属する本件の場合に適切でなく、他に原告主張に資すべき判例は見当らない。

なおこの点に関し、原告より被告らが当事者適格を有することについて、更に原告本人尋問によりこれを立証すべく弁論再開申請がなされているが、提出された尋問事項事実が立証されたとしても、その事実の存在によっては前判断を左右するに足りないので、弁論の再開はしないこととした。

三、次に被告らの本案前の申立は、請求原因六項に基づく損害賠償請求については理由がない。

蓋し、原告のこの請求は、被告両名が分配に当り、故意、過失によって被分配資格を有する原告を除外したことにより、原告が損害を蒙ったものとして、被告両名に不法行為に因る損害賠償責任を追求するものである。されば、原告の請求権の存否は、本件山林売却代金の実体上の処分権が被告らに帰属すると否とには一先ずかかわりなく、専ら被告らが配分事務遂行に際し尽すべき注意義務を怠ったかどうか、それによって原告が損害を蒙ったかどうかによって、直裁に決まるのであって、右請求につき被告らが被告適格を有することは明らかである。

被告らは既に分配額が決定した以上、被告両名のみが原告請求額を負担すべきいわれはないと主張するが、原告の請求は右不法行為に基づく損害賠償請求であって、被告らに山林売却代金の支払を求めるものではないから、被告らの右主張は失当である。

（損害賠償請求の本案の判断）

四、しかしながら、原告および被告両名の本人尋問の結果を総合すると、本件山林売却代金は未だ全部その分配を終らず、原告請求金額より遙かに多額の金員が現に小槻神社の手に保留されていることが認められる。

そうだとすれば、原告はいつでも共有権者らを相手に分配請求権を有することの確認を求め、その勝訴判決を得て、現実にその分配を受け得る（もちろん原告の主張が理由ある場合に限られるが）のであって、単に原告に分配されない様に決定されているという現段階においては、原告の損害発生は現実化しておらない（しかも適切な保全処分によってその損害発生の現実化を防止する途も存する。）から、未だ損害の発生がない。

（この点で被告らの時効の主張も誤りである。原告は、本件山林に共有権登記をされなかったことを不法行為と主張するのではなく、なすべき分配をなさないことを不法行為と主張するのであるから、その消滅時効の起算点も、右金員が原告を除き現実に分配されてしまって、原告が現実に分配を受け得られなくなった時から進行するものと解すべきである。）

すると、この点についても原告申請の再開申立による証拠調べを進めるまでもなく、原告の請求は現段階では未だ失当として排斥を免れない。

五、よって、民訴法八九条を適用して主文のとおり判決する。」

◇（第二審　大阪高裁昭和四九年一二月一七日判決　同四九年(ネ)一一五二号）棄却

「次に記載する外、原判決理由の冒頭から原判決八枚目裏一一行目までを引用する。

本件山林売却代金の分配請求については、被控訴人両名には当事者適格がなく、不適法である。

被控訴人両名は、民訴法第二〇一条第二項の他人のため被告となった者に当らないし、控訴人と被控訴人両名間の確定判決の効力が反射的に他の合有者に及ぶいわれもない。

本件山林分配金について、被控訴人らが町会の代表者として当事者適格を有する理由もない。

本件山林売却代金が町会に寄附されたことを認めるに足る証拠はない。

以上の認定、判断に反する控訴人の主張はいずれも採用しない。

次に、被控訴人等が、本件山林の売却代金配分の管掌をし、控訴人に対し右代金の配分がなされなかったとしても、本件の場合特段の事情がなければ不法行為が成立するものではなく、右特段の事情も認められないので、被控訴人両名に対する控訴人の不法行為を原因とする損害賠償請求は、結局、これを認めるに足る証拠がないものとして理由がなく、これを棄却をすべきものである。

よって、原判決は正当で、本件控訴は、その理由がないからこれを棄却し、民訴法第九五条、第八九条に従い、主文のとおり判決する。」

〔55〕最高裁昭和五二年四月一五日判決（昭和五一年(オ)二〇二号　入会権確認等請求事件）

本件は、もと村持入会地で現在財産区有とされている土地につき、その地盤所有権の帰属と入会権の存否にかんするものである。

係争地は島根県能義郡伯太町母里財産区地内所在の山林で（昭和二七年伯太町合併前は母里村で、母里村は明治二二年旧三か村を合併して生れた）、旧母里村三か村住民の入会地として町村制施行後も採草採薪等に利用されてきたが、母里村は明治三四年から入会地の一部に造林をはじめ、同三九年には村有林保護監守規定を設け、大正六年には公有林施業要領を定め、入会地を造林地と蔭伐地等に分けて住民の使用を認めながら造林をすすめていった。造林は天然造林と人工造林とに分れ、造林作業や保護監守をそれぞれ地元部落に委託するものとされ、委託した場合には立木収益の二割ないし三割の分収金がそれぞれの部落に配分されることになった。このようにして、蔭伐地を除き、自由な柴薪、下草等の採取が禁止され、村と監守契約を結んだ者のみが入山し立木を伐採することができることとなった。

昭和二九年に、母里地内の住民Xが本件山林に立入り杉立木を伐採したことに端を発し、Xは森林法違反に問われたが、Xほか一三名は、母里財産区を相手として、係争山林が母里村村民の共有の性質を有する入会地であってXらは右山林に立入って立木草実等の産物を採取する入会権を有することの確認と、その採取行為に対する妨害の排除を求める本訴を提起した。Xらは、係争山林はもともと旧母里三か村持の入会地であって町村制施行によって母里村有となったことはないから村有財産したがって財産区財産ではなく、また入会集団全員が係争山林における入会権の廃止に同意した事実はない、と主張した。

これに対して財産区は、本案前に、原告らは入会権の主体たる母里地区住民の一部にすぎないから入会権の確認を求める訴は原告適格を欠く、と抗弁し、本案につき、(1)係争山林はもともと町村制施行前の行政体たる旧村の村有財産で、住民の総有地ではなかったから町村制施行と同時に母里村有財産となった。仮に住民の総有地であったとしても、母里村は発足以来本件山林を公有財産として善意無過失、平穏且公然に占有管理してきたので、右占有開始期より一〇年あるいは二〇年経過することによりその地盤所有権を時効取得した。(2)右の如く住民の入会権は地役たる公有地上の入会権であるが、母里村は明治三〇年公有林施業計画をたてて造林を実施し、そのため入会慣行を整理する必要を生じ、村民の協力を得て薮伐地と造林地に区分し、造林地については地元各部落と保護管守契約を締結して現在に至っているが、その間、造林地に住民が収益権を行使することなく、これについて住民からの異議があったことはないので、母里部落住民は全員の意思によって造林地上の入会権廃止に同意したというべきである、と抗弁した。そして財産区はXに対して前記立木伐採による損害の賠償を請求する別訴を提起した(ただし本件併合審理)。

第一審は、本案前の問題につき、入会権存在確認訴訟は固有必要的共同訴訟であるから旧母里村部落構成員の一部にすぎないXらは原告適格を欠くが、入会権にもとづく妨害排除請求は各自なしうるのでこれを適法であるとし、本案につき、(1)係争地は明治二二年母里村発足にさいし同村有財産とされたことを理由に財産区財産である、(2)係争地の村有財産編入により住民の入会権は地役の性質を有する入会権となったが、慣習の変化により薮伐地を除き解体消滅した、と判示し、(3)財産区のXに対する損害賠償請求は時効消滅を理由に認めなかった。この、入会権が解体消滅したことの理由づけである「慣習の変化により、入会地毛上の使用収益が入会団体の統制下にあることをやめるに至った」という判示は入会権の解体消滅を判示した〔17〕の判文とほとんど同様である。

Xのほか二名控訴。そして、第一審におけると同様の請求のほか、母里財産区が薮伐地の一部を採草放牧の目的で伯太町農業協同組合に貸付け同組合に使用させているのはXらの入会権を妨害するものであるから、財産区は同組合に対しこのような土地使用契約を解除し、入会権の行使を妨害する一切の行為を禁止する旨の意思表示すべきことを追加請求した。この追加請求にたいし財産区は、伯太町が酪農振興のため蔭伐地を利用していた関係部落と交渉しその賛成を得て係争地を農業協同組合に使用させいるのであるから、Xらが今になって入会権の侵害を主張するのは不当である、と抗弁した。

第二審判決は、追加請求にたいして、入会権者は入会権の行使を妨害している第三者に直接妨害排除を請求しうるが、地盤所有者に対して第三者の使用を禁ずる旨の意思表示を求めることはできない、としてこれをしりぞけたほか第一審判決をそのまま認めて控訴を棄却した。

Xのみ上告して次の如く主張した。(1)原判決はいついかなる理由で入会地盤の所有権が部落総有から財産区に移転したのかを明かにせず財産区有地と判断したのは明らかな法令違背である。(2)入会権は物権であるから、入会権者は侵害者たる財産区に対してその侵害の除去または予防に必要な行為を請求する権利を有する。

（棄却）「上告代理人松永和重の上告理由第一点について

原審が適法に確定した事実関係によれば、母里村発足の際、本件山林が同村有財産に編入され、次いで、昭和二七年母里村と安田村、井尻村が合併し伯太村となった際、本件山林が伯太村財産には統一されず、旧母里村を区域とする被上告人母里財産区の所有となった旨の原審の認定判断は、正当として是認することができ、その過程に所論の違法はなく、所論引用の判例の趣旨に反するものではない。論旨は、採用することができない。

第二点について

入会権の目的となっている土地をその地盤所有者が第三者に貸与するなどして使用させ入会権の行使を妨害している場合には、入会権者は、第三者に対し直接妨害排除を求めることができるけれども、地盤所有者に対して賃貸借契約を解除し第三者の使用を禁ずる旨の意思表示を求めることは許されないものとした原審の判断は、正当であって、原判決に所論の違法はなく、論旨は採用することができない。

よって、民訴法四〇一条、九五条、八九条に従い、裁判官全員一致の意見で、主文のとおり判決する。」

◇（第一審　松江地裁昭和四三年二月七日判決　同三二年(ワ)四号　同三四年(ワ)八七号　同三五年(ワ)一二三号併合　判例時報五三一号五三頁）一部却下、一部認容、一部棄却

◇（第二審　広島高裁松江支部昭和五〇年一二月一七日判決　同四三年(ネ)一八号）棄却

「一、当裁判所もまた、控訴人らは別紙目録記載の土地のうち蔭伐地において原判決が認容した限度で入会権を有するが、右の限度を超えて、蔭伐地において原判決が認容した以外の産物を採取する権限および造林地における入会権を有しないものと判断する。その理由は、次のとおり変更するほか、原判決の理由記載と同じであるからここにこれを引用する。

(一)　原判決一四枚目裏五行目の「乙九〇号証の二、」とある次に「三、」と加え、同七行目に「太政官布告第一一四号、第一二〇号」とあるのを「太政官布告明治六年一一四号、同七年一二〇号、太政官達明治七年一四三号」と改める。

(二)　原判決一五枚目裏一、二行目を「同九年一三〇号、同一一年一七ないし一九号）、太政官達（明治一七年四一号）、およ

び歴史上の事実に照らして明らかである。」と改める。

(三) 原判決一六枚目表二行目に「登載とされている」とあるのを「登載されている」と、同裏末行に「同村名で保存登記をされた」とあるのを、「現に同村名で保存登記されている」と改める。

(四) ＜略＞同九行目に「一九六六番地」とあるのを「一九六九番地」と訂正し、同裏一ないし五行目を「が植付人夫として稼働し賃金を得た＜略＞。」と改める。

(五) 原判決一八枚目表一行目に「四三年、公有林野補助規則を制定公布」とあるのを削除し、同七行目に「同四五」とあるのを「大正元」と、同裏四行目に「充うべき」とあるのを「充つべき」とそれぞれ訂正する。

(六) 原判決一九枚目裏一行目に「一〇区」とあるのを「一一区」と、同六行目に「余地」とあるのを「除地」とそれぞれ訂正し、＜略＞同一一行目から同二〇枚目表八行目の「なった。」までを「(ロ) ところで、このような母里村の造林政策に対し、同村民の中には当初は反対したり不満を抱く者もあり、村会議員や区長その他各地区有力者の説得にもかかわらず、造林施業あるいは保護監守を請負う部落は必ずしも多くはなかった。しかし、母里村は前記のように蔭伐地における入会慣行の存続を承認し、造林地においても保護監守部落には下草の採取その他従来の入会慣行に代るべき若干の権限を認め、伐木の利益も配分するという政策をとったため、村民の反対意見は漸次影をひそめ、やがて各部落競って造林施業を請負い、保護監守契約を締結するようになった。」と改める。

(七) 原判決二一枚目表四行目に「施行される」とあるのは「施行された」と改め、同裏末行の「小松原次三郎」とある次に「(一、二回)」と加える。

㈧　原判決二二枚目表二行目の「栂瀬兵三郎」とある次に「（一、二回）」と加え、同三行目ないし五行目の「山林の一部を」から「個人所有に分割し」までを「山林の一部につき、村会の議決を経て、村民の一部に賃貸し、あるいは村名で所有権の登記をしたうえ個人に譲渡し」と改め、同表九行目の「村が」を「村に」〈略〉と改める。

㈨　原判決二三枚目〈略〉表六行目の「町村」の次に「制」と加え、同裏九行目に「なで」とあるのを「など」と、同裏一一行目に「能様」とあるのは「態様」とそれぞれ改める。

㈩　原判決二四枚目表一行目ないし二行目に「大正年間に至り、村名で保存登記したこと」とあるのを削除し、同裏末行〈略〉と改める。

㈡　原判決二五枚目裏一〇ないし一一行目の「入会地であるとの主張を始めるにおよんだが」とあるのを「入会地であると主張していたのであるが」と改める。

㈢　〈略〉

二、次に、控訴人らが当審において追加した意思表示を求める請求および抹消登記請求について判断する。

被控訴人は、これらの請求はいずれもいわゆる固有必要的共同訴訟であって、入会団体の構成員個人はこれらの訴を追行することができず、したがって本件入会団体の構成員の一部の者にすぎない控訴人らには当事者適格がない、と主張するが、右各請求は入会権に基づく一種の妨害排除請求と解されるところ、入会権に基づく妨害排除請求の訴はいわゆる固有必要的共同訴訟ではなく、個々の入会権者がこれを追行することができると解すべきであるから、右各請求につき控訴人らは当事者適格を有し、この点に関する被控訴人の主張は理由がない。

しかし、入会権の目的になっている土地をその地盤所有者が第三者に貸与するなどして使用させている場合に、入会権者は入会権の行使を妨害している第三者に対し直接妨害排除を求めることができることはもちろんであるが、入会権者が地盤所有者に対し、その貸借契約を解除し、第三者の使用を禁ずる旨の意思表示を求めることは、入会権者と地盤所有者との間にそのような特約があるなど特段の事情がある場合は格別として、入会地における産物の収益権等を内容とする物権である入会権自体に基づいてはできないものと解すべきであり、入会権に基づき当然に右のような意思表示を求めうるものとする控訴人らの主張は主張自体失当である。

また、本件山林はそのうち蔭伐地について現在共有の性質を有しない入会権が存するのみであって、その地盤所有権は被控訴人に属し、控訴人らを含む入会権者団体に属するものでないことは、前記のとおり引用した原判決説示のとおりであるから、本件山林の地盤所有権が総有の形で入会権者団体に帰属することを前提とする控訴人らの本件抹消登記請求もまた失当であることは明らかである。

三、そうすると、本件山林のうち造林地において入会権を有することの確認、および、蔭伐地において立木、竹、柴、草、木実、自然薯のほかに岩石、土砂を採取する入会権を有することの確認を求める請求を棄却した原判決は相当であって、本件控訴は理由がないからこれを棄却し、控訴人らが当審において追加した各請求も失当であるから これらを棄却する こととし、控訴費用の負担につき民訴法九五条、八九条、九三条一項本文を適用して、主文のとおり判決する。」

〔72〕最高裁昭和五二年七月二二日判決（昭和五一年(オ)五五八号　所有権確認並所有権移転登記請求事件）

本件は、部落有入会地中の個人割山を買受けたが未登記の個人とその入会地盤全体を買受けて所有権移転登記を完了した鉄道会社との間における所有権帰属にかんするもので、係争地は滋賀県神崎郡永源寺町甲津畑区中上出組所属の林野である。

大字甲津畑区所属の入会地は明治三四年以降台帳上大字甲津畑区の所有名義とされ、それ以後区内上出組等六組ごとの利用地に分割され、さらに各組ではその組の各権利者ごとの分割利用が行なわれてきた。昭和三〇年に、係争山林はいったん永源寺町有名義で所有権登記され、同年一二月、上出組の山林は山中武一ほか二三名共有名義に移転登記がなされた。上出組の共有権者二四名の権利は平等で全部各権利者の割山とされ、地上立木の処分は自由であるが地盤はなかまの承諾を得たときには譲渡できるものとされていた。

甲津畑の山林と県境を接する三重県菰野町千種に居住するXは従前から甲津畑の山林から立木を買受け製炭を行なっていたが、昭和二九年に上出組の共有権者A（田井中重蔵—共有権登記名義人は長男たる承継人同重吉）からその割山を買受けた。ところが一方、近江鉄道株式会社（以下Y会社という）は観光開発事業のため、甲津畑の四筆の山林約四二八町歩を買入れ、買受けにあたっては四筆の山林に権利を有する上出組ほか三組の代表者と協議し、係争部分についてはAを含む上出組共有者全員同意の上で売却され、売却代金は上出組共有者に平等に配分され、同三四年にY会社名で所有権移転登記がなされた。そこで、XはY会社を相手として、会社が所有権移転登記を経由した前記山林中、Xが買受けたAの割山の部分（以下係争部分という）につき所有権を有することの確認ならびにその部分を分筆してXに所有権移転登記手続を求める本訴を提起した。

Xは、Aから係争部分を、後日A単独所有名義に登記でき次第X名義に所有権移転登記手続をするという約旨で昭和二九年に買受け、爾来その所有者として管理し租税を分担してきたのであって、このことは上出組共有権者も承認しており、XからY会社へも申入れしてある、と主張し、Y会社は、XがAから係争地を買受けたと主張する昭和二九年当時はまだ部落有で個人の持分の売買は禁止されていたからXは係争部分の所有権を取得せず、仮に取得したとしてもY会社は買受けた山林中にXの所有地があることを全く知らず、本件山林の登記上の共有者たるAを含む共有権者二四名からその全部を買受け所有権移転登記を経由したのであるから、係争部分についてもXはその所有権取得をもってY会社に対抗できない、と抗弁した。

第一審は、上出組から右山林がY会社に売却されるときに、Aのほか上出組の代表者およびY会社は係争部分がAからXに売却されていることを知りながら係争部分を処分する権限がないにもかかわらずこれを除外せずに売買契約を結んだのは上出組代表者の無権代理行為というべく、Xがこれを承認しないかぎりその売買契約は無効である、という理由で係争部分がXの所有に属することを認めY会社にその部分の分筆、所有権移転登記手続を命じた。Y会社は控訴し、本案前の主張としてXの請求は共有持分権確認の確定判決を得た上共有持分登記手続の訴によるべきであるから本訴請求は不適法であると述べ、本案につき、係争部分を含む本件山林は大字甲津畑区の入会地であって個人割山利用が行なわれていてもXが買受けたと称する昭和二九年当時Aは独立に持分権を譲渡する権能を有しなかったのであるから、Xは係争部分の所有権を取得するはずがない、と主張した。

第二審は本案前の抗弁を認めなかったが、本案については、Y会社の主張を認め、本件山林は甲津畑区の入会地で、Aの利用地は入会地の分割利用形態にほかならないから利用者が地盤まで自由に処分できる性質のものでなく、この事情は昭和二九年当時もかわりなく、XA間に係争部分の売買契約が締結されたことは認められるが、上出組二四名共有者は係争部分をAの単独所有に帰せしめることまで決めたものではないから、他に主張立証がない以上Xが係争部分の所有権を取得しない、と判示して原判決を取消した。

X上告して、(1)Y会社は係争部分がXに売却されていたことを知ってその所有権移転登記をしているのであるからその登記は有効でないにもかかわらず原判決はその登記を有効と判断してXの主張を排斥している。(2)原判決は昭和三〇年まで係争山林は甲津畑財産区有であったというが同財産区は地方自治法に定める財産区といい難く、仮に係争地が財産区有ならば個人に財産処分すべきでない、また係争地は割当を受けた各個人が独占的排他的に支配することができる個人有地で入会地ではない、と主張した。

（棄却）「上告人の上告状記載の上告理由第一点について

原判決は、上告人と訴外田井中重蔵との間に締結された本件山林部分の売買契約によっては、上告人はその所有権を取得することができなかったとして、上告人の本訴請求を排斥したものであって、原判決が所論所有権移転登記の効力についてなんら判断を示していないことは原判文に照らして明らかである。論旨は、原判決を正解しないでその判断を非難するにすぎないものであり、採用することができない。

同第二点及び上告理由書記載の上告理由について

所論の点に関する原審の認定判断は、原判決挙示の証拠関係に照らし、正当として是認することができ、その過程に所論の違法はない。論旨は、ひっきょう、原審の専権に属する証拠の取捨判断、事実の認定を非難するものにすぎず、採用することができない。

よって、民訴法四〇一条、九五条、八九条に従い、裁判官全員一致の意見で、主文のとおり判決する。」

◇（第一審　大津地裁彦根支部昭和四六年九月七日判決　同三九年(ワ)六四号）認容

「(一)成立に争いがない〈証拠〉を綜合し、認定した事実は以下(二)乃至(七)記載のとおりである。

(二)　本件山林（公簿上の面積一一四町二反歩、別紙第三図面―乙第三号証）は、もと滋賀県蒲生郡市原村（現在は同県神崎郡永源寺町）大字甲津畑字水晶一番の一の山林の一部に属し、右水晶一番の一、山林全部は旧土地台帳上、大字甲津畑他六大字合併区の所有であったところ、

明治三四年一二月二七日頃、大字甲津畑区所属の部落民一四二名（当時の各戸の長）が各自均等割で代金約七七五〇円を拠出し、同山林全部を買受け旧土地台帳上、大字甲津畑区の所有名義とした。

大字甲津畑区は下部組織として上出組他五組を有していた。

水晶一番の一山林はその後、数個に分筆され、その分筆された部分は右各組に各組はその所属部落民各個人に事実上分割された。

部落民各個人に分割された山林部分について境界が定められ、各組においてその略図（勿論分筆されたわけではないから後記の持山毎に公簿上の面積も実測面積も記載されていない）を作成し、組代表者がこれを保管していた。

右のとおり部落民各個人に事実上分割された山林部分を持山あるいは割山と称し、各組所属の部落民個人の全く自由な占有支配に委ねられた。

以上のとおり、分筆の結果生じた水晶一番の一四が本件山林であり、本件山林は上出組に分割されたが、その他の事情は上述した他の組のそれと全く同様であった。

(三) ところが、昭和二二年五月三日政令第一五号が施行され、町内会部落会等に所属する財産は処分しなければならない。これに従い処分されなかった財産は右施行の日より二ヶ月を経過した日に当該、町内会部落会等の区域に属する市町村に帰属すると定められ、

(四) また、昭和二三年八月一日より実施された地方自治法により財産区が認められた。

他方、町村の廃置分合により市原村及び永源寺村は廃止され、右両区域に永源寺町が設置された。

(五) その間の経過的事情は証拠上、明らかでないけれども、本件山林は昭和二二年七月三日帰属により永源寺町有名義となった。(但し、その登記は昭和三〇年一二月一五日経由)

(六) 昭和三〇年一二月一〇日に到って、大字甲津畑財産区議会臨時会が開かれ、本件山林を無償で上出組に属する山中武一他二三名の共有名義に所有権移転登記をすることが議決され、同年同月二八日附でその旨の登記手続がなされた。(尤も本件山林が登記簿上、昭和二二年七月三日より昭和三〇年一二月九日までは永源寺町有、昭和三〇年一二月一〇日以降は山中武一他二三名の共有名義であったことは当事者間に争いがない。)

右無償で譲渡された理由は本件山林を買主の所有名義にしたいという買受当時よりの部落民一同の希望によるものであ

り、右会議に集合した議員全員は各持山について、近い将来個人別に分筆し、所有権移転の各登記手続をすることを申し合わせた。

(七) 山中武一他二三名の共有者中に上出組に属する田井中重蔵（昭和三八年八月一一日死亡）の長男重吉が含れていた。それは、当時田井中重蔵（明治一一年生）が高令のため、相続登記を省略する目的で、重吉に諮らず、一存で同人の名義を使用したことによるものである。

(八) 田井中重蔵は従前から、本件山林中の一部である根の平峠他一個所を所有していた。

(九) 上出組においては、持山の個数に拘わらず名義上の共有持分は平等とし、租税もまた各持山の所有者が均等に支出して部落名を用い、一括して納税していた。

持山の立木の売買その他の処分は所有者の自由とされたが、本件山林は仲間山とも称せられ、昭和三〇年頃まではその所有者が擅に、これを売買処分することが許されないと信ぜられていた。

しかし、仲間の了解を得れば、自由に売買その他の処分をすることができたけれども、分筆するについては地積の測量と登記手続とを要する煩らわしさのため、持山を個人の所有名義にしたり、他に売買する者は殆んど無かったのである。

(三) 原告は三重県下に居住し、滋賀県との県境に接する大字甲津畑の山林諸処の立木を従前より買受け、木炭を製造していた業者であるが、昭和二六年頃、田井中重蔵の持山である根の平峠全域の立木を買受け、カマドを築いて木炭を製造した縁故から、甲津畑の部落民村地宇造を介し、当時生活費に困っていた田井中重蔵の申込みに応じ、根の平峠（当時殆んど切禿状態）を昭和二九年一〇月五日、金一万一〇〇〇円で買受けた。

その際、田井中重蔵は根の平峠が自己の所有である由来と当時、永源寺町有名義に登記されていることを告げ、即時に所有権移転登記はできないけれども遠からず個人の所有名義に登記ができるから、その時、所有権移転登記手続をすることを約した。

右事情を考慮して根の平峠の売渡証書には「根之平の使用権を売買する。」という言葉が使用された。＜略＞

(二) 原告は昭和三〇年七月頃、田井中重蔵の請求により、同人に対し根の平峠に関する右売買契約成立以後の税金五〇〇円を支払い、根の平峠の下草刈をし、杉苗約一〇〇〇本を植えてこれを管理していたところ、昭和三一年頃、持山が個人名義に登記ができるようになったという噂を聞き昭和三一年一〇月頃、田井中重蔵に対し根の平峠の所有権移転登記手続を請求したところ、同人は「皆揃うてでないと登記ができない。他の者にも話した上、登記ができるように努力する」と答えた。

(三) 被告会社は観光事業開発のため、昭和三三年頃より、本件山林及び水晶一番の一六、一八、一九、合計四筆（本件山林以外の山林は事実上、中出組、塩津組、門口組所属の部落民の所有、以上四筆の登記簿上の地積は合計約四二八町余）の買収に着手し、被告会社の当時の観光開発担当員小堀弘文（その後事業課長）が被告会社を代理し（小堀弘文が被告会社の代理人であることについては、当事者間に争いがない）大字甲津畑側は各組より二人宛代表者を選任し、各組毎に売買の交渉を始めた。

ところで、上出組は平木重吉及び平木捨次郎の二名が代表者に選ばれ、被告会社と数回売買の交渉に当った。（上記二名が上出組の代表者であることについては当事者間に争いがない）

(四) 当時、平木捨次郎は上出組の集会の席上、田井中重吉より根の平峠は原告に売却済であることを聞き、平木重吉もまた、噂や田井中重吉より右同様のことを知り、田井中重蔵は平木重吉に対し、根の平峠を売買より除外するよう申入れた。それで、右代表者両名は被告会社の事務所において小堀弘文等に対し、根の平峠を売買より除外するよう申入れたところ、小堀弘文はこれを承諾し、本件山林の地図中、根の平峠部分に斜線を入れた。また、平木重吉が他の組の代表者等と共に本件山林の地図を携行していた小堀弘文等を昭和三三年一一月頃、本件山林現場に案内した際、根の平峠を指示し、その範囲を説明した。

よって平木重吉及び平木捨次郎は根の平峠が本件山林の売買の目的物より右当時は除外されたものと信じていたのである。

㈣ 本件山林の（売買）契約書は、昭和三四年二月八日附で作成され、本件山林の他、三筆の山林を公簿上の面積により売買する。その代金は合計金二三二一万八五〇〇円—（一坪当り平均金一七円三〇銭、事実は各組別に売買代金が協定された。）等と記載され—売主側は各組の代表者等九名の署名（記名）捺印の他、各持山の事実上の所有者八五名（上出組においても登記簿上の共有名義人の子、兄弟等の署名（記名）捺印が相当含まれている）の同意書が添付された。右同意書の中に田井中重吉の署名（記名）捺印があった。

それは当時、田井中重蔵が高令で耳が遠かったため、重吉が家政をとっていたことによるのである。

しかし、根の平峠を除外するという記載はなかった。

右理由は持山を売らない者があると面倒だから、全員が売却するということで交渉が被告会社との間にまとまったためである。

そうして売主側が受領した売買代金は各組毎に分配され、上出組においては所属部落民の持山の数及び面積に関係なく、右代金を平等に分配した。

かようにして、被告会社が本件山林をその共有者山中武一他二三名との昭和三四年二月八日附売買契約を登記原因とし、同年同月一〇日所轄地方法務局出張所において所有権移転登記を経由したことは当事者間に争いがない。

㈤　原告は昭和三四年頃、被告会社が本件山林等を買受けたことを聞き平木捨次郎及び平木重吉等に些細を尋ねたところ根の平峠は残してある被告会社と交渉せよと言い、田井中重蔵は根の平峠は売らずに残してある、田井中重吉は原告の山は知らん、代金は貰っていないと答えた。

㈥　そこで原告は昭和三四年頃、被告会社において小堀弘文と交渉したところ、原告の山は一緒に登記されて被告会社の所有になっている。原告の山があるかどうか知らん等と刎ねつけたが、甲津畑との話合はできているとも答えた。

原告はその後、根気よく被告会社と交渉した結果、小堀弘文は昭和三七年一〇月頃、原告に対し根の平峠の買受を申込み、両者間にその売買代金額について交渉を重ねたけれども折合いがつかず、右売買は不調に終った。

㈦　ということを認めることができる。〈判決原文のまま〉

しかし、〈略〉他に右認定を覆えすに足る証拠はない。

㈧　以上に認定した事実関係等について考察すると、

いわゆる持山（割山）はその名が示すとおり、実質上、持山を占有していた部落民各個人の単独所有に属していたものと解する他はない。

本件山林等が旧土地台帳上、大字甲津畑区の所有、延いては土地登記簿上、永源寺町の所有となり、大字甲津畑財産区の所有物件となった後、土地登記簿上、山中武一他二三名の共有名義とされた理由は以上に認定したとおり最初に本件山林等を買受けた部落民の申合せによって便宜上、大字甲津畑区の所有名義とし、その後、公簿上の所有名義だけが前記認定事実どおりに推移したものと認められるから、前記公簿上の所有名義は実体上の所有権関係を真実に公示していたものでは勿論ないと言わなければならない。

従って、本件山林等を実質上もまた大字甲津畑区乃至永源寺町の所有であったし、大字甲津畑財産区の所有物件となり、山中武一他二三名の共有であったと速断し、民法の共有に関する規定を適用することは全く理由がない。

いわゆる持山の所有形態は右のとおりであるから公簿上、区乃至町の所有名義の時期においては持山の所有者全員、山中武一他二三名の共有名義の時期においては、その共有者全員及び右両全員の包括または特定承継人は互いに分割地である持山の現状に符合する分筆登記手続等を請求する権利を有し、これに応ずる義務——区または町の所有名義の時期においては、区または町自体がその要求により右義務——を負うていたものと解するのが相当である。（右共有名義の場合について大正四年一〇月二二日言渡の大審院判決参照）

㈨　原告は昭和二九年一〇月五日、本件山林中の持山、根の平峠を実質上の所有者田井中重蔵より買受け、その所有権を取得したけれども分筆及び所有権移転の登記手続を経由しなかったから、所有名義人及びその他の持山の所有者並びに第三者に対し、右所有権の取得を主張することは当時としてはできなかったことは勿論である。

㈩　しかし、前記認定事実のとおり、上出組の代表者二名及び被告会社が本件山林の売買交渉中、未登記ではあるが、原告の根の平峠に対する所有権を承認した以上、――なお、被告会社は本件山林全部について所有権移転登記を経由した後、原告に対し根の平峠の買受を申入れている――原告が根の平峠の所有権を取得したことについて登記がなくとも、被告会社はその欠缺を主張する利益を放棄したものと解され、原告は被告会社に対し、その所有権を主張することを妨げない。

尤も、本件山林等の（売買）契約書には根の平峠を除外するという趣旨の記載はない。

しかし、右は上出組の代表者及び田井中重吉等が根の平峠に対する原告の所有権を一旦承認しながら、従ってこれを処分する何等の権限もないのに登記がないことを奇貨とし、被告会社と通謀し、一括して本件山林全部を売買することを企て、根の平峠の問題解決を後日に譲る目的で作成したことが窺われるから、右（売買）契約書に表示された本件山林の売買契約中、根の平峠に関する部分は右代表者等の無権代理行為によるものと解さねばならないから、原告がこれを追認しない以上、右売買契約部分は無効である。

(二) 従って、本件山林に対する所有権の特定承継人である被告会社は同様、特定承継人である原告に対し、根の平峠部分を本件山林より分筆した上、原告名義にその所有権移転の登記手続をしなければならない義務がある。

(三) 以上、説明のとおりであるから被告会社の主張は全て理由がない。

(三) ＜証拠＞

(イ) 本件山林中の根の平峠部分は別紙第四及び第五図面＜略＞に示すとおり、山林にしては稀にみるほど明確に近い境界線に囲まれた地域であることが認められる。他に反証はない。

(ロ) 根の平峠部分の地積の測量図（別紙第六図面）に関する＜略＞、明確を欠く部分があるけれども、右測量図は要するに右証人が根の平峠の範囲を示す境界線上に原告が打った杭を目標に測量し、地積を算定したということである。しかし、前記のとおり根の平峠の範囲を劃する境界線は明確に近いから、不正にこれを変更することは通常困難である上、右測量図の図形は当裁判所が検証の結果作成した別紙第五図面のそれと相似し主要地点が互いに一致していることが明らかであるから、右測量図は別紙第五図面に示す範囲の根の平峠部分を測量したものと推定することができる。その地積算定の方法及び結果（一〇七〇七三平方米）も相当と認める。

地積に関する〈略〉また他に反証はない。

㈣ それで原告の本訴請求を正当として認容し、訴訟費用の負担について民事訴訟法第八九条を適用し、主文のとおり判決する。」

◇（第二審　大阪高裁昭和五一年二月二七日判決　同四六年㈹一四七三号）取消

「一、先ず、控訴人の本案前の主張について判断する。

控訴人は、被控訴人の本訴請求が主張自体矛盾し、かつ、不適法な訴である旨主張するけれども、被控訴人主張の請求の趣旨及び原因に徴すれば、被控訴人の本訴請求は、本件山林部分は田井中重蔵の単独所有であるところ、被控訴人は田井中重蔵から本件山林部分を買受けてその所有権を取得したので、本件山林全部について所有権取得登記を有する控訴人に対し、本件山林部分が被控訴人の所有であることの確認を求めるとともに、本件山林部分を分筆のうえ、その所有権移転登記手続を求める趣旨の訴であることが明らかであるから、控訴人の右主張は理由がなく、採用することができない。

二、そこで、本案について判断するに、本件山林について、昭和三〇年一二月二八日永源寺町から山中武一外二三名に所有権移転登記が経由された後、山中武一外二三名から控訴人に昭和三四年二月一〇日大津地方法務局八日市出張所受付第九七号をもって、同年同月八日付売買を原因とする所有権移転登記が経由されたことは当事者間に争いがない。

三、1　被控訴人は昭和二九年一〇月五日本件山林部分について単独所有権を有する田井中重蔵から本件山林部分を買受けてその所有権を取得した旨主張するので、先ず、田井中重蔵が当時本件山林部分について単独所有権を有していたかどうかの点について判断する。

〈証拠〉

(一)　本件山林は昭和三〇年一二月二七日大字甲津畑字水晶一番の一山林から同番の一五ないし二〇とともに分筆されたものであり、水晶一番の一は明治四一年一二月四日以前は、単に水晶一番の地番であった。

(二)　大字甲津畑字水晶一番山林六九五町八反五畝三歩、同字藤切谷八番山林四一一町四反五畝二〇歩、同字向山三八八番山林六一四町三反七畝一五歩及び同字登谷三九〇番山林二〇二町三反一畝二一歩計一九二三町九反九畝二九歩は、おそくとも明治初年ごろから大字甲津畑部落住民が「立入山」として入山していた同部落所有のいわゆる入会林野で、同部落がその租税も納め専ら管理してきたものであったが、明治一七年頃より、そのうち、通称割山と呼ばれる山林は、大字甲津畑部落住民一四二戸（旧戸・主家のみで、新戸・新家を含まない）が分属する上出組外五組にそれぞれ入山できる利用区域が分割されたうえ、さらに各組に所属する部落住民各個人にその利用区域が再分割され、部落住民各個人がそれぞれ右区域を小作林として採草木、植林等に利用し、立木の処分は自由であったものの、小作権（利用権）の譲渡は禁止され、通称総山と呼ばれる山林は、部落民全員による共同管理の下に植林等が行われていた。前記上出組に属する田井中重蔵は本件山林部分外一ヵ所（おおそあ）について右割山としての小作権（利用権）を有していた。

㈢ ところが、前記山林四筆は、土地台帳上、大字甲津畑外六大字（上二俣、池之脇、高木、市原野、一式、石谷）の所有名義に登録されていたことから、右六大字が市原村（明治二二年旧町村制の施行に伴い、大字甲津畑外前記六大字はそれぞれ七ヵ村の合併により市原村として発足した）の村有林であると主張したため紛争中、明治三四年六月二九日大字甲津畑が右六大字に名義買受料として金五七五〇円を支払って前記山林四筆の所有名義を大字甲津畑単独にして貰うことで和解が成立し、前記大字甲津畑部落住民一四二戸は、名義買受料金五七五〇円及び諸経費金二〇四〇円六四銭二厘、計金七七九〇円六四銭二厘を、部落の蓄積金、立木及び土地売却代金のほか、戸数割点数割による賦課金等により捻出して支払い、同年一二月二六日、形式上、大字甲津畑区管理者市原村長が大字甲津畑外六大字合併区管理者市原村長から前記山林四筆を代金五七五〇円で買受ける旨の売買契約を締結し、同年同月二七日右山林四筆について、右売買を原因として大字甲津畑区の所有名義にする登記が経由された。

㈣ 前記山林四筆は、その後、大字甲津畑区の区有財産として市原村長が管理中、昭和二年二月、これについて、町村制第一二四条第一二五条の規定に基づき、甲津畑財産区並びに甲津畑財産区会が設置され、昭和二二年五月三日以降は、地方自治法第二九四条以下の規定により、甲津畑財産区がこれを所有して、甲津畑財産区議会がその運営に当り、昭和二九年一二月甲津畑財産区議会条例の改正条例が制定されたほか、同年一〇月頃財産区管理運営規則、山林管理規約、財産区賃貸規則等の管理諸規約が定められたが、右諸規約によれば、甲津畑財産区所有の前記山林四筆計一九二三町九反九畝二九歩は、小作地（貸付地・前記割山）一七〇四町歩と、営林地（財産区が直営する林地、通称総山）二一九町九畝二九歩とに分けられ、小作地の賃貸期間は五〇ヵ年、小作人が他に移住する場合には、その小作権を大字甲津畑在住者に限り譲渡することができ、小作者一四二人より一人当り金四五〇円を年三回に徴収し、営林地に対する分担金として一七〇戸より金五〇円を年一回一戸当り徴収する旨定められ、甲津畑財産区は昭和二九年度は甲津畑部落一四二戸から分収金として金六万六〇八〇円を収納した。昭和二九年一〇月以前においても、右管理諸規約とほぼ同様の管理規約があって、右甲津畑部落住民一四二戸が前記総山ないし割山を入会林野として利用収益する態様には当初以来変容はなく、割山部分についてその利用権が譲渡された事例は皆無であった。

㈤　次いで、市原村長と永源寺村長とは、昭和三〇年三月二二日滋賀県知事に対し、大字甲津畑所有の山林・雑種地は財産区議会を設けて管理すること等を定めた合併協定書等を添付のうえ、同年四月一日付で両村を廃し新たに永源寺町を設置したい旨の認可申請をしたところ、右申請が認可され、永源寺町は同年四月一日合併新発足することとなったが、同年五月一八日付滋賀県知事の勧告に従い、同年七月一〇日、永源寺町甲津畑財産区議会条例を制定し、次で、同年九月九日、昭和三〇年第一回永源寺町甲津畑財産区議会において、市原村甲津畑財産区管理諸規約とほぼ同様の永源寺町甲津畑財産区管理規約が定められた。

㈥　大字甲津畑部落住民一四二名（前記明治四三年大字甲津畑区が買得した当時の部落住民旧一四二戸主の承継者を含む）は、前記山林四筆計一九二三町九反九畝二九歩を永源寺町甲津畑財産区所有のままにしておくと、旧市原村時代、他の六大字から権利を主張されたのと同様に、旧永源寺村の住民からも権利を主張され、再び紛争の生ずる恐れがある等と憂慮した末、右山林に関する権利を守るため、大字甲津畑部落住民各個人の共有名義にしようと相談のうえ、昭和三〇年一一月一五日代表者一三名をもって、永源寺町長に対し、前記山林四筆の沿革等を明らかにしたうえ右山林を右一四二名に所有権移転登記するよう求める旨の誓書付の陳情書を提出した。そこで、同年一二月一〇日、昭和三〇年第二回永源寺町甲津畑財産区議会臨時会は、山中武一外一四一名に対し前記山林四筆のうち、右一四二名が既に割山として分割占有している計一六五六町三反四畝七歩を上出組外五組の各組別に無償譲渡する、そのうち、山中武一外二三名（田井中重蔵は含まず、その長男・田井中重吉を含む）の属する上出組に対しては、水晶一番中、本件山林を含む一一七町五反歩、登谷三九〇番中、一ヵ所一四町四反二畝四歩、向山三八八番中、四ヵ所計七一町歩、及び藤切谷八番中、二ヵ所計七六町九反九畝歩を無償譲渡する旨の議決をし、同年同月一二日同財産区管理者永源寺町長が滋賀県知事に対し右議決のとおり財産区財産処分の認可申請をしたところ、同年同月一五日右申請が認可されたので、本件山林は、同年同月二七日水晶一番の一から分筆されたうえ、同年同月二八日、同年同月一〇日付譲渡を原因として、山中武一外二三名共有（持分平等）の所有権移転登記が経由された。

以上認定の事実関係によれば、本件山林を含む水晶一番（明治四一年一一月五日以降は一番の一）外三筆計一九二三町九反九畝二九歩は、もともと大字甲津畑部落の所有（総有の入会林野）であったところ、その後明治三四年一二月二六日から昭和二年一月までは大字甲津畑区の所有、昭和二年二月から昭和三〇年三月三一日までは市原村甲津畑財産区の所有、昭和三〇年四月一日から同年一二月九日までは永源寺町甲津畑財産区の所有であり、本件山林は昭和三〇年一二月一〇日から山中武一外二三名(田井中重蔵を含まない)の共有であって、本件山林部分は、被控訴人が田井中重蔵からこれを買受けたと主張する昭和二九年一〇月五日当時は、前記市原村甲津畑財産区の所有であったことが明らかである。

2　なお、被控訴人は、前記明治三四年に大字甲津畑部落住民一四二戸が他の六大字から本件山林等を買受けた当時より、右部落住民の一人であった田井中重蔵において割山として本件山林部分の分割をうけて同人の単独所有に帰していた旨主張する。

しかしながら、前認定の事実関係にてらすと、同部落住民各戸が往時から本件山林等の割山部分のそれぞれ分割された区域を排他的独占的に利用できたのは、前記部落有入会山野の入会権の一利用形態にすぎないものと認めるのが相当であって、前記のとおり、その後明治三四年に大字甲津畑区の所有に帰した時点から、部落住民の入会利用の状態に格別の変化があったことは認められないから、右時点以降割山としての部落住民の個人入会地が部落の統制管理から離脱して入会地利用者の単独所有となったものとは到底認め難いところである。

もっとも、〈証拠〉本件山林等が昭和三〇年一二月永源寺町甲津畑財産区から同部落住民一四二名に無償譲渡されるにいたった一連の手続に際し作成された前記陳情書は、「山林共有者一四二人代表者」名でなされているが、右山林を陳情者等一四二名の名義とすべき理由として、右山林を明治三四年当時の大字甲津畑部落住民一四二戸が他の六大字から譲り受けて以来同人等が永年にわたり右山林全部の占有管理を継続して来たことから、登記簿上甲津畑区の所有名義にかかわらず実質上の所有権が同人らにあることを訴え、同人らと他の部落住民との間に万一紛争が発生しても迷惑をかけない旨誓約していること、永源寺町長が知事に対しなした前記処分認可申請書の処分理由は、右陳情と同旨で実質上の所有者一四二名に登記を移転することにあるとしていること、右認可申請につき滋賀県庁地方課が知事に対してした伺い（稟議）には、前記処分申請の理由を援用し、大字甲津畑部落住民が他の六大字から譲受け当時よりすでに分割管理していたもので、処分対象山林は財産区財産として形式的管理がなされて来た旨記載されていることが認められる。

しかしながら、先きに認定したような本件入会山野の入会地の地盤所有権の変せんに伴ってなされて来た管理運営の内容にてらすと、前段認定の事実をもってしても、被控訴人が本件山林部分を買得したと主張する昭和二九年一〇月当時において、既に本件山林等が入会権者各人の自由に処分できる単独所有の実質を備えていたとの事実を認めるに足りないし、他に被控訴人の前記主張を肯認して前記1の認定を覆えすに足りる的確な証拠はない。

四　次に、被控訴人は昭和二九年一〇月五日田井中重蔵から当時市原村甲津畑財産区所有の本件山林部分を買受けたところ、昭和三〇年一二月一〇日永源寺町甲津畑財産区議会の議決により、本件山林部分は田井中重蔵の単独所有となり、同時に、被控訴人の所有となった旨主張するので、判断するに、〈略〉田井中重蔵と被控訴人との間に、被控訴人主張のような本件山林部分（ただし、被控訴人主張の範囲の特定がなされたか否かは明確ではない）の売買契約が締結されたことが認められるが、右のような他人の権利の売買においては、売主は右権利を取得してこれを買主に移転する義務を負担し、買主は売主より右権利の移転を受けて初めて、その権利を取得するものであるところ、前述のとおり、本件山林は、昭和三〇年一二月一〇日永源寺町甲津畑財産区議会の議決により、田井中重蔵を含まない山中武一外二三名の共有となったもので、かりに、右共有名義人の一人であった田井中重吉が被控訴人主張のように実質上実父の田井中重蔵であるとしても、前認定の右議決がなされるにいたった経緯とその議決内容にてらし、本件山林部分を田井中重蔵の単独所有に帰せしめるものでなかったことが明らかであって、他に田井中重蔵が本件山林部分の単独所有権を取得したことにつき主張立証がない以上、被控訴人の右主張もまた理由がない。

五　してみると、被控訴人はその主張する田井中重蔵との本件山林部分の売買により、その単独所有権を取得できるいわれはないから、被控訴人の請求は、その余の点について判断するまでもなく理由がないといわなければならない。

六　以上の次第で、被控訴人の請求は失当として棄却すべきところ、これと趣旨を異にする原判決は不当であって、本件控訴は理由があるから、民訴法三八六条により原判決を取り消して被控訴人の請求を棄却することとし、訴訟費用の負担につき同法九六条八九条を適用して主文のとおり判決する。」

〔80〕最高裁昭和五二年一〇月一三日判決（昭和五二年(オ)三九六号　土地共有持分権移転登記手続請求事件）

本件は、国から売払をうけた記名共有地が登記上共有者のみの共有地かそれとも部落共有地かにかんするもので、係争地は福島県いわき市豊間区の原野ならびに宅地である。

係争地は昭和五年および六年に国から豊間区に売払われ、遠藤仙右ェ門ら四二名あるいは四一名共有名義で所有権移転登記が行なわれ、以後豊間区がこれを管理してきた。しかし係争地は登記名義人が多数でその管理処分等の手続が複雑なためその円滑化を期して、昭和四一年一一月の部落総会で係争地の管理を区の役員Xら三名に委任するとともに登記もXら三名の代表者名義とすることを決議した。Y_1（四家一美――福島市に居住）は登記上共有権者の一人であるが、その共有持分の一部をY_2（上遠野芙通――いわき市に居住）に売却、Y_2名義で共有持分移転登記をしているので、XらはY_1Y_2を相手としてその共有持分権につきXらへの移転登記手続を求める本訴を提起した。Y_1Y_2は、係争地は登記名義人の共有地であって、豊間区の所有ではない、と抗弁した。

第一審は、国から係争地の売払をうけたのは豊間区であるが、豊間区名義では所有権取得の登記ができないので区の役職にあった者等の共有名義で登記したにすぎず、係争地は豊間区の構成員に総有的に帰属し、Y_1はその先々代が区の役職として共有名義人となっていたがY_1は区の役職になく、かつ区ではXら三名の代表者名義で登記すべき旨を決めているので、Y_1はXらに対して共有持分移転登記義務を負い、また係争地が豊間区構成員に総有的に帰属する以上Y_2はY_1から持分を取得すべき理由がないのでその移転登記の抹消登記手続にかえてXらに持分移転登記義務を負う、と判示した。Y_1Y_2は控訴し、豊間区は組織体としての実質を有せず、係争地の売払をうけたのは共有名義人たる四一名あるいは四二名であり、したがって現在その四一名あるいは四二名もしくはその相続人の共有地である、と主張したが、第二審も第一審同様の理由で控訴を棄却した。

Y_1Y_2上告して、係争地は四二名共有地であるのを原判決は豊間区有と判示しているが、仮に豊間区有であるとしても、係争地をAら三名共有名義にすることについて区民全体の総会が開かれてなく、また右決議をしたとされる役員会の役員がどのような区民会議によって決められたか明らかでないのに、Y_1Y_2に登記移転手続を命じた原判決は理由不備、理由齟齬の違法がある、と主張した。

（棄却）「上告人大学一の上告理由について。

所論の点に関する原審の認定判断は、原判決挙示の証拠関係に照らし、正当として是認することができ、その過程に所論の違法はない。論旨は、ひっきょう、独自の見解に立つて原判決に理由不備、理由齟齬があると主張するか、又は原審の専権に属する証拠の取捨判断、事実の認定の非難するものにすぎず、採用することができない。

よって、民訴法四〇一条、九五条、八九条、九三条に従い、裁判官全員一致の意見で、主文のとおり判決する。」

◇（第一審　福島地裁いわき支部昭和五〇年一二月一五日判決　同四九年(ワ)一四九号）認容

「一、請求原因事実中、本件各土地が元国有地であったこと、国が本件(一)・(二)の各土地を昭和五年四月一〇日に、本件(三)・(四)の各土地を昭和六年四月二二日にそれぞれ払い下げたこと、並びに本件(一)・(二)の各土地につき遠藤仙右ェ門外四一名（持分各四二分の一）の、本件(三)・(四)の各土地につき同人外四〇名（持分各四一分の一）の共有名義でそれぞれ所有権移転登記手続が了されたことはいずれも当事者間に争いがない。

そこで、本件各土地を国から払い下げを受けたのは、豊間区であるか否かをみるに、〈証拠〉本件各土地を国から払い下げを受けたのは豊間区であり、豊間区はいわゆる権利能力なき社団であって不動産登記法上その名義をもって所有権移転登記手続をなす方途がないため、払い下げを受けた当時の区長あるいは隣組長など豊間区の役職にあったものらを豊間区の構成員らの代表者として選出し、それらの者の共有名義で移転登記手続をなすこととし、本件(一)・(二)の各土地については遠藤仙右ェ門外四一名の名義をもって昭和五年五月三日に本件(三)・(四)の各土地については同人外四〇名の名義をもって昭和六年五月二日にそれぞれ所有権移転登記手続を了したものであることを認めることができ、右認定を覆し、右登記上の共有名義人ら個々人が国から払下げを受けたものと認めるに足りる証拠はない。

しかして、右認定事実によると、本件各土地は豊間区の構成員全員、即ち、福島県いわき市平豊間に居住する住民全員に総有的に帰属するものであって、右遠藤仙右ェ門ら登記上の共有名義人らは、豊間区の構成員全員のためその名義において登記することの委任を受けたものというべきである。

二、ところで、叙上共有名義人の一人として被告四家一美の先々代四家寅吉も加わっていたこと並びに昭和一〇年三月四日同被告の先代四家忠治がこれを家督相続し、次いで昭和二九年七月四日相続により同被告が本件㈠・㈡の各土地につき各四二分の一の、本件㈢・㈣の各土地につき各四一分の一の共有持分を取得した旨の移転登記手続が了され、更に本件㈡・㈣の各土地については昭和四五年八月一〇日付売買を原因とする右各持分の被告上遠野芙通への移転登記手続が了されていることはいずれも当事者間に争いがなく、また、〈証拠〉豊間区は昭和四二年一一月一八日開催の役員会においてその構成員の代表者を交替させ新らたに原告ら三名を代表者に選任したことが認められる。

しかして、右認定事実によると、被告四家一美の先々代四家寅吉に豊間区との委任関係は既に終了しており、他方、新らたに代表者に選任された原告らは豊間区の構成員全員のためその名義をもって登記手続をなすべき旨の委任を受けたものであるから、右四家寅吉の相続人である被告四家一美は原告らに対しその登記名義を移転すべき義務を負うものというべきである。

また、被告上遠野芙通は、右のとおり、被告四家一美から本件㈡土地につき四二分の一の、本件㈣土地につき四一分の一の各持分の移転登記手続を了しているが、右各土地が豊間区の構成員全員に総有的に帰属するものである以上、右各持分を被告四家一美から取得すべき由のないこと勿論であるから、真正な登記名義の回復をはかる場合に準じ、右各移転登記の抹消登記手続に代えて、原告らに対し本件㈡土地につき持分四二分の一の、本件㈣土地につき持分四一分の一の各移転登記手続をなすべき義務を負うものといわなければならない。

三、そうすると、原告らの被告らに対する本訴請求は理由があるので、これを認容することとし、訴訟費用の負担につき民事訴訟法八九条を適用して、主文のとおり判決する。」

◇（第二審　仙台高裁昭和五一年一二月二七日判決　同五〇年㈹四七六号）棄却

「当裁判所も被控訴人らの本訴請求は理由があり認容すべきものと認定、判断するが、その理由とするところは原判決が理由中で判示するところと同一であるからこれをここに引用する。当審における証人〈略〉尋問の結果も、右の認定を覆えすほどの証拠価値を有するものとは解し難いから採用しない。

したがって控訴人らの本件控訴を棄却することとし、控訴費用の負担について民事訴訟法第八九条、第九三条、第九五条を適用して主文のとおり判決する。」

〔59〕最高裁昭和五三年三月二日判決（昭和五二年㈾八九七号　土地明渡請求事件）

本件は、共有入会地内における分割利用地の利用権と管理権能についての紛争にかんするものである。

係争地は千葉県八日市場市長谷の共有地で、この土地は古くから長谷区住民の入会地であったが、いったん国有になり、明治年間国有土地森林原野下戻法により地元住民に下戻されA（遠藤兵助）ら一七五名の共有となったが、一貫して秣草や自然木の採取等が行なわれてきた。しかし太平洋戦争の始まるころから開こんが行なわれ、各共有者は区から一定面積の土地の割当をうけ（区長から賃貸する、という形式をとった）、各自食糧増産を行なった。その後社会事情の変化に伴い、他の作物をつくり、あるいは建物を建てるなど割当地の利用方法も変化したが、その後この割当地を分割して各共有者の個人有地にしようとする意見が出され、共有者X（塚本定吉）ら五名が発起人となって共有地を分割する目的をもって長谷共有地管理組合を組織し共有者九五名が参加した。しかし、この組合に参加せず、分割に賛成しない者が三〇余名いるので、右共有地組合（代表者X）は共有者Y_1（加藤正夫）ら三五名を相手としてそれぞれ占有している割当地の明渡、返還を請求する本訴を提起した。組合の請求原因は、Yらはそれぞれ係争地を無断で開墾あるいは工作物建設等により不法占拠しているというのであるが、YらのうちY_2Y_3を除く三三名は、Yらは当時の区長から適法に土地を借受け使用しているのであり、組合は共有地の管理権のみ有し、他人の持分侵害を排除しうる権利を有せず、Yらは各自共有権にもとづき共有持分に応じた使用をなしうる権利を有する、と抗弁し、Y_2Y_3は積極的にその権原を主張しなかった。

第一審は、Yら住民は入会地の管理権を有する区長の承認のもとに割当使用（賃借）してきたのであり、共有持分に応ずる使用をなしうるから組合は明渡請求権を有しない、と組合の主張を認めなかったが、Y_2Y_3についてはその権利の立証ができないとして明渡を認めた。共有地組合は控訴しY_1らに賃借権があるとしても賃料不払を理由に賃貸借解除もしくは解約の申入れがしてあるのでY_1らの抗弁は理由がないと主張し、Y_1らは、組合の主張する管理権は共有者全体の信託によるものでなく、仮に管理権を有するとしても妨害排除請求を求める適格性を有しない、と抗弁した。

第二審も、共有地管理組合に訴訟追行権を認めても差支ないという理由で当事者適格を認めたが、係争地が住民共有の入会地でY_1らが区長から適法に賃貸されたもので、賃借権につき期間満了もしくは解除の正当な事由が認められず、かつ借地法、農地法によらない賃借権の解除の申入れは無効である、と判示して組合の主張をしりぞけた。組合は上告して、(1)長谷区が有する入会権は土地の利用権のみでありその所有権を含まないものであるから区長に係争地の賃貸権限を認めたのは法律の解釈を誤まったものであり、(2)係争地はもともと農地法にもとづいて賃貸されたものでないから法律上効力がなく、したがって農地法による解約手続を必要とするという原判決は矛盾している、と主張した。

（棄却）「上告代理人磯部保、同和田有史の上告理由について

所論の点に関する原審の認定判断は、原判決挙示の証拠関係に照らし、正当として是認することができ、その過程に所論の違法はない。論旨は、ひっきょう、原審の専権に属する証拠の取捨判断、事実の認定を非難するものにすぎず、いずれも採用することができない。

よって、民訴法四〇一条、九五条、八九条に従い、裁判官全員一致の意見で、主文のとおり判決する。」

◇（第一審　千葉地裁八日市場支部昭和四三年一一月二二日判決　同三八年(ワ)四五号）棄却

「一、〈証拠〉によれば、請求の趣旨記載の土地（本件土地という）の共有権者が、その持分の過半数を以て、昭和三六年四

月一〇日以降原告組合を結成組織している事実が認められ、又従って原告組合が本件土地に関する管理権限を有する事実も認められる。被告等訴訟代理人は、本件土地の内には共有地でない国有地を含んでいると主張するが、その立証をしないからどの部分が共有地以外の国有地であるかの点は認定し難く従って右主張は認められない。

二、原告組合は、本訴において本件土地に関する管理権の行使として、被告等に対し本件土地につきその不法占有を請求原因としてそれぞれ明渡を求めているのであり、被告等（但し被告鵜沢泰一、同矢部正利を除く以下同じ）は、原告組合の主張する請求原因である不法占有の事実をそれぞれ争うところであるから、先づ被告等が原告組合に対し、それぞれ明渡を求められている本件土地の該当部分につき、如何なる権利に基きその占有、使用をなし得る権限を有するか否かの点につき考えてみるに、〈証拠〉によれば、

㈠、本件土地は、元来八日市場市長谷所在の所謂長谷区居住の区民により、入会権の性質を有する土地として共有されて来たものであるところ、慣行として共有権者により構成されている長谷区の区民大会により承認選出された区長にその管理権限が一任されていたものであり、今次戦前戦後を通じ土地の有効利用、食糧増産等の目的のためにも合致するよう管理運営されて来た事実

㈡、被告等は、歴代区長の承認の下に、それぞれ本件土地の各占有部分を使用或は賃借して、住居のため、開田のため、畑地化のため等の目的を以て、占有使用し賃借し来ったものである事実、即ち被告等は、それぞれ請求の趣旨記載の占有中の土地につき、本件土地の共有権者全員の委任を受けた区長との間に使用或は賃貸借契約が有効に成立存続していた事実が認められる。

仮りに右賃貸借なり、使用貸借契約が成立していなかったとしても、被告等の内で少くとも共有権者である被告等（以下共有被告等という）は、民法第二百四十九条により本件土地に対し共有持分に応じた使用をなし得るものであり、従って原告組合は共有被告等に対し、管理権の行使として単なる不法占有を理由として当然に直ちに明渡を求め得ないことは明白である。少くともその前提として、共有被告等がその持分を超えてそれぞれ請求の趣旨記載の土地の内どの部分をどの範囲で不法に占有使用しているかの事実を主張立証することが必要であり、右主張立証の認められない限り、単に原告組合に管理権限が有ることから直ちにその管理権限に基き本訴のような明渡を求め得ないものと解するのが相当である。

以上の認定事実や判断によるならば、原告組合が被告等に対し、それぞれ請求の趣旨記載の本件土地に対し明渡を求める本訴請求は理由がなくそれぞれ棄却さるべきである。以上の認定事実に反する証人並びに原告組合代表者間の各結果は措信しない。

三、被告鵜沢泰一は、原告組合の同被告の不法占有を請求原因とする本訴請求に対し単に不法占有の事実を否認するところであるが、その占有使用する正当権限のある事実につき、主張立証しないし、又〈略〉同被告が本件土地の共有権者でない事実が認められる以上、原告組合が同被告に対しその管理権限に基き、不法占有使用を理由に同被告に対し主文第一項掲記の山林の明渡を求めることは許容さるべきである。

四、被告矢部正利が、本件土地の共有権者でない事実は、〈証拠〉によって認められるところであり、同被告は原告組合の本訴請求には対し、その請求原因事実を明白に争った事跡がないから自白したものとみなすべく、右の事実によれば、原告組合の被告矢部正利に対する主文第二項掲記の原野の明渡を求めることは許容さるべきである。

五、果して以上の事実認定と判断が妥当であるならば、原告組合の被告鵜沢泰一、同矢部正利に対する本訴請求は、それぞれその理由があるから認容することとし、その余の被告等に対する本訴請求は、その理由が認められないから、それぞれ棄却することとし、訴訟費用の負担につき民事訴訟法第八十九条、仮執行の宣言につき同法第百九十六条により、よって主文の通り判決する。」

◇（第二審　東京高裁昭和五二年四月一三日判決　判例時報八五七号七九頁）棄却

〔82〕最裁昭和五三年六月六日判決（昭和五三年(オ)二号　共有者全員持分全部移転登記抹消登記手続請求事件）

本件は、不動産会社が買受け同会社名で所有権移転登記をした旧村持山＝部落有入会地につき部落に在住する一権利者からの所有権移転登記の抹消請求にかんするものである。

係争地は岡山県都窪郡早島町矢尾の山林で、古くから矢尾村持入会地であったが明治町村制施行後も矢尾部落の入会財産として管理され登記上は代表者個人名義から神社有を経て代表者七名の共有名義となっていた。矢尾部落では、部落住民協議の上本件山林を東急土地開発株式会社（以下Y会社という）に売却し、同会社名義に所有権移転登記を完了した。ところが同部落住民X（佐藤清春）はこの売却を不服として、本件山林はXを含む矢尾部落住民四五名の共有地であり、Xほか共有者六名が本件売却に賛成していないからこの売却は無効である、という理由でY会社を相手に所有権移転登記抹消登記を求める本訴を提起した。この抹消登記を、Xは第一次的に共有持分権にもとづき、共有権の保存行為として、第二次的に本件土地がXら住民一〇四名の共有入会地であることを理由にその総有権に対する妨害排除行為として、請求している。これに対しY会社は、本件山林は矢尾部落共有財産管理規約にもとづき矢尾部落住民の同意を得て売買契約を締結したものであるから本件売買は有効、かつ本件登記は適法であり、また、Xは別訴で本件山林を四五名の共有であると主張し、本訴では矢尾部落住民一〇四名の共有と主張しているが、これは信義則又は禁反言の原則に反し、許されない、と抗弁した。なお、会社の抗弁にある如く、Xは地区住民二四名とともに他の二三名を相手として本件山林が四五名の共有に属することの確認を求める別訴を提起した（それが次の〔42〕である）。第一審は、係争山林が矢尾部落住民総有の入会地であることを認定し、したがって四五名の共有地であることを前提とする第一次請求を失当として棄却し、第二次請求は入会権の存在を請求原因として所有権取得登記の抹消を求めるものであり、かかる訴は固有必要的共同訴訟であるから、一部の権利者によって提起された本訴は不当であるという理由で却下した。

X控訴したが第一審同様の理由をもって棄却されたので、上告して次の如く主張した。(1)係争地においては入会稼が全く行なわれず、入会慣習など存在しないのであるから入会権の存在を認定した原判決は法令の解釈を誤ったものである。（第一次請求）。(2)入会権の存在を原因とする所有権登記抹消請求の訴が固有必要的共同訴訟であるという判示は、相手方が入会団体のだれか一人でも買収して訴訟に参加させなければ他のすべての入会権者の権利が救済されない結果を招くので不当である。（第二次請求）。

（棄却）「上告代理人井藤勝義、同土屋宏の上告理由について

上告人の本件第一次請求についての所論の点に関する原審の認定判断は、原判決挙示の証拠関係に照らし、正当として是認することができ、その過程に所論の違法はない。論旨は、ひっきょう、原審の専権に属する証拠の取捨判断、事実の認定を非難するものにすぎない。また、上告人の本件第二次請求は本件土地についての入会権（右土地の総有権）そのものに基づいて右土地につき被上告人のためにされた共有者全員持分全部移転登記の抹消登記手続を求めるものであるところ、このような訴は入会権者全員が共同してのみ提起しうる固有必要的共同訴訟というべきであるから、上告人が単独で提起した本件第二次請求は当事者適格を欠く不適法なものといわなければならず（最高裁昭和三四年(オ)第六五〇号同四一年一一月二五日第二小法廷判決・民集二〇巻九号一九二一頁参照）、これと同旨の原審の判断は正当として是認することができ、原判決に所論の違法はない。論旨は、いずれも採用することができない。

よって、民訴法四〇一条、九五条、八九条に従い、裁判官全員一致の意見で、主文のとおり判決する。」

◇（第一審　岡山地裁倉敷支部昭和五一年九月二四日判決　同四八年(ワ)一〇九号、判例時報八五八号九四頁）一部棄却、一部却下

◇（第二審　広島高裁岡山支部昭和五二年一〇月三一日　同五一年(ネ)一三三号）棄却

「一、当裁判所も控訴人の第一次請求は理由がなく失当であって棄却すべきであり、第二次請求は当事者適格を欠く不適法な

訴であって却下すべきものと判断するのであるが、その理由は、つぎに訂正、附加、削除する外、原判決の理由説示と同一であるから、ここにこれを引用する。

1　原判決一〇枚目裏三行目に「ないし三」とあるを、「ないし四（第三ないし第六号証と同じ）、第七号証」に、同一一枚目表一〇、一一行目に「共同で所持」とあるを、「総有的に共同所有」に、同裏四行目に「明治二六年不動産登記制度が開設されたとき」とあるを、「右述のごとく矢尾村は、行政区画上早島村の一部とされ、本件土地を入会権の客体として一部落単独で支配するに至ったころには、すでに不動産登記制度が開設されていたが」にそれぞれ改め、同八、九行目の「(部落代表者有の入会権)」、同一一、一二行目の「(神社有の入会権)」、同一二枚目表四ないし六行目の「「合併による所有権登記所有者都窪郡早島町大字矢尾六三一番地熊野神社右昭和四三年一〇月一日登記」」および同八、九行目の「(記名共有の入会権)」をいずれも削り、同裏四行目に「入会稼が漸次消滅し」とあるを、「入会稼が漸次減少し、分割利用形態もみないまま」に改め、同一三枚目表一行目の「せ、」のつぎに「登記名義が熊野神社にあることに不安を感じた」を、同八行目の「八二名」のつぎに「(委任状による出席を含む。)」をそれぞれ加える。

2　原判決一四枚目表末行より同一六枚目裏六行目までを、つぎのとおり改める。

「二、以上において認定した事実関係によると、岡山県都窪郡早島町大字矢尾の地域において、明治年代以前から自然発生的に点在していた集落体は、上矢尾、新屋敷、東、東中、西中、西、前の七つの組合に組織され、これらをあわせて矢尾部落と呼称されていたものであるところ、部落を構成する各「家」ないし「世帯」の代表者（世帯主）個人が慣習によりそれぞれ入会権者となり、その入会権者全員が本件土地を総有的に所有していたものであって、本件土地は、共有の性質を有する入会権の対象となっていたものと認めるのが相当である。

もっとも、本件土地は、登記簿上、林末吉から熊野神社に、さらに林宏外六名へと順次所有名義が移転されているが、それは当時（現在においてもそうであるが）総有に属する土地あるいは、共有の性質を有する入会権の対象たる土地そのものを、権利内容どおり不動産登記簿に表示する方法が存しなかったところから便宜的になされたものにすぎず、このことをもって前記認定を左右することはできないし、また、本件土地に対する入会稼が漸次減少の傾向にあったことは、前記認定のとおりであるにしても、本件の場合においては、入会集団たる矢尾部落の、本件土地に対して及ぼす管理運営処分等に関する統制は、前記管理会会則にみるとおり、いまだ強固に存続していることが認められるから、本土地に対する入会権が消滅し、本件土地の所有関係が矢尾部落の構成員による民法上の純然たる共有関係に転化したものと認めることは相当でない。

三、しかるに、控訴人は、本訴において、明治二二年林末吉ら矢尾部落居住者が早島村および庄村から有償譲渡を受けて本件土地の所有権を取得したことを前提とし、林末吉ら右当時の矢尾部落居住者もしくはその子孫（相続人）が控訴人ら四五名に外ならず、控訴人は本件土地に対し共有持分権を有する旨主張するのであるが、本件における事実関係はさきに認定したとおりであって、控訴人の右主張は、本件全証拠によっても認めることができない。また、本件土地が入会権の客体であるにもかかわらず、矢尾部落の構成員が本件土地に対し自由に処分しうる共有持分権を有するとの慣習の存在も、本件証拠上これを認めることができない。

3　原判決一七枚目表末行の「も」より同一八枚目裏一行目までを削除する。

二、以上の次第で、控訴人の第一次請求は理由がなく、第二次請求も不適法として却下さるべきものであることは原判示のとおりであるから、原判決は相当で、本件控訴は失当として棄却し、控訴費用の負担について、民訴法九五条本文、八九条を適用して、主文のとおり判決する。」

〔83〕最高裁昭和五三年六月六日判決（昭和五三年(オ)九三号　共有物持分権確認請求事件）

本件は〔41〕と同一地における紛争で、係争地が部落住民総有入会地かそれとも特定の者の共有か、にかんするものである。〔41〕に述べた如く、係争地が不動産業者に売却されたので、X（佐藤清春）はその売買が無効であるという理由で不動産業者を相手として所有権移転登記抹消登記請求の訴を提起し、引つづいてXのほか矢尾部落住民二四名の合計二五名が、同じく矢尾部落住民Yら二三名を相手として係争地がXら二五名およびYらの中四名を除く一九名の合計四四名の共有に属することの確認を求めて提起したのが本訴である。Yらの中除外された四名はいずれも係争山林の所有権登記名義人であるが、七人の登記名義人中他の三名のうち二名はYら一九名中に、一名はXら二五名に含まれており、何故この四人が除外されたか明らかでない。

Xの主張は、係争地は明治二二年当時の矢尾部落居住者が共有地として取得したものであり、その取得した共有者の子孫が

X主張の四四名である、というのである。Yらは、係争地は矢尾部落住民総有の土地で部落名義で登記すべきであるがそれができないので個人名、そして神社名を経て現在便宜的に七名の共有名義で所有権登記をし、そしてこの総有財産管理運営のため共有財産管理会を設けて管理し、係争地を不動産会社に売却するにも管理会の総会の賛成を得て行なったのであり、本件土地はX主張の四四名の共有の対象ではない、と抗弁した。争点は係争地が部落住民総有かそれとも四四名共有か、にあるが係争地はすでに不動産会社に売却されているので、具体的にはその売却代金が総有に属するかそれとも四四名のみの共有に属するかの争いである。

第一審は、まず提訴後原告の一部が訴を取下げ相手方がそれに同意したことにつきその取下げは効力を生じないと判示し、係争地が歴史的に矢尾部落住民総有の入会地であり、現在に至るまで入会の慣習が維持されている事実を認定し、四四名のみの共有に属するというXらの主張を棄却した。ただ、入会の慣習を認定するにあたり、右管理会会則の入会地の処分を三分の二以上の多数で決定しうる旨の規定が採用された以上は、ほんらい全員の同意を要すべき入会権の処分につき多数決で足りることに慣習の変更があった、と解しているのは、その当否もふくめて注目される。

Xら控訴したが第二審も同様係争地は矢尾部落住民総有の入会地であると判示したので、上告して、原判決は、矢尾部落の入会地であると判示しているけれども、入会稼の実態や入会権者の権利義務等につき具体的な事実の認定をしていないのは理由不備の違法があり、現に入会稼の事実もなくすでに入会権は解体しており、前記管理会も入会権統制の目的でなく土地処分代金管理の目的で設けられたものであるにもかかわらず、入会権の存在を認めたのは法令の解釈を誤ったものである。と主張した。

（棄却）「上告人佐藤清春、林彰代理人井藤勝義、同土屋宏の上告理由について
所論の点に関する原審の認定判断は、原判決挙示の証拠関係に照らし、正当として是認することができ、その過程に所論の違法はない。論旨は、ひっきょう、原審の専権に属する証拠の取捨判断、事実の認定を非難するものにすぎず、採用することができない。
よって、民訴法四〇一条、九五条、八九条、九三条に従い、裁判官全員一致の意見で、主文のとおり判決する。」

◇（第一審　岡山地裁倉敷支部昭和五一年九月二一日判決　同四九年(ワ)一五号）棄却
「一、原告平松定好、同林秋子、同林恒三、同林房子、同林勝孝、同林儀平、同林益男、同林君乃、同林益夫、同平松千鶴、同小郷豊一郎、同林文夫、同林福蔵は、訴訟係属中に本訴の取下書を提出し、被告らは原告平松千鶴を除くその余の原告らの取下に同意している。しかしながら、本訴は、原告ら主張の請求の原因から明らかなごとく、別紙第一の物件目録記載の各土地（以下本件土地という）を共有する数名の者が、そのいわゆる共有権（数人が共同して有する一個の所有権）に基づき、その共有者の範囲を争う者（共有者中の一部の者及び第三者）を相手方として、共有権の確認を求めている。したがって、共有者全員の有する一個の所有権そのものが紛争の対象となっていること、その紛争の解決いかんについては共有者全員が法律上利害関係を有するから、その判決による解決は全員に矛盾なくなされることが要請され、かつ、紛争の合理的解決をはかるべき訴訟制度のたてまえからするも、共有者全員につき合一に確定する必要があることから、その訴訟の形態はいわゆる固有必要的共同訴訟と解するのが相当である。それゆえ、このような訴訟の係属中に共同原告の一部の者が訴の取

下げをしても、その取下げは効力を生じないものというべきである。

二、原告らは、本件土地が原告二五名と被告二三名中被告林宏、同林茂、同林寅夫、同林告を除く一九名の合計四四名の共有であると主張し、被告らは、本件土地が明治二二年合併前の旧矢尾村と同一の部落の総有であると抗争している。そこで、原告ら主張の四四名の共有による所有権取得原因について判断するに、<証拠>によると次の事実を認めることができる。

(一) 岡山県都窪郡早島村大字矢尾の地域は、明治年代以前から主として農業に従事する各世帯の集落であり、矢尾村と呼ばれていたが、公法上の地方行政組織たる「村」より以前に、自然発生的な班組織として「上矢尾、新屋敷、東、東中、西中、西、前」の七つの組合が存在し、各組合は十数戸の「家」ないし「世帯」から各一名の代表者(世帯主)が組合員となり、各組合から年番制で組合員各一名(年番という)を選出し、選出された七名の年番がよりあいを構成して、七組合共同の氏神熊野神社の祭礼行事(年七回)やいわゆる村山と呼ばれた入会山林の維持管理に当る慣習が存在し、現在も右七つの組合が一体となって、ひとつの入会集団を形成する慣習が存続していること。

(二) 右入会集団としての矢尾部落(七組合)は、明治年代以前からの入会山林として本件土地を隣接の旧松島村と共同で所持してきたが、明治二二年矢尾村、早島村、前潟村が合併して早島村となり(この合併の事実は当事者間に争いがない)、松島村が庄村外三村となった際、旧矢尾村と旧松島村は、関係村立会の上、旧松島村との二村入会を解消して旧矢尾村の一村入会とし、民法が施行された明治三一年七月一六日にはすでに本件土地は、右入会集団の共有の性質を有する入会権の客体であったこと。

(三) 明治二六年不動産登記制度が開設されたとき、右入会集団としては、部落名義の入会権の登記が制度上できなかったため、便宜そのときの代表年番であった林末吉（被告林輝太の先々代）が明治二六年五月一〇日早島村長及び庄村長から売買により取得した旨所有権を登記し（部落代表者有の入会権）、その後、本件土地については、登記簿上、「明治三九年五月二八日受六二六五、同年三月二四日ノ売買ニ依リ矢尾六三一番地熊野神社ノ為メ所有権ノ取得ヲ登記ス」（神社有の入会権）「明治四二年五月三一日受一九〇三、村社熊野神社ト更正ヲ登記ス」「明治四二年七月二九日受二二五三、同月二六日神社財産登録台帳ニ登録ニ依リ神社財産タルコトヲ登記ス」「所有権移転昭和三一年五月一五日受付第一一八四号原因昭和二八年四月二二日承継取得者都窪郡早島町大字矢尾六三一番地熊野神社右登記する」「合併による所有権登記所有者都窪郡早島町大字矢尾六三一番地熊野神社右昭和四三年一〇月一日登記」「所有権移転昭和四三年一〇月八日受付第六三一一号原因昭和四二年六月三〇日贈与共有者都窪郡早島町大字矢尾五〇番地持分七分の一林宏外六名」（記名共有の入会権）「共有者全員持分全部移転昭和四八年六月三〇日受付第七一四三号原因昭和四八年六月二八日売買所有者大阪市北区曽根崎上四丁目二〇番地東急土地開発株式会社」と順次甲区一番から登載されていること。

(四) 本件土地については、古く草や下枝や雑木等を共同収益する、いわゆる入会稼が存在したことが窺えるけれども、明治大正昭和と経過するにつれて、貨幣経済の発展と農耕技術の進歩との結果、いわゆる入会稼が漸次消滅し、熊野神社の所有名義に移し七組合から一名あて選出された宗教法人熊野講社役員において同神社の財産として管理され、社殿修復費用に松立木が伐採されたりしたにとどまっていたが、昭和四一年ころ、岡山県が本件土地を含む早島町大字矢尾二軒屋を中心に約三三万坪（特に尺貫法を用いる）に及び大規模な住宅団地を、同四一年度から八か年にわたって造成する計画を発表したことに端を発し、本件土地もこの計画に包含されることから、入会集団たる七つの組合が各組合より一名あて代表者を出して、同四二年六月七日以降対策委員会を発足させ、同委員会が熊野講社側と協議して、同四三年一〇月八日前示のとおり林宏外六名の記名共有名義に登記を改め、その後前示住宅団地造成計画地から外れる情勢の変化をみたが、対策委員会を矢尾共有財産管理会設立準備会（代表者林保太郎）と改め、本件土地等入会集団の総有に属する財産の管理運営のため会則案を起草し、同四四年二月一六日早島町矢尾共有財産管理会（以下管理会という）の設立総会を開催し、出席者八二名の承認を得て管理会の正式な会則となり、その内容は別紙第二のとおりとなったこと。右総会は、会員が右同日現在九一名であり、その後会員になることの申込者があることを予想し、管理委員会に会員になることの承認権限を付与し、一二名の管理委員を選出したうえ、東中組合全員と西組の一部の者で、当然会員としての資格のある者の入会を期していたこと。その後、原告佐藤清春の積極的な勧誘によって、東中組合の組合員原告林一、同林彰、同中川俊郎、同林恒三、同林房子、被告林茂、同林昌平、同林章夫、訴外林俊男、同林武史、同小郷勝久、同林（旧姓藤原）英美が入会し、さらに西中組合員訴外吉川忍が入会し、管理会の会員は一〇四名を数え、その入会権者の氏名、所属組合は別紙第三の入会権者目録記載のとおりであって、原告林勝孝、同林耕平、同平松清一、同林儀平、同林益男、同林一政、及び被告林恒夫を除くその余の原、被告は、入会権者であること（なお〈証拠〉によると、その後二名が退会し、現在会員数は一〇二名である）。

㈤　会員の範囲について、会則五条一、二項は「本会の会員は、昭和四十四年一月一日現在、矢尾部落（吉備町三谷を含む）に居住する者で、本会の設立時に本会に加入を希望し、かつ設立総会の承認を得た者とする。会員は、一世帯一名とし、当該会員死亡その他の理由で会員でなくなったときは、当該会員の世帯のうち一名が、管理委員会の承認を得て、会員となることができる。たゞし、第八条の規定により、当該会員が除名されたときは、この限りでない。」と規定し、会員の権利及び義務について、会則六条一項は「会員は、総会の議決、役員の選任その他本会の運営に対して平等の権利を有し義務を負う。」と規定し、会員の退会について、会則七条一、二項は「会員は、退会を希望する場合は、その旨を委員長に届け出て退会することができる。矢尾部落以外の地域に移住することになった会員は、移住した日をもって、自動的に本会を退会するものとする。たゞし、やむを得ない事情により管理委員会の承認を得て所定の手続きをした者はこの限りでない。」と規定しているから、右管理会は、本件入会集団の入会権者全員を包含し、全員の内部関係を律するとともに、全員の外部関係を管理会という権利能力なき社団をもって統一的に処理し、入会財産の管理運営又は処分することを目的とする(会則三条)ものであること。

三、以上の事実関係によると、本件土地は、岡山県都窪郡早島町大字矢尾の地域に、明治年代以前から自然発生的な集落体として存在する上矢尾、新屋敷、東、東中、西中、西、前の七つの組合から構成される矢尾部落と呼ばれる村落共同体が総有して支配する客体であって、共有の性質を有する入会権の対象であり、登記簿上、部落代表者有から神社有へ、さらに記名共有の所有権登記が行なわれていたが、それは共有の性質を有する入会権そのものを不動産登記の制度上表示する方法がなかったからにすぎず、右村落共同体を構成する七つの組合に属する各「家」ないし「世帯」の代表者(世帯主)個人がそれぞれ入会権者である慣習により、入会権者全員の総有に属するものと認めるのが相当である。民法二六三条によると、共有の性質を有する入会権については、各地方の慣習に従う外共有の規定を適用すると規定されているが、本件土地に対する入会権者の慣習を知る部落の有識者が衆知を集め、慣習に則りその主要な部分を成文化したものが早島町矢尾共有財産管理会会則であると解することができる(換言すると、右会則によって在来の慣習を認知することができるといってよいであろう)。もっとも、各地方の入会権に関する慣習上の一般原則によると、入会権の管理及び処分については、入会権者の総員の同意を要するのであり、この要件を変更し、入会権者中一定の者(本件でいえば総会や管理委員会)の同意さえあれば利用形態を変更したり、入会権を処分したりすることができるものとするにも入会権者全員の同意を要することもちろんであり、本件入会権についても在来の慣習は同様であったと認められる。したがって、右会則一五条、一九条、二〇条の規定が、入会権の処分についても、総会定足数を会員の三分の二以上とし、総会出席会員の三分の二以上の賛成によりこれを行なうことができる旨多数決の原則を採用するにあたっては、右会則につき入会権者全員の同意がなければならないというべきであるが、右会則五条所定の会員の範囲は、本件土地の入会権者全員を含める趣旨に解することができるばかりでなく、前示七組合の各組合員全員が入会して会員となっているから、右全員が入会した時点から右多数決の採用が本件入会権においては爾来慣習になったということができる。

四、そうだとすると、原告らが、本訴において明治二二年矢尾部落居住者が早島村及び庄村から有償譲渡を受けて本件土地の所有権を取得したことを前提とし、右当時の林末吉ら矢尾部落居住者もしくはその子孫(相続人)が原告二五名と被告林宏、同林茂、同林寅夫、同林告を除くその余の被告一九名の四四名にほかならないと主張し、さらに〈略〉「数代にわたって矢尾部落に居住する会員については概ね十の割合、大正から矢尾部落に居住する会員については概ね八の割合、および昭和に新たに矢尾部落に居住している会員について概ね〇・一～五の割合を基準として残余の財産総額を配分するものとする」旨の会則改正案が右原告佐藤清春ら数名の者によって主張されていることを併せ考えると、右原告らの主張は明治二二年当時の入会権者（旧戸）のみに権利者を限定してその後のいわゆる新戸を排除するか、排除しないまでも旧戸を新戸より優遇しようとするものであり、本件土地を客体とする入会権の法源である在来の慣習が、入会集団内部における個々の入会権者が、世帯における代表者（世帯主）の交代あるいは世帯そのものの転入転出によりたえず流動することを承認し、明治二二年当時の権利者に固定させてはいないこと、いわゆる新戸と呼ばれる分家又は世帯ごと転入した者であっても居住を続け従来の組合員と同一の義務の負担に任じて当該組合における組合員の資格を認められたときは、これに入会権者として平等の権利義務を承認していることと相容れないことは明らかであり、右原告らの主張が入会権者全員の同意を得て慣習として確立されていることの立証がない以上、失当たるを免れない。

五、以上の次第であるから、原告らの本訴請求は、主張の共有権の取得原因事実についてすでに立証がなく、その余の争点について判断するまでもなく全部失当として棄却を免れない。よって、訴訟費用の負担につき、民事訴訟法八九条九三条を適用して、主文のとおり判決する。」

◇（第二審　広島高裁岡山支部昭和五二年一〇月三一日判決　同五一年(ネ)一三二号）棄却

「一、当裁判所も控訴人らの本訴請求は失当であって棄却すべきものと判断するものであるが、その理由はつぎに訂正、付加、削除する外、原判決の理由説示と同一であるから、ここにこれを引用する。

1　原判決一二枚表六行目の「抗争している」の次に「（なお、被控訴人林桂市は控訴人らの主張を認めているけれども、固有の必要的共同訴訟である本訴においては自白としての効力を有しないから、結局被控訴人ら全員が抗争していることになる)」を付加し、同一三枚目表一一、一二行目に「共同で所持」とあるを、「総有的に共同所有」に、同裏六行目に「明治二六年不動産登記制度が開設されたとき」とあるを、「右述のごとく矢尾村は行政区画上早島村の一部とされ、本件土地を入会権の客体として一部落単位で支配するに至ったころには、すでに不動産登記制度が開設されていたが」にそれぞれ改め、同一〇行目の「(部落代表者有の入会権)」、同一三行目、同一四枚目表一行目の「(神社有の入会権)」、同一四枚目表六ないし八行目の「「合併による所有権登記所有者都窪郡早島町大字矢尾六三一番地熊野神社右昭和四三年一〇月一日登記」」、および同一〇行目の「(記名共有の入会権)」をいずれも削り、同裏五行目に「入会稼が漸次消滅し」とあるのを「入会稼が漸次減少し、分割利用形態もみないまま」に改め、同一五枚目表一行目の「発足させ、」の次に「登記名義が熊野神社にあることに不安を覚えた」を、同八行目の「八二名」のつぎに「(委任状による出席を含む。)」をそれぞれ加える。

2　同一六枚目裏八行目から同一九枚目表二行目末尾までを、つぎのとおり改める。

「以上において認定した事実関係によると、岡山県都窪郡早島町大字矢尾の地域において、明治年代以前から自然発生的に点在していた集落体は、上矢尾、新屋敷、東、東中、西中、西、前の七つの組合に組織され、これらをあわせて矢尾部落と呼称されていたものであるところ、部落を構成する各「家」ないし「世帯」の代表者(世帯主)個人が慣習によりそれぞれ入会権者となり、その入会権者全員が本件土地を総有的に所有していたものであって、本件土地は共有の性質を有する入会権の対象となっていたものと認めるのが相当である。

もっとも、本件土地は、登記簿上、林末吉から熊野神社に、さらに林宏外六名へと順次所有名義が移転されているが、それは当時(現在においてもそうであるが)総有に属する土地あるいは共有の性質を有する入会権の対象たる土地そのものを、権利内容どおり不動産登記簿に表示する方法が存しなかったところから、便宜的になされたものに過ぎず、このことをもって前記認定を左右することはできないし、また本件土地に対する入会稼が漸次減少の傾向にあったことは前記認定のとおりであるにしても、本件の場合においては、入会集団たる矢尾部落の、本件土地に対して及ぼす管理運営処分等に関する統制は、前記管理会会則にみるとおり、いまだ強固に存続していることが認められるから、本件土地に対する入会権が消滅し、本件土地の所有関係が矢尾部落の構成員による民法上の純然たる共有関係に転化したものと認めることは相当でない。

四、しかるに、控訴人らは、本訴において、明治二二年林末吉ら矢尾部落居住者が早島村および庄村から有償譲渡を受けて本件土地の所有権を取得したことを前提とし、林末吉ら当時の矢尾部落居住者もしくはその子孫（相続人）が控訴人ら主張の四四名に外ならず、したがって右四四名が本件土地に対し共有持分権を有する旨主張するのであるが、本件における事実関係はさきに認定したとおりであって、控訴人らの右主張は、本件全証拠によっても認めることはできない。また、本件土地が入会権の客体であるにもかかわらず、矢尾部落の構成員が本件土地に対し自由に処分しうる共有持分権を有するとの慣習の存在も、本件証拠上これを認めることができない。」

3　同一九枚目表三行目の「原告らの本訴請求」のつぎに「(本訴請求が右入会権の確認請求の趣旨をも含むものでないことは弁論の全趣旨に徴して明らかである)」を付加する。

二、してみれば、本件控訴は理由がないから、これを棄却すべく、控訴費用の負担につき民訴法九五条、八九条、九三条を適用して主文のとおり判決する。」

第2表　判決の結果・紛争の内容等

判決番号	判決年月日			判旨の有無	結果		当事者		争点					
					第二審	上告審	原告	被告	集団権		持分権		共有権	所有権
									存否	内容	存否	内容		
1	32	6	11	◎	キ	キ	M	M	○		⊙			
2	32	9	13	◎	キ	ハ	I	G	○				⊙	
3	35	12	15	◎	キヘ	キキ	G	●G	⊙					⊙
4	36	3	2		キ	キ	P	M		⊙				
5	37	3	15	◎	キ	キ	G	G	⊙					
6	37	11	2	◎	キ	キ	M	P	○		⊙			
7	39	2	27		ヘ	キ	M	M			⊙			
8	39	8	20		キ	キ	I	P						⊙
9	39	9	22		キ	キ	M	M	○		⊙			
10	40	5	20	◎	ヘ	キ	I	●M	○				⊙	
11	41	7	15		キ	キ	G	M	⊙					○
12	41	8	26		ケ	キ	M	M			⊙			
13	41	11	10		ヘ	キ	I	G	○				⊙	
14	41	11	18		キ	キ	G	M	⊙				○	
15	41	11	25	◎	キ	キ下	G	P	⊙					⊙
16	41	12	16		キ	キ	M	M	○		⊙			
17	42	3	17	◎	キ	キ	P	●M	⊙					⊙
18	43	11	15	◎	キ	キ	I	G	○				⊙	
19	44	5	20		キ	キ	I	G	○				⊙	
20	46	10	14		ケ	キ	I	G			⊙			
21	46	11	26	◎	キ	キ	M	GP				⊙		○
22	46	12	23		キ	キ	G	I	⊙					
23	47	12	21		キ	キ	I	P						⊙
24	48	1	19		キ	キ	M	M	○		⊙			
25	48	3	13	◎	キ	キ	M	M	○		⊙			
26	48	3	13		キ	キ	I	GP			⊙			
27	48	4	6	○	キヘ	キハ	M	●GI	○				⊙	
28	48	6	22		ケ	キ	M	M			⊙			○
29	48	6	26		キ	キ	I	P						⊙
30	48	10	5	◎	キ	キ	M	M						⊙
31	49	6	28		キ	キ	I	G			⊙			○
32	50	7	21		キ	キ	M	P	○					⊙
33	50	10	23	○	ケ	キ	M	M	○		⊙			
34	51	2	26		キ	キ	G	M	⊙					⊙
35	51	7	19		キ	キ	M	G	○				⊙	
36	51	11	1		キ	キ	I	M			⊙			
37	52	4	15	○	キ	キ	M	●P	⊙					⊙
38	52	7	22		ケ	キ	I	I						⊙
39	52	10	13		キ	キ	G	I	○				⊙	
40	53	3	2		キ	キ	M	M			⊙			
41	53	6	6	○	キ	キ	M	I						⊙
42	53	6	6		キ	キ	M	M	○				⊙	

（註）判旨の有無…◎判旨が公刊されているもの　○判旨あるが公刊されてないもの
無印は判旨がないもの
結果（略号）　キ…棄却　ニ…認容　ヘ…変更　ケ…取消　ハ…破棄　下…却下
当事者（略号）　G…集団　M…構成員　P…公権力　I…個人　●は反訴又は別訴原告
争点は本文註参照　○は該当するもの　⊙主たる争点

解　題

一　入会訴訟の類型

入会訴訟の当事者の関係を見ると、戦前は集団の対外的紛争が多かったが、戦後は集団内部の紛争が多くなっている。明治・大正期に多かった集団相互間の紛争はほとんどない。それは、村々入会地が整理された結果であろう。また、集団の対外的訴訟である集団と市町村との紛争も多くない（ただ、入会地が住民共有か財産区有かの争いで、財産区管理者として市町村長が当事者になることが少なくない。）。集団の対外的訴訟は、むしろ、市町村以外の公的団体や企業等の方が多い。そして、これらの対外的訴訟における集団側の当事者は必ずしも集団（全員）ではなく、集団の構成員（一部または大部分）であることが多い。

戦前も集団内部の紛争はあり、その多くは、いわゆる本戸と新戸との紛争（新戸が本戸に対して、自分たちも入会権者である――持分権を有する――ことの確認を求めるもの）であった。戦後もその種の紛争もあるけれども、むしろ、入会地の管理や処分をめぐって集団の大多数（いわば多数派）と少数の構成員（少数派）との間で争われることが多い。このことは、入会集団内部における構成員の生活環境ひいては利害関係が必ずしも一致しなくなったことの反映であろう。

前述の企業と構成員との紛争は、入会地盤所有者が入会地を第三者に貸付又は売却処分することに反対する集団が地盤所有者および企業との間で争うものであるが、これには、集団構成員（多くの場合、その少数）が企業と争う場合が多い。この種の紛争は、集団の大多数の意見で貸付等の管理処分を決定したが、それに対して少数の者が反対するという、集団内の対立によるものであり、本質的には集団内部の紛争である。この種の紛争では、その管理処分に反対する訴訟の原告に対して、これに賛成する構成員が第三者と並んで被告になることがある。

二　入会権の性質

入会権についての判決を検討する前提として判決が入会権をどのようにとらえているかが問題となる。

民法の教科書あるいは入会権の解説書には、「入会権とは、集落の住民が主として山林原野で採集・伐採等産物を採取する権利である。」と記述されたものがきわめて多い。事実、昭和二〇年代までは入会地といえば、そのような利用形態が最も多かった。そのため、昭和三〇年ころの判決には、共有の性質を有する入会地について、「入会権とは、地上産物を採取する等の用益物権であって、地盤自体のそれではない」という判決〔11〕や「入会権は山林原野等において共同収益する権利であるから、溜池上には成立しない」〔14〕等という判決がある。

しかし、共有の性質を有する入会権は、土地（地盤）の共同所有権であり、また、入会権は山林原野に限られ、それ以外の土地に存在しないという法律上の根拠はどこにもない。地盤所有自体でないという判示は論外であるが、昭和二〇年当時の事情からいうと、入会権とは、山林原野の産物採取に限られて人工植林〔11〕や溜池利用まで及ばないと考えたのも無理のないことかもしれない。しかし、周知のとおり、社会経済事情の発展に伴い、入会地の利用目的はそれらに伴って利用形態も変化する。判決はこの変化をほぼ正しくとらえており、留山が入会利用形態にほかならず〔8〕、割地利用および契約利用も入会権の行使形態であることも認めている〔23〕。なお、〔2〕が割地利用は入会利用形態であることを否認していると解するむきもあるが、これは、割地利用が行われてその割地が自由に譲渡される場合は入会とはいえないと判示しているのである。その後、判決は入会権のこのような形態変化をほぼ正確に把握している。

「入会権は慣習に従う」という慣習が使用収益のみの慣行であったり、また旧来からの慣習であると解されがちである。そのいずれも誤っていることはいうまでもないが、この慣習について単に女系という理由のみで入会権者として認めないのは不当であるというすぐれた判決〔177〕がある一方、入会地たる村墓に集団内の新戸でも遺骨をもたないものは慣習により墓地使用権を取得できないという非常識な判決〔180〕もある。

【入会権の対象地】

その後の判決は、入会権の対象を機械的にせまく解することなく、田畑〔59〕・〔124〕、溜池〔44〕・〔66〕・〔123〕・〔172〕、海浜地〔15〕・〔57〕はもとより、宅地〔96〕・〔129〕や墓地〔127〕・〔134〕も入会権の対象となる（入会権が存在する。）と判示している。ただ、一般に、入会権の対象地には山林原野に多く、前述の入会権解説書に気がねしてか、溜池、墓地、温泉等に対する集落の支配権能を入会権類似の物権あるいは総有権などと呼んでいる判決もある〔66〕・〔134〕。

【入会権における集団権と持分権】

入会権の主体は集落であるが、入会権者という場合は、その集団の構成員をいうことが多い。ということは、集団も構成員もどちらも入会権者なのであり、構成員のもつ入会権（これを「持分権」とよぶ）の総和が集団のもつ入会権（これを

「集団権」とよぶ。）にほかならないのであり（大判昭三・一二・二四・法律新聞二九四八号一〇頁）、構成員は集団（実在的総合人）の一員として持分権を共同で所有するのである。このような共同所有を一般に総有とよんでいる。

ちなみに、総有に持分の有無を問題にすることがあるが、判決は、一般に「いわゆる総有には民法の共有のような持分がない。」と判示している。すなわち、民法上の共有のように自由に譲渡・分割請求できるような持分がないと判示しているのであって、持分が全くないといっているわけではない。ただ、当然のこととして持分権の売買・譲渡は認められない〔47〕・〔63〕が、ただ、集団の統制下で集落住民（いわゆる新戸など）に対しては認められることもある〔56〕・〔99〕。

三　入会地盤（所有権）の帰属

入会権の存否（ある土地が入会地であるか否か）は、その地盤所有権の帰属と関係ないが、しかし、入会権の登記ができないこと、また、土地所有権一般の流動化（入会地が売買、貸付の対象となる。）と相まって、その入会地盤の帰属が問題となることが少なくない。

(イ)　入会地盤所有権の帰属を争うものの大部分は、住民共有（総有）かそれとも財産区有かに関するものである。一般に財産区でなく、住民共有（共有の性質を有する入会地）であると判示した判決は、町村制施行当時からの事情を検討しており、その典型が〔28〕・〔148〕・〔166〕、他方、財産区有とした判決はその辺の検討がきわめて不充分である〔26〕・〔55〕・〔181〕。ただ、前述のように、財産区有か否かを争うものは、いわゆる大字有、区有か、財産区有か住民共有か争点となるだけで、入会権の存否や管理機能まで争うものは多くない。ただ、大字、区有の財産を相手として訴訟上争う場合、その財産の管理者が市町村長とされるために、結果として町村長管理の財産区有とされることがしばしばある〔92〕・〔103〕。財産区有と判示したものは、集団住民の管理権能が十分に検討しておらず（その故に、財産区有とされたのであろうが）、その故に、入会権が消滅したとする判決もある〔26〕。（この種の紛争の土地は、ほとんど未登記――旧村、共有名義――の土地である。）

(ロ)　一般に地盤所有権の帰属を争うものは登記を理由としている。最も多いのが、登記名義人のみの所有（共有）地か否かである。そして、次に述べるように、入会地か特定人の共有地か争われることになることが多い。これには、後述の同一集落内における新戸の入会（持分）権主張に対して、登記名義人（本戸）のみの共有地であるとする場合〔73〕・〔99〕と、共有名義人の自己の持分（登記上）を売却した者及び買得者が入会地でなく共有地であると主張する〔12〕場合とがある。いずれにしても、入会地か否かが争われるのであるが、これらの判決は、その土地が集団の管理下におかれ、自由な持分譲渡が行われていないことを認定して集団の入会地であると判示している。

四　入会権の存否

【集団権の存否が争われる場合】

共有の性質を有する入会権（以下「共有入会権」という。）と共有の性質を有しない入会権（以下「地役入会権」という。）とはその性格が若干異なる。入会権の存否は地盤所有権の帰属いかんに左右されないけれども、共有入会権は土地の共同所有権であるから消滅することはなく、あるのは、集団による統制がなくなること、つまり、解体だけである。これに対して、地役入会権は、一種の用益物権であるから消滅することがある。また、共有入会権と同様に集団の統制がなくなることによる解体（消滅）もある。

(イ)　共有入会権

共有入会権の存否が争われるのは、その土地が入会地かそれとも通常の（多くの場合、登記上共有権者の）共有地か、ということである。共有地であるという主張には、もともと入会地でなく、登記名義人の共有地であるという場合と、かつて入会地であったとしても、現在は解体して共有地となったという主張がある。前者の、もともと登記名義人の共有地であったという主張は、集団において分家や転入者等のいわゆる新戸が自分たちの持分権確認請求に対する抗弁として主張される〔73〕。後者の主張は主として登記上持分（担保権を含む）を取得した者から主張される。

判決は、集団権の解体・消滅にきわめて慎重で、共有入会権の場合、多少共有持分が外部に流出したことがあっても、集団の統制下にある限り、入会権は解体しないとした〔23〕をはじめ、解体を認めた判決は少ない。前掲〔11〕を別とすれば、入会権の解体を認めたのは〔109〕・〔142〕で、特に〔142〕は、「構成員の約三分の一の者が入会権でなくなったというから入会権は解体した」という、およそ民法の原則をわきまえないとしか思えない判決である。なお、〔127〕は、明治三〇年代に成立した集落に入会権の成立（発生）を認めたきわめて注目される判決であるが、その権利者（構成員）が二名になったから、入会権は解体したと判示しているが、それでは二名の共有になるのか、その点は判然としない。

(ロ)　地役入会権

地役入会権である集団権の存否が問題となるのは、①地盤所有者（市町村であることが多い）と集団との間で収益権能を争う場合と、②入会地が貸付・売却等により新たな施設の設置、利用等に伴い集団権の存否が問題となる場合とがある。

①の場合、かっては国有地上の入会権の存否が争われていたが、大審院〔大判大四・三・一六・民録二一輯三二八頁〕で否認されて以降入会権が認められなかったが、〔15〕でその存在が承認され（判例変更）、それ以後のこの種の紛争・判決はない。

市町村有の入会権の存否に関する紛争は、戦前につづいて少なからずあるが、古い戦前のような公権論（いわゆる旧慣使用権）の主張はなく、市町村有地上の入会権（集団権）の存在を否定（多くは消滅）した判決は少ない。しかし、少数であるが、集団権の存在を否定した判決の理由付けには納得しがたいものが多い。具体的には、入会権者が地盤所有権の指示にしたがって使用収益（入山）していたから入会権は消滅したという判決がいくつかある〔2〕・〔26〕・〔55〕。入会権者としては、地盤所有権者の指示であっても自らの意向に沿うように入会地が利用できればよいわけであるから、その場合、格別異議申立の必要はない。ところが、これらの判示によると、異議申立でもしなければ入会権は消滅するようない方であり、不当といわざるを得ない。

②の紛争は、入会地上に何らかの施設の設置に対して、入会権者たる地元住民がその土地上に有する入会権を根拠としてその設置に反対する場合がほとんどである。当然のことながら、この場合は、入会権者による入山（使用収益行為）は、ほとんど行われていない。そのため、入会権が消滅したという判示〔128〕は、ともかくとして、放棄したという判決〔162〕がある。この判断はいずれもすでに施設が設置されて後の判示であり、施設の設置前の妨害予防の請求であったらどのような判示になったであろうか。施設が設置されれば、従来のような収益行為が不可能となるので、その部分について入会権が消滅したという論理はありうるが、入会権者が入会権を放棄することなどあるのだろうか。なお、〔48〕は、新島という離島であるために、入会権の主体となるべき村落集団が形成されなかったという歴史的事実を無視し、島民を

差別した恥ずべき判決（高裁・最高裁もこれを認めた）であることを特記しておく。

五　入会地の貸付、処分など

入会地の開発に伴い、入会地の貸し付けや売却が行われるが（主として、共有入会地）、それに多数の者が賛成、少数の者が反対である場合に問題となる。

まず、入会地の解体（共有入会権を各権利者の共有地とする）は入会権者全員の同意が必要である〔96〕・〔129〕。共有入会地の売却も全員の同意が必要である。では、貸付の場合は如何か。共有入会地の売却は共有物の処分、その貸付は処分又は管理行為であるから、当然、入会権者全員の同意を要する。このことを最初に明言したのが〔57〕であり、これについての最高裁判決はないが、事実上判例となっている。

ところが、入会集団の規約には集団の財産の管理・運営について総会の多数決による（総会は構成員の過半数の出席により成立）という規定を設けているところが多く、これを根拠に多数決で変更・貸付ができるという主張が少なくない。判決の中にも、全員の意思で多数決で財産処分しうるという規約を定めたら、それ以後、それが集落の慣習となるという判示〔82〕があるけれども、本件でこれは傍論にすぎず、多数決で財産処分を認めた判決ではない。

しかし、いわゆる多数決による財産処分が不当であることを明らかにしたのが〔182〕であって、仮に権利者の過半数の出席でその過半数の賛成ということならば、結局、全体の三分の一程度の賛成で処分変更ができることになり不当である、と明確に判示している。処分変更が多数決でよいとはいわないが、反対の意思を表明しなかったという理由で賛成したものとみなして事実上多数の決定を認めた判決もごく少数ある〔144〕〔147〕。入会集団では規約に明文があるか否かは別として、万事多数決でやってきたのが慣習であるという意見が一般にあるけれども、集団（総会）の多数決で行ってきたことは立木処分や作業の実施等ほとんど管理・運営に関することである。ただ、分収契約の締結とか林道としての入会地の売却等を多数で決定して行ったことがあると思われるが、それは、その決定を皆が承認（積極、消極を問わず）――つまり、追認したから有効なのである。ここで必要なのは総会での全会一致ではなく、全員の一致である。なお、入会権の侵害に対する妨害予防、排除の請求は、共有物の保存行為であるから、入会権者各自請求することができる〔57〕〔176〕。しかし、これら入会地の処分、管理、保存についての訴訟上の請求は、訴訟能力の故をもって否定している判決があることに留意する必要がある（後述）。

六　入会権と登記

入会権は登記することができず入会権の存否は登記とは関係がない〔大判明三六・六・一九・民録二七輯二〇四五頁〕〔大判大一〇・一一・一八・民録九輯七五九頁〕のであるが、入会地の貸付処分ないし地盤所有に対する意識の強化によって入会地盤所有権が問題となることが少なくない。入会地盤所有権の登記は可能であるが、入会集団は、法人ではないから現行制度のもとでは、入会集団の名でも所有権登記ができない。それ故、入会地にはいわゆる未登記の（表題部登記のみあって、所有権登記がない）ものが少なくないのである。

表題部登記が組、部落等の土地が財産区有か住民共有かについてはすでにふれた。また、所有権登記名義を理由として名義人のみの共有地か否かが争われることも前述のとおりである。

登記上の所有権者（以下「登記名義人」という）が一名ないし数名の共有名義の場合には、その名義人のみの所有（共有）であると主張することは少ないが、登記名義人が多数であるときに名義人のみの共有入会地又は共有地と主張することが多く、とくに新戸の権利を否認する場合に主張される。これを認める〔73〕・〔99〕もある。

登記名義でしばしば問題となるのは、登記名義人であった入会権者が集落外に転出したのち、登記を理由に持分権（共有持分権）を主張することが少なくないことである。さらに、その者から登記上の持分を買い受けて持分移転登記した者が共有持分を主張することもある。

入会権は、集団構成員としての共同所有権であるから、地域外転出により、構成員でなくなれば、入会権を失うという転出失権の原則により、登記名義を有していても何ら権利を有しない。かっては登記名義人は転出すれば入会権を失うが所有権を失わないという判示〔41〕もあったが、最高裁判決で否定された〔23〕。また、買受等により転出者から移転登記をした者も、無権利者からいかなる権利も取得しない。したがって、その買受人が善意であってもその有効性を主張することができない（民法九四条二項の適用はない）〔63〕。

入会地盤所有権の登記は、名義人が単独、少数、多数、全員であるとを問わず、本来、集団からの委任によって所有権の名義人すなわち登記名義人になることの委任であり、必ずしも集落の代表者たる地位の委任ではない。登記名義人が死亡、転出による失権により当然委任関係は終了するので、新たに登記名義人として選定された者に移転登記義務を負う（この場合の登記原因は「委任の終了」となる）。集落によって、名義人たることを委任（選定）された者は、その名で、転出失権者や死亡した登記名義人の相続人に対して持分移転登記を請求しうる〔124〕・〔133〕。

七　当事者適格

入会権は集団的な権利であるから、その権利主張も集団がすべきであるというたてまえから、入会権に関する訴訟は固有必要的共同訴訟――つまり、入会権者全員で提起すべきである、つまり、入会権者全員でない場合は、訴訟当事者適格がない――という意見がかなり支配的である。

しかし、入会権は集団権のみではなく、持分権にもとづく主張もあるから、必ず常に全員である必要はない。また、入会地の利用や入会集団構成員の生業が多様化するに伴って、集団が一体としてでなく、構成員の大多数あるいは少数で訴訟提起する（せざるをえない）ことが多くなった。

入会権確認訴訟は、入会権者全員が参加すべき固有必要的共同訴訟であると判示したのは〔17〕が最初であるが、同判決は、「入会権は権利者である一定の部落民に総有的に帰属するものであるから、入会権の確認を求める訴は、権利者全員が共同してのみ提起しうる固有必要的共同訴訟である」と判示し、〔大判明三九・二・五・民録一二輯一六五頁〕を根拠としているけれども、この判決は、「入会権確認訴訟は訴訟当事者となっている者に権利関係を合一にのみ確定すべきである（したがって、当事者の一部に呼出、送達をしないのは違法である）」と判示しているのであって、入会権者全員でなければ入会権確認訴訟を提起できない、などとはいっていないのである。ただ、〔17〕は、第一審では原告が集団構成員ほぼ全員の約三〇〇名、控訴人は約二〇〇名、上告人約一〇〇余名とそれぞれ減少したため、訴を却下せざるをえなかったものと思われる。

ところが、集落内のいわゆる新戸から本戸を相手とする、自己が入会権者であること――持分権の確認――について、原告が新戸全員でないため、入会権確認訴訟は固有必要的共同訴訟であるという理由で却下した判決がある〔73〕（ただし、上告審で破棄）。誤解かもしれないが、判断忌避の悪乗りといわれても仕方がない。もとより、不当で最高裁で取り消された。入会持分権確認訴訟であるから、入会権者各自で請求できることは明白である。

共有入会権は、入会権者の共同所有財産である以上、その権利確認訴訟は入会権者（共有権者）全員で請求すべきであるのは当然であろう。この点は地役入会権についても同様である。ただ、そうであれば、その確認訴訟の相手方は、集団構成員を一名でも買収して訴訟に参加させなくすれば、その集団は確認訴訟が提起できないという不都合なことになる。事実、入会権確認訴訟に入会権者全員が参加しない（し難い）、場合が少なくない（たとえば、市町村を相手とする訴訟に、市町村職員たる入会権者は訴訟に参加しがたい）。そのような場合は、訴訟参加しない人々（同じ入会権者）を入会権を否認する相手方と並んで共同被告にすればよい〔82〕・〔99〕。また、反訴の場合は必ずしも全員でなく大多数の同意があればよい〔56〕。

入会権と当事者適格（能力）について、比較的最近の最高裁判決でしばしば引用されているのが〔58〕の最高裁判決である。この判決は、第三者の入会地に対する妨害排除請求と地上権仮登記抹消登記請求に関するものであるが、入会権に基づく使用収益権の妨害排除請求は、各自単独で請求できるとした上次のように判示している。

「かかる地上権設定に関する登記の存否は、入会権自体に対しては侵害的性質をもつといえるから、入会権自体に基づいて右登記の抹消請求をすることは可能であるが、かかる妨害排除請求権の訴訟上の主張、行使は、入会権そのものの管理処分に関する事項であって、入会部落の個々の構成員は、右の管理処分については入会部落の一員として参与しうる資格を有するだけで、共有におけるような持分権又はこれに類する権限を有するものではないから、構成員各自においてかかる入会権自体に対する妨害排除として抹消登記を請求することはできないのである。」

甚だ分かり難いが、この判決は、入会権に対する妨害排除は、各自することができるが、入会地上の権利の抹消登記は入会権者全員でしなければならないと判示しているのであって、登記抹消は、移転登記であれ、抹消登記であれ、登記権利者全員ですべきであるから、その最高裁判決は、いたって正当な判示をしているのであるが、前述のように、「入会権に基づいて」とか、「入会権そのものの管理処分」というような理解しがたい表現をしているため、誤解を招きやすいものとなっている。事実、この判決の誤解に基づくというより、この判旨に悪乗りした判決がいくつかあらわれているが、ここでは、妨害排除が入会権の管理処分行為であるから、全員でしなければならない〔113〕、また、多数による入会地の処分は、無効であるとの確認請求も――処分に賛成した他の入会権者を被告としているにもかかわらず――全員で提起しなければならない〔176〕という判決を挙げておく。

入会地の貸付、処分等を多数で行い、これに反対する少数の者がその無効確認請求の訴を入会権者全員でなければ提起できないという判示は果たしてまともなのであろうか。

八　総　括

戦後の約一八〇の判決を概観すると、判決は、一般に時代の変化――というより、社会経済事情の発展――に適応してほぼ適正な判断をしている。ごく少数のものを除き、若干問題はあるにせよ、きわめて妥当な――というのは紛争の両当事者とも納得せざるをえないような——判決をしている。

これら判決における入会権の判断は、抽象的、観念的でしかない民法の教科書や入会権の解説書よりもはるかに現実的かつ正確であり、まさに入会権に関する生きた教科書である。もっとも、古典的、理念的ないわゆる学説に遠慮しているところがないではないが、なおそれらにとらわれず入会権の実情をほぼ正確に把握している。入会権に関する一般の理論が十分確立していない状況のなかで、先例的規範となるべき正確な判決を下された裁判官、そして、そのような理論を組み立てた当事者弁護士の各位に敬意を表したい。

ここで、入会権について判例ともなるべき重要な判旨を言渡した最初の（第一審または第二審）判決とその判旨および判決を掲げ、その労苦に対して敬意を表したい。

〔15〕青森地裁鯵ヶ沢支部昭和三二年一月一八日判決　はじめて国有林に入会権の存在を認めた。控訴審、上告審で支持。

〔28〕千葉地裁昭和三五年八月一八日判決　旧村名義の土地につきその沿革を詳細に審理し、村民の入会地と判示した。確定。

〔23〕広島高裁昭和三八年六月一九日判決　入会集団からの転出者は一切の権利を失うという慣習がある以上登記上所有権があっても実体上いかなる権利も有せず、その者から共有権を取得しても無効である。最高裁で支持。

〔63〕岐阜地裁大垣支部昭和四四年一一月一七日判決　入会地の登記に民法九四条二項の適用はない。控訴審で確定。

〔57〕東京高裁昭和五〇年九月一〇日判決　入会地の貸付は入会地の変更にあたるから入会権者全員の同意を必要とする。確定。入会権を理由とする環境保全裁判の支えになっている。

〔96〕福岡高裁昭和五八年三月二三日判決　入会集団の解散、それに伴う総有財産の分割には登記名義のいかんにかかわ

らず全員の同意が必要である。最高裁で支持。

もとよりすぐれた判決ばかりでなく、納得し難いというよりもきわめて不当な判決がある。それも掲げておかなければ公平を失するであろう。

〔11〕　盛岡地裁昭和三一年五月一四日判決　入会権（共有入会権）は一種の用益物権で地盤所有のそれではなく人工植林するのは入会権の行使とはいえない―後段は当時としては支配的な見解であった。

〔26〕　福島地裁会津若松支部昭和三五年三月一六日判決　土地台帳上「旧村共有」と登載され、明治二一年から昭和二八年まで地租または固定資産税を納付してきた土地を「財産区有」と判示した。本判決は住民の地役権的入会権の存在を認めたが、この控訴審および上告審判決は土地を財産区有と判示し、かつその入会権の存在も否定した。控訴審、上告審ほぼ同旨。

〔48〕　東京高裁昭和五三年三月二二日判決　離島（伊豆新島）は経済的発展がおくれたから入会権の主体としての村落共同体は成立しなかったと、歴史的事実を無視し、島民差別的な判示をした。なお、本件上告審も同様の判示をしている。

〔142〕　広島地裁平成五年一〇月二〇日判決　入会権者の三分の一以上の者が入会権は消滅したというので入会権は消滅した、と判示した、前代未聞の判決（確定）。

入会判決の分類

入会判決を「争点」を基準に分類すれば、次のとおりである。

一　入会地盤の所有権の帰属

(1)　「財産区有」か「住民共有」か

①　「財産区有」と判示したもの……〔19〕・〔26〕・〔55〕・〔131〕・〔140〕・〔153〕・〔181〕

②　「住民共有」と判示したもの……〔7〕・〔28〕・〔37〕・〔51〕・〔148〕・〔166〕

③　ただ市町村長管理と判示したもの……〔92〕・〔103〕・〔155〕

(2)　「共有地」か「入会地」か

②　住民共有の入会地と判示したもの……〔6〕・〔36〕・〔37〕・〔70〕

①　登記名義の共有入会地、他の者は地役入会地……〔73〕・〔99〕・〔178〕

二　入会権の存否

(1)　集団入会権の存否

イ　共有入会権が解体したか否か

②　解体せず、入会権存在……〔12〕・〔23〕・〔56〕・〔82〕・〔96〕・〔129〕

③　解体した……〔11〕・〔13〕・〔107〕・〔109〕・〔127〕・〔142〕

ロ　地役入会権が解体・消滅したか

②　消滅した……………………〔2〕・〔26〕・〔48〕・〔128〕・〔162〕

③　解体せず……………………〔52〕

(2)　持分権の存否

②　認めたもの…………………〔8〕・〔15〕・〔19〕・〔44〕・〔73〕・〔94〕・〔99〕・〔138〕・〔177〕

③　認めなかったもの…………〔180〕

三　入会地の変更・処分

イ　解散には全員の同意が必要……〔96〕・〔129〕

ロ　入会地の売却処分（全員の同意必要）……〔81〕・〔148〕・〔176〕　※〔168〕は多数決

ハ　入会地の貸付（全員の同意必要）……〔57〕・〔113〕・〔147〕・〔182〕

ニ　入会地の変更（全員の同意必要）……〔99〕

ホ　妨害の排除・予防

②　単独でもよい…………………〔58〕・〔176〕

③　単独で不可……………………なし

〈備考〉

次の諸判決について、紛争の経緯、判決の検討等がそれぞれの被告書、判決研究等に記載されている。

判決番号	掲載書（誌）
〔2〕	『小繋事件』（戒能通孝著、岩波新書）
〔15〕	『国有地入会権の研究』（小林三衛著、東京大学出版会、一九六八年）
〔20・56〕	『入会裁判の実証的研究』（中尾英俊著、法律文化社、一九八四年）
〔58〕	『林野入会と村落構造』（渡辺洋三・北条浩著、東京大学出版会、一九七五年）
〔73〕	『入会裁判の実証的研究』（同前）
〔88・94〕	同右
〔96〕	同右
〔97〕	「西南学院大学法学論集」一九巻二号八頁（中尾英俊）
〔99〕	『入会裁判の実証的研究』（同前）
〔109〕	同右
〔115〕	同右
〔127〕	「西南学院大学法学論集」二三巻四号三一頁（同前）
〔129〕	「青山法学論集」三一巻四号一頁（棚村政行）

〔133〕「愛媛法学会誌」二〇巻三、四号八五頁（矢野達雄）
〔142〕「徳山大学論集」四一号二一一頁、四二号一一三頁以下（野村泰弘）
〔153〕「九州共立大学経済学部紀要」七五号一頁、七六号一頁（江渕武彦）
〔169〕「徳山大学論集」五七号六九頁、五八号一一八頁（野村泰弘）
〔176〕「徳山大学論集」五三号三九頁（同右）

〈編者紹介〉
中 尾 英 俊（なかお・ひでとし）

1924年生
1949年　九州大学法学部卒
　　　　佐賀大学教授を経て西南学院大学教授
1995年　同大学定年退職、同大学名誉教授
1997年　弁護士登録

【主要著書】
『林野法の研究』（勁草書房、1965年）
『入会林野の法律問題』（勁草書房、1969年）
『入会裁判の実証的研究』（法律文化社、1984年）
『日本社会と法』（日本評論社、1994年）

戦後入会判決集　第1巻

2004年（平成16年）9月30日　第1版第1刷発行　9111-0101

編　者　中　尾　英　俊
発行者　西南学院大学民事判例研究会
発行所　（株）信　山　社
〒113-0033 東京都文京区本郷6-2-9-102
電 話　03（3818）1019
FAX　03（3818）0344
出版契約No.9111-0101　Printed in Japan

印刷・製本／松澤印刷

ISBN4-7972-9111-7 C3332
9111-012-035-015
NOC 分類324.200

教育私法論　私法研究著作集第12巻
伊藤 進 著(明治大学法学部教授・元司法試験考査委員・司法学会理事)　私法の立場から教育法を考える。/
定価6, 300円(本体6, 000円)⑤ A5変上カ 296頁 778-01011 /4-88261-778-1 C 3332 /200010/分類 01-324.026-e 412

学校事故賠償責任法理　私法研究著作集第13巻
伊藤 進 著(明治大学法学部教授・元司法試験考査委員・司法学会理事)　学校事故と損害賠償責任の基本的視点。/
定価6, 300円(本体6, 000円)⑤ A5変上カ 240頁 779-01011 /4-88261-779-X C 3332 /200010/分類 01-324.026-e 413

ドイツ民法 324.027

メディックス・ドイツ民法(上)　外国法基本書翻訳S
河内 宏・河野俊行 監・訳(九州大学教授)　ドイツ民法最高傑作の邦訳 学術選書法律216/翻訳
定価12, 600円(本体12, 000円)⑤ A5変上カ 464頁 785-01011 /4-88261-785-4 C 3332 /199704/分類 02-324.027-a 001

フランス民法 324.028

英米民事法 324.029

その他外国民法・教材 324.030

民法・入門・テキスト・教材 324.032

ブリッジブック先端民法入門　ブリッジブックS
山野目章夫 編(早稲田大学大学院法務研究科教授)　コアコンセプト理解に最適な民法入門/テキスト
定価2, 100円(本体2, 000円)⑤ A5変並カ 352頁 2307-01011 /4-7972-2307-3 C 3332 /200404/分類 27-324.032-a 001

導入対話における民法講義(総則)(新版)　導入対話S
橋本恭宏・松井宏興 ほか 著　学ぶ者と教師の対話で疑問を先取り 不磨書房/テキスト
定価3, 045円(本体2, 900円)⑤ A5変並カ 336頁 9070-01011 /4-7972-9070-6 C 3332 /200304/分類 20-324.032-c 002

導入対話による民法講義　導入対話S
大西泰博・橋本恭宏・松井宏興・三林 宏 著　初学者のための民法テキスト 不磨書房/法学テキスト
定価3, 045円(本体2, 900円)⑤ A5変並カ 280頁 9202-01011 /4-7972-9202-4 C 3332 /199804/分類 20-324.032-c 003

新しい民法　学術選書法律252
牧瀬嘉博 著(弁護士)　民法(財産法)全体について分り易く解説した/一般書
定価6, 300円(本体6, 000円)⑤ A5変並カ 432頁 679-01011 /4-88261-679-3 C 3332 /199211/分類 01-324.032-c 004

ゼロからの民法 財産法編
松浦千誉・片山克行(拓殖大学教授・拓殖大学教授)　民法を初歩から学ぶ入門書 不磨書房/テキスト
定価2, 940円(本体2, 800円)⑤ A5変並カ 310頁 9221-01011 /4-7972-9221-0 C 3332 /199904/分類 20-324.032-c 005

民法・判例総合解説シリーズ 324.034

保証人保護の判例総合解説　判例総合解説S3
平野裕之 著(慶應義塾大学法科大学院教授)　保証人の責任制限をめぐる判例の分析/判例
定価3, 360円(本体3, 200円)⑤ B5変並表 336頁 5651-01011 /4-7972-5651-6 C 3332 /200405/分類 18-324.034-a 003

権利能力なき社団・財団の判例総合解説　判例総合解説S6
河内 宏 著(九州大学大学院法学研究院教授)　新たな視点からの定義の再検討と判例分析/
定価2, 520円(本体2, 400円)⑤ B5変並表 176頁 5655-01011 /4-7972-5655-9 C 3332 /200406/分類 18-324.034-a 006

権利金・更新料の判例総合解説　判例総合解説S1
石外克喜 著(広島大学名誉教授)　権利金・更新料の判例分析を通じてその理論根拠を探る/判例
定価3, 045円(本体2, 900円)⑤ B5判変並表 240頁 5641-01011 /4-7972-5641-9 C 3332 /200304/分類 01-324.034-d 001

即時取得の判例総合解説
判例総合解説S2
生熊長幸 著（大阪市立大学教授）
即時取得の判例分析と理論根拠を探る/判例
定価2,310円(本体2,200円)⑤ B5変並表 152頁 5642-01011 /4-7972-5642-7 C 3332 /200307/分類 18-324.034-d 002

民法総則 324.101

法人法の理論
学術選書法律202
福地俊雄 著（元関西学院大学名誉教授）
法人法の基礎理論に関する論文を集大成/論文集
定価7,665円(本体7,300円)⑤ A5変上箱 368頁 1631-01011 /4-7972-1631-X C 3332 /199802/分類 01-324.101-a 001

信義則および権利濫用の研究 －わが国の学説と判例の展開－
学術選書法律84
菅野耕毅 著（岩手医科大学教養部長）
道徳原理のうちの信義則と権利濫用を研究/研究書
定価8,400円(本体8,000円)⑤ A5変上カ 365頁 589-01011 /4-88261-589-4 C 3332 /199407/分類 05-324.101-a 021

取得時効の研究
学術選書法律135
草野元己 著（三重大学人文学部教授）
取得時効と登記についての検討/研究書
定価6,300円(本体6,000円)⑤ A5変上箱 272頁 894-01011 /4-88261-894-X C 3332 /199604/分類 01-324.101-a 081

民法総則・入門・テキスト教材 324.106

民法体系Ⅰ 総則・物権
民法体系S1
加賀山 茂 著（名古屋大学法学部教授）
最新のノート兼用テキスト/テキスト
定価2,940円(本体2,800円)⑤ B5変並表 308頁 1506-01011 /4-7972-1506-2 C 3332 /199610/分類 01-324.106-c 011

現代民法総論〔第4版〕
体系書
齋藤 修 著（兵庫県立大学教授）
最新の状況を示し、読みやすい基本書/テキスト
定価3,990円(本体3,800円)⑤ A5変並カ 448頁 3138-04011 /4-7972-3138-6 C 3332 /200402/分類 01-324.106-c 012

民法 総則
StepUpS
渡辺達徳 著（中央大学教授）
基本から応用へ、着実にステップアップ 不磨書房/テキスト
定価2,625円(本体2,500円)⑤ A5変並カ 280頁 9235-01011 /4-7972-9235-0 C 3332 /200112/分類 20-324.106-c 021

ファンダメンタル法学講座 民法1・総則
草野元己 ほか 著（三重大学人文学部教授）
基本的知識の習得を第一に設例を工夫 不磨書房/テキスト
定価2,940円(本体2,800円)⑤ A5変並カ 312頁 9242-01011 /4-7972-9242-3 C 3332 /200003/分類 20-324.106-c 022

講説民法（総則）
講説S4
野口昌宏・落合福司・久々湊晴夫・高橋 敏・田口文夫・木幡文徳 著 初学者・学生のための民法テキスト 不磨書房/テキスト
定価2,940円(本体2,800円)⑤ A5変並カ 260頁 9204-02021 /4-7972-9204-0 C 3332 /200004/分類 20-324.106-c 023

ケイスメソッド民法Ⅰ総則
ケイスメソッドS
上條 醇 ほか 著（山梨学院大学教授）
法学検定試験受験者に最適な教材/テキスト
定価2,100円(本体2,000円)⑤ A5変並カ 260頁 9282-01021 /4-7972-9282-2 C 3332 /200403/分類 20-324.106-c 024

民法基本判例1 総則
民法基本判例S1
遠藤 浩 著（学習院大学名誉教授）
民法を判例から学ぶ/教材
定価2,100円(本体2,000円)⑤ 46変並カ 194頁 444-01011 /4-88261-444-8 C 3332 /199505/分類 18-324.106-c 031

民法Ⅰ 講義要綱〔付・判例編〕
講義案S9
泉 久雄 著（専修大学名誉教授）
ベテラン教授の簡明な民法総論の「総論」/テキスト
定価2,094円(本体1,994円)⑤ A5変並カ 188頁 798-01011 /4-88261-798-6 C 3332 /199203/分類 01-324.106-c 999

物権法 324.200

隣地通行権の理論と裁判
学術選書法律61
岡本詔治 著（島根大学法文学部教授）
隣地通行権の最新理論と解釈論/研究書
定価21,000円(本体20,000円)⑤ A5変上カ 480頁 680-01011 /4-88261-680-7 C 3332 /199212/分類 01-324.200-a 001

相隣法の諸問題
学術選書法律172
東 孝行 著（久留米大学法学部教授）
環境などの問題を検討し将来への展望を提起/研究書
定価6,300円(本体6,000円)⑤ A5変上箱 248頁 1566-01011 /4-7972-1566-6 C 3332 /199706/分類 01-324.200-a 002

マンション管理法入門 －実務家のためのマンション管理法－
山畑哲世 著（フジ住宅株式会社） 実務家の実務書・入門書/入門書
定価3,780円(本体3,600円)⑤ A5変並カ 288頁 1793-01011 /4-7972-1793-6 C3332 /199806/分類 01-324.203-d 080

マンション管理法セミナー －管理会社のためのマンション管理の基礎知識－
山畑哲世 著（フジ住宅株式会社） マンション住民紛争予防のための書/実務書
定価2,333円(本体2,222円)⑤ A5変並カ 216頁 3036-01021 /4-7972-3036-3 C3333 /200101/分類 01-324.203-d 080

<過去問>で学ぶ実務区分所有法
山畑哲世（フジ住宅株式会社） マンション管理士試験対策テキスト/テキスト
定価2,310円(本体2,200円)⑤ A5変並カ 288頁 9068-01011 /4-7972-9068-4 C3332 /200208/分類 20-324.203-d 081

マンション管理士必携
岡﨑泰造 編 管理士試験のための予想問題と法規集 不磨書房/実務書
定価1,890円(本体1,800円)⑤ A5変並カ 256頁 9072-01021 /4-7972-9072-2 C3332 /200110/分類 20-324.203-d 082

公社住宅の軌跡・本編/資料編（2冊セット） －神奈川県住宅供給公社50年史－ 単
飯田幸夫 編 /
定価10,500円(本体10,000円)⑤ 菊変上箱 990頁 9020-01011 /4-7972-9020-X C3033 /200110/分類 01-324.203-h 998

マンション管理紛争の現実 －崩れゆくマンション－
吉田武明 著 マンション管理と区分所有法の問題点/実務書
定価5,250円(本体5,000円)⑤ A5変並カ 400頁 911-01011 /4-88261-911-3 C3032 /199303/分類 01-324.203-h 999

担保物権法 324.204

抵当権効力論 学術選書法律
田中克志 著（静岡大学法学部教授） 抵当権の公正なあり方を示す基本論文/研究書
定価12,600円(本体12,000円)⑤ A5変上カ 520頁 3107-01011 /4-7972-3107-6 C3332 /200212/分類 01-324.204-a 001

わかりやすい担保物権法概説 わかりやすいS3
中野哲弘 著（横浜地方裁判所判事） 現職の裁判官による解説書/一般
定価1,995円(本体1,900円)⑤ A5並カ 68頁 5245-01011 /4-7972-5245-6 C3032 /200011/分類 08-324.204-c 001

民法基本判例3 担保物権 民法基本判例S3
遠藤浩 著（学習院大学名誉教授） 民法判例を学ぶための基本書、第3弾目/教材
定価2,415円(本体2,300円)⑤ 46判並表 270頁 5261-01011 /4-7972-5261-8 C3032 /200111/分類 08-324.204-c 002

債権法 324.399

債権総論・体系書 324.400

プラクティス民法 債権総論 プラクティスS1
潮見佳男 著（京都大学大学院法学研究科教授） ロースクール対応民法体系書の決定版！/
定価3,360円(本体3,200円)⑤ A5変上カ 538頁 2284-01011 /4-7972-2284-0 C3332 /200403/分類 02-324.400-a 005

債権総論 法律学の森001
潮見佳男 著（京都大学法学部教授） 債権総論体系書の決定版/体系書
定価5,985円(本体5,700円)⑤ A5変上カ 590頁 2401-01011 /4-7972-2401-0 C3332 /199804/分類 02-324.400-b 002

債権総論〔第2版〕Ⅰ －債権関係・契約規範・履行障害－ 法律学の森002
潮見佳雄 著（京都大学大学院法学研究科教授） 民法学の最先端をゆく理論体系書/
定価5,040円(本体4,800円)⑤ A5変上カ 640頁 2260-02011 /4-7972-2260-3 C3332 /200308/分類 02-324.400-b 003

債権総論〔第2版〕Ⅱ －債権保全・回収・保証・帰属変更－ 法律学の森S
潮見佳男 著（京都大学大学院法学研究科教授） 最先端・最高水準の理論書・体系書/
定価5,040円(本体4,800円)⑤ A5変上カ 666頁 2197-02011 /4-7972-2197-6 C3332 /200104/分類 02-324.400-b 004

債権総論講義案Ⅰ 講義案S2
潮見佳男 著（元大阪大学法学部助教授・京都大学法学部教授） 最先端の民法理論イメージを提示する体系書/テキスト
定価1,835円(本体1,748円)⑤ A5変並カ 282頁 800-01031 /4-88261-800-1 C3332 /199112/分類 02-324.400-c 001